Bildnachweis:
Die Bilder des Textteils: Nicola Haardt
S. 162 Igor Alferow, S. 192 Sergej Ignatenko
Coverfoto: Nicola Haardt
Kartenicon: © Stepmap GmbH, Berlin
Karte: © Nicola Haardt, Kartengrundlage maps-for-free.com

Bibliografische Information der Deutschen Bibliothek:
Die Deutsche Bibliothek verzeichnet diese Publikation in der deut-
schen Nationalbibliografie. Detaillierte bibliografische Daten sind im
Internet über http://dnb.ddb.de abrufbar.

© 2015 traveldiary.de Reiseliteratur-Verlag, Hamburg
www.reiseliteratur-verlag.de
www.traveldiary.de

Umschlagentwurf und Layout: Jürgen Bold, Jens Freyler
Satz: Jens Freyler
Druck: Standartu Spaustuve

ISBN 978-3-944365-64-0

Inhalt

vorweg

Ahhh, ich liege in meinem Zelt - alleine. Es ist stockfinster und draußen tobt ein Unwetter, ich befinde mich weit ab jeglicher Zivilisation. Um mich herum nichts als Stille. Nein - eigentlich ist es gar nicht still, denn der Sturm heult, unheimlich knarren die Äste der Bäume, dann und wann brechen laut krachend Zweige. Regen prasselt auf das Zelt, der Wind reißt an den flatternden Wänden und dazwischen immer wieder wilde Tierschreie. Es hört sich so an, als käme gleich eine ganze Horde wutentbrannter Bären in meine Richtung gestürmt - wohl empört darüber, dass ich auf ihrem Territorium mein Zelt aufgestellt habe.

Etwas später ändern sich die Geräusche, eine Gruppe besoffener Russen nähert sich meinem Zelt, umkreisen es – immer enger. Sie bedrohen mich. Was wollen die von mir? Mich ausrauben? Vergewaltigen? Sie grölen aggressiv unverständliche Wortfetzen – ich verstehe nix, außer, dass sie keinen Spaß verstehen. Wo kommen die aus dem Nichts her? Und dann wieder die Bären, immer lauter wird ihr Stampfen und Brummen, immer aufdringlicher die Betrunkenen. Männergeschrei vermischt sich mit dem Bärengeheul, sie haben zusammen mein Zelt eingekesselt – es gibt keinen Ausweg mehr ...

Schweißgebadet wache ich auf, sitze aufrecht im Bett und lausche: Draußen stürmt es wirklich, der Wind heult und Regen prasselt ans Fenster, es ist stockdunkel. Immer noch sitzt mir die Angst im Nacken, Panik macht sich breit. Was um Himmels Willen habe ich da vor? Ich befinde mich in einer ehemaligen Stasi-Kaserne in Potsdam, heute ist es ein Studentenwohnheim. Um Geld zu sparen, habe ich mich hier für drei Monate zur Zwischenmiete einquartiert. Bin ich total übergeschnappt? Seit ich meinen Pass weggegeben habe, um ein russisches Jahresvisum[1] zu beantragen, habe ich fast nächtlich diese Albträume. Dabei will ich doch nur eine Radtour machen ...

Ziemlich genau vier Jahre später befinde ich mich an einem der wohl schönsten Orte der Erde und ich schlafe so gut wie lange nicht mehr. Keine Albträume, im Gegenteil. Es umgibt mich eine friedliche Ruhe, es ist Winter und draußen schneit es sanft. Ich bin wieder zurückgekehrt nach Olchon, einer Insel im Baikalsee. Zu meinem Lieblingsplatz in Russland, um endlich die unglaubliche Zeit auf dem Rad schriftlich festzuhalten.

---

1   Leider gibt es dieses Jahresvisum nicht mehr, statt 365 darf man mittlerweile nur noch für maximal 2 x 90 Tage im Jahr einreisen.

Noch immer kommen mir die Tränen, wenn ich zurückkehre und ich habe jedes Mal diesen Kloß im Hals. Immer wieder verliebe ich mich neu. Der Ort hat eine magische Ausstrahlung auf mich. Es ist mehr als nur die Schönheit und Einzigartigkeit der Natur, die Herzlichkeit der Menschen, ihr einfaches und hartes Leben, was mich fasziniert. Was ich empfinde, wenn ich hier bin, kann man vielleicht besser verstehen, wenn ich ganz von vorne beginne: ungefähr bei den Albträumen.

Schon einige Jahre hatte ich den Wunsch, mich auf mein Rad zu setzen und gen Osten zu fahren. Noch früher war es der Wunsch, einmal um die Erde zu radeln. Im Laufe der Zeit hat sich jedoch immer mehr eine Richtung herauskristallisiert: Nach Osten muss es gehen. Warum? Keine Ahnung, aber es ist einfach meine Himmelsrichtung - dieser Drang ist da! Allerdings gibt es ja auch noch den inneren Schweinehund, da kann man träumen so viel man will, aber auch zu handeln – gar nicht so einfach.

Eigentlich sollte ich demjenigen danken, der mir 2002 im Borgentreicher Liebestal – dort wo ich dachte, dass die Welt noch in Ordnung sei – das vor meinem Bulli parkende Rad geklaut hat. Während ich seelenruhig im Auto schlief. Damals habe ich die Tragweite des Ganzen nicht begriffen, war entsetzt und unendlich traurig und enttäuscht, dass ein Dieb an diesem idyllischen Ort so gemein sein kann.

Eine Zeit lang bin ich auf den dreißig Jahre alten Möhren meiner Eltern geradelt und der eine Gang, der von den ursprünglich dreien übriggeblieben war, funktionierte auch wunderbar - aber so richtig viel Spaß hat es nicht gemacht. Ein neues Fahrrad musste her. Dummerweise war ich gerade in einer Weiterbildung zum GIS-Spezialisten[2] und hatte wenig Geld. Trotzdem leistete ich mir ein für meine Verhältnisse teures Weltenbummler-Rad: ein robustes Reiserad mit wenig Schnickschnack aber verlässlichen Komponenten. Für den Alltag und „normale" Fahrradurlaube sicherlich etwas überdimensioniert – aber ich kenne ja meinen inneren Schweinehund. Die Ausrede „ich würde ja sofort losfahren nach Russland, leider hab ich kein geeignetes Fahrrad" hatte ich ab sofort nicht mehr! Schon mal eine weniger ...

Es ist dann noch eine ganze Zeit vergangen, erst einmal war Arbeiten und Geld verdienen angesagt. Irgendwann knickte mein freiberuflicher Auftragsboom ein, doch ich hatte ein kleines Geldpolster angespart und war ungebunden.

---

2   GIS = Geographische Informationssysteme

Wenn ich also wirklich radeln und nicht nur träumen wollte – einen besseren Moment konnte es wohl nicht geben!

Ich fing an zu rechnen und zu planen. Wie viel Zeit habe ich, bevor der sibirische Winter meiner Radtour ein natürliches Ende bereitet? Fahre ich früh genug in Deutschland los, habe ich vermutlich ein halbes Jahr. Beim Planen merke ich: Ich brauche ein Ziel. Osten als Himmelsrichtung alleine reicht mir nicht, das war mir irgendwie zu unkonkret. Ich rechnete Kilometer zusammen, schaute auf die Karte: Fünf Zentimeter, das könnte ich ungefähr in einem Monat schaffen. Sechs mal fünf – 30 Zentimeter von Bochum entfernt, war im Osten auf der Karte ein langgezogener, nicht zu übersehender See – der Baikal. Na, den kann man ja gar nicht verfehlen – ein ideales Ziel also! Außerdem ein Name, den man kennt, auch wenn ich bisher wenig mit ihm verband. Aber eigentlich war es mir auch gar nicht so wichtig, ihn zu erreichen, ehrlich gesagt lag es sogar außerhalb meiner Vorstellungskraft, jemals dort anzukommen. Ich brauchte einfach nur etwas, das ich anpeilen konnte. Mein Motto war das von vielen Reisenden: Der Weg ist das Ziel.

Wie weit ich dem Weg tatsächlich folgen würde, wollte ich von Tag zu Tag entscheiden - ich wollte auf jeden Fall nicht irgendwann bereuen, es nicht wenigstens versucht zu haben!

Am 19. März war es dann soweit - der Tag des Aufbruchs war gekommen. Allen Bedenken zum Trotz und voller Vorfreude auf das, was nun vor mir liegt und gespannt darauf, wie weit ich kommen werde, fuhr ich bei Nieselregen am späten Sonntagvormittag mit voll bepacktem Rad tief im Westen – in Bochum - los. Bereits Berlin kam mir in diesem Moment verdammt weit weg vor. Und wenn ich es bis dorthin schaffte, hätte ich es bereits tief in einen Osten – eben den von Deutschland – geschafft. Es kommt einfach nur auf die Sichtweise an! Dafür allerdings hätte ich kein russisches Visum gebraucht ...

tief in den Osten ...

Aller Anfang ist gar nicht so schwer

Hurra, endlich bin ich unterwegs! Noch begreife ich meine Freiheit nicht, fahre einfach los, denke nicht viel nach. Zuviel musste in letzter Minute noch organisiert werden, der Abschied ist eher verhalten und leise. Wer weiß denn schon, ob ich nicht in zwei Wochen wieder zurück bin? Ich schließe das nicht aus. Zu wenig kann ich mir vorstellen, was auf mich zukommt - ob es alleine nicht zu langweilig, gefährlich oder umständlich ist.

Noch ist außerdem alles so vertraut. Schließlich radel ich nicht zum ersten Mal das Ruhrtal entlang. Wobei mir zu dieser frühen Jahreszeit als voll bepackter Radtourist bereits hier in Deutschland neugierige Blicke folgen. Irgendwo in Niedersachsen fragen mich Sonntagsspaziergänger interessiert: „Wohin soll's denn gehen?" Ich rufe ihnen im Vorbeifahren zu: „Nach Russland!" Ich ernte fröhliches Gelächter, als hätte ich 'nen guten Witz gemacht. Da sagt man mal die Wahrheit ... Lachend fahre ich weiter, ich kann's ja selbst noch nicht so recht glauben.

Sowieso ist die Laune bestens: Den ersten Sonnenbrand und die sich von nun an ständig pellende Nase nehme ich gelassen hin, auch den Nachtfrost und Tagestemperaturen, die selten im zweistelligen Bereich liegen. Viel zu sehr genieße ich den Sonnenschein. Der Nieselregen vom ersten Tag ist schnell vergessen. Ebenso die Prognose eines guten Freundes, dass ich sicher, kaum raus aus Bochum, die erste Panne haben werde. Nein Thomas, es gibt keine Panne!

Nur, dass ich am ersten Tag bereits meinen Vorsatz breche, zum Eingewöhnen auf keinen Fall mehr als 80 Kilometer am Tag zu fahren. Am zweiten Tag werfe ich diesen mit 120 Kilometern total über den Haufen – eine echte Dummheit! Aber Freunde suchen sich ihren Wohnort eben nicht nach idealen Fahrradentfernungen aus. Und für schlappe vierzig Kilometer eine Übernachtung dazwischen zu schieben, halte ich für überflüssig. Nicht ganz ohne Folgen. Denn mehr oder weniger untrainiert und mit vier vollen, also wirklich randvollen Packtaschen plus Zelt, Schlafsack und Isomatte (OK, die ist echt leicht) zu fahren, braucht wohl doch eine gewisse Eingewöhnung. So viel Gepäck hatte ich noch nie auf dem Rad. Spaßeshalber habe ich das Gepäck gewogen - bei dreißig Kilo hörte für mich der Spaß auf, den Rest habe ich lieber nicht mehr auf die Waage gestellt. So genau wollte ich es dann doch nicht wissen.[3]

---

3 Vermutlich hatte ich ca. 40 kg Gepäck dabei. Wenn alle Wasserflaschen und Lebens-mittelvorräte gefüllt waren, vielleicht auch noch ein paar Kilo mehr ...

Leider ist mein rechtes Knie über die plötzliche Anstrengung nicht ganz so begeistert, wie ich es bin. Bereits am zweiten Tag überkommt mich leichte Panik, dass nun, wo es noch gar nicht so recht losgegangen ist, schon alles wieder zu Ende sein könnte. Mein rechtes Knie streikt. Von nun an werde ich erst einmal fast einbeinig fahren, zu stur bin ich, jetzt schon Erholungspausen einzulegen. Vielleicht habe ich auch Angst: Wenn ich jetzt schon Pause mache, breche ich die Tour ab. Zum Glück habe ich so komische Plastikdinger an meine Pedalen gebastelt und kann so mit dem linken Bein nicht nur runtertreten, sondern die Pedale auch hochziehen. Meinem Körper scheint es zu bekommen. Die ersten dreißig Kilometer sind zwar täglich eine Qual, aber dann scheint sich mein Knie ins Unvermeidliche zu ergeben und ist fast vollständig einsatzfähig. Erst in Bergheide bei Potsdam mache ich zwei Tage bei Freunden eine Osterpause. Immerhin bin ich da ja auch schon weit im Osten von Deutschland gelandet!

Meine wie ich finde wohl verdienten Ruhetagen genieße ich in vollen Zügen. Quasi ein Rundherum-Wohlfühlprogramm in netter Gesellschaft mit Grillen und Osterfeuer: einfach nur essen, schlafen und ausruhen. Nach den ersten 600 Kilometern genau das Richtige. Ich fange an zu realisieren: Nun bin ich also wirklich unterwegs! Ich bin sooo gespannt was kommt. Bis hierher war es doch eher eine Art Freunde-Hopping.

Wobei die Abnabelung ganz allmählich geschieht. Zwar radel ich ab Berlin durch für mich unbekannte Gegenden, aber ich werde ein paar Tage von zwei Freunden begleitet. Jörg und Guido sind extra aus dem heimischen Ruhrpott nach Berlin angereist, um mich bis an die polnische Ostseeküste zu begleiten. Als sich die beiden von mir verabschieden, wird mir ganz mulmig. Genau genommen sind es die ein bis zwei Tage vor dem endgültigen Abschied, die mir zu schaffen machen – in denen es mir ein wenig Angst und Bange wird, wann immer ich an die bevorstehende Trennung denke. Ein ganz kleines bisschen ist es wie bei den Albträumen vor meiner Abfahrt, die ich übrigens seitdem ich unterwegs bin nicht mal mehr ansatzweise habe.

Am Bahnhof von Kolberg wünsche ich mir für einen kurzen Moment, mit in den Zug nach Westen zu steigen und auch zurückzufahren. Aber ich bleibe tapfer, ab jetzt bin ich ganz alleine auf mich gestellt. Kein Freunde-Hopping, keine Begleitung, kein bekanntes Ziel mehr - auf ins Ungewisse, Unbekannte. Einzig in der sibirischen Stadt Omsk kenne ich eine russische Familie, aber das ist für mich im Moment ungefähr so weit weg wie der Mond.

Kaum ist der Zug mit Jörg und Guido abgefahren, ist mein Wunsch, mit ihnen zurückzufahren, auch schon verflogen. Die Sonne lacht und meine Neugier, was es da noch so alles zu erfahren gibt, ist einfach zu groß und Bahnhöfe zum Zurückfahren findet man schließlich überall. Ich fange an, meinen eigenen Rhythmus zu finden.

Abends zelte ich bei einem Bauern auf einer Wiese, die im Sommer ein Campingplatz ist. Da wegen des Nachtfrostes das Wasser noch nicht angestellt ist, darf ich mein Zelt kostenlos aufstellen. Für den Bauern ist das selbstverständlich. Er ist sehr nett und wir verständigen uns mit Händen und Füßen - als Verzierung unserer pantomimischen Meisterleistung, werden immer mal ein paar Brocken Russisch und Polnisch dazwischen geworfen. Ich verspreche ihm, für seinen Platz Werbung zu machen. Also: Wer auch immer in Bukowo Morskie (südlich von Darłowo) eine Bleibe sucht - ich kann die kleine Campingwiese hinter einem Wohnhaus wärmstens empfehlen!

Hier in Polen scheint mir alles bereits so „Ost" zu sein, so anders als bei uns. Nicht mehr so penibel geordnet, nicht mehr so eng bebaut. Auf den Dörfern scheint das Leben noch so viel einfacher: Pferdewagen sind noch nicht ausgestorben und es wird mehr mit der Hand gearbeitet. Und natürlich die Sprache: der slawische Klang, die Gesten der Menschen. Oh, ich könnte hüpfen vor Freude! Wobei, da will ich mal ganz ehrlich sein, so richtig gut klappt das mit der Verständigung nicht und beschränkt sich auf das Wesentliche: Einkaufen & Richtungsfragen. Aber wozu hat man schließlich Hände und Füße?

Beim Versuch, wenigstens etwas Polnisch zu lernen, scheitere ich kläglich an den ganzen prztschpzsch-Lauten. Zum Glück nimmt es mir niemand krumm, wenn ich meine paar Brocken Russisch auspacke und immer wieder die wenigen polnischen Wörter, die ich mittlerweile kann, dazwischen verteile: tak - ja, dzień dobry - guten Tag, dziękuję bardzo - vielen Dank, do widzenia - auf Wiedersehen, rower - Fahrrad. Ich versuche, mein Russisch irgendwie polnisch klingen zu lassen und glücklicherweise sind viele Wörter wirklich ähnlich. Das hört sich sicher lustig an, aber es reicht, um nicht zu verhungern und mal nach dem Weg zu fragen.

Weil ich das Meer liebe, wähle ich eine Route entlang der Ostsee - und Polens Küste ist wirklich schön! Es gibt einen scheinbar endlosen Sandstrand, mit einer oft hohen Steilküste. Daran anschließend meistens Wald. Das

Hinterland ist sehr hügelig - was das Ganze als Radfahrer schon mal zu einem anstrengenden Vergnügen macht. Allerdings ist es dadurch auch abwechslungsreich, man muss ja positiv denken! Was mir bei dem Wind nicht immer gelingt. Ich werd' noch verrückt! Habe ich nicht in Schule und Studium gelernt, dass hier Westen die Hauptwindrichtung ist? Da stimmt doch was nicht, entweder mit meiner Richtung – fahre ich am Ende gar nicht nach Osten? - oder mit dem Wind. Erst an zwei Tagen hatte ich Rückenwind, das ist doch eindeutig zu wenig! Besonders hart ist die Etappe vor Danzig: viel Wind und viele Berge. Und was die Berge angeht: Eigentlich dient es doch den menschlichen Grundbedürfnissen, dass man (wenn möglich) die Straßen den Tälern folgend um die Berge herum baut. Hier in Polen habe ich das Gefühl, dass die Straßen immer genau über den höchsten Punkt geführt werden – na klar: schön für die Aussicht, aber ... nun ja. Ach, immer positiv denken!

Dafür bin ich in Polen als Tourist meist mutterseelenallein unterwegs, so kommt es mir zumindest vor. Überall wird zwar emsig an Ferienwohnungen und diversen touristischen Attraktionen gebaut, aber außer den Arbeitern scheint an der Ostseeküste noch niemand aus dem Winterschlaf erwacht zu sein. Fast alle Quartiere sind geschlossen und die meisten Geschäfte auch. Im Sommer geht es dagegen sicher sehr lebhaft zu - wie gut, dass ich jetzt hier bin. Da nehme ich doch auch gern in Kauf, dass das Meer noch keine Badetemperaturen hat. Trotzdem lasse ich es mir nicht nehmen, gleich bei der Ankunft an der Ostsee mein erstes Bad im Meer zu nehmen. Obwohl, wäre ich nicht so verschwitzt gewesen und hätte mein Kopf nicht so doll gejuckt – ein Eintauchen des großen Zehs hätte mir vermutlich auch genügt. So aber ist ein komplettes Bad inklusive Haare waschen fällig. Anschließend fühle ich mich herrlich, noch schnell ein frisches T-Shirt angezogen und ich bin wie neugeboren.

Ein Highlight an der polnischen Küste ist der Slowinzische Nationalpark und die östlich davon gelegene Stadt Łeba. Łeba ist eine kleine, sehr idyllische und gemütliche Stadt mit Fischereihafen. Der Abstecher von dort zu den im Nationalpark gelegenen Wanderdünen lohnt sich – die sind wirklich beeindruckend! Riesige Berge aus feinstem Sand, die rund 10 Meter im Jahr wandern und bis zu 42 Meter hoch sind. Die an den Rändern der wandernden Dünen stehenden Bäume werden allmählich vom Sand begraben. Ebenso der

Zaun, an den ich mein Rad anschließe - zu lange lasse ich es dort lieber nicht stehen, am Ende muss ich es mühsam wieder ausgraben ... Auch die zum Nationalpark gehörenden Wälder können sich sehen lassen. Da lohnt es schon mal, auf Polens Radwegen zu fahren (bzw. zu schieben). Denn ansonsten habe ich eine Lektion mit Sicherheit gelernt: Vorsicht vor Polens Radwegen! Die kleinen Landstraßen dagegen lassen sich super fahren. Es gibt zwar erstaunlich viele ausgeschilderte Radwege, die allerdings sind meist sandige Feld- oder sonstige Holperwege. Ohne Gepäck wäre das vielleicht in Ordnung, aber mit meinen +30 Kilogramm ist es kein Vergnügen. Und schieben auf Wegen, auf denen man nicht mehr fahren kann - das ist wirklich mühsam! Kurz vor Łeba haben Wildschweine einen eigentlich wunderschönen Wiesen-Radweg über sieben Kilometer aufgewühlt und in moorige Matsche verwandelt, die sich später, als krönenden Abschluss, in reinen Sand verwandelt.

Besonders sei vor dem R10 gewarnt: Der genaue Verlauf ist schwer festzustellen, er taucht immer mal wieder aus dem Nichts auf und endet auch so. Mich hat er nach einigen Kilometern mitten in ein Militärsperrgebiet geführt. Umkehren will ich aber nicht, also bleibt nur der Ausweg, querfeldein durch einen Wald am Sperrgebiet vorbei. Das bedeutet, das Rad mehr zu tragen als zu schieben. Also: Lieber an die kleinen Landstraßen halten, will man denn Fahrrad fahren.

Auf den Landstraßen ist es im Frühjahr natürlich auch nicht ganz ungefährlich. Allerdings nicht für Radfahrer, sondern für Kröten. Streckenweise gibt es unzählige von ihnen, die zaunlos auf die Straßen hüpfen. Manchmal sind diese regelrechte Krötenmassengräber. Zugegeben, eine überfahre auch ich - sie springt aus dem Hinterhalt direkt unter mein Hinterrad. Kein schönes Geräusch, dabei fahre ich doch schon akrobatische Schlangenlinien!

Während ich auf Polens Landstraßen entlangradel und nicht gerade Kröten ausweichen muss, fallen mir immer mehr zwei Dinge auf: zum einen die vielen Papstbilder von Johannes Paul II. in den Wohnungsfenstern und an den Wegekreuzen. OK, dass die Polen sehr katholisch sind und es einen polnischen Papst gibt, das weiß ich auch als Protestantin. So erstaunt es mich auch nicht, die vielen geschmückten Kreuze und kleinen Kapellen am Wegesrand zu sehen. Aber die vielen Bilder des Papstes überraschen mich und kommen mir irgendwie seltsam vor.

Zum anderen sehe ich immer öfter in den Fenstern schwarze Bändchen hängen. „Na ja", denke ich zunächst, „da wird wohl jemand gestorben sein." Mhm, sterben aber gerade ganz schön viele Menschen in Polen! Irgendwann fällt mir der Zusammenhang auf, denn nun tauchen auch immer mehr Papstbilder mit schwarzem Band auf. Der wird doch wohl nicht gestorben sein? Doch! Ich hab es nur nicht mitbekommen – so ganz ohne Nachrichten.

Bisher hatte der Papst keine Bedeutung für mich, das ändert sich nun. Es ist für mich unglaublich beeindruckend, dass das komplette Land aufrichtig um diesen einen Menschen aus ihrer Mitte trauert. Die Menschen weinen, sie haben so viele Erinnerungen an den Papst. Ich schäme mich fast ein bisschen, dass ich so gar nichts über ihn weiß, außer, dass er so abstruse Ansichten hatte, wie Kondome zu verbieten. Die Polen kennen seinen kompletten Lebenslauf, seine Hobbys, seinen Charakter.

Überall werden Kerzen aufgestellt: in großen Gruppen auf Plätzen, in langen Reihen auf Mauern und am Strand die ganze Uferlinie entlang. Und es wird viel gesungen· immer wieder dieselben Melodien, seine Lieblingslieder. Ein Lied sticht dabei hervor, es nennt sich „Barka". In jedem Gottesdienst wird es gesungen und davon gibt es im Moment viele am Tag; die Menschen tragen es aus den Kirchen auf die Straßen, sie singen es in Endlosschleifen. Eine wunderschöne Melodie, die mir nicht mehr aus dem Kopf geht und mir Gänsehaut macht.

Am Tag der Beisetzung bin ich in Danzig. Es herrscht – wie vermutlich in ganz Polen - völliger Ausnahmezustand. Die Stadt ist wie ausgestorben. Alle Geschäfte sind geschlossen, die Marktplätze und Straßen leergefegt - dies ist sonst nicht mal bei den allerhöchsten kirchlichen Feiertagen der Fall. Mir wird vergewissert, dass es einen solchen Tag auch nie wieder geben wird. Im Zentrum sind an mehreren Stellen große Leinwände aufgebaut, auf denen die Beisetzung aus Rom live übertragen wird. Nur hier trifft man auf Menschen, der Rest ist entweder nach Rom gefahren oder sitzt zu Hause vor dem Fernseher. Dort gibt es natürlich auch nur noch ein Thema: Jan Paweł II.[4].

Ich schlendere alleine durch Danzig, aber Sightseeing macht in der menschenleeren Stadt irgendwie keinen Spaß. Also gehe ich zu einer der Live-Übertragungen. Ich bin eine der wenigen, die nicht mit Kerze und Regenschirm ausgestattet auf dem Langen Markt steht. Gegen den Regen, der schon den ganzen Tag andauert, habe ich meine Regenjacke - für die Kerze

---

4   *   Johannes Paul II. auf Polnisch

habe ich keinen Ersatz. Aber ich knie mit den Menschen nieder, stehe wieder auf – immer abwechselnd der Liturgie entsprechend. Auch wenn ich Nichts von dem Gesprochenen auf der Leinwand verstehe und das Niederknien für mich eher eine gymnastische Übung ist – ich bleibe, weil mich diese ganz besondere Stimmung ergreift.

Fasziniert höre ich den Polen zu, die mir Geschichten über ihren Papst erzählen. Ich erfahre, dass er liebend gerne Ski fuhr und schwamm, im Vatikan wurde extra für ihn ein Schwimmbad gebaut. Da ich mich ja seit Neuestem auch zu den Sportlern zähle, gibt es dadurch sogar eine Verbundenheit zwischen mir und dem Papst. Wer hätte das gedacht? Außerdem hatte er wohl einen stark ausgeprägten Humor und äußerte sich auch als Mensch, nicht nur als Kirchenoberhaupt. Das macht ihn mir irgendwie sympathisch. Es ist wirklich bemerkenswert, wie Jan Paweł quer durch die Bevölkerung von Alt und Jung nicht nur als Papst verehrt, sondern vor allem als Mensch geliebt wird. Diesem Bann kann ich mich nicht entziehen. Für mich ist der verstorbene Papst nun nicht mehr einfach nur der alte kranke Mann aus dem Fernsehen, den ich nie wirklich ernst genommen habe. Ich bin sehr dankbar, gerade zu dieser Zeit in Polen zu sein!

Aber das Leben, genauer, die Radtour geht weiter und mich zieht es wieder auf die Straße – weg von Danzig, weiter Richtung Russland. Nun ja bereits tief im Osten, bzw. im Norden von Polen geht es rasant auf Kaliningrad zu. Eine schwierige Entscheidung muss getroffen werden: Wo und wie überquere ich die Grenze? Dass ich sie überquere, ist klar!

Kaliningrad – Grenzerfahrung & erste Freunde

Unbedingt möchte ich über Kaliningrad fahren, schließlich ist meine Mutter dort geboren und hat im damaligen Königsberg ihre Kindheit verbracht. Ganz gespannt bin ich darauf, ihre Heimat kennenzulernen. Dafür habe ich extra beim Antrag des Visums darauf geachtet, dass es für eine mehrfache Einreise nach Russland gilt. Denn Kaliningrad ist eine russische Enklave, umgeben von Polen und Litauen – eine Art Insel also. Das Problem ist, dass auf dem direkten Weg eine Einreise per Rad vermutlich verboten ist. Ironischerweise ist genau auf dieser Strecke der offizielle Europa-Radweg R1 (Boulogne-sur-Mer - St. Petersburg) ausgeschildert – über einen nur für Kraftfahrzeuge geöffneten Grenzübergang![5] Den Frust darüber kann man im Internet lesen. Mir wird gesagt, dass es einen größeren Grenzübergang gibt, der eventuell für Radfahrer erlaubt sei. Der allerdings ist nur durch zwei Tagesetappen Umweg zu erreichen.

Zwar ist das Wetter gut, die Sonne lacht - aber es ist richtig kalt. Mit Handschuhen, zwei Pullovern plus isolierender Regenjacke bin ich warm eingepackt, trotzdem scheint es mir nicht besonders reizvoll, so kurz vor dem Ziel zwei Tage drumherum zu fahren, um dann vielleicht ebenfalls abgewiesen zu werden. Auch die sicherste Variante, zurück zum nächsten Bahnhof zu fahren und per Zug nach Kaliningrad einzureisen, ist nicht das, was ich will. Schließlich befinde ich mich auf einer Rad- und nicht auf einer Zugtour! So steuere ich ungeachtet des Fahrrad-Durchfahrt-Verbots den nächsten Grenzübergang bei Gronowo an und beschließe, es dennoch zu versuchen. Fragen kostet ja schließlich nix!

Ein paar Kilometer vor der Grenze kommen mir zwei ebenfalls dick eingepackte und schwer beladene Radfahrer entgegen. Schon von weitem erkenne ich: Das müssen auch so verrückte Fernradler sein wie ich, denn zu dieser Jahreszeit gibt es sonst noch keine Radtouristen. Es folgt ein großes Hallo! Doch ich bin innerlich so aufgeregt und nervös wegen der bevorstehenden Grenze, dass ich erst nachdem die beiden weitergeradelt sind, begreife: Eliane & Thierry, ein schweizerisch-belgisches Paar, haben eine ganz ähnliche Route vor sich wie ich und steuern auch den Baikalsee an. Wir vergessen sogar unsere E-Mail-Adressen auszutauschen. Später ärgere ich mich sehr darüber, denn es wäre toll, in Kontakt zu bleiben und sich vielleicht sogar wiederzusehen. Nun aber, im Moment unseres Zusammentreffens, habe ich hauptsächlich eine Frage im Kopf: Wie war die Grenze? Und es gibt keine guten Neuigkeiten: Die Einreise wurde Eliane & Thierry verweigert. Die beiden werden nun um Kaliningrad herumfahren und es nicht nochmal versuchen. Meine Hoffnung schwindet. Möglichst bald verabschiede ich mich von den beiden - ich will's nun schnell hinter mich bringen und meine Abfuhr selbst kassieren.

Schließlich bin ich am Grenzübergang, man könnte sagen nach knapp 1.500 Kilometern der erste „richtige" auf dieser Reise. Die Grenze Deutschland-Polen ist ja doch sehr „offen", dort wurde nur ein kurzer Blick in den Pass geworfen und ich konnte sofort weiterfahren. Nun aber, kurz vor Russland, steigt meine innere Anspannung: ja nicht unangenehm auffallen und alles

---

5   Mittlerweile ist der Grenzübergang meines Wissens auch für Radfahrer geöffnet.

richtig machen. Grenzen haben doch immer irgendwie etwas Unheimliches an sich, finde ich zumindest. Sich per Schlagbaum, Zaun und Maschinengewehr gegeneinander abzugrenzen und auf ein „du darfst" angewiesen zu sein – das ruft Beklemmungen in mir hervor.

Als ich an der Grenze ankomme, ist auf der polnischen Seite Schichtwechsel und nichts rührt sich. Während ich nervös abwarte, überlege ich, ob die Grenzer sich wundern, dass nun schon wieder ein Radfahrer bei diesen fahrradunfreundlichen Temperaturen auftaucht und einfach nicht begreifen will, dass hier kein Grenzübergang für Fahrradfahrer ist. Irgendwann ist scheinbar die Schicht übergeben und ein polnischer Grenzer kommt auf mich zu. Er spricht sehr gut Englisch, viel besser als ich mit meinem Gestammel, und ist ausgesprochen nett. Allerdings macht er mir keinen wirklichen Mut. Ja, für die Polen sei das mit dem Rad überhaupt kein Problem - herzlich willkommen all ihr netten Radfahrer! „Aber diese Russen ...", fügt er dramatisch hinzu.

Er wird nun sehr ernst und versucht mir zu erklären, dass die Russen nicht so aufgeschlossen sind und Radfahrer leider nicht mögen bzw. nicht einreisen lassen. Gleichzeitig studiert er genau meinen Pass und mein russisches Visum, wird ganz geheimnisvoll und murmelt so was wie: Er wolle aber mal sehen, was er da machen kann. Und weg ist er. Nach einer Weile Warterei kommt er wieder und schüttelt den Kopf. Nein, er hat nichts erreicht - ich solle aber trotzdem mit ihm kommen. Ich schiebe also neben ihm mein Rad die Straße entlang, weg von der polnischen Grenze Richtung Niemandsland. Vor uns nur die von Wald umgebene Straße. Mit einem Male wirkt mein polnischer Begleiter ganz nervös, wird hektisch und sagt mir sehr eindringlich: „So, wenn ich weg bin, geh alleine zehn Schritte vorwärts, bleib dann stehen und warte ab, was passiert." Dann verabschiedet er sich schnell und sagt ein wenig skeptisch, aber von ganzem Herzen: „Viel Glück!", und ist endgültig weg.

Zwar habe ich überhaupt nicht begriffen, warum ich nun diese zehn Schritte machen soll und wobei er mir viel Glück wünscht, aber da er so schnell verschwunden ist, kann es eigentlich nur irgendwas mit den Russen zu tun haben. Verwirrt stehe ich einsam auf dieser Straße im Nichts. Und sicherheitshalber befolge ich ganz genau die Anweisungen des polnischen Grenzers. Ich zähle penibel jeden Schritt, am Ende werde ich sofort erschossen, wenn ich bloß neun oder gar elf Schritte gehe. Jetzt lieber keinen Fehler machen! Wäre ich nicht so angespannt, würde ich sicherlich einen Lachanfall bekommen.

Kaum bin ich mit dem zehnten Schritt fertig, da bemerke ich links neben der Straße einen uniformierten Mann, der zwischen den Bäumen aus einem kleinen und sehr unscheinbaren Kontrollhäuschen kommt. Das muss ein russischer Grenzer sein. Ihm folgt ein zweiter, und beide kommen schnellen Schrittes auf mich zu. Obwohl von der eigentlichen russischen Grenze weit und breit noch nichts zu sehen ist, ist dies anscheinend die Vorhut der Russen.

Nach einem kurzen „Guten Tag" kommen die Grenzer schnell zur Sache – unmissverständlich ist die Aufforderung „pasport!", danach überhäufen sie mich mit Fragen über Fragen: Wohin, woher, warum ...? Das Fahrrad wird von allen Seiten beäugt und ich merke, wie es sich in den Köpfen der beiden dreht: Was sollen wir bloß mit der machen? Es wird bei den Fragen wirklich nichts ausgelassen: Wo ich in Kaliningrad wohnen werde, wie lange ich bleibe, und warum ich denn überhaupt nach Kaliningrad wolle? Ich versuche so gut es geht, die Fragen zu beantworten, bin aber vorsichtig, da ich keine falsche Antwort geben möchte und mir dadurch die Einreise am Ende selbst vermassele. Und ob ich denn Touristin sei? Oh je, noch so 'ne schwierige Frage, denn ich habe ja kein Touristen- sondern ein Geschäftsvisum. Also antworte ich: „Nein, natürlich bin ich keine Touristin!" Prompt wird mir dann die Frage gestellt, was es denn für Geschäfte seien, die ich in Russland tätigen will? Jetzt komme ich echt ins Schwitzen. Denn, dass ich Tourist bin, das ist ja wohl wirklich nicht zu übersehen. Die ehrliche Antwort, dass ich nur ein Geschäftsvisum habe, weil es für Touristen kein Jahresvisum gibt, sage ich besser nicht. Stattdessen behaupte ich, dass ich das nicht auf Russisch erklären könne. Um meinen schwindenden Sprachkünsten auf die Sprünge zu helfen, schlagen die beiden Grenzer mir nun nacheinander eine Reihe von Berufen vor, die ich in Russland ausüben will: Jurist, Journalist, Geschäftsmann ... Die wollen das also ganz genau wissen. Ich schüttle immer nur den Kopf und sage: „Nein." Da die beiden so gar nicht locker lassen und eine Antwort fordern, behaupte ich schließlich bei ihrem Berufsvorschlag „Lehrer", dass ich so was Ähnliches mache. Ich finde diese Antwort am unverfänglichsten.

Die beiden verschwinden in ihr Kontrollhäuschen, rufen dort laut ins Telefon und wiederholen alles, was ich soeben von mir gegeben habe und dass sie nicht wissen, was sie nun mit mir machen sollen. Das komplette Telefonat verstehe ich natürlich nicht, aber ich kann zwischendurch die Wiederholungen meiner Antworten erkennen. Und eine gewisse Ratlosigkeit der Grenzer ist am Klang der Stimme auch herauszuhören. Schließlich kommen die beiden wieder zu mir und stellen mir neue Fragen, telefonieren dann wieder, stellen wieder Fragen. Ich habe keine Ahnung warum, aber nach langem Hin und Her darf ich tatsächlich einreisen. Die beiden Russen am Vorposten lassen mich weiterfahren! Der eigentliche russische Grenzübergang kommt zwar erst nach einem guten halben Kilometer durchs Niemandsland, aber die schwerste Hürde ist genommen.

An der „echten" Grenze werde ich von zwei sehr netten und hilfsbereiten Frauen abgefertigt, bei denen ich die obligatorische Migrationskarte[6] ausfülle. Danach dauert es eine ganze Weile, bis sie sich endlich trauen, den für mich so wichtigen Einreisestempel in meinen Pass zu drücken. Scheinbar will keine der beiden die Verantwortung dafür übernehmen. Immer wieder schieben sie sich gegenseitig meinen Pass zu, bis sich endlich eine der beiden überwindet und den Stempel betätigt. Dass der Zoll abschließend unbedingt noch sehen will, was ich in meinen Packtaschen habe und ich daher das Rad abpacken und die erste Tasche fast komplett leeren muss, tut meiner Vorfreude keinen Abbruch. Bei der zweiten Tasche ist die Neugier des Zollmanns auch schnell verflogen, denn meine Auskunft „dreckige Wäsche" stimmt.

6   Eine Ein- und Ausreisekarte, die bei Grenzübertritt ausgefüllt werden muss.

Kaliningrad - Hurra, ich bin in Russland!

Ich habe es tatsächlich geschafft! Erstmalig wird mir bewusst, dass es vielleicht gar kein Nachteil ist, als Frau alleine unterwegs zu sein – im Gegenteil. Hier an der polnisch-russischen Grenze hatte ich auf jeden Fall einen klaren Frauen-Bonus! Wie im Rausch fliege ich regelrecht die vierzig Kilometer bis in die Stadt Kaliningrad auf dem Rad dahin. Die ganze Welt könnte ich umarmen, laut schreien, jubilieren - was für ein irres Gefühl, mit dem Rad bis nach Russland! Obwohl Kaliningrad als westliche Enklave ja doch eine Sonderposition hat. Egal, es riecht nach Russland (die Abgase sind deutlich intensiver), es sieht so aus wie Russland, nur die Straßen sind viel besser als erwartet. Die A194, die von der Grenze in die Stadt führt, hat beste Asphaltqualität und ich habe sie fast für mich alleine. Erst kurz vor der Stadt wird der Verkehr stärker und die Straße wird rumpeliger.

Wie schon in Danzig, so habe ich auch hier im Vorhinein eine Übernachtungs-möglichkeit im Internet über den Hospitalityclub[7] gefunden. Eine gute Möglichkeit für Reisende, einen Gastgeber, und somit ein Dach über dem Kopf, zu bekommen. Das schont den Geldbeutel und man kommt mit Familienanschluss unter - besser kann man Land & Leute wohl nicht kennenlernen.

Da ich keinen Stadtplan habe, frage ich Autofahrer nach der Aljabewa Straße, denn dort wohnt mein Gastgeber. Direkt der erste Autofahrer bietet sofort an, mir den Weg zu zeigen, aber erst müsse er noch kurz etwas erledigen. Er lässt sich unter keinen Umständen dazu überreden, mir den Weg einfach nur zu erklären, bzw. die ungefähre Richtung zu sagen. Das hätte mir ja schon gereicht. Nun gut, da er wirklich sehr nett ist, folge ich seinem Hinweis, die Straße immer weiter geradeaus zu fahren, bis er wieder da sei. So komme ich in ein etwas unheimliches Hafengebiet mit verlassenen und heruntergekommenen Gebäuden. Doch bevor ich ins Grübeln komme, ob das alles so seine Richtigkeit hat, kommt auch schon mein Wegweiser und fährt von nun an vor mir her. Ich hechte bestimmt fünf Kilometer hinter ihm her. Nicht nur, dass ich nach einem anstrengenden Tag nochmal alles geben muss - in der Stadt sind die Straßen wirklich schlecht. Es gilt also gleichzeitig, auf den Verkehr zu achten, den größten Schlaglöchern auszuweichen und das vorausfahrende Auto nicht zu verlieren. Aber ich bin in Kaliningrad, in der Geburtsstadt meiner Mutter!

---

7   http://www.hospitalityclub.org/

Kaliningrad ist nicht mehr mit dem früheren Königsberg vergleichbar, nur wenig aus den alten Tagen ist erhalten oder wieder aufgebaut. Der Dom als Wahrzeichen der Stadt wurde vollständig restauriert. Ansonsten ist es insgesamt schon recht grau, besonders da der Frühling noch auf sich warten lässt. Aber es wird überall gebaut, geputzt und verschönert – ganz besonders für das 750-jährige Stadtjubiläum in diesem Sommer. Stolz wird mir verraten, dass zu diesem festlichen Anlass auch wichtige deutsche Regierungsvertreter erwartet werden.

Trotz der enormen Veränderung der Stadt, möchte ich in Kaliningrad auf Spurensuche nach der Kindheit meiner Mutter gehen. Ich will doch mal schauen, ob ich das Haus finde, in dem sie damals wohnte. Den Vorort Juditten (heute ist es der Stadtteil Mendelejewo) finde ich recht schnell. Leider kenne ich nur den ehemaligen deutschen Straßennamen und mit diesem kann niemand, den ich frage, etwas anfangen. Zusätzlich habe ich von meiner Mutter aber noch die Information, dass sich ganz in der Nähe des Hauses die Wendeschleife einer Straßenbahnlinie und ein kleiner Wald befand.

Ich finde einen Wald und beschließe, dass es der sein muss, von dem meine Mutter erzählt hat. Nur von einer Straßenbahn ist nichts zu sehen. Ich frage zwei Männer, die gerade aus dem Wald kommen, nach ihr. „Ja, ja, die war hier mal." Sie beschreiben einen großen Bogen mit der Hand: „Siehste, hier war der Wendekreis." Und tatsächlich, wenn man's weiß, erkennt man ihn und es ist fast, als höre ich noch das Quietschen der Straßenbahn. Ich bin also wirklich richtig, hier ganz in der Nähe muss meine Mutter gewohnt haben.

Mit dem deutschen Straßennamen können aber auch die beiden Männer nichts anfangen. Dafür meint der eine, er wolle mir etwas zeigen, ob ich nicht Lust hätte mitzukommen. Da ich hiermit die Suche nach dem Wohnhaus meiner Mutter für abgeschlossen erkläre, bin ich offen für Neues, und warum soll ich mir nicht anschauen, was die beiden mir zeigen wollen? Leider verstehe ich nicht, worum es sich dreht - dafür reicht mein russischer Vokabelschatz nicht aus. Auch nach mehrmaligem Nachfragen ändert sich das nicht und ich beschließe, mich überraschen zu lassen. Und so gehe ich mit Igor und Wladimir mit.

Beide sind vermutlich in meinem Alter, Wladimir ist groß und stabil gebaut, hat breite Schultern, Dreitagebart und kurz rasierte Haare – ein echter Kerl. Igor ist nur geringfügig schmaler und kleiner, hat dafür mehr Haare auf dem Kopf und einen wuscheligen, langen Kinn-Bart.

Wir gehen ein Stückchen durch den Wald auf eine Anhöhe, dort steht etwas abgelegen ein Haus, was von Deutschen erbaut wurde. Igor und Wladimir sind richtig stolz darauf. Na, da hab ich doch noch ein deutsches Haus gefunden, wenn auch nicht das meiner Mutter. Und weil wir nun direkt darauf zugehen, wird mir klar, dass sie mir genau dort etwas zeigen wollen. Allerdings gehen sie nicht wie erwartet zur Haustür, sondern führen mich zielstrebig um das Haus herum, zum Kellereingang.

Ohne zu überlegen, folge ich Igor und Wladimir die Treppe hinunter. Im Keller ist es so dunkel, dass ich überhaupt nichts sehe, geschweige denn irgendetwas erkenne, und so fast blind hinter den beiden herstolpere. Die schmalen Kellergänge, die von kahlen Betonwänden begrenzt werden, erscheinen mir wie ein endloses Labyrinth, aus dem ich alleine nie mehr herauskommen würde.

So langsam frage ich mich doch, was die beiden mir denn hier so Geheimnisvolles zeigen wollen? Eigentlich ganz schön unheimlich, und eigentlich sollte mir nun wohl Angst und Bange werden. Stattdessen kichere ich immer mehr in mich hinein. Ich stelle mir den entsetzten Blick meiner Mutter und den der anderen besorgt Zurückgelassenen vor. Wenn die mich hier in diesen dunklen Kellergängen mit den zwei russischen Kerlen sehen würden ...

Irgendwann nehme ich neben der unglaublichen Dunkelheit Geräusche wahr, die sich nach irgendwelchen Maschinen anhören und die immer lauter werden. Dann kommt noch ein seltsamer Geruch dazu, den ich nicht zuordnen kann. Schließlich sind wir am Ziel: Eine Tür wird geöffnet, es wird Licht gemacht. Geblendet stehe ich vor zwei Kellerräumen, in denen das absolute Chaos herrscht, völlig verwirrt muss ich das Bild erst einmal sortieren. Es ist unverkennbar eine Werkstatt. Entlang einer Wand gibt es eine Werkbank mit Maschinen - wie sich später herausstellt Schleif- und Poliermaschinen - und trotz der Absaugeinrichtungen liegt über allem ein feiner Staubfilm. In einer Ecke dreht sich ein großer Bottich, daher der Lärm. Es ist irgendetwas zwischen Küchenmaschine, Betonmischer und Waschmaschine. In dem Bottich befinden sich Sand, Wasser und Steine. Es sind nicht irgendwelche Steine, sondern Bernsteine - also genau genommen fossiles Harz. Darum geht es hier, das ist nicht zu übersehen. Überall, aber wirklich überall, liegen sie in Unmengen herum, sind in den unterschiedlichsten Behältnissen gelagert und sicherlich für den Experten auch sortiert. Mein laienhaftes Auge sieht zunächst nur verschiedenste Plastikgefäße, von Joghurtbechern bis hin zu Eimern, alles voller Bernstein. Dies ist Igors Bernstein-Werkstatt! Zwei Worte, die ich sicher nicht mehr vergesse: jantar – Bernstein, masterskaja - Werkstatt.

Auch wenn es in dem zweiten Raum ebenfalls diverse Bernsteinvorkommen gibt, deuten Kühlschrank, Wasserkocher, Gitarre und das Sofa eindeutig auf eine Raumteilung hin. Der eine ist fürs Arbeiten und der andere für die Entspannung. Und die habe ich dringend nötig! Völlig überwältigt von dieser unerwarteten Fundgrube, nehme ich die Einladung zum Tee gerne an und gemütlich auf dem Sofa sitzend, lasse ich die Eindrücke sacken. In den Teepausen - es folgen diverse Tee-Runden - schaue ich mich neugierig in der Werkstatt um und komme aus dem Staunen nicht heraus.

Igor erklärt mir, wie er in mehreren Arbeitsschritten aus dem Rohmaterial vom Ostseestrand Schmuckstücke herstellt, die er dann nach Moskau verkauft. Zunächst wird in der Trommel mit Wasser und Sand der Bernstein geschliffen, alle weiteren Arbeitsschritte sind dann mehr oder weniger Handarbeit. Es wird weiter geschliffen und poliert und die fertig aufbereiteten Bernsteine zu Ketten, Anhängern und sonstigen Schmuckstücken verarbeitet. Ich bin fasziniert von den unterschiedlichsten Formen und Farben der Steine. Immer wieder holt Igor von irgendwo ganz besondere Stücke hervor, auch welche, in denen Pflanzen oder Tiere seit Millionen von Jahren eingeschlossen sind. Zwei der Steine schenkt mir Igor.

Wir sitzen den ganzen Abend zusammen, trinken Tee, reden und lachen viel. Auch die Gitarre kommt zum Einsatz und wir erzählen von unseren Träumen. Igor und Wladimir würden gerne mit dem Motorrad nach Amsterdam. Ich drücke die Daumen, dass es bald klappt! Und mir, mir geht es einfach nur gut, stecke ich doch gerade mitten drin in meinem Traum. Fast ist es zu schön, um wahr zu sein. Zwar habe ich das Wohnhaus meiner Mutter nicht gefunden, dafür aber zwei sehr nette Menschen – meine ersten Freunde auf der Tour. Wenn ich nicht mit ihnen mitgegangen wäre, hätte ich echt was verpasst! Am nächsten Tag treffe ich die beiden wieder und der endgültige Abschied von ihnen fällt mir schwer. Aber so gerne ich auch weiter Zeit mit Igor und Wladimir verbracht hätte, so froh bin ich, endlich wieder auf dem Rad zu sitzen - aus der Stadt hinaus zu fahren, Richtung Ostsee und Kurische Nehrung.

Wer wäre nicht mit den beiden durch dunkle Keller gestolpert?

Kaum habe ich Kaliningrad hinter mir gelassen, flaut nicht nur der Lärm ab, auch die Straßenverhältnisse sind wieder super. Außerdem wird der Verkehr langsam weniger, ich atme auf. Es ist ein gemütlicher Radeltag!

Irgendwann überholt mich auf der Landstraße geräuschvoll ein russisch duftender Lkw. Die Ladefläche ist voll mit Ziegelsteinen. Nachdem er mich überholt hat, bewundere ich noch die sehr hohe und freie Stapelweise der Steine und schaue ein wenig skeptisch der wackelnden Ladung hinterher. Ein paar Kilometer weiter sehe ich am Außenrand einer Kurve einige der mir wohlbekannten Ziegel liegen. Von nun an sehe ich sie an jeder Biegung und bin froh, auf gerader Strecke von dem Lkw überholt worden zu sein.

Dass der Verkehr östlich von Deutschland nicht auf Radfahrer eingestellt und daher besondere Vorsicht geboten ist, war mir von Anfang an bewusst. Es ist durchaus üblich, gleichzeitig von zwei Autos oder Lkw überholt zu werden - nebeneinander, nicht hintereinander! Die Verkehrsregeln, oder besser deren Interpretation, ist schon anders als bei uns. Oft haben Trecker und auch Lkw sehr viel breitere Anhänger, kalkulieren diese aber bei Radfahrer-Überholmanövern nicht immer mit ein. Und so ist Vorsicht geboten, nach überstandenem Zugfahrzeug nicht doch noch vom Anhänger mitgenommen zu werden. Tja, und ganz aktuell weiß ich nun auch, dass die Ladung einem im wahrsten Sinne des Wortes Steine in den Weg legen kann.

Froh bin ich auf jeden Fall über meinen Rückspiegel am Lenker. Was mir anfangs etwas spießig vorkam, stellt sich nun als äußerst nützlich und sehr komfortabel heraus, weil ich den von hinten herannahenden Verkehr bequem beobachten kann, ohne ständig den Kopf verdrehen zu müssen.

In dem Ostsee-Örtchen Swjetlogorsk, früher hieß es Rauschen, komme ich fast ein bisschen in Urlaubsstimmung. Dort hat meine Mutter als Kind die Ferien bei ihrer Oma verbracht. Über der Steilküste liegt der nette Kurort mit seinen alten Häusern und Ferienvillen, die oft aus Holz sind. Leider sind viele der gemütlich ausschauenden Häuser sehr heruntergekommen. Trotzdem gefällt es mir und ich kann mir gut vorstellen wie wohl sich meine Mutter hier gefühlt haben muss.

An der Promenade finde ich nicht nur eine Seilbahn, die damals wie heute die Badegäste die Steilküste hinauf- und hinunterfährt, es gibt auch vereinzelt Bernsteinverkäufer. Damit bin ich aber schon aus erster Hand versorgt, lieber kaufe ich vor der Weiterfahrt bei einer Oma am Straßenrand ein Bündel Bärlauch. Mein erstes frisches Gemüse in diesem Frühjahr!

Hinter Swjetlogorsk bin ich wieder ganz alleine unterwegs und fahre durch den Nationalpark Kurische Nehrung. Dieser gehört teils zu Russland, teils zu Litauen und ist ein ca. 100 Kilometer langer Landstreifen, der das Kurische Haff von der Ostsee trennt. Die Breite variiert von nur 380 Meter bis 3,8 Kilometer. Auf russischer Seite führt die Nationalparkstraße hauptsächlich durch Wald und man kann das Wasser rechts und links des schmalen Landstreifens nicht sehen. Macht nichts, Meer hatte ich ja schon genug und werde ich sicherlich auch noch bekommen. Nach den Stadttagen genieße ich einfach die Ruhe und frische Luft! Mitten in dem endlosen Wald sehe ich einen jungen Elch vor mir weglaufen und freue mich darüber wie ein Kind zu Weihnachten. Ach, mir geht es wirklich gut!

Weiter durchs Baltikum: Litauen und Lettland

Der Grenzübertritt nach Litauen verläuft sehr schnell und ohne Komplikationen, und sofort scheint alles ganz anders zu sein als auf der russischen Seite. In Litauen ist die Kurische Nehrung viel offener, es gibt mehr Dünen und nicht so viel Wald. Dadurch ist es direkt ein paar Grad wärmer! Wie schon in Polen, so gibt es auch hier riesige Wanderdünen.

Und die litauischen Dörfer sind schmucke Kurorte nach westeuropäischen Maßstäben, sie sind sehr gut in Schuss und kommen mir in ihrer Bauweise sehr skandinavisch vor.
Immer wieder hört man, dass die Balten die Russen nicht mögen und man im Baltikum besser nicht Russisch sprechen solle. Da aber die Menschen auf den Dörfern kein Englisch oder gar Deutsch sprechen und ich kein Litauisch oder Lettisch, bleibt mir keine andere Möglichkeit, als mich auf Russisch zu verständigen. Anfangs mache ich dies sehr vorsichtig und kleinlaut, frage also zunächst immer: „Sprechen Sie Russisch?" Ich will höflich sein und nicht als selbstverständlich voraussetzen, dass sie es tun. Auf meine nett gemeinte Frage werde ich jedoch meist angeschaut, als ob ich nicht mehr alle Tassen im Schrank habe. „Natürlich spreche ich Russisch", ist die kopfschüttelnde Antwort. Es kommt mir vor, als ob ich in einer Bäckerei frage, ob es Brot zu kaufen gibt.
Mit der Verständigung gibt es also kein Problem. Wobei eine generelle Abneigung den Russen gegenüber sicherlich geschichtlich begründet und vorhanden ist. Aber ich selbst bekomme sie nicht zu spüren, nur weil ich mich auf Russisch verständige. Für mich hat es sogar den Vorteil, dass ich hier sehr viel mehr als in Russland verstehe, da die Menschen langsamer, deutlicher und einfacher sprechen.

Dafür ist es manchmal umso komplizierter, Adressen zu finden und, wenn man schließlich vor dem richtigen Haus steht, auch hineinzukommen. Die Hausnummern müssen nämlich nicht immer in der richtigen Reihenfolge angeordnet oder gar nach ungerade und gerade aufgeteilt sein. Später in Omsk verzweifle ich fast daran, weil alles recht geordnet erscheint, nur an dem Platz, wo die von mir gesuchte Hausnummer hätte stehen sollen, ist eine riesengroße Baulücke. Wurde das Haus abgerissen? Auch die Leute, die ich frage, können mir nicht weiterhelfen und sind selbst darüber erstaunt, wo das Haus geblieben ist. Erst nach langer Suche und Fragerei finde ich es abseits der geordneten Hausnummern ganz woanders.
In Klaipėda, der litauischen Stadt direkt hinter der Kurischen Nehrung, komme ich mal wieder bei einem Gastgeber des Hospitalityclubs unter – bei Saulius. Per Internet habe ich mein Kommen mit ihm abgeklärt. Da ich meine Ankunft aber schlecht auf den Tag genau voraussagen kann, will ich ihn anrufen, um ihm meine Ankunft in Klaipėda mitzuteilen. Leider kann ich ihn telefonisch nicht erreichen. Ich bin ziemlich erschöpft, was tun? Die

Straße, in der er wohnt, ist ganz in der Nähe der Telefonzelle, also beschließe ich einfach unangekündigt vorbeizufahren. Nun stehe ich allerdings vor einem typisch russischen und scheinbar auch litauischen Problem: Zwar ist es diesmal einfach, das richtige Haus zu finden, aber die Haustüren haben keine Klingel. Um ins Haus zu gelangen, muss man den Tür-Code kennen. Kenne ich aber nicht. Es ist also nicht verwunderlich, manchmal laut pfeifende oder schreiende Menschen vor irgendwelchen Häusern stehen zu sehen. Allerdings nimmt die Wahrscheinlichkeit gehört zu werden mit der Anzahl der Etagen deutlich ab.

Da ich nicht pfeifen kann und auch viel zu schüchtern bin, hier nun laut zu schreien, warte ich erst einmal ab, ob nicht jemand zufällig aus dem Haus kommt. Nichts tut sich. Schließlich frage ich einen vorbeigehenden Mann, der sowieso neugierige Blicke auf mein Fahrrad wirft, nach dem Code. Der weiß ihn leider nicht, macht sich aber schlau. Er fragt solange herum, bis er den Code kennt und ich komme ins Haus.

Die Wohnungstür wird mir von Saulius' Frau geöffnet, die mich ziemlich erstaunt anstarrt. Ganz offensichtlich hat sie mich nicht erwartet. Ich versuche erst auf Englisch (was sie gar nicht versteht), dann auf Russisch (was sie sehr gut kann) die Situation zu erklären. Ich bin etwas irritiert, denn sie weiß von nichts. Dabei hat mir Saulius geschrieben, dass es heute kein Problem sei, vorbeizukommen und er zu Hause wäre, seine Frau vermutlich dagegen nicht.

Wenn ich nicht so kaputt wäre, würde ich ja weiterfahren, so aber versuche ich verunsichert, die Situation zu erklären. Sehr schnell stellt sich zu meiner Freude heraus, dass Editha unglaublich nett ist. Nachdem sie meine Lage begreift, bittet sie mich sofort hinein - selbstverständlich kann ich bleiben! Und sie versucht mich sogar zu überreden, länger zu bleiben. Am nächsten Tag muss Editha nämlich wegfahren, lässt mir aber ihren Schlüssel da und hofft, dass ich noch da bin, wenn sie zwei Tage später wiederkommt. Ich verspreche besser nichts, aber überwältigt von so viel spontaner Gastfreundschaft, lege ich einen Pausentag ein. Bei schönstem Wetter erkunde ich Klaipėda. Letztendlich wird es aber doch ein kurzer Stadtbummel, denn schnell mache ich es mir in der Sonne am Strand bequem und lasse einfach die Seele baumeln. Ein richtiger Gammeltag – wie gut das tut!

Abends kommt Saulius von seiner Geschäftsreise wieder und ist sehr erstaunt – nicht, weil ich da bin, sondern weil ich eine Frau bin! Er dachte, aufgrund meines Vorhabens, nach Russland zu radeln, und auch wegen meines

Namens, ich sei ein Mann. Ansonsten ist Saulius betrunken, bringt aber leckere Pizza mit. Trotzdem beschließe ich, am nächsten Tag weiterzufahren, da betrunkene Männer anstrengend sind - schade nur, dass ich so Editha nicht mehr sehe.

Auch nach Klaipėda fahre ich immer weiter die Ostsee entlang und an einem Sonntag treffe ich viele Ausflügler. Oft werde ich angesprochen. In Palanga, einem beliebten Ferienort mit langen weißen Sandstränden, sprechen mich vor dem Schloss zwei Männer auf Litauisch an. Ich antworte auf Russisch, dass ich sie nicht verstehe. Die Männer schalten sofort auf fließendes Russisch um und bombardieren mich mit Fragen: „Woher? Wohin? Alleine?" Genauso zackig antworte ich: „Deutschland, Baikal, alleine." Das mit dem alleine glauben sie mir nicht. Ich beteuere: „Ja, ich reise wirklich alleine!" Sie nehmen es mir nicht ab – so weit, das ist unmöglich! Dann stellen sie die ernstgemeinte Frage, ob ich eine Pistole dabei habe? Die Leute kommen auf Ideen ... Wobei mir kurz darauf eine Frau von Überfällen auf deutsche Radtouristen erzählt. Kurzfristig wird mir mulmig, aber es wird ja auch gerne viel erzählt und eine Pistole wäre da sicher auch keine Lösung.

Völlig wohlbehalten komme ich nach Lettland. Mir scheint es hier ärmer als in Litauen zu sein und zunächst empfinde ich die Letten als etwas reserviert. Aber das ist offensichtlich nur vordergründig so: Beim ersten Einkauf bemerkt eine Kundin gegenüber einer anderen sofort neugierig, dass ich eine Ausländerin bin.

Bei meiner Suche nach Geschäften komme ich auf den Geschmack, Abstecher zu machen, und dabei fällt mir auf, dass die in meiner Karte rot eingezeichneten Hauptstraßen asphaltiert sind, der Rest nicht. So führt zu der Vogelbeobachtungsstation bei Pape eine Schotterpiste. Entsprechend stelle ich mir die Straßen in Russland vor – echte Pisten eben. Wenn ein Auto kommt, verschwindet man erst mal in einer Staubwolke. Lässt sich aber fahren, wenn auch holprig und daher langsamer als Asphalt. Blöd ist es, wenn die Schotterpisten so eine Art Wellblechstruktur haben - das ist auf Dauer wirklich anstrengend und geht in alle Gelenke (in meine und in die des Rades).

Zwar gibt es zur Zeit keine Vögel an der Beobachtungsstation zu entdecken, aber da es ein schöner Platz ist, lege ich eine gemütliche Picknick-Pause ein. Dann statte ich Wildpferden einen Besuch ab. Der Weg zu ihnen führt über ein Privatgrundstück, an wild kläffenden Hunden vorbei. Die Wildpferde sind nicht wirklich spektakulär, sie stehen mit Rindern gemeinsam auf einer Weide relativ weit weg. Vielleicht lasse ich es doch besser sein mit den Abstechern, scheint ja eher mühevoll und irgendwie nicht so ergiebig. Und es gibt schließlich auch genug entlang des eigentlichen Weges zu sehen. So bin ich froh, als ich nach den ganzen Umwegen wieder auf der A11 radel – wohl eher eine Art Bundesstraße als Autobahn, mit Asphalt und sehr wenig Verkehr!

Ohne weitere Abstecher erreiche ich noch am gleichen Tag Liepāja. Längst habe ich festgestellt, dass große Städte nix für mich als Radfahrer sind – es gibt dort einfach zu viel Verkehr. Liepāja macht aber einen netten Eindruck und ist kleiner als ich befürchtet habe. Da es schon recht spät ist, verzichte ich darauf, mir die Stadt genauer anzuschauen, sondern mache mir schon langsam Gedanken, wo ich übernachten kann und frage nach einer Zeltmöglichkeit. 19 Kilometer weiter in Saraiķi soll es eine geben, das schaffe ich noch. Bei der Fahrt raus aus der Stadt komme ich durch ein - wie mir scheint - sehr armes Wohnviertel, geprägt von heruntergekommenen fünfstöckigen Plattenbauten. Inmitten dieser Betonkulisse bewundere ich eine riesige Kirche in glitzerndem Gold[8]. Ich bin ganz ergriffen von den goldenen Zwiebeltürmen und dem krassen Gegensatz zu den grauen Plattenbauten drumherum. Diesen Gegensatz werde ich noch oft zu sehen bekommen. Später (beim Schreiben des Buches) denke ich, dass es in Liepāja vermutlich ein ganz normales Wohnviertel war, anscheinend mein Auge nur noch nicht an die äußerlich oft nicht sehr hübschen Betonplatten gewöhnt war.

In Saraiķi finde ich nach langem Suchen das Haus, bei dem es die Zeltmöglichkeit geben soll. Außer einem kläffenden Hund ist aber keiner da. Die Nachbarn werden auf mich aufmerksam und gehen für mich auf die Suche nach den Besitzern, während ich warte, warte und warte. Langsam werde ich unruhig - es ist bereits zwanzig Uhr und die Sonne steht schon sehr tief. Dann endlich kommt die gesuchte Frau. Nein, Zelten geht nicht, da ein Klo nur im Haus ist. Dort allerdings könnte ich für acht Lati (fast zwölf Euro) übernachten. Das ist mir erstens zu teuer und zweitens will ich lieber in meinem Haus (= Zelt) schlafen. Die Nachbarsfrau rückt nun mit einem tollen Tipp heraus: Drei Kilometer weiter kann ich direkt am Strand mein Zelt aufbauen.

---

8   Die St. Nikolaus-Kathedrale im Stadtteil Karosta.

Und der Platz ist wirklich hervorragend! Ohne den Hinweis wäre ich sicher nicht in den kleinen Feldweg abgebogen, der nach 500 Metern direkt an der Steilküste endet. Der Weg ist eine Art Allee mit Bäumen und Gebüsch, daneben ein tief eingeschnittenes schmales Bachtal, ansonsten rundherum Weiden. Diese hören kurz vor der Steilküste auf und dort oben gibt es auf der Kante eine ideale Zeltwiese. Perfekt! Zudem komme ich gerade pünktlich zum Sonnenuntergang an und komme nun in echte Bedrängnis. Was soll ich zuerst machen: Zelt aufbauen, fotografieren oder kochen? Kochen wird verschoben, das geht auch im Dunkeln. Zelt aufbauen und fotografieren geht parallel – ich versuche mich per Selbstauslöser beim Zeltaufbau vor der im Meer untergehenden Sonne zu fotografieren. Romantischer geht es echt nicht!

Eigentlich habe ich die ganze Zeit das Gefühl, hier mutterseelenallein zu sein. Der Feldweg ist eine Sackgasse und weit und breit ist kein Haus, Auto oder gar Mensch zu entdecken. Als ich mich aber oben auf die Steilküste setze, um in Ruhe das Finale des Sonnenuntergangs zu betrachten, sehe ich ein Tier den Strand entlang laufen. Zunächst denke ich, es ist ein Hund und bin etwas irritiert, weil ich nun doch irgendwo in der Nähe Menschen vermute. Ich schaue nochmal genauer hin: Nein, es ist kein Hund, das Tier, das ich gerade beobachte, ist ein Biber! Er spaziert ganz gemütlich den Strand entlang und verschwindet dann in der Brandung. Dank des Windes gibt es Wellen und die scheint der Biber so richtig zu genießen. Nach einer Weile taucht er wieder auf, spaziert weiter am Strand und geht dann wieder eine Runde schwimmen – immer abwechselnd.

Die Fußabdrücke und Schwanzflosse des Bibers hinterlassen einen regelrechten Trampelpfad an der Uferlinie. Der Pfad ist so ausgetreten, dass ich vermute, er macht schon den ganzen Tag lang eine Art Ostseeurlaub. Herrlich! Ganz fasziniert beobachte ich das Schauspiel solange, bis der Biber über den Bach, der hier in die Ostsee mündet, ins Landesinnere verwindet. Und das alles, während die Sonne im Meer versinkt. Wirklich großartig!

Da ich den Biber beim Baden nicht stören will, verzichte ich an diesem Abend auf ein Vollbad und mache nur eine kurze Katzenwäsche vor dem Zelt. Am nächsten Morgen denke ich aber: „Was so 'n Biber kann, das kann ich auch", und nehme nach einiger Überwindung bei einer Luft- und Wassertemperatur von 4 - 5 Grad ein Bad im Meer. Und da es richtig tolle Wellen gibt, ist das wirklich klasse!

Am Tag nach dem Biber-Vergnügen ist es erst 17 Uhr, als ich bei Jūrkalne einen idealen Zeltplatz finde. Das ist ungewöhnlich früh. Aber es ist auch ein besonderer Tag, denn hier werden sich unsere Wege trennen - von nun an will ich Richtung Osten ins Landesinnere fahren. Und dabei hat sie in den letzten Tagen alles gegeben, richtig aufbrausend ist sie geworden. Na klar, die Rede ist von der Ostsee.

Zum letzten Mal sitze ich oberhalb der Steilküste und habe herrliche Sicht auf das stürmische Meer - kaum zu glauben, dass es die meist so ruhige Ostsee ist. Tja, aber eigentlich kein Wunder bei dem Wind, der in den letzten zwei Tagen fast orkanartig ist. Natürlich fast immer von vorne – wohl das ungeschriebene Gesetz auf Radtouren. Die Quälerei gegen den Wind ist nun aber vergessen, die tosende Brandung empfinde ich als Abschiedsgeschenk. Danke Ostsee, es war eine gute Zeit! Tag und Nacht das Meeresrauschen im Ohr, das wird mir fehlen. Weniger werde ich die Tonnen von Sand in meinen Augen vermissen.

Im Gegensatz zu gestern ist die Steilküste bei Jūrkalne so hoch und steil, dass man gar nicht hinunter kommt. Schaut man von hier oben die Küste entlang, sieht man überall Bäume, die mit ihren Wurzeltellern den Hang hinab rutschen. Sicherlich werden die Bäume diesen Rutsch auf den schmalen Strand nicht überleben und werden vermutlich bei der nächsten Sturmflut vom Meer mitgerissen. Dennoch sieht es sehr schön aus! Wie ein vom Menschen unberührter Strand, der nur für die herunterrutschenden Bäume da ist.

Nicht nur am menschenleeren Strand, sondern überhaupt treffe ich wenig Menschen und schon gar keine Touristen. Das wird im Sommer sicherlich anders sein. Es ist in Lettland jedenfalls alles vorhanden, was Gäste brauchen. Sehr sympathisch finde ich die Biwakplätze, die ich immer mal wieder sehe: Schöne Zeltwiesen mit Feuerstelle und Wassernähe. Auch meine erste Nacht im Landesinneren verbringe ich an so einem Platz. Dabei sieht es zunächst so aus, als ob ich mich mit einer „Notunterkunft" zufrieden geben müsste.

Die Höfe liegen hier nicht in Dörfern zusammengeschlossen, sondern weit verstreut in der landwirtschaftlich genutzten Gegend. Da ich nicht so recht eine Stelle finde, das Zelt einfach irgendwo aufzustellen, fahre ich schließlich zu einem der Höfe, um nach einem Platz zu fragen. Es ist aber niemand da. Ein wenig entmutigt fahre ich weiter und es dauert eine ganze Weile, bis ich zum nächsten Hof komme. Zum Glück treffe ich dort einen Mann, der mir eine geeignete Stelle am Fluss Abava zeigen will. Auf seinen Rat hin, lasse ich mein Fahrrad vorerst auf dem Hof stehen und folge ihm in den Wald. Dort geht es einen Trampelpfad entlang, auf dem dummerweise immer wieder umgestürzte Bäume liegen. Während wir über die Bäume klettern oder uns durchs Unterholz schlängeln, beschließe ich innerlich schon, dass ich mir das mit vollbepacktem Rad nicht antun will. Dann aber sehe ich den Zeltplatz und ändere sofort meine Meinung: Es ist eine idyllische Waldlichtung direkt an einer Abavakurve. Eigentlich ist sie nur übers Wasser zu erreichen. Der Mann erklärt mir, dass ich hier völlig ungestört bin, nur im Sommer legen ab und zu mal Paddler an. Es gibt eine Feuerstelle, eine Badestelle und eine moosig-weiche gerade Stellfläche für mein Zelt. Perfekt!

Überhaupt gefällt es mir in Lettlands Inland sehr gut, nicht nur an der Küste. Es gibt leichte Hügel, sich schlängelnde Straßen, wenig Verkehr und wenig Gegenwind. Der kommt hier mehr von der Seite und streckenweise sogar von hinten!

Ich wundere mich über die vielen Wegweiser zu Brauereien und lerne schnell, dass „PILS" nix mit Bier zu tun hat, sondern „Schloss" bedeutet. Nun ja, die Assoziationen einer Deutschen ... In Alsunga sehe ich allerdings das pils gar nicht, dafür eine hübsche Kirche. Etwas weiter in Ēdole gibt es dann aber auch für mich ein richtiges Schloss, sogar mit Schloss-Park. Und richtig nett finde ich Kuldīga, eine kleine alte Stadt. Der überall angepriesene Wasserfall ist zwar eigentlich eher eine Stromschnelle und nicht ganz so spektakulär wie ich ihn mir vorgestellt habe, aber wirklich unglaublich breit. Die Höhe ist relativ: Für die Fische, die in Massen vergeblich versuchen die Stromschnelle hochzuspringen, ist es ein wirklich gigantisch hoher Wasserfall.

Und dann traue ich mich nochmal einen Abstecher zu machen und fahre vier Kilometer zu ausgeschilderten Sandhöhlen. Es ist ein beschwerlicher, natürlich unasphaltierter Weg dorthin, mitten in die Pampa. Zu meiner Überraschung kommt am Eingang der Höhlen gleichzeitig mit mir eine Frau im Auto angefahren. Sie hat hier die Schlüsselgewalt und kann bestimmt von irgendwo die Straße einsehen und so die Touristen abfangen. Sie handelt und redet so schnell, dass ich regelrecht überfahren werde und natürlich einer Führung zustimme. Warum habe ich auch sonst diesen Abstecher gemacht? Eigentlich dachte ich, dass es natürlich entstandene Höhlen sind, ein Naturschauspiel sozusagen. Aber diese Höhlen hier sind ein Netz von Gängen, die durch den Abbau von Quarzsand entstanden sind. Die Führung durch dieses oft bizarre Labyrinth machen wir geradezu im Dauerlauf – vielleicht weil ich alleine bin und sich daher langsames Sprechen und Gehen nicht wirklich lohnt. Wir kommen immer wieder in Bereiche der Höhlen, an denen man etwas sagen, singen oder sich wünschen muss. Natürlich geht das dann alles später in Erfüllung. Auch der Dalai Lama soll schon hier gebetet haben - na, wenn das nicht dabei hilft! An einer Stelle, an der mehrere Wasseradern zusammenstoßen und Eisen im Sand zu sehen ist, soll ich mir noch etwas ganz Besonderes wünschen. Mir fällt nur schon nichts mehr ein und Zeit zum Nachdenken bekomme ich nicht. Aber am Ende der Führung gibt es noch eine abschließende Prophezeiung für mich - in welcher Sandhöhle diese auch immer gefunden wurde: Ich bekomme einen deutschen Mann! Tja, bei einer Deutschen vermutlich nicht so unwahrscheinlich, obwohl – bei so viel Reiselust kann das ja ganz schnell auch mal anders kommen ... Vielleicht sollte die Frau mal mit meinen Eltern reden, die wären dann sicher erst einmal beruhigt.

Wieder vom Abstecher zurück auf der Hauptstraße, kommen mir zwei lettische Radler mit Gepäck entgegen. Das gibt natürlich eine herzliche Begrüßung! Die beiden sind heute gestartet und wollen nur bis kurz hinter Kuldīga, aber es kommt ja nicht auf die Entfernung an - es ist einfach eine große Freude auch mal andere Radreisende zu treffen! Ansonsten treffe ich unterwegs nur Kraniche und Störche und fahre gemütlich die sich durch Wald und Felder schlängelnden Straßen entlang.

Kurz vor dem Ķemeri Nationalpark, der fast bis Jūrmala geht, komme ich an den Rigaer Meerbusen und baue am Wasser mein Zelt auf. Am nächsten Morgen schaue ich völlig verdutzt, als ich den Reißverschluss öffne: Alles ist weiß. Der April macht echt was er will! Der Schnee ist so leise gefallen, dass ich nichts davon mitbekommen habe.

Auch wenn man ja eigentlich übers Wetter spricht, wenn einem sonst nichts mehr einfällt, jetzt muss ich dieses Thema einfach mal anschneiden. Lebt man die ganze Zeit draußen und ist mit dem Rad unterwegs, ist das Wetter ja auch kein Verlegenheitsthema.

Fange ich von vorne an: An einem Nieselregentag bin ich in Bochum losgefahren, danach gab es fast nur Sonnenschein, wenn auch bei niedrigen Temperaturen. Auf der Kurischen Nehrung wurde es kurzfristig wärmer, bei meinem Pausentag in Klaipėda konnte ich am Strand in kurzer Hose und

Sobald Du Birkensaft getrunken hast, ist der Frühling da - angeblich ...

T-Shirt sitzen! Bei der Weiterfahrt merke ich aber schon, wie sich wieder kältere Luftströmungen in die warmen drängen. Es wird wieder so kalt, dass ich alle Schichten, die ich mithabe, übereinander ziehe. Selbst die Handschuhe kommen zum Einsatz.

Die Letten machen mir dann aber Hoffnung, indem sie mir eine ihrer Lebensweisheiten verraten: „Sobald du Birkensaft getrunken hast, ist der Frühling da!" Und so gebe ich mir alle Mühe und nehme jede Möglichkeit wahr, diesen zu trinken. Ich lasse keine angezapfte Birke aus! Es gibt verschiedenste Zapfmöglichkeiten: Üblicherweise bindet man eine leere Flasche so in den Baum, dass ein frisch abgeschnittener Zweig in der Flasche endet und das Birkenwasser langsam in die Flasche tropft. Eine weitaus effektivere, aber für die Birke auch recht brutale Methode, sehe ich bei einem meiner Übernachtungsplätze. Hier wurde der Stamm in Kniehöhe einfach mit einem dicken Bohrer angebohrt, darunter eine metallene Abflussrinne in den Baum geschlagen und so fließt der Saft munter aus der Birke raus. Ruck zuck sind alle meine Trinkflaschen gefüllt und ich glaube fest an höhere Temperaturen. Aber ich scheine etwas falsch zu machen, denn es wird einfach nicht wärmer! Na egal, der Birkensaft schmeckt gut – wie leicht süßliches Wasser - und sehr gesund soll er auch sein. Schaden tut es also sicher nicht!

Und auch wenn ich langsam den Glauben daran verliere, irgendwann muss es auch hier mal wärmer werden, denn in Sabile komme ich doch tatsächlich an einem Weinberg vorbei - angeblich der nördlichste in Europa. Aber anstatt dass die Sonne scheint und es für den Wein passende Temperaturen gibt, fallen einige Schneeflocken.

Mittlerweile bin ich kurz vor Riga, betrachte erstaunt die weiß überpuderte Umgebung und pünktlich zum Frühstück gibt es einen richtigen Schneesturm - schnell verkrieche ich mich wieder in mein Zelt. Ach, aber das hat auch was. Während ich gemütlich im Zelt sitze, wirbelt draußen der Schnee. Ich suche meine ganz dicken Socken und warte ab. Zwar hört es nach einer Stunde auf zu schneien, aber der Himmel sieht immer noch bedrohlich aus. Weiter abwarten oder schnell aufbrechen? Ich entscheide mich für den Aufbruch, der nächste Ort – Jūrmala – ist nicht weit weg. Die Hektik hätte ich mir sparen können, kurze Zeit später kommt die Sonne raus und es gibt einen strahlend blauen Tag. Ja, wir haben April!

Jūrmala ist eine Art Vorstadt von Riga – in meinen Augen ziemlich spießig und offensichtlich für Besserbetuchte. Irre teure Villen, neue und alte, sind kilometerlang am Rigaer Meerbusens aufgereiht. Am Ortsausgang komme ich mit einem sehr netten Polizisten ins Gespräch. Er zieht unsere Unterhaltung merkbar in die Länge und will mir unbedingt seine Stadt zeigen. Ich fahre aber lieber weiter.

In Riga treffe ich kurz vor dem Zentrum auf zwei Rucksack-Globetrotter, einer aus Schottland (zwei Monate unterwegs), der andere aus Australien und über Jahre unterwegs. Die beiden haben ein großes Problem, denn sie finden ihr Hostel nicht wieder. Der Name sagt mir natürlich nichts, aber ich kann ihnen zumindest auch ohne Stadtplan sagen, in welcher Ecke von Riga wir uns befinden. Die beiden haben wirklich so gar keinen Plan. Also einen Stadtplan haben sie schon, aber eben keine Ahnung, wo wir uns darauf befinden. Vermutlich sind sie mit dem richtigen Bus in die falsche Richtung gefahren. Mich amüsiert diese absolute Orientierungslosigkeit der beiden und ich frage mich, wie man Jahre lang so unterwegs sein kann, ohne sich ständig zu verirren. Oder ist man am Ende Jahre lang unterwegs, weil man sich ständig verirrt? Na ja, vielleicht ist es auch gar nicht so wichtig, dort anzukommen, wo man eigentlich hin will, und sollte einfach mit dem zufrieden sein, wo man gerade ist? Dieser Gedanke gefällt mir! Die beiden machen mir allerdings ohne ihr Hostel einen ziemlich unglücklichen Eindruck.

Ich wohne in Riga bei Natalja vom Hospitalityclub. Da sie aber erst um 19 Uhr zu Hause sein wird und es erst früher Nachmittag ist, beschließe ich, mir schon mal die Altstadt anzuschauen. Und während ich mein Rad durch Rigas wunderschöne Gassen schiebe, trifft mich doch fast der Schlag. Vor einer Kneipe stehen zwei voll bepackte Fahrräder – ich erkenne sie sofort wieder. So viel Gepäck und die auffällig roten Regenüberzüge über den Taschen: Das können nur Eliane & Thierry sein! Die beiden, die ich kurz vor der Grenze nach Kaliningrad getroffen habe - nie hätte ich gedacht, sie jemals wiederzusehen.

Natürlich gehe ich sofort in die Kneipe und tatsächlich sitzen die beiden dort. Die Freude ist riesengroß - wir können es gar nicht fassen! Obwohl wir uns schnell einig sind: Das sollte so sein, so ist es eben, wenn man unterwegs ist. Wir quatschen lange, tauschen Routen und Erfahrungen aus. Eliane & Thierry haben vor, acht Jahre durch die Welt zu radeln, sie sind in diesem Jahr in der Schweiz gestartet und überlegen am Baikal zu überwintern. Was für ein absurder Gedanke!

Diesmal überlassen wir es aber nicht dem Zufall oder Schicksal und tauschen unsere E-Mail-Adressen aus. Vielleicht sehen wir uns ja das nächste Mal in Russland! Russland – so richtig vorstellen, was mich dort erwartet, kann ich mir immer noch nicht, aber dass wir uns dort wiedertreffen, finde ich nun nicht mehr so abwegig. Es ist ein fröhlicher Abschied, als die beiden aufbrechen, um außerhalb der Stadt zu zelten und ich mich auf den Weg zu Natalja mache. Kurzfristig werde ich etwas wehmütig und denke, dass es sicher auch ganz schön ist, wenn man zu zweit reist.

Spätestens als mich Natalja herzlich begrüßt und es offensichtlich ist, dass sie sich richtig auf mich gefreut hat, ist meine Wehmut verflogen. Natalja wohnt mit ihrer Oma zusammen in einem der typischen Plattenbauten in einer Zweizimmerwohnung. Da die beiden Russen sind, bekomme ich ein wenig Einblick in die Schwierigkeiten, die Russen mittlerweile in Lettland haben - ihnen wird vermittelt, dass sie nicht hierher gehören. Dabei sind sie hier doch auch zu Hause.

Als Reisende bin ich in Riga zweifellos ein willkommener Tourist und hier in der Stadt sogar ein ganz „klassischer". Nach einem leckeren Frühstück gehe ich mit Natalja zu einer Altstadtführung. Auf dem Platz vor der Touri-Info treffen wir auf Scharen von anderen Touristen, die dort ihre Gruppen suchen - ganz ungewohnt so ein Anblick. Wir suchen ebenfalls und finden schließlich unsere Old-Town-Führung. Eine sympathische Lettin macht mit uns einen interessanten Rundgang und ich verstehe sogar das meiste, dabei ist Englisch ja nicht gerade mein Steckenpferd. Natalja dagegen hat gar kein Problem mit der Fremdsprache – kein Wunder, sie ist Dolmetscherin. Ganz besonders gut gefallen mir in Riga die vielen Straßenmusikanten. Vor allem in der Altstadt spielen sie an jeder Ecke. Ich genieße es, durch die Stadt zu schlendern, obwohl es eine große Stadt mit ungefähr 700.000 Einwohnern ist. Einzig die Kälte stört. Wie machen das nur die Musikanten, denen müssen doch die Finger einfrieren? Gerade fallen schon wieder ein paar Schneeflocken.

Obwohl es mir gut in Riga gefällt, beschließe ich, nach nur einem Pausentag schon wieder weiterzufahren. Der Grund ist ganz pragmatisch: Es ist Sonntag und da kann man besonders gut durch Städte fahren - es gibt keinen Berufsverkehr.

Von Riga aus fahre ich selbstverständlich Richtung Osten und komme durch den Gauja-Nationalpark mit viel Natur und hübschen Städtchen. Sigulda und Cēsis haben besonders schöne Altstädte plus diverse Burgen und Schlösser. Echt nette pilse haben die hier!

Wie der Name schon vermuten lässt, wird der Gauja-Nationalpark vom gleichnamigen Fluss geprägt. Bei Sigulda fahre ich ins Gauja-Tal hinab, dort soll es Sandsteinhöhlen geben. Diesmal sind es „echte" Höhlen, also natürlich entstandene. Aber auch hier hinterlässt der Mensch seine Spuren: Überall sind Inschriften in den weichen Sandstein geschrieben und zeugen von all den vielen Besuchern, die im Laufe der Jahre hier vorbeigekommen sind. In einer der Sandsteinhöhlen treffe ich Sonntagsausflügler und einen Akkordeonspieler. Spontan fangen die Leute an zu tanzen und mitzusingen - herrlich!

Der Abstecher ins Gauja-Tal gefällt mir so gut, dass ich beschließe, hier zu übernachten. Auf meiner Karte sind ein paar Lagerplätze eingezeichnet. Der erste, den ich ansteuere, ist bereits von zwei recht betrunkenen Gruppen „besetzt". Sicher würde es mit denen lustig werden, aber auch nicht sehr erholsam und ich brauche meinen Schlaf. Also fahre ich lieber weiter. Auch der nächste Lagerplatz ist bereits belegt, aber die fünf Mittzwanziger scheinen recht nüchtern zu sein und ich baue in der Nähe mein Zelt auf.

Schnell komme ich mit der jungen Truppe ins Gespräch. Es sind ein Lette und vier Russen, davon drei Frauen, von denen Irina heute Geburtstag hat. Deswegen auch dieser Ausflug. Mir werden diverse „lettische" Spezialitäten angeboten: schaschlyk (gegrillte Fleischspieße), Salat und irgendwas Hochprozentiges mit Saft gemischt. Zum Nachtisch gibt es später noch einen leckeren Kuchen. Es ist ein netter Abend! Wir unterhalten uns über Musik, meine Reiseroute und über Fotos, dazu gibt es die ganze Zeit laute Musik aus dem Autoradio. Die Fünf kommen aus Riga und ich bin richtig traurig, als sie abends wieder in die Stadt zurückfahren. Da es schon dunkel ist, gehe ich aber auch direkt ins Bett.

Mitten in der Nacht werde ich von einem Geräusch geweckt, es hört sich so an, als ob da jemand Bäume fällt oder sonstwie Holz bearbeitet. Wer um Himmels Willen hackt da mitten in der Nacht Holz? Es ist stockdunkel! Ich lausche den Geräuschen und überlege, wer das sein könnte und vor allem warum? Ich kann es mir nicht erklären. Am nächsten Morgen sehe ich, wer der nächtliche Störenfried war: Es war mein Nachbar - ein Biber. Ganz in der Nähe des Zeltes entdecke ich Bissspuren an den Bäumen und auch einen frisch gefällten Baum. Ich habe mich also nicht verhört und bin froh, dass der Baum nicht auf mich drauf gefallen ist. Da muss man echt aufpassen, wo man sein Zelt aufstellt! In der Gauja entdecke ich dann auch noch das pils meines Nachbarn: eine riesige Biber-Burg. Im Wasser liegen zu einem Wall sorgfältig aufgetürmte Baumstämme. Ich frage mich, wie so ein kleiner Biber die so hoch aufstapeln kann?

Von nun an sehe ich entlang der Flüsse oft von Bibern umgebissene Bäume und die daraus gebauten Burgen. Lettland wird für mich regelrecht zum Biberland, gesehen habe ich allerdings nach dem Ostseebadeerlebnis keinen mehr. Viele Letten teilen übrigens meine Begeisterung über die Biberspuren nicht: Sie finden diese unaufgeräumten Ufer mit den herumliegenden Bäumen eher unansehnlich.

Langsam nähere ich mich nun tatsächlich Russland – Kaliningrad ist ja doch ein Spezialfall. Je näher ich der Grenze komme, desto mehr trödele ich. Ganz unbewusst mache ich das, aber am letzten Tag ist es so stark, dass es mir richtig auffällt. Ich zögere den Grenzübertritt hinaus. Oft mache ich Pause, schaue mir Dinge an, die mich sonst so gar nicht interessieren und kaufe ausgiebig in möglichst vielen Geschäften ein, obwohl ich noch genug Vorräte habe und eh schon nicht weiß, wie ich das alles essen soll. Mich wird doch nun nicht der Mut verlassen?

Aber Lettland klingt auch ganz besonders schön für mich aus. Die letzten Nächte zelte ich auf Wiesen und Weiden mit Hausanschluss, und ich werde so mit Lebensmitteln verwöhnt, dass ein Einkauf vor der Grenze wirklich nicht mehr nötig wäre. Besonders genieße ich die frische Milch! Aber auch Quark, Schmand, Eier und Honig kommen gut bei mir an. Eines der Ehepaare, die mich bewirten, verspricht mir bis September an mich zu denken, bis ich am Baikal oder sonstwo angekommen bin. Das ist echt rührend! Will ich nicht wieder umkehren, kann ich den Grenzübergang nun nicht weiter hinauszögern. Also los! Anders als an der Kaliningrader Grenze, darf ich an dem mit einer sehr sympathischen jungen Russin besetzten Vorposten ohne Probleme weiterfahren. An der eigentlichen Grenze empfängt mich dann aber eine Russin vom alten Schlag. Ihrem Gehabe nach ist sie hier die absolute Chefin, abweisend und unfreundlich hat sie scheinbar beschlossen, mir das Leben schwer zu machen. Leider sind alle meine Papiere in Ordnung. Nach langer Fragerei und beharrlicher Suche nach einem Fehler, kommt sie aber auf die Idee, dass meine Krankenversicherungsbestätigung (die bisher noch keiner sehen wollte) unbedingt auf Russisch sein muss. Erst nach viel Diskutiererei bekomme ich den Einreisestempel.

Nach der Stempelprozedur möchte dann auch noch der Mann vom Zoll seinen Spaß und will unbedingt wissen, was in den Taschen ist. Alles muss vom Fahrrad runter. Dann werden die Taschen mit einem Metalldetektor abgesucht, ganz pingelig von oben bis unten. Natürlich piepst es überall wie verrückt, da nützt es auch nichts, dass das Fahrrad ein wenig abseits steht. Also alle Taschen öffnen. Zum Glück reicht es dann, nur die obersten Schichten auszupacken, die ganzen Drogen und Waffen unten drunter[9] will der Zollmann doch nicht sehen – ist wohl zu viel dreckige Wäsche drüber. Oder Fahrrad-Ersatzteile, Kochgeschirr und Taschenmesser sind dann doch nicht so interessant.

Russland - aller Anfang ist doch nicht so einfach

Dann bin ich endlich in Russland – im großen Mutterland! Ganz zu Anfang begrüßen mich Kraniche, die können einfach so über die Grenze fliegen. Ansonsten ist es hier ganz anders als im Baltikum, was ich aber schwer beschreiben kann. Die Höfe liegen nicht mehr so vereinzelt in der Landschaft. Wenn es Häuser gibt, stehen diese näher beieinander, die Entfernungen dazwischen nehmen allerdings rasant zu. Und die Menschen reagieren

---

9   Das ist ein Scherz!

anders auf Radreisende. Schön wäre es, wenn ich die Gesichter, denen ich begegne, festhalten könnte - manche schauen wirklich als hätten sie ein UFO gesehen!

In der ersten Nacht bin ich ziemlich niedergeschlagen, denn ich finde doch glatt keinen Schlafplatz. Verflixt, das gab es ja noch gar nicht auf der Tour! Noch unsicher im neuen Land will ich unbedingt Leute nach einem Platz für mein Zelt fragen, doch der erste Bauer schickt mich weg und die nächsten Häuser sind verwaist. Da ich müde und entmutigt bin, folge ich irgendwo im Nirgendwo einfach einer Autospur weg von der Straße und zelte wild auf einer kleinen Wiese umgeben von Gebüsch. Ein Gutes hat das Ganze aber: Ich kann endlich mal meine Vorräte dezimieren.

Der zweite Tag in Russland verläuft schon ganz anders. Im Gegensatz zum Vortag scheint die Sonne und ich genieße die Fahrt auf unasphaltierten Nebenstraßen durch das scheinbare „Niemandsland" mit seinen vielen Sümpfen. Die Weite und Einsamkeit des Landes bereits kurz hinter der Grenze ist einfach irre. Ich verfranse mich sogar ein wenig, da ich mich erst mal an den neuen Kartenmaßstab gewöhnen muss.

Ein wenig Sorgen macht mir das Städtchen, das ich mittags anpeile, denn es heißt Puschkinskije Gory (Puschkin Berge). Dafür fahre ich wieder auf Asphalt. Kurz vor dem Ort überhole ich einen sehr langsamen Radfahrer, er fährt im Stehen auf einem recht marode ausschauenden Rad. Nach meinem Überholmanöver geht es bergauf und irgendwann höre ich es hinter mir quietschen. Da hat er mich doch tatsächlich am Berg mit seiner Klapperkiste wieder eingeholt! Da der Mann kein Gespräch anfängt, frage ich ihn nach dem Weg ins Zentrum. Keuchend erklärt er mir zunächst, dass er so schnell hinter mir her ist, weil er wissen will, ob ich einen Motor habe oder ob es wirklich ein Fahrrad ist. Meine Antwort ist eindeutig. Und zu meiner Erleichterung finde ich die Steigungen von Puschkins Bergen gar nicht so schlimm, ich habe da ganz anderes befürchtet. Vielleicht bin ich ja auch mittlerweile etwas trainiert.

In dem kleinen Puschkin-Ort fahre ich als erstes zum Kulturzentrum. Eigentlich bin ich auf der Suche nach einer besseren Karte und da dort auch irgendwas mit „Tourismus" steht, gehe ich hinein. Das Interesse an mir ist groß und ich bekomme erst einmal Tee und Kekse, gleichzeitig werde ich ausgefragt und bestaunt. Zwar gibt es im Kulturzentrum keine Karte, dafür als Erinnerung ein Buch von Puschkin. Natürlich freue ich mich sehr, auch wenn es ein sehr schweres Geschenk ist, für das ich wohl noch ein bisschen Russisch lernen muss.

Zwecks Karte fahre ich weiter zum Buchladen, der macht aber gerade Inventur. Wird wohl erst mal nichts mit einer neuen Karte, stattdessen treffe ich am Puschkin-Denkmal zwei Männer aus St. Petersburg. Die wollen unbedingt ein paar Erinnerungsfotos mit mir machen. Leider ist der Film in meiner Kamera zu Ende und er reißt während Andrej fleißig weiter spannt und fotografiert. Mist, was nun? Ich erinnere mich, dass ich vorhin an einer Bude mit einem Schild „Fotos" vorbeigekommen bin. Also fahre ich dorthin zurück. Das wirklich sehr kleine Lädchen ist geschlossen, seine Öffnungszeit 17 - 19 Uhr. Welch Glück, dass es zehn vor fünf ist! Und überpünktlich kommt da auch schon der Fotograf um die Ecke und ganz professionell holt er mir in einem schwarzen Sack den Film aus der Kamera, selbstverständlich ohne Bezahlung. Dafür bewundert er meinen Fotoapparat. Er selbst hat auch eine Canon, allerdings modern und digital. Meine Canon EF hat doch schon ein paar Jährchen auf dem Buckel, ist aber eine sehr zuverlässige Spiegelreflexkamera, die dank des Metallgehäuses sogar schon Abstürze überlebt hat.

Gut gelaunt fahre ich weiter und gebe nicht auf, später erneut Leute nach einem Platz für mein Zelt zu fragen. Zunächst werde ich wieder weiterverwiesen und lande schließlich bei Walodja im Garten. Zwar kann er so gar nicht verstehen, dass ich seine Einladung ins Haus nicht annehme, akzeptiert es aber. Walodja hat zwei Jahre in Bernau bei der Armee gedient. Er hat zwei Kinder (22 & 24 Jahre), die morgen beide zum Osterfest kommen und deswegen gibt es morgen auch banja (eine Art Sauna). Ich soll doch noch bleiben! Walodja ist super nett und schaut die ganze Zeit interessiert zu, wie ich mich häuslich einrichte. Während ich esse, bringt er eine Flasche samagon (Selbstgebrannter) ans Zelt – aus Birkensaft. Erst denke ich, es ist ein Scherz, aber scheinbar kann man Schnaps wirklich aus allem brennen. Den aus Birkensaft muss ich natürlich probieren! Später besichtige ich auch die samagon-„Fabrik", ein kleiner Schuppen in dem große Töpfe, Spiralen, und eine Heizplatte stehen. Allerdings darf ich keine Fotos machen – ist ja schließlich verboten, selbst zu brennen. Ach, aber ich werde heute tief und fest schlafen! Und trotz der herzlichen Einladung von Walodja, bleibe ich nicht länger - noch kann ich nicht glauben, dass ich mit meiner Anwesenheit niemandem zur Last falle.

Oft bekomme ich Besuch - wie hier an der Loknja

Am nächsten Tag wird es am Nachmittag relativ warm und ich beschließe, das gute Wetter auszunutzen und einen Badetag einzulegen. T-Shirts und ein paar Unterhosen könnten auch mal wieder gewaschen werden. Also beginne ich recht früh mit der Zeltplatzsuche. Auf der Karte ist ein großer See eingezeichnet, leider sind alle Wege dorthin so sumpfig, dass ich doch besser den nächsten kleinen Fluss ansteuere. Dort gibt es auch ein Dorf und ein Mädchen empfiehlt mir ihre Badestelle als Zeltplatz.

Auf dem Weg dorthin spricht mich interessiert ein junger Mann auf dem Rad an.Igor ist Sportlehrer, kommt aus der Stadt und verbringt Ostern bei der Großmutter. Er begleitet mich bis zu meinem Zeltplatz. Kaum angekommen, kommen von irgendwoher drei Kinder und im Laufe der nächsten Minuten werden es immer mehr. Und ich will doch baden! Na ja, krame ich eben den Badeanzug raus und rein in den Fluss. Die Loknja hat etwas Hochwasser und ist vermutlich daher so schlammig. Egal, voller Genuss wasche ich auch meine Haare - es ist kalt, aber ein herrliches Gefühl und für die Kinder die absolute Sensation. Ich versuche, die Zuschauer zu ignorieren und ziehe mein geplantes Programm durch. Nachdem ich sauber bin, wasche ich nun auch noch Wäsche und so voll belagert finde ich das ziemlich lustig und muss die ganze Zeit grinsen.

Mittlerweile sind es längst nicht nur Kinder, die mir dabei zuschauen wie ich meine Unterhosen & Co wasche, auch Erwachsene wollen wissen, wer ich bin. Bei einer älteren Frau stellt sich heraus, dass es die Oma von Igor ist. Sie ist sehr resolut und kann es gar nicht glauben, dass ich in dieser Schlammbrühe gebadet habe. Nein, da kann man doch nicht sauber werden und das am Samstag wo doch banja-Tag ist! Letztendlich habe ich gar keine Wahl, ich muss mein Nachtlager wieder abbauen und unbedingt mit zu ihr kommen. Mir fällt einfach keine Ausrede mehr ein, warum ich lieber im Zelt bleiben will, und ich kann sie vor allem nicht davon überzeugen, dass ich absolut frisch gewaschen und sauber bin.

Igors Oma wohnt sehr einfach in einem sympathischen Holzhaus und als erstes gibt es was zu Essen. Später gehe ich dann zusammen mit ihr wie versprochen in die banja. Ganz klassisch klopfen wir uns gegenseitig mit Birkenzweigen ab und die Oma hat sogar extra Bier gekauft – ein bisschen für den Aufguss und den Rest für unsere Kehlen. Auch wenn ich ja schon sauber war, banja ist doch immer herrlich! Während wir gemeinsam schwitzen und uns waschen, erzählt mir die Oma von ihrem Leben. Der besoffene Mann, der vorhin kurz bei ihr aufgetaucht war, ist ihr Ex-Mann und hat alles versoffen, was sie besaßen. Ursprünglich kommt die Oma aus Estland und ist als Erwachsene in eine russische Stadt gezogen. Eigentlich gefällt es ihr dort sehr gut, aber die Töchter zieht es aufs Land, zumal eine von ihnen in der Stadt ziemliche gesundheitliche Probleme hatte. Ich bin von der Oma sehr beeindruckt und finde sie irgendwie sehr fortschrittlich. Arme und einfache Lebensverhältnisse haben wirklich nichts mit rückständig oder ungebildet zu tun!

Dieses Jahr fällt der orthodoxe Ostersonntag auf den ersten Mai und die Kinder gehen von Haus zu Haus und sammeln Ostereier und Süßes. Ein bisschen so wie bei uns am Rosenmontag. Auch für mich ist heute ein ganz besonderer Tag, es ist der Tag an dem ich so richtig in Russland ankomme – endlich! Zunächst war ich doch etwas eingeschüchtert von diesem riesigen Land.

Der erste Mai fängt gar nicht so gut an: Es ist bewölkt, es regnet anhaltend und es ist wieder saukalt. Die Stimmung ist trotzdem gut und ich nutze einfach die Bushaltestellenhäuschen für meine Pausen und warte dort geduldig auf die ein oder andere Regenlücke.

Heute, wo gleich zwei Feiertage zusammen fallen, will ich nirgends nach einem Zeltplatz fragen, sondern beschließe, mich direkt in die Büsche zu schlagen. Ich habe einfach keine Lust auf Besoffene. Bevor ich aber ein ruhiges Plätzchen für mein Zelt suchen kann, brauche ich noch etwas Trinkwasser. Leider finde ich keinen Brunnen und es gibt auch keine Leute auf der Straße, die ich nach Wasser fragen könnte. Vermutlich sitzen alle zu Hause und feiern. Was soll man bei dem Wetter denn auch sonst machen? In dem Dorf Podfilni sehe ich endlich einen Mann vor der Haustür rauchen. Auch wenn die Situation nicht sehr einladend scheint, ergreife ich die Chance und frage ihn nach Wasser. Mehr will ich ja gar nicht. Der Mann bittet mich ins Haus und ich platze mitten in eine Familien-Erste-Mai-Geburtstags-Osterparty. Die Begeisterung ist groß. Es geht hopplahopp - so schnell kann ich gar nicht denken - und ich sitze mit am Tisch, bekomme einen sauberen Teller und darf mich an den aufgetafelten Köstlichkeiten bedienen.

Am großen Küchentisch ist eine muntere Unterhaltung im Gange, und alle werden mir natürlich erst einmal vorgestellt. Das geht so durcheinander und ist so verwirrend, dass ich erst viel später verstehe, wer wie mit wem verwandt ist und wer hier überhaupt wohnt. Dabei sind es nur sieben Personen. Walja und Gena leben hier mit ihrem jüngsten Sohn, dem 14-jährigen Artjem. Die drei älteren Kinder sind bereits aus dem Haus. Zu Besuch ist die älteste Tochter mit Mann, die Oma und ein Onkel.

Schnell wird klar, was hier gefeiert wird: Es geht am wenigsten um den ersten Mai, ein bisschen um Ostern und hauptsächlich um einen Geburtstag. Und das Geburtstagskind ist die Oma. Es ist irre gemütlich und von der ersten Sekunde an fühle ich mich sehr wohl. Wie selbstverständlich bleibe ich über Nacht. Das eigenhändig von Gena erbaute Holzhaus besteht eigentlich nur aus zwei großen Räumen, einer Wohnküche und einem Wohn-Schlafzimmer. Alle Fensterbänke im Haus stehen voller Pflanzen. Tomaten und anderes Gemüse werden dort in alten Tetrapacks vorgezogen - sehr praktisch! Mitten im Haus gibt es einen riesigen Lehmofen, der eine wohlige Wärme ausstrahlt. Manchmal ist es doch auch gut in vier Wänden zu übernachten!

Nach einem ausgiebigen Frühstück am nächsten Morgen, schieben Vater und Sohn ehrfurchtsvoll mein Fahrrad auf die Straße, es ist ein bisschen, als würden sie einem Zaren das Geleit geben. Es ist kalt und dann fängt es auch noch an zu regnen. Die Entscheidung fällt gar nicht schwer, ich bleibe einfach noch einen Tag!

Den Pausentag nutze ich, um mit Walja auf Russisch lesen zu üben und ich komme mir dabei vor wie in der ersten Klasse. Wir haben eine Menge Spaß. Mit den Männern mache ich am Nachmittag dann einen Ausflug auf einen nahe gelegenen Hügel, auf dem ein großer Hänger steht. Der steht nicht ganz grundlos dort: Zielstrebig klettern Vater und Sohn darauf und siehe da, wenn sie sich aufrecht hinstellen gibt es dort oben Handyempfang. Ich verstehe nun auch die Frage, ob ich mit telefonieren komme. Bisher war mir der Zusammenhang zwischen telefonieren und unserem Spaziergang nicht so ganz klar gewesen. Da ich aber eh kein Handy habe, ist es für mich auch nicht so wichtig. Beeindruckt bin ich, als Artjem mir auf dem Rückweg ganz stolz sein Fahrrad zeigt, es hat als Lenker ein rundes Autolenkrad – echt cool!

Am folgenden Tag nehme ich dann endgültig Abschied von „meiner Ersten-Mai-Familie", wie ich sie für mich nenne, und der geht mir sehr nah. Aber da es nicht mehr regnet, treibt es mich auch weiter. Wieder schieben die Männer gemeinsam - einer rechts, einer links - das Fahrrad auf die Straße. Wir Frauen folgen dieser Prozession. Unsere Hände sind voller Lebensmittel und die sollen nun noch irgendwo in meine Taschen passen. Während wir uns drücken und alles Gute wünschen, kullern die Tränen. Traurig und

Artjem mit seinem echt coolen Rad!

glücklich zugleich fahre ich weiter: Hurra, nun bin ich wirklich in Russland angekommen!

Zentralrussland – Zwiebeltürme, Wolga & Co

Und es geht weiter voll netter Begegnungen. Kaum bin ich warm gefahren, hält ein Auto vor mir an und drei junge Männer steigen aus. Sie reichen mir drei hartgekochte bunt gefärbte Ostereier und fahren dann weiter. Danke! Um dem Verkehr auszuweichen, fahre ich auf Nebenstraßen. Sind sie sehr dünn in meiner Karte eingezeichnet, sind es meist nicht asphaltierte Straßen, aber der festgefahrene Sand lässt sich ganz gut befahren. Nur selten ist er so lose, dass man ins Schlingern kommt. Ich muss lachen, als ein Loch, das über die Hälfte der Straße geht und bestimmt einen Meter tief ist, einfach mit einem Holzklotz abgesperrt ist und einem signalisiert, besser drumherum zu fahren. Na ja, aber immerhin ist es markiert und es sieht nicht so aus, als ob schon jemand hineingefallen wäre.

Die kurvige Straße führt mich durch eine leicht hügelige Landschaft mit viel Wald, Sümpfen und Seen. An einem dieser Seen machen gerade zwei Männer ein Ruderboot klar, um aufs Wasser zu gehen. Sie bitten mich, eine halbe Stunde auf sie zu warten, um dann mit ihnen Tee zu trinken. Da es ein schöner Platz ist und ich Lust auf Unterhaltung und Pause habe und Tee sowieso immer gut ist, setze ich mich ans Ufer und beobachte wie die zwei auf den See hinausrudern. Beide tragen das typische russische Männer-Outdoor-Outfit, so eine Art Tarnanzug. Ziemlich praktisch eigentlich, denn auf dem gemusterten Stoff sieht man nicht sofort jeden Fleck. Außerdem ist der feste Baumwollstoff sehr stabil und bei der Winterversion sind Jacke und Hose dick wattiert.

Während ich warte, überlege ich, was die Männer da auf dem See treiben? Ich habe ihre Erklärung nicht so ganz verstanden und vermute, dass sie Fallen aufstellen. Wie ich später erfahre, verteilen sie Nistkästen für Enten. Es sind aber keine Naturschützer, sondern Jäger, die die Enten schützen, damit sie sie später jagen können.

Dima, der jüngere, ist Mitte Zwanzig und studiert „Jäger" an der Uni. Stolz erklärt er mir, dass es in Russland nur zwei Universitäten gibt, an denen man das studieren kann. Er lädt mich nicht nur zum Tee ein, sondern auch bei ihm zu übernachten. So langsam habe ich meine Beklemmungen,

Einladungen auch mal anzunehmen, abgelegt und stimme erfreut zu. Beim Abendessen ergreife ich die Gelegenheit, den Fachmann zu fragen, was mir schon die ganze Zeit auf dem Herzen liegt: Wie das denn so in Russland mit den Bären ist? Sind die gefährlich? Schon meine Erste-Mai-Familie hatte ich danach gefragt und die erzählten mir, dass vor 15 Jahren mal ein Bär auf Nahrungssuche ganze Häuser geplündert habe. Jetzt bestünde die Gefahr aber nicht mehr, die Bären seien tief im Wald.

Weil ich finde, dass ich auf meinen Nebenstrecken teilweise ganz schön tief im Wald radel und auch zelte, frage ich besser nochmal den Profi. Aber auch Dima beruhigt mich, Bären sind eigentlich nur in zwei Situationen gefährlich: im Winter oder wenn sie angeschossen sind. Das ist verständlich. Unplanmäßig aus der Winterruhe gerissen oder angeschossen zu werden, macht sicherlich keine gute Laune. Der „normale" russische Bär ist wohl ganz friedlich und man bekommt ihn eigentlich gar nicht zu Gesicht. Generell weicht er dem Menschen aus und Platz dafür ist ja genug da.

Sozusagen als Beweis, dass die Angst der Bären vor den Menschen durchaus berechtigt ist, zeigt mir Dima Fotos von seinen Jagdausflügen. Es gibt viele sehr schöne Naturaufnahmen, aber auch viele erlegte Tiere. Besonders die aufgereihten Biber drehen mir den Magen um. Trotzdem lasse ich mich gerne am nächsten Morgen noch zu einem Arbeitsausflug einladen. Pünktlich um acht Uhr geht es los. Nachdem wir irgendwo auf irgendwas warten – völlig undurchsichtig für mich warum und wieso – machen wir ein gemütliches Picknick mit Brot, Speck, Fisch und Wodka. Aber es ist wirklich ein Arbeitsausflug: Die beiden Jäger und noch eine Art Fotograf halten nach Stellen Ausschau, an denen sie das Wild, besonders Wildschweine, anfüttern können. Im Sommer kommen wohl viele Touristen, die für die Jagd gutes Geld bezahlen, da sollte die Trefferquote dann schon stimmen.

Auch wenn das Querfeldein-Gejuckel in dem Jeep auf Dauer ganz schön anstrengend ist und ich mich nach meinem Fahrrad sehne, das Ziel unseres Ausflugs lohnt sich. Wir fahren zur Wolgaquelle. Der berühmte Fluss entspringt inmitten einer sumpfigen Waldlandschaft, in den sogenannten Waldaihöhen. Kaum zu glauben, dass aus diesem kleinen Bächlein mal der wasserreichste und längste Fluss Europas wird. Ich bin beeindruckt, wie unscheinbar und verlassen der Ursprungsort dieses majestätischen Stromes ist! Nur eine hübsche Holz-Kirche deutet auf einen besonderen Ort hin. Ab und zu scheint es auch andere Besucher zu geben, denn die Uferstreifen sind dort, wo man problemlos breitbeinig über dem Bächlein stehen kann, ganz abgetreten. Na klar besitze ich nun auch ein Foto auf dem die Wolga zwischen meinen Beinen hindurchfließt. Und selbstverständlich probiere ich das Wasser und ja, es schmeckt!

Es dauert gar nicht lange, da wird aus dem kleinen Bächlein ein richtiger Fluss, bereits in Twer[10] ist die Wolga über 200 Meter breit. Hier möchte ich ein paar Tage bleiben, um mich registrieren zu lassen. Mental bin ich ja spätestens seit meiner Ersten-Mai-Familie in Russland angekommen, um aber auch mit tadellosen Papieren hier zu sein, fehlt mir noch eine Registrierung. Die braucht jeder Ausländer, der sich länger als drei Tage an einem Ort aufhält[11].

Ich bin mir bewusst, dass ich mich in einer Grauzone befinde, aber da ich bisher nie länger als zwei Tage an einem Ort war, sollte es kein Problem sein, nun eine Registrierung zu bekommen. Beim OWIR, einer speziellen Abteilung der Verwaltung für Reisepässe, Visa und Registrierung, wird es aber zum Problem. Die wollen 1.500 Rubel (≈42 €) Strafe von mir, weil ich schon länger als drei Werktage im Land bin. Ich sehe das nicht ein, da ich genau genommen nichts verkehrt gemacht habe, nur kann ich mein ständiges Unterwegssein nicht durch Fahrkarten oder andere Quittungen beweisen. Die Strafe ist allerdings nicht das einzige Problem, das sich meiner Registrierung in den Weg stellt. Meine Gastgeber, eine äußerst nette Familie, haben selber keine offizielle Meldeadresse in Twer. Nichts Ungewöhnliches in Russland, aber ich brauche halt eine angemeldete Adresse, über die ich mich dann registrieren lassen kann. Einen Tag lang warten wir auf einen Bekannten, der bei der Miliz arbeitet und uns bei der Registrierung helfen will. Der Bekannte kommt aber nicht. Dann erklärt sich die Oma bereit, mich mit ihrem Pass registrieren zu lassen. Sie wohnt zwar gar nicht bei der Familie, ist dort aber offiziell gemeldet. Leider ist sie psychisch instabil und als es ernst wird und wir mit ihr zum OWIR gehen wollen, weigert sie sich und ist auf alle und alles böse und lehnt es ab, überhaupt mit irgendjemandem zu reden.

Da ich sowieso nicht einsehe, die Strafe zu zahlen, beruhige ich meine Gastgeber, denen das Ganze ausgesprochen unangenehm ist, und komme auf eine andere Möglichkeit. Und zwar sitzt die Firma, von der ich die Einladung für mein Visum bekommen habe, in Moskau. Damit ich mich auch woanders registrieren lassen kann, hat sie mir extra ein Dokument ausgestellt. Denn

---

10 Twer liegt mit seinen 400.000 Einwohnern etwa 300 Kilometer flussabwärts von der Wolgaquelle.
11 Aktuell sind es sieben Werktage. Und man muss auch nicht mehr zum OWIR, sondern kann sich bei der Post registrieren lassen.

eigentlich will ich nicht nach Moskau. Weil Twer aber nur 170 Kilometer entfernt ist, fahre ich mit der elektritschka (eine Art S-Bahn) nun doch in die Hauptstadt, um dort die Registrierung zu machen. Früh morgens um fünf Uhr sitze ich im Zug und abends fahre ich glücklich mit vollständigen Papieren wieder nach Twer. Hurra! Keine Strafe bezahlt, nur 500 Rubel (≈14 €) Bearbeitungsgebühr.

Dummerweise habe ich bei meinem Moskau-Ausflug etwas Falsches gegessen, den nächsten Tag verbringe ich auf dem Klo. Aber einen besseren Platz, um mich wieder auszukurieren, kann ich mir eigentlich nicht aussuchen. Die Twerer Familie ist wirklich klasse! Tochter Stassja (21) ist die Reiselustigste von ihnen, sie liebt es, per Anhalter zu reisen und war schon fast überall im europäischen Teil von Russland und auch in der Ukraine. Ihre offene und natürliche Art macht sie sofort sympathisch und sie hat ein ausgesprochen ansteckendes Lachen. Stassjas jüngeren Bruder Dima lerne ich nur kurz kennen, da er erst kurz vor meiner Weiterfahrt von einem Kletterfestival in St. Petersburg zurückkommt. Stassjas Vater ist Lkw-Fahrer und sehr stolz darauf, dass er einen MAN fährt. Privat hat er einen russischen Jeep der Firma Lada, einen Niva. Mutter Lena hat mich voll und ganz in ihr Herz geschlossen und obwohl wir altersmäßig vermutlich gar nicht sooo weit auseinanderliegen, bin ich fast wie eine zweite Tochter für sie. Und durch meinen Besuch kann ich Lena einen richtigen Gefallen tun. Weil es zur Zeit Warmwasserprobleme gibt, haben wir uns nämlich zum Duschen einfach bei Freunden eingeladen. Lena wollte die schon längst mal besuchen, da sie ihre Wohnung frisch renoviert haben. Scheinbar wollte sie aber ihre Neugier nicht so demonstrativ zeigen und nun hat sie endlich einen Grund gefunden, vorbeizuschauen. Praktischer Nebeneffekt der Wohnungs-Besichtigung: Wir sind alle frisch geduscht!

Mein Twer-Aufenthalt beginnt übrigens mit einem wichtigen Feiertag. Schon in den Tagen, bevor ich die Stadt erreiche, kündigen mir die Leute an, dass für diesen festlichen Anlass mal wieder mit Kanonen das schlechte Wetter in Moskau weggesprengt wird. Das kommt mir ein wenig rätselhaft vor und ich zweifle an meinen Russischkenntnissen. Ich weiß natürlich, um welchen Feiertag es sich handelt, die Banner über den Straßen sind ja auch nicht zu übersehen: Es geht um den 9. Mai, den Tag des Großen Sieges, das Ende des Zweiten Weltkriegs. Dafür werden die Dörfer und Städte herausgeputzt und mit Fahnen und Blumen geschmückt. Lena fragt mich am Vorabend beim Essen, ob bei uns denn morgen auch Feiertag sei? Grinsend frage ich,

Am 9. Mai in Twer

welchen großen Sieg wir denn feiern sollen? Da muss sie auch lachen. Aber eigentlich hat Lena recht, der Tag sollte für alle ein Feiertag sein - einfach weil der Krieg endlich zu Ende war. Und es ist überhaupt gar keine Frage, ich soll am nächsten Tag mit in die Innenstadt.

Die offizielle Hauptattraktion der Feierlichkeiten ist die Parade zu Ehren des Sieges, danach flanieren wir wie all die anderen vielen Menschen auf der gesperrten Hauptstraße auf und ab. Es werden sportliche Wettkämpfe durchgeführt und besonders viel Andrang gibt es beim „ewigen Feuer", das von zwei blutjungen Soldaten bewacht wird. Sie verziehen keine Miene. Die Leute werfen Münzen in das Feuer, ein Symbol für den Herzschlag der Soldaten.

Sehr interessant finde ich auch, dass an alle jüngeren Personen ein Blumenstrauß mit Osterglocken verteilt wird. Jeweils immer eine Blume aus dem Strauß wird dann einem beliebigen Veteranen überreicht. Die zu erkennen ist kein Problem, sie sind die Ältesten auf der Straße und sie haben sie sich mit ihren Uniformen und den ganzen Orden und Abzeichen herausgeputzt. An mancher Brust hängt so viel, dass der Platz zu knapp erscheint. Die Veteranen lächeln glücklich, wenn sie eine Blume überreicht bekommen, und freuen sich sichtlich über ehrlich gemeinte Worte wie: Herzlichen Dank für ihre großartige Tapferkeit!

So gerne die Russen bis heute ihren Zweiten-Weltkrieg-Sieg feiern, so unproblematisch ist es für mich, mit dabei zu sein. Überhaupt wird mir während meiner ganzen Zeit in Russland keinerlei Feindseligkeit entgegengebracht, weil ich eine Deutsche bin, auch nicht von der älteren Generation. Im Gegenteil, ich habe das Gefühl, dass den Deutschen in Russland generell mit enormer Hochachtung begegnet wird. Manchmal ist es mir fast unangenehm. Ich kann ja auch nichts für meine Staatsangehörigkeit und ich schäme mich dafür, wie schlecht die Russen oft in Deutschland angesehen werden. Gerecht ist das nicht!

Trotz aller Freundschaft bin ich aber froh, dass mein Strauß Osterglocken die Parade nicht überlebt und ich so geschickt umgehen kann, Blumen an die Veteranen zu überreichen. Gratulationen zu militärischen Kriegsleistungen kommen mir doch irgendwie suspekt vor, egal von welcher Nation.

Und entgegen aller Prophezeiungen, das Wetter spielt mit! Nachdem es morgens beim Frühstück noch geregnet hat, scheint mittags sogar die Sonne. Ich lasse mir das mit den Kanonen mal genauer erklären, bisher halte ich es eher für einen Scherz. Nein, es gibt wirklich Kanonen, die abgefeuert werden, damit es in Moskau nicht regnet. Allerdings fangen mittlerweile meist Flugzeuge die Regenwolken vor Moskau ab und versprühen irgendeine Chemie, damit sich die Wolken vor der Hauptstadt ausregnen. Daher scheint an hohen Feiertagen in Moskau die Sonne und rundherum kann es regnen. Aber dieses Jahr gibt es auch in Twer Sonnenschein und das ganz ohne Kanonen!

Feiertag, Registrierung, Gesunden – nun bin ich schon eine ganze Woche in Twer und will endlich wieder aufs Fahrrad. An meinem Abfahrtstag sind die Eltern mit Dima schon mitten in der Nacht zum Angeln aufgebrochen und so vertritt Stassja ihre Familie. Natürlich fällt der Abschied schwer, aber das Wetter ist spitze und es ist toll, wieder unterwegs zu sein. Und wer sich noch an meine Knieprobleme erinnert, die sind nach der langen Pause endlich vollkommen verschwunden!

Gut gelaunt fahre ich gemütlich auf einer kaum befahrenen Landstraße, als mich nach etwa fünfzig Kilometern ein Auto überholt und vor mir hält. Ein Auto, das mir sehr bekannt vorkommt – ein weißer Niva. Zu meiner Überraschung steigt wirklich meine Twerer Familie aus. Angeblich sind sie von ihrem Angelsee, der in einer ganz anderen Richtung liegt, wegen Fischmangel wieder weggefahren und wollen es nun ganz zufällig in meiner

Richtung probieren. Ich glaube ihnen kein Wort. Vermutlich hat Lena ihre Männer überredet, ihren Angelausflug zu vertagen, um nach mir zu schauen. Ach, es ist wirklich schön die Drei nochmal so überraschend zu treffen! Und Lena hat mir in zwei Tagen bei einer Tante in Kaljasin direkt noch eine weitere Unterkunft besorgt – am liebsten würden sie mich wohl im Auto begleiten.

Kaljasin liegt wie Twer auch an der Wolga. Die ist hier aufgestaut und von einem überfluteten Dorf schaut nur noch die Kirchturmspitze aus dem Wasser. Die Tante von Lena, tjotja[12] Lidija, lebt mit drei Katzen in der Stadt, in einer mit Teppich an den Wänden ausgestatteten Wohnung. Ganz typisch für Russland. Genauso, dass es zur Zeit kein Warmwasser gibt. Da es aber noch früh ist, möchte ich trotzdem die Gelegenheit nutzen, mal wieder Wäsche zu waschen. Dafür erhitzt Lenas Tante auf dem Herd eimerweise Wasser.

Oft werde ich gefragt, ob mir nichts fehlt, wenn ich so spartanisch ohne Dusche, Strom und Heizung unterwegs bin? Nein, ich genieße es, draußen so einfach mit Rad und Zelt unterwegs zu sein! Einzig eine Waschmaschine vermisse ich von Zeit zu Zeit - wie ich finde, eine der besten Erfindungen des zwanzigsten Jahrhunderts. Leider stoße ich auf der gesamten Radtour nur sehr selten auf diese großartige Haushaltshilfe.

Hier bei tjotja Lidija wasche ich, wie nun bereits gewohnt, meine Wäsche per Hand. Da es wirklich nicht meine Lieblingsbeschäftigung ist, geht das ganz schnell: Ein bisschen Seife, ein bisschen Wasser, etwas rubbeln – fertig bin ich. Tjotja Lidija ist entsetzt als sie mich dabei beobachtet! Sie reißt mir meine Wäsche aus den Händen, seift sie richtig ein, durchknetet und reibt sie anhaltend und dauerhaft, vergisst auch bestimmt keinen Zentimeter. Natürlich wird das dreckige Heißwasser mehrmals gegen sauberes getauscht und es dauert etliche Ladungen kaltes bis all die Seife wieder rausgewaschen ist. Mir ist das Ganze furchtbar unangenehm und ich versuche tjotja Lidija die Wäsche wieder abzunehmen. Zumal offensichtlich ist, dass sie unter Rückenschmerzen leidet und über die Badewanne gebeugt sein ja nicht gerade die entspannteste Körperhaltung ist. Aber tjotja Lidija lässt sich nicht ins Handwerk pfuschen. Bei mir siegt der Humor, ich bin sicher, so sauber wird meine Wäsche nie wieder werden! Als Belohnung für die ganze Anstrengung darf ich dann anschließend bei den Nachbarn duschen, die haben für den Fall des Warmwasserausfalls einen eigenen Warmwasserboiler.

12 Russisches Wort für Tante

Zum Abendbrot gibt es blini mit smetana und warenje. Das sind dünne Pfannkuchen mit einer Art Schmand und flüssiger Marmelade aus diversen Beeren. Tjotja Lidija rät mir, nochmal ordentlich zuzugreifen, denn weiter im Osten gäb's nix mehr. Grins! Also ihre blini sind wirklich köstlich, aber dass ich bald darben oder gar verhungern werde, glaube ich nun nicht. Na ja, meint sie dann, natürlich werden in ganz Russland blini gegessen, aber östlich von Kasan (was kurz vor dem Ural liegt), würde ich niemanden mehr treffen, der sie für mich backt. Seltsam, wie oft ich Leuten begegne, die glauben, dass hinterm Ural jegliche Zivilisation aufhört.

Tjotja Lidija schenkt mir zum Abschied einen von ihr selbstgebastelten Talisman: ein leuchtend orangefarbenes Schweinchen aus Stoff, mit Watte gefüllt und rosa Schleifchen um die Ohren. Sorgsam wird es von mir am Lenker festgebunden und grinst mich von nun an während der Fahrt die ganze Zeit an.

In Kaljasin treffe ich nicht nur auf tjotja Lidija, sondern auch erstmals auf den sogenannten „Goldenen Ring". Er wird gebildet durch alte russische Städte Zentralrusslands. Städte wie Uglitsch, Rostow, Kostroma liegen auf meinem Weg und bilden mit vielen anderen sozusagen das alte Herz von Russland – eben den Goldenen Ring. Besonders schön finde ich, dass es durch die vielen Kirchen und Klöster dieser alten Orte unzählige Zwiebeltürme gibt. Immer wenn ich einen besonders Schönen sehe, hüpft mein Herz vor Freude. Mit ihrem kugeligen Bauch und oft bunt gemustert sind sie aber auch wirklich entzückend!

Besonders in den Dörfern stechen die Kirchen hervor, imposant um so vieles größer als die umliegenden kleinen Holzhäuser. Wobei gerade dort viele von ihnen kurz vor dem Verfall stehen. Eine Folge der Sowjetzeit, in der die Kirchen brach liegen gelassen oder zu landwirtschaftlichen Zwecken umfunktioniert wurden. Wenn möglich werden sie nun wieder Stückchen für Stückchen restauriert. Ich habe den Eindruck, dass die Kirche in Russland heute boomt und von Jung und Alt großen Zulauf hat.

Hin und wieder suche ich mir einen Zeltplatz mit Sicht auf eine dieser imposanten Dorfkirchen, es gibt mir irgendwie ein beschütztes Gefühl. Selbst wenn ich beim Näherkommen sehe, dass diese Kirche wohl nichts mehr retten kann und überall auf ihr schon Birken wachsen. In Rusilowo scheint auch das Dorf drumherum wie ausgestorben. Trotzdem, oder gerade deswegen,

Gerne zelte ich mit Blick auf eine Kirche

baue ich mein Zelt auf einer Wiese in der Nähe auf und ein wenig später bekomme ich Besuch von einer Oma mit ihrem Enkelkind. Die Oma ist ganz aufgeregt und versucht das Kind vorzuschicken, um mit mir ins Gespräch zu kommen. Das Kind hat aber keine Lust dazu, also muss die Oma selbst ihre Scheu überwinden. Dabei tue ich doch wirklich niemandem etwas! Die Oma ist sehr ergriffen, sie hat noch nie in ihrem Leben einen Ausländer gesehen. Nein so was, wie ich mich denn hierher verirren konnte? Die Oma erzählt mir, dass in dem Dorf nur noch wenige alte Leute wohnen, es ansonsten nur noch einige Datschen als Gärten und Wochenendhäuser für die Städter gibt. Das scheint ganz typisch zu sein. Ein paar Tage später zelte ich in einem Dorf, in dem von ehemals 100 Bewohnern nur noch 42 dort leben, auch meist Senioren – scheinbar ganz besonders nette. Meine „Nachbarin" bringt mir morgens einen halben Liter kuhwarme Milch ans Zelt. Lecker!

Noch öfters treffe ich auf solch aussterbende Dörfer - schade, gerade die Dörfer gefallen mir in Russland so gut. Überwiegend gibt es hier die so sympathischen Holzhäuser, die oft mit hübschen Schnitzereien verziert und deren Fensterrahmen in bunten Farben gestrichen sind. In den Städten wohnen die Menschen hauptsächlich in Plattenbauten oder sonstigen kastenförmigen Mehrfamilienhäusern - insgesamt viel trister Beton. Allerdings darf man sich nicht von dem Äußeren der Häuser abschrecken lassen, auch nicht von den oft gruseligen Treppenaufgängen aus kahlem Beton und komischen Gerüchen - die Wohnungen selber sind meist sehr gemütlich!

Zurück aber zum Goldenen Ring: Die alten russischen Städte haben nicht nur wunderschöne Kirchen und Klöster zu bieten, ich lerne auch, dass nicht nur Moskau einen kreml hat. Denn ein kreml ist eigentlich nichts weiter als das Zentrum alter Städte – eine Art Festung. Darin, also innerhalb der Festungsmauern, befanden sich die für eine Stadt lebensnotwendigen Gebäude wie Munitionslager, Handwerksmeistereien, Kirchen und Verwaltungen.

Nicht nur die Zwiebeltürme lassen mein Herz höher schlagen, sondern auch die Sonne und die steigenden Temperaturen. Endlich wird es warm! Mittlerweile fahre ich tagsüber fast die ganze Zeit in T-Shirt und kurzer Hose und meine Arme sind bereits leicht gerötet. Es grünt überall und langsam fangen auch die Blumen an zu blühen, es gibt hier sooo viele Sumpfdotterblumen. Endlich auch die ersten besetzten Bänke vor den Häusern. Ach, da macht selbst der recht kräftige Gegenwind rein gar nichts.

Und es dauert gar nicht lange, da ist es nicht nur warm – in der letzten Maiwoche wird es richtig heiß! Damit ich keinen Sonnenstich bekomme, kaufe ich mir eine Schirmmütze - nicht schön, aber praktisch. Man kann sie auch ganz wunderbar mit Wasser füllen und dann über dem Kopf auskippen. Eine herrliche Abkühlung!

Die langersehnte Wärme hat blöderweise auch eine Schattenseite: Die Mücken erwachen! Leider hat sich meine insgeheime Hoffnung, dass das ungewöhnlich kalte Frühjahr sie ausgelöscht oder zumindest dezimiert hat, nicht erfüllt. Einen ersten Vorgeschmack bekomme ich beim Zelten auf einer unscheinbaren Wiese, ganz plötzlich kommt es zu einer Mückeninvasion. Mein Optimismus bleibt, vielleicht schlafen die Biester lange. Leider getäuscht – die Mücken sind vor mir wach und begrüßen mich hungrig, als ich aus dem Zelt krieche. Ich bekomme das Gefühl, dass Mücken eigentlich niemals schlafen – auch wenn ich nachts mal raus muss, sie sind sofort da. Aber beim Zelten helfen zum Glück noch ganz gut diverse Antimückenmittelchen. Nur mein Zeltboden mag das Zeug nicht so sehr, bereits ein Tropfen verursacht leichte Auflösungserscheinungen. Zum Glück sind die Mücken beim Radeln weg - da lassen sie mich in Ruhe! Zum Glück kann ich nicht in die Zukunft schauen ...

Obwohl nach wie vor im Gebiet des Goldenen Rings, komme ich nun in eine Stadt, die so ganz anders ist als die historischen Orte drumherum. Ich komme in die erst vierzig Jahre junge Stadt Wolgoretschensk. Sie ist mit nur 30.000 Einwohnern klein und übersichtlich und liegt an der Wolga nicht weit von Kostroma. Es gibt hier keine alten Häuser, nur kastenförmige Neubauten, die alle ordentlich an einer schnurgeraden Hauptstraße aufgereiht sind, die von Bäumen und Bürgersteigen gesäumt wird. Eine große Kirche befindet sich zur Zeit noch im Bau, natürlich mit Zwiebeltürmen. Und direkt an der Wolga gibt es ein großes Wärmekraftwerk – der Grund, warum Wolgoretschensk entstanden ist.

In dieser neuen Stadt wohnen die Eltern und Schwester einer Freundin von einer Freundin aus Deutschland. Die Freundin meiner Freundin kenne ich gar nicht, aber mir wurde versichert, dass die Eltern sehr nett seien und sich sicher über einen Besuch von mir freuen würden. Zwei Tage vorher habe ich mich telefonisch angekündigt und hatte den Schwiegersohn am Apparat. Er teilte mir mit, heute ab 16 Uhr zu Hause zu sein. Es ist aber niemand da und auch telefonisch kann ich keinen erreichen, also setze ich mich einfach abwartend auf die Bank vor dem Haus - eine dieser neuen 5-Etagen-Plattenbauten. Schnell versammeln sich Kinder um mich herum und auch eine Frau will wissen, wer ich bin. Keine Ahnung ob sie es war, die Swjeta angerufen hat, aber die kommt, um mich einzusammeln. Es stellt sich heraus, dass Swjeta eine Freundin der Familie ist, zu der ich will. Nun bin ich also schon mal bei einer Freundin einer Freundin einer Freundin. Die ganze Familie ist super herzlich und ich kann dort übernachten.

Die Familie, die ich eigentlich in Wolgoretschensk besuchen will, wird auf der datscha vermutet. Swjeta und ihr Bruder fahren mich am nächsten Tag dorthin. Es sind bestimmt 25 Kilometer bis wir endlich ankommen und zu unserer Verwunderung ist niemand außer dem Schwiegersohn dort. Wie sich später herausstellt, ist er der „Nichtsnutz" der Familie, wohl weil er nie mithilft, nicht arbeitet und wie selbst erfahren, auch keine Telefonanrufe weitergibt. Er ist gestern bereits um 15 Uhr hierher zur datscha gefahren und hat ganz vergessen, dass ich ja nach 16 Uhr komme. Aber er kann uns nun wenigstens die Auskunft geben, dass die Eltern mit der Nichte ins Nachbardorf zur Kirche gefahren sind. Auf dem Weg dorthin kommen uns die Gesuchten entgegen - es gibt ein großes Hallo! Schnell werde ich ins andere Auto umgeladen und bleibe nun mit auf der datscha.

Als datscha bezeichnet man so eine Art Schrebergarten, in dem fleißig Gemüse und auch Obst angebaut wird. Zu dem Garten gehört immer auch ein Häuschen, in dem man wohnen kann, also mit Betten und Kochmöglichkeit - alles auf einfachem Dorfstandard, ohne fließendes Wasser und mit Klo im Garten. Und wie so oft gibt es auch auf dieser datscha eine banja. Eine banja ist ja so eine Art Sauna, allerdings schwitzt man dort nicht nur, man wäscht auch sich und seine Wäsche und bearbeitet sich gegenseitig mit Birkenzweigen. Üblicherweise wird die banja jeden Samstag angefeuert und zu meiner Freude auch oft, wenn Gäste kommen. Ein mit Holz befeuerter Ofen erhitzt dann nicht nur den Raum, sondern auch einen Behälter mit Wasser (fürs Waschen) und Steinen (für den Aufguss). Der banja-Gang ist mit der Mutter der Freundin meiner Freundin, mit Oma Vera, besonders schön. Ganz bezaubernd finde ich es, wie diese schöne alte Frau mit einer enormen Ausstrahlung nackend im Dampf der banja ihren sehr langen grauen Zopf aufflechtet und sich dann in einer Waschschüssel die Haare wäscht. Und anschließend gibt sie es mir dann so richtig! Die Birkenzweige werden dafür zunächst in heißem Wasser eingeweicht, dann werde ich von Kopf bis Fuß damit abgestrichen, abgeklopft und regelrecht gepeitscht. Das heizt ein und regt die Durchblutung an – man oh man, ist das klasse! Auf meine Frage, ob ich das bei ihr auch machen soll, wehrt Oma Vera ganz entsetzt ab und traut mir ganz klar nicht zu, dass ich es zufriedenstellend hinbekommen würde. Womit sie vermutlich recht hat.

Nach Wolgoretschensk folge ich weiterhin mehr oder weniger dem Verlauf der Wolga und so langsam verzweifle ich: Es muss doch möglich sein, auch mal ein Stückchen AUF der Wolga zu fahren. Ganz neidisch schaue ich zu den wenigen Booten, die ich immer mal wieder auf dem Wasser sehe. OK, die meisten sind nicht größer als ein Ruderboot – ich stelle mir eigentlich eher etwas Traumschiffartiges vor: Sonnendeck, Liegestuhl und ein charmanter Kellner, der mir kalte Getränke reicht.
Es gibt Kreuzfahrtschiffe auf der Wolga, aber es ist wie verhext: In jedem Hafen, den ich ansteuere wurde entweder der Schiffsverkehr eingestellt, das Schiff schippert in die verkehrte Richtung oder ich müsste zwei Wochen warten. Ich gebe aber nicht auf und in Kostroma wurde mir wieder mal versichert, dass es ein Stückchen weiter Schiffe gibt, diesmal sogar angeblich eine Raketa. Was auch immer das ist, es hört sich nicht nach einer ruhigen Dampferfahrt an.

Es klappt tatsächlich, in Nizhnij Nowgorod betrete ich ein Schiff! Leider ist es kein Traumschiff, darauf müsste ich mal wieder etliche Tage warten, außerdem erfahre ich, dass man darauf keine Teilstrecken buchen kann, sondern immer die komplette Strecke bezahlen muss. Als ich nach dieser Abfuhr deprimiert das Hafengebäude verlasse, fällt mein Blick auf die Abfahrtstafel. Dort sind alle möglichen Orte angeschlagen, die mir alle nichts sagen. Schiffe, die alle HEUTE irgendwohin fahren. Ich frage an der Kasse und tatsächlich liegen zwei Zielorte in meiner Richtung. Ich entscheide mich für die weitere Strecke, den Meteor nach Wasilsursk - 200 Kilometer in vier Stunden. Also ist es wirklich fast eine Raketa[13], bzw. angeblich sogar noch schneller als diese. Das ist wie übers Wasser fliegen. Es gibt allerdings noch ein kleines Problem, die natschalnika (die Chefin) des Bootes ist sehr streng und meint, dass ein Fahrrad nicht auf einen Meteor gehört, er sei ausschließlich für die Personenbeförderung da. Vielleicht hat sie auch Angst, dass er mit uns wegen Übergewicht untergeht. Weil das Schiff aber nur spärlich besetzt ist, ich all meinen Charme einsetze und vor allem einer extra Fahrkarte fürs Fahrrad zum halben Preis zustimme, darf ich letztendlich das Rad samt aller Gepäckstücke auf den Meteor tragen.

Zwar gibt es kein Sonnendeck mit Liegestühlen und kalten Getränken, aber es ist trotzdem toll, die Wolga mal aus einer anderen Perspektive zu betrachten und übers Wasser zu gleiten. Scheinbar unendliche Wälder säumen das Ufer der teilweise einen Kilometer breiten Wolga. Und auch wenn die Zeit nicht zum Erholen ausreicht, sie reicht dicke, um Swjetlana mit ihren erwachsenen Kindern Maria und Denis kennenzulernen. Sie wohnen in Nizhnij Nowgorod und sind auf dem Weg zu ihrer datscha in Wasilsursk. Ihre Einladung, mit dorthin zu kommen nehme ich gerne an und aus einer Nacht werden mal wieder zwei.

Denis hat mir schon auf dem Schiff erzählt, dass er Pianist ist, aber mit einem Klavier auf der datscha habe ich nicht gerechnet. Und auch nicht damit, dass er nach dem Abendbrot ein Konzert für mich gibt. Mir läuft es heiß und kalt den Rücken herunter, während Denis Mozart und Bach in seinen eigenen Variationen spielt. Ich kann es gar nicht fassen: Ich sitze in einer einfachen Holzhütte in einem kleinen Dorf - irgendwo weit weg, mitten in der Pampa - und bekomme ein perfektes Konzert geboten. Skurriler geht es wohl nicht!

---

13 Wie der Meteor ist eine Raketa ein Schiffstyp in Russland, beides sind Tragflächenboote.

Überhaupt ist Denis sehr sympathisch und an meinem spontanen Pausentag wird gar nicht so viel aus der Pause, denn Denis hat auch ein Fahrrad und zeigt mir seine Lieblingsplätze in der Umgebung. Am Nachmittag erholen wir uns dann aber wirklich, wir gehen baden. Und mein Fahrrad nehmen wir direkt mit, so nehme nicht nur ich ein Vollbad in der Wolga, auch das Rad wird geputzt. Ach so, und Wäsche wasche ich ebenfalls – also, so richtig erholsam ist es dann wohl doch nicht.

Später helfe ich noch Swjetlana bei ihren Deutschhausaufgaben, sie lernt seit ein paar Jahren am Goethe-Institut Deutsch. Abends gibt es dann wieder ein Konzert. Denis schafft es sogar, mich ans Klavier zu locken und zeigt mir eine idiotensichere Stimme für Lili Marleen. Es macht irre viel Spaß mit ihm zusammen zu spielen!

Und der Überraschungen noch nicht genug: Denis beschließt spontan, einen Tag mit mir mitzuradeln. Da er zwar ein Fahrrad hat, aber keinen Schlafsack oder geschweige denn eine Fahrradtasche, stopft er einfach eine Bettdecke in einen alten Kartoffelsack und schnallt diesen auf den Gepäckträger. Fertig ist er! Das vierzig Jahre alte Rad stammt noch aus der Sowjetzeit und ist eigentlich gar nicht so schlecht, sogar mit Gangschaltung. Trotzdem muss Denis an jeder Steigung der hügeligen Gegend absteigen und schieben. Unserer guten

Denis begleitet mich einen Tag lang

Laune tut das aber keinen Abbruch, wir sind ein lustiges Gespann: Denis mit seinem Kartoffelsack und ich voll hightech.

Auf einer saftig grünen Wiese zelten wir, sitzen dort lange am Lagerfeuer und lassen den tollen Tag langsam ausklingen. Nach dem Frühstück am nächsten Morgen, was wir bis mittags ausdehnen, fährt Denis wieder zurück. Ich erzähle ihm erst jetzt, dass heute mein Geburtstag ist und er mir mit seiner Gesellschaft ein riesiges Geschenk gemacht hat. Der Abschied fällt schwer!

Um mich abzulenken, trete ich fleißig in die Pedale. Bei Tages-Kilometer 105 entdecke ich weit hinten auf einer Wiese eine Art Lager. Es sieht so aus, als könnten die weißen Punkte Zelte sein. Neugierig fahre ich über einen Feldweg auf die Punkte zu und tatsächlich, es ist eine Art Pfadfinderlager und die Kinder haben nichts gegen eine Nachbarin. Also baue ich etwas abseits mein Zelt auf. Es dauert nicht lange, da bekomme ich Besuch vom natschalnik – dem Chef des Lagers mit noch zwei Mann Begleitschutz. Na klar, ich hätte natürlich ihn fragen müssen und nicht die Kinder. Sehr ernst will er wissen, ob ich eine Terroristin sei und wie viele Bomben ich in meinen Taschen habe? Als das und ein paar weitere Fragen geklärt sind, wird der natschalnik sehr nett und lädt mich zu ihnen ins Lager ein.

Freundlich und mit neugierigen Blicken begrüßen mich die Kinder und damit auch wirklich ALLE wissen wer ich bin, werde ich beim Abendappell den 250 Schülern ganz offiziell per Megaphon vorgestellt. Danach werde ich zu den knapp zwanzig Lehrern geleitet. Eng zusammengedrängt sitzen wir gemütlich auf Holzbänken um einen Schultisch herum, die Stimmung ist ganz offen und die Neugier auf beiden Seiten groß. Eigentlich ist es ein permanentes gegenseitiges Fragen und Antworten. Wir befinden uns hier in der eigenständigen Tschuwaschischen Republik und ich erfahre, dass die Tschuwaschen ein christianisiertes Turkvolk sind mit eigener Sprache und Kultur. Das finde ich natürlich spannend! Oft wurde ich vor Volksgruppen wie diesen gewarnt, nun sitzen wir bis spät in die Nacht zusammen und ich finde es herrlich. Einen schöneren Geburtstag kann man sich echt nicht wünschen, vielen Dank dafür!

Nicht nur die Tschuwaschische Republik sagt mir nun etwas, ganz bewusst werde ich als nächstes eine der 21 autonomen Republiken Russlands mit eigener Verfassung und Gesetzgebung durchradeln - und zwar durch Tatarstan. Als erstes steuere ich dort die Hauptstadt Kasan an. Allerdings möchte ich, bevor ich nach Kasan komme, noch etwas erledigen und zwar möchte ich meinen Mitbringsel-Vorrat auffüllen.

Mitbringsel sind natürlich sehr wichtig, nicht nur wenn ich eingeladen werde, auch zur Erinnerung für Leute, die ich unterwegs treffe. Es ist aber nicht ganz einfach, da das Richtige zu finden. Was Süßes geht natürlich immer, meist habe ich für den Fall der Fälle eine kleine Schachtel Pralinen dabei. Wenn ich vorher weiß, dass ich eingeladen werde, pflücke ich auch manchmal Blumen. Aber noch schöner ist natürlich ein kleines Geschenk das bleibt und irgendwie auch einen persönlichen Bezug zu mir hat. Daher habe ich ein paar CDs in meinem Gepäck und zwar die „4630 Bochum" von Grönemeyer - was auch sonst, wenn man „tief aus dem Westen" kommt. Allerdings mögen CDs das Geschuckel auf dem Fahrrad nicht so gerne und gerade auf den Dörfern hat nicht jeder einen Player. Das allerbestes Mitbringsel ist ganz einfach ein Foto. Und zwar eins von meinem Fahrrad und mir. So ein Foto ist leicht, nimmt so gut wie keinen Platz in Anspruch, verträgt das Radfahren, ist günstig und es ist eine dauerhafte, sehr persönliche Erinnerung. Auf der Rückseite ist genug Platz, um ein Dankeschön oder sonstige nette Zeilen zu schreiben.

Diese Idee hatte ich zum Glück von Anfang an und habe bereits am ersten Tag im Ruhrtal ein Fahrrad-Nicola-Foto gemacht. Der Stapel mit diesem Foto ist nun fast aufgebraucht, ich brauche dringend Nachschub. Und da ich finde, dass Fahrrad und ich mittlerweile mehr nach „unterwegs sein" aussehen, möchte ich ein neues Foto machen. Außerdem fehlt etwas ganz Wichtiges auf dem ersten Foto: unsere Fahne. Sie ist ein Geschenk von einem guten Freund aus Bochum: Ulli hatte sie in der Garage gefunden, ein Überbleibsel seiner längst erwachsenen Kinder. Es ist so ein langer Stab mit leuchtend orangem Dreieck oben dran - normalerweise dafür gedacht, dass Kinderfahrräder oder Anhänger nicht übersehen werden. Ehrlicherweise wusste ich anfangs nicht so recht, ob ich mich darüber freuen sollte - immerhin bin ich ja kein Kind mehr. Aber es war nett gemeint, also bastelte ich sie an mein Fahrrad. Mit der Zeit wurde die orange Fahne dann zu DEM Erkennungsmerkmal von mir und meinem Rad, sozusagen das Tüpfelchen auf dem i, ohne das etwas ganz Elementares fehlen würde. Danke Ulli, das war eine klasse Idee! Ganz klar, ein neues Foto mit Fahne muss endlich her, das ist aber gar nicht so einfach. Am einfachsten ist es natürlich, wenn ich jemanden bitte, ein Foto von mir mit dem Fahrrad zu machen. Das Problem dabei ist, dass nicht immer darauf das zu sehen ist, was ich mir gewünscht hätte. Und meist ist auch niemand in der Nähe, den man fragen kann. Will ich also selber mit aufs Foto, geht das

Vergeblicher Versuch ein Fahrrad-Nicola-Foto zu machen

eigentlich nur mit Stativ und Selbstauslöser. Aber das mit dem Selbstauslöser ist auch nicht so einfach: Will ich mich beim Fahren fotografieren, passiert es leider oft, dass ich das Fahrrad und mich hinterher vergeblich auf dem Foto suche. Manchmal ist gerade noch so ein Stückchen von uns zu sehen, manchmal bin ich aber auch noch gar nicht richtig auf dem Rad, da löst die Kamera schon aus. Will ich also ganz sicher gehen, ist es am besten, sich einen festen Standort fürs Fahrrad zu suchen und dann dort hinzulaufen.

Allerdings hat auch so ein statisches Foto seine Tücken. Hier vor Kasan, wo ich das neue Mitbringsel-Foto machen will, klappt das Nicola-Fahrrad-Foto so gar nicht wie ich mir das vorstelle. In dem Moment, in dem meine Kamera auslöst, tritt ein Straßenbauarbeiter zu mir, legt einen Arm um meine Schulter, streckt den anderen mit einer Herzlich-Willkommen-Geste zur Seite und lacht fröhlich in die Kamera. Vorhin war er noch weit weg an einem parkenden Lkw. Ich habe im Eifer des Stativaufbaus, Fahrradpositionierens, Diafilm gegen Negativfilmwechselns und Kamerajustierens gar nicht bemerkt, dass er neugierig näher gekommen ist. Mein Lächeln ist etwas gequält, das war wohl nix mit dem Foto. Aber natürlich freue ich mich über die nette Unterhaltung und quatsche eine Weile mit ihm. Dann will ich noch einen Versuch starten. Ich erkläre die Situation, dass ich gerne noch ein Foto machen würde, wo nur das Fahrrad und ich drauf sind. Verständnisvoll nickt der gute Mann und tritt zur Seite. Ich gehe zur Kamera, drücke auf den Auslöser, laufe schnell wieder zurück, um mich zu positionieren und warte. Den Bauarbeiter verlässt nach zu wenigen Sekunden die Geduld, er tritt wieder zu uns dazu, um sich weiter mit mir zu unterhalten, und es wird wieder ein Foto zu dritt. Ach, aber eigentlich ist es so auch viel schöner!

Ohne neues zweisames Foto komme ich nach Kasan. Die Hauptstadt von Tatarstan hat etwa eine Million Einwohner und da die Tataren Muslime sind, ist diesmal das imposanteste Bauwerk im kreml keine Kirche, sondern eine Moschee. Es ist ein großer weißer Bau mit blauem Kuppeldach und vier in den Himmel ragenden Minaretten. Wirklich schön! Kirchen mit meinen geliebten Zwiebeltürmen gibt es aber auch, es wohnen ja auch Russen hier. In diesem Sommer wird das 1.000-jährige Stadtjubiläum gefeiert. Aus diesem Grund gab es von Moskau eine kräftige Finanzspritze und Kasan besteht zur Zeit eigentlich nur aus einer riesigen Baustelle. Überall wird restauriert und gebaut. Bis August soll alles fertig sein - na ja, kaum zu glauben, dass das zu schaffen ist. Für mich lässt sich hinter den ganzen Baugerüsten und Absperrungen aber erahnen, wie schön diese alte Stadt ist.

In Kasan bin ich bei leidenschaftlichen Radfahrern zu Gast, bei Julja und Aleksej. Ist es doch für uns in Deutschland nicht ungewöhnlich in der Freizeit kleinere oder größere Radtouren zu machen, hier in Russland sind Hobbyradfahrer eine exotische Randgruppe. Die Begeisterung auf beiden Seiten ist dementsprechend groß! Dabei habe ich mir vorhin am Telefon schon Sorgen gemacht, dass ich unpassend komme - Julja war etwas irritiert, als ich wissen wollte, wo und wann wir uns treffen. Unpassend komme ich aber überhaupt gar nicht, im Gegenteil – die beiden hatten nur gedacht, ich sei ein Mann und daher die Verwirrung. Die Begrüßung ist ausgesprochen herzlich und ich fühle mich bei dem jungen Ehepaar sofort wohl. Beide sind ganz hin und weg von meiner Tour und ich muss ausführlich erzählen. Julja bekommt ganz glänzende Augen und ist sehr aufgeregt - bisher hatte sie immer Angst vor Mehrtagesfahrten. Aber durch meine Erzählungen schmiedet sie nun Pläne, nicht mehr nur Tagesausflüge zu machen und dankt mir zig Mal, dass ich ihr die Angst genommen habe. Sie möchte doch sehr gerne mal von Kasan nach Perm radeln, das sind fast 700 Kilometer - eine ordentliche Strecke für den Anfang, aber durchaus machbar. Aus Perm kommt Aleksej und so könnten sie dort dann seine Familie besuchen. Ich drücke die Daumen, dass es klappt!

Julja und Aleksej sind so begeistert, dass sie am liebsten sofort losradeln wollen. Na ja, wenn schon nicht auf weite Tour, dann doch wenigstens eine kleine Radtour hier in Kasan, unaufhaltsam trommeln sie noch andere Radfahrer ihrer kleinen Gemeinschaft zusammen. Sie sind richtig stolz darauf, mit mir zusammen radeln zu dürfen. Die Freude will ich ihnen natürlich nicht nehmen, obwohl ich mich ehrlicherweise an meinen Pausentagen auch gerne mal ganz ohne Fahrrad amüsiere. Und ich muss mich ganz schön sputen, um die ausgesprochen motivierten Kasaner Radler mit ihren modernen Mountainbikes nicht zu verlieren! Dann ist aber das Glück doch auf meiner Seite: Ein Gewitter zieht auf, es fängt an zu regnen und wir fahren schnell wieder nach Hause – ach, Schlechtwetter kann doch auch manchmal sehr willkommen sein. Überhaupt stelle ich fest, dass ich ganz schönes Wetterglück habe: Bisher regnete es eigentlich fast nur an meinen Pausentagen, das war schon in Danzig und Twer so und in Kasan nun auch. Da kann man das Faulsein gleich nochmal extra genießen ...

Wobei auch an den Pausentagen immer etwas zu erledigen ist, hier in Kasan gibt es für mich zum Beispiel das erste Interview. Julja hat die Zeitung informiert und eine Journalistin kommt zusammen mit einem Fotografen in die Kneipe, in der wir gerade mit ein paar Freunden Bier trinken. Das Interview dauert ziemlich lange und ich bin dabei ganz schön aufgeregt. Aber scheinbar ist es einigermaßen verständlich, was ich von mir gebe - als der Artikel zwei Tage später in Tatarstans bekanntester Tageszeitung erscheint, stimmt dort fast alles. Und ich bin ganz froh, dass kein Bierfoto abgedruckt wurde, sondern mein Mitbringselbild.

An meinem Abfahrtstag aus Kasan bin ich sehr glücklich darüber, dass Julja und Aleksej unbedingt mit mir Fahrrad fahren wollen, denn sie begleiten mich die ersten fünfzig Kilometer. Es ist für mich eine witzige Stadtausfahrt. Kaum sind wir losgefahren, werde ich von einer Frau erkannt, die gerade eben den Zeitungsartikel über mich gelesen hat. Julja kann sich kaum wieder beruhigen, so toll findet sie das. Überhaupt freut sie sich tierisch über jedes Hupen und Winken und wir steigern uns hinein, kräftig zurückzuwinken. Amüsiert radel ich hinter den beiden her, beobachte die euphorische Julja und genieße es, mir keine Gedanken darüber machen zu müssen, wie ich aus der Stadt rauskomme. Längst sind wir auf dem platten Land, als die beiden wieder umkehren.

Bei meiner weiteren Fahrt durch Tatarstan beobachte ich, was mir Julja angekündigt hat: Man erkennt in welchen Häusern tatarische Familien wohnen. Es sind zwar auch Holzhäuser, wie die der russischen Familien, sie sind aber fast immer in einem besonders guten Zustand und vor allem mit noch viel mehr Holzschnitzereien verziert. Selbst die Spitzen der Zaunlatten sind wie Blüten oder Knospen geformt. Oft sind die Häuser gelb gestrichen und die Verschnörkelungen blau und weiß, eine schöne Kombination.

Kaum habe ich Tatarstan verlassen, überholt mich ein deutsches Rentnerehepaar in einem Wohnmobil. Freudig begrüßen wir uns. Seit acht Jahren sind die beiden unterwegs, wobei sie immer wieder mal nach Deutschland zurückkehren. Mehrfach waren sie schon in Russland und wollen nun weiter nach Usbekistan, aus kulturhistorischem Interesse heraus. Sowieso scheinen sie mehr an der Historie, als an den heutigen Menschen interessiert zu sein, beide können kein Russisch und sind überzeugt, dass es in Russland sehr gefährlich ist. Aha? Auch wenn sie schon mehrfach im Land waren, haben sie noch nie ein russisches Privathaus von innen gesehen, geschweige denn eine banja - kann man dann Russland kennen? Oder ist es mit dem Auto so anders, dass man nie eingeladen wird? Nein, mir wird bestätigt, dass sie schon öfters eingeladen wurden, aber selbstverständlich hätten sie das niemals angenommen. Das sei doch auch wirklich viel zu gefährlich!

Kopfschüttelnd fahre ich weiter und nach etwa zehn Kilometern sehe ich die beiden wieder, am Fluss Wjatka. Hier gibt es keine Brücke, sondern eine Fähre - die ist aber leider zur Zeit defekt. Bzw. nicht die Fähre selbst ist kaputt, sondern die Autoauffahrt auf die Fähre und das schon seit dem Morgen. Innerhalb der fünf Stunden hat sich bereits eine kleine Autoschlange gebildet. Die Russen warten ganz gelassen, die meisten sitzen auf Decken neben ihren Autos und picknicken. Nur das deutsche Paar wird bereits sehr unruhig. Sie wollen unbedingt wissen, wann es denn nun endlich weitergeht und schicken mich los, Informationen einzuholen. Die nächste Brücke, achzig Kilometer weiter südlich, würde einen sehr weiten Umweg bedeuten. Tja, mir kann aber niemand sagen wann die Reparatur beendet sein wird, vielleicht in einer Stunde oder am Abend, vielleicht auch erst morgen ... Ungläubig beobachten meine Landsleute, wie der Reparaturtrupp nun auch noch Pause macht und am Ufer Tee trinkt. Nein, also in Deutschland gäbe es das aber nicht!
Kurze Zeit später tut sich was an der Fähre: Fußgänger können bereits über einen Holzbalken auf die Fähre balancieren. Mit russischer Hilfe bugsiere ich auch mein Fahrrad über diesen provisorischen Zugang und los geht es auf die andere Seite der Wjatka. Mir wurden Mücken und eine schlechte

Straße angekündigt und tatsächlich gibt es auf den nächsten gut zwanzig Kilometern eine Sandpiste. Allerdings passt sie zu der Ursprünglichkeit der wunderschönen birkenwaldigen Sumpf- und Seenlandschaft ringsherum. Teilweise gibt es auch Blumenwiesen mit prächtigen Lupinen und anderen schönen Sommerblumen. Leider kann ich das alles gar nicht gebührend genießen, denn auch die Ankündigung, dass es hier viele Mücken gibt, bestätigt sich.

Nach ca. 15 Kilometern überholen mich die Autos, die an der Fähre gewartet haben und sobald sie mich entdecken, hupen und winken die Weiterreisenden. Ein Autofahrer hält an und erzählt mir mit ganz besorgter Mine, dass meine Leute vor Beendigung der Reparatur einfach weggefahren seien. Wie ich die denn jetzt wiederfinden will? Ich beruhige ihn, dass wir uns gar nicht kennen und nur zufällig getroffen haben.

Zufällig treffe ich auch auf Natascha und Ludmila. Um die Karte, nach der ich fahre, auf meiner Lenkertasche umzublättern, halte ich kurz an einem Bushaltestellenhäuschen und da ich schon mal stehe, esse ich auch noch eine Kleinigkeit. Währenddessen kommen zwei Frauen aus dem Wald auf mich zu. Natascha und Ludmila waren gerade beim Pilze sammeln, haben dabei meine Fahne entdeckt und wollen von mir unbedingt ein paar Fotos mit ihren Handys machen. Spontan laden mich die beiden so herzlich ein, dass ich nicht widerstehen kann. Trotz bester Bedingungen erkläre ich bereits am Vormittag nach nur dreißig Kilometern meinen Radfahrtag für beendet. Auch die Pilzsuche wird abgebrochen und so spazieren wir gemeinsam Richtung Dorf.

Direkt am Dorfanfang kommen wir an einer Autowerkstatt vorbei und beim Anblick des ganzen Metalls fällt mir mein Sattel ein. An ihm ist vor einigen Tagen die Stahlbefestigung der Satteldecke gebrochen. Unüberlegt habe ich das dafür viel zu schwere Rad immer an der verkehrten Stelle hin- und hergewuchtet. Es ist zwar kein Problem mit dem gebrochenen Sattel noch zu fahren, aber auf Dauer ist eine Reparatur sicher sinnvoll. Wir fragen an der Werkstatt nach. Da direkt auf dem gebrochenen Metall die lederne Satteldecke befestigt ist, sind die Gesichter zunächst skeptisch. Aber natürlich schaffen es die russischen Mechaniker den Sattel zu schweißen, ohne das dem Leder etwas geschieht!

Bester Laune gehen wir weiter zu Nataschas Haus und sie erzählt mir ein wenig ihre Lebensgeschichte. Nataschas Mann ist bereits verstorben und sie muss sich und die zwei Kinder nun allein durchbringen. Sie hat daher einen Lkw-Führerschein gemacht und fährt herum, um Altmetall einzusammeln. Anfangs war das alles wohl ganz schön aufregend, mittlerweile hat sie sich in der Männerwelt aber durchgesetzt und in dieser hat es sich scheinbar auch schnell herumgesprochen, dass ich hier bin. Im Laufe des Abends kommt einer nach dem anderen bei Natascha vorbei. Da alle wirklich sehr interessiert sind, verspreche ich am nächsten Morgen in der Schule vorbeizuschauen und auch dort ein bisschen von meiner Reise zu erzählen.

Kaum habe ich das Fahrrad vor der Schule abgestellt, hat sich auch schon eine Traube Kinder drumherum versammelt. Ganz typisch: Die gesamte Aufmerksamkeit bekommt das Rad, ich bin da eher eine unscheinbare Begleiterscheinung. Besonders die Jungs interessieren sich für die Technik und ich höre wie einer von ihnen ganz fachmännisch meint: „Wow, das hat ja eine Gangschaltung!" Ein klarer Qualitätsbeweis und mein Fahrrad ist nun endgültig ein Held.

Mir macht es viel Spaß den Kindern über die Reise zu erzählen. Sie hören mir gespannt zu und finden es lange nicht so unmöglich oder beängstigend

Zu Gast bei Natascha

wie häufig die Erwachsenen, denen ich begegne. Die denken als erstes an die ganzen Gefahren, die unterwegs lauern könnten und speziell Frauen fragen mich oft, ob es denn alleine nicht viel zu langweilig sei. Die Kinder dagegen stellen sehr praktische Fragen: Wie ich mich ernähre, den Weg finde oder was ich mache, wenn ich krank werde? Und dann kommt noch die Frage eines Mädchens, ob ich ihr ein Autogramm gebe. Die ist ja witzig. Selbstverständlich gebe ich ihr eins und danach auch den anderen Kindern, es ist eine wahre Ehre für mich!

Die Jungs in der Schule haben es mal wieder bewiesen und ich denke, es ist ein internationales Phänomen: Es sind eher die Männer, die sich für die Technik interessieren. Auch in den Gesprächen mit Aleksej in Kasan ging es hauptsächlich um Reifengrößen, Speichenanzahl und all die Komponenten am Rad. Gut, dass bei mir fast alles XT ist - das kann ich mir auch als Frau merken. Die Mädels dagegen entdecken meist als erstes das Talisman-Schweinchen von tjotja Lidija am Lenker und sind davon ganz begeistert – jedem eben das seine. Auch Julja hat sich eher für die körperlichen Zipperlein interessiert und vor allem für die Begegnungen und was man unterwegs alles erfährt.

Als ich bei Izhewsk gerade berghoch fahre, überholt mich ein Kleinbus - der Fahrer bremst neben mir ab und fährt langsam mein Tempo mit. Aus dem Fenster heraus fragt er, ob alles mit der Technik am Rad in Ordnung ist. Typisch Mann eben. Ist ja nett gemeint und mir ist auch sofort klar, dass er viel mehr Ahnung hat als ich – er erklärt mir, dass er Rennradfahrer trainiert – aber hier am Berg bin ich ausnahmsweise mal nicht so gesprächig und nicke nur mit dem Kopf. Überhaupt scheinen die Hügel und Berge nicht weniger zu werden, ist das schon der Vorgeschmack auf den Ural?

Ural – Zähne zusammenbeißen und durch

Bevor ich mir weiter Gedanken über den Ural machen kann, gibt es noch eine ganz andere Herausforderung: Ich komme nach Izhewsk. Puh, mit mehr als 600.000 Einwohnern ganz schön groß und schnell habe ich die Nase voll. Gleichzeitig auf die vielen Autos und Schlaglöcher zu achten, macht echt keinen Spaß, und besonders blöd ist, dass es zuvor geregnet hat und sich große Pfützen in den Senken bilden. Vermutlich gibt es dort als Abfluss einen

Gully, aber wo und ob mit Deckel ist ein Rätsel. Die Pfützen zu umfahren ist aber auch nicht möglich, da in den Städten wirklich viel Verkehr herrscht. Mehrfach wird mir versichert, dass Izhewsk durch die dortige Kalaschnikow-Produktion eine ganz berühmte Stadt ist. Es gibt sogar ein Museum darüber, das ich aber nicht entdecke. Dafür treffe ich auf einen Touristenladen, eine Art Reisebüro und für mich eine gute Gelegenheit nach einer Karte vom benachbarten Permsker Gebiet zu suchen. Leider haben sie keine passende Karte, aber der Chef kopiert mir einfach aus seiner eigenen den für mich interessanten Teil heraus. Außerdem kann ich mein Fahrrad dort lassen, während ich in die Stadt spaziere, um Besorgungen zu machen. Bevor ich weiterfahre, bewirten mich dann die drei Frauen vom Touristenladen sogar noch mit Kaffee und pirogi (gefüllten Teigtaschen).

Auch wenn ich hier in Izhewsk noch nicht in Asien bin - der Ural liegt ja noch vor mir - kann ich dennoch guten Gewissens behaupten, dass ich mich bereits weit östlich von Kasan befinde. Bei meiner nächsten Übernachtung muss ich nämlich sehr an tjotja Lidija aus Kaljasin denken, die mich ausdrücklich davor gewarnt hat.

Auf dem Weg zu einem Dorfteich, den ich zwecks Waschen ansteuere, werde ich von einer Oma mit ihrer Enkelin abgefangen und eingeladen. Da Samstag ist, ist die banja schon angeheizt - welch ein Glück für mich! Zum Frühstück am nächsten Morgen backt die Enkelin blini und trotz ihren erst zwölf Jahren ist sie wirklich eine Meisterin darin. Die blini schmecken köstlich und werden mit frischem Quark gefüllt – besser geht es gar nicht! Tjotja Lidija hat zum Glück nicht recht behalten.

Leider haben auch die Menschen nur bedingt recht, die mir in Sjumsi auf der Post versichert haben, dass es auf dem Fluss Kama[14] (Traum-)schiffe nach Perm gibt. Aufgrund ihrer Aussage habe ich beschlossen über Tschaikowsky zu fahren. Wie der Name schon vermuten lässt, ist Tschaikowsky der Geburtsort des berühmten Musikers, aber mich interessiert eigentlich nur die Kama. Endlich kann ich nochmal einen Schifffahrtsversuch starten, leider vergeblich – dabei fängt alles so gut an:
Mein erster Weg in Tschaikowsky führt natürlich zum Hafen. Dort kann ich zunächst gar nicht so recht einen Hafen erkennen und finde nur eine Werkstatt. Aber ich bin genau richtig: Der Hafen besteht einfach aus einem großen betonierten Platz direkt am Ufer, an dem unverkennbar Schiffe

14 Die Kama ist über 1.800 Kilometer lang und mündet südlich von Kasan in die Wolga.

festmachen können. Die dicken Poller weisen zu meiner Freude auf große Schiffe hin. Mitten auf dem Platz ist ein rundes, nach außen hin offenes Zeltdach aufgebaut und darin sitzen einige Männer und trinken Bier. Ich finde jemanden, der mir bestätigt, dass es hier manchmal große Touristenschiffe gibt - gestern zum Beispiel. Na ja, dafür komme ich zu spät. Aber der Mann kennt sich aus und geht mit mir zu einem Bauwagen, dort hängt ein Fahrplan und siehe da, morgen gibt es direkt zwei Schiffe! Er verspricht mir dabei zu helfen, mit dem Kapitän zu reden. Denn eigentlich ist bei den großen Schiffen ein Zusteigen unterwegs nicht möglich, so aber bin ich überzeugt davon, dass es klappen kann. Ich beschließe, bis zum nächsten Tag in Tschaikowsky zu bleiben.

Ein wenig bummle ich durch die Stadt und da es nach Regen aussieht und ich mich nicht zu weit vom Hafen entfernen möchte, lege ich es darauf an, eingeladen zu werden. Das funktioniert aber nicht. Also kaufe ich kurzerhand ein, um dann auf der anderen Flussseite einen Zeltplatz zu suchen. Vor dem Geschäft spricht mich völlig unerwartet ein Ehepaar an. Sie haben hier im Zentrum eine leerstehende Einzimmerwohnung und dort kann ich schlafen, selbstverständlich umsonst. Wenn das mal nicht perfekt ist!

Am nächsten Morgen fahre ich früh zum Hafen und es regnet die ganze Zeit. Daher bin ich froh, dass es das offene Zeltdach an der Anlegestelle gibt und darunter mache ich es mir gemütlich, so gut wie es eben bei diesem ungemütlichen Wetter geht. Mit mir wartet eine Frau, die den Passagieren getrockneten Fisch verkaufen will und der Hafen-natschalnik hat mir auch schon einen Tee spendiert. Eine weitere Frau gesellt sich hinzu, sie möchte den Touristen verzierte Dosen, Becher und Schmuckstücke aus Birkenrinde verkaufen. Sie schenkt mir einen hübschen Kettenanhänger. Dann die schlechte Nachricht: Heute kommt bloß ein Schiff und das fährt in die verkehrte Richtung. Der Hafenmeister hat soeben einen Anruf bekommen, das andere Schiff fällt aus. So ein Mist!

Mich nach der Schiffsabsage zu motivieren, aufs Rad zu steigen, ist echt schwer, zumal es dummerweise auch nach Dauerregen aussieht. Es hilft nix, rauf aufs Rad und weiter. Lustlos quäle ich mich und bin bald völlig durchnässt. Das Regenzeug hat längst aufgegeben und auch in den Schuhen steht das Wasser. Aber irgendwann ist es auch egal und ich fahre einfach weiter.

Mindestens genauso anstrengend wie der Regen sind die Berge, durch die ich nun fahre, seit Tschaikowsky habe ich das Gefühl, im Ural zu sein. Wobei es genaugenommen so eine Art Uralvorland ist, der eigentliche Gebirgszug kommt erst noch. Die Steigungen sind auch gar nicht so lang, maximal einen Kilometer, aber dafür oft steil. Natürlich geht es nach den Anstiegen auch wieder runter, in der Regel sogar sofort, aber genau dieses ständige hoch und runter macht mich fertig. Ganz abgesehen vom Dauerregen und den wieder kühler gewordenen Temperaturen. Außerdem ist es scheinbar grundsätzlich so, dass es unten in den Tälern etliche Schlaglöcher gibt, also muss man komplett abbremsen und fängt dann wieder von vorne an, sich nach oben zu strampeln. Von wegen Schwung holen ... Ach, es ist wirklich 'ne harte Zeit - auch in den nächsten Tagen ändert sich die Situation nicht.

Es kommt sogar noch Angst um mein Zelt dazu, das längst zu meinem liebgewonnen Zuhause geworden ist. Es ist ein sogenanntes Kuppelzelt – wie ein Iglu mit sechs Ecken. Durch diese Konstruktion steht es, auch ohne dass man es mit Heringen abspannen muss - sehr praktisch! Heringe brauche ich eigentlich nur, um die Schnüre als Stolperfallen zu nutzen oder wenn es richtig regnet oder stürmt. Abgespannt stand das Zelt selbst bei dem orkanartigen Wind an der Ostsee spitzenmäßig.

Bisher hat sich die Sorge um mein Zelt also als völlig unbegründet herausgestellt, auch aufs Dach hat es schon was bekommen - zunächst waren es nur Äpfel, dann eine Katze. Nun aber wird das Kaliber der Gefahr größer: Ich zelte an einem Dorfrand und bekomme Besuch von zwei betrunkenen Männern, einer von ihnen mit nur einem Bein und Krücken, die unter seinen Achseln klemmen. Zunächst sind die beiden ganz friedlich und wollen einfach etwas quatschen, der Einbeinige bringt mir sogar leckere blini mit. Später kommt dieser dann sturzbetrunken nochmal alleine wieder. Es fängt an zu regnen und er legt sich mit seinem Oberkörper in mein Vorzelt, irgendwie hat er es geschafft sich unter der Zeltwand drunterherzuschieben. Nun reicht es aber! Mit wilden Flüchen auf Deutsch und allen Schimpfwörtern, die mir auf Russisch einfallen, schreie ich ihn an. So kann ich ihn zwar aus dem Vorzelt vertreiben, dann aber fällt er auf mein Zelt und wälzt sich darauf hin und her. Im Zelt liegend rechne ich jede Sekunde damit, dass die Stangen brechen. Da der Typ es alleine nicht schafft hochzukommen und meine Sorge um mein Zuhause groß ist, krabble ich nach draußen in den Regen und helfe diesem Idioten auf seine Krücken. Dann ist er endlich weg. Eine Zeltstange ist jetzt krumm, zum Glück aber nicht gebrochen!

Schon einmal hatte ich solch eine Angst um mein Zelt, das war kurz hinter der Wolgaquelle, auch an einem ungemütlichen Regentag am Rande eines

Dorfes. Kaum hatte ich gegessen, bekam ich Besuch von einem angetrunkenen Mann. Ich solle unbedingt mit zu ihm Tee trinken kommen – seine Mutter warte schon. Er ließ einfach nicht locker und argumentierte solange mit seiner Mutter, bis es mir irgendwann sehr unhöflich vorgekommen wäre, die alte Dame nun nicht zu besuchen und ich bin mitgegangen. Die Mutter wusste gar nichts von ihrem Glück und hatte schon geschlafen. Mist! Da ich nun aber schon mal in dem trockenen und warmen Haus war, habe ich dort Tee getrunken und mich von der kurzfristig wieder aufgestanden Mutter überreden lassen, im Haus zu übernachten. Kaum lag ich im Bett, wollte sich der Besoffene dazulegen. Die Faxen dicke, stand ich auf und ging, längst wusste ich auch gar nicht mehr warum ich überhaupt mitgegangen war. Der Mann versuchte mich zurückzuhalten und zückte ein Messer. Nach einem kleinen Gerangel konnte ich mich losreißen, bekam aber noch mit, wie die Mutter wieder auftauchte und mit ihrem Sohn schimpfte.

Wieder zurück im eigenen Heim war ich sehr erleichtert, allerdings nur bis der nervige Mann wiederkam und nicht mehr gehen wollte. Die ganze Zeit marschierte er ums Zelt herum und hat den Eingang gesucht. Den hat er glücklicherweise nicht gefunden, dabei gibt es sogar zwei an meinem Zelt – aber es sieht von allen Seiten verblüffend gleich aus und es war ja auch dunkel. Angst hatte ich komischerweise nur um mein Dach über dem Kopf, was der Mann mit seinem Messer ja leicht hätte aufschlitzen können. Stattdessen rüttelte und schüttelte er am Zelt, schimpfte und ließ sich nass regnen. Mein lautes Gemecker vertrieb ihn immer nur für kurze Zeit, er flehte mich regelrecht an, mit ihm zu kommen, weil er sonst Schwierigkeiten mit seiner Mutter bekäme. Obwohl er sicherlich fast fünfzig Jahre alt war, jammerte er nun wie ein kleiner Junge. Irgendwann war der Mann aber scheinbar so durchgefroren, dass er endgültig ging und auch nicht mehr wiederkam.

Solche Situationen sind zum Glück die absolute Ausnahme, selbst hier in dem kleinen Dorf mit dem einbeinigen Besoffenen gibt es ansonsten nur nette Leute! Ich habe das Gefühl, nach und nach besuchen sie mich alle bei meinem Zeltaufbau. Zwei Mädels bringen mir Bonbons, Kaffee und Antimückenmittel. Und irgendwie bin ich ja auch selbst Schuld, denn die Dorffrauen warnten mich vor den zwei Säufern und luden mich zu sich nach Hause ein. Ich war aber müde und wollte lieber direkt schlafen. Am nächsten Morgen kommt eines der Kinder mit ihrer Oma und sie berichten mir, dass sie vor lauter Sorge die ganze Nacht nicht geschlafen hätten.

Das Wetter im Uralvorland will einfach nicht besser werden und dieses ständige Hoch und Runter will auch nicht aufhören, daher kann ich dem Angebot von Nikolaj nicht widerstehen. Er stoppt mit seinem Lkw und bietet mir an, mich bis Kukuschtan mitzunehmen. Er wolle sich unbedingt mit mir unterhalten, gibt er als Begründung an, und schaut mit schmerzverzerrtem Gesicht in den Himmel. Stimmt, hier auf der Straße im Regen ist das echt nicht so gemütlich. Also verstauen wir das Fahrrad hinten auf der Ladefläche und machen es uns im Fahrerhaus bequem und so richtig traurig, aus dem Regen rauszukommen, bin ich ja auch nicht. Nikolaj kommt aus Osa und ihm gehört der Lkw. Er ist gerade auf dem Weg nach Perm, um von dort Bier zu fahren. Während wir uns nett unterhalten, kann ich mich wunderbar auf dem Beifahrersitz entspannen und die achtzig Kilometer bis sich unsere Wege wieder trennen sind ruckzuck vorbei.

Ohne dass ich mich dagegen wehren kann, fragt Nikolaj an der Kreuzung, wo er nach links Richtung Perm abbiegen muss, ich aber rechts nach Kungur will, einen anderen Fahrer, ob der mich weiter mitnimmt. Es ist ein kleiner Pritschenwagen und der Fahrer schläft gerade. Vermutlich total überrumpelt und völlig verschlafen antwortet der bloß: „Ja, alles klar." Und eigentlich bin ich ganz froh über diese Eigeninitiative von Nikolaj, denn die nächsten dreißig Kilometer müsste ich sonst auf einer stark befahrenen Trasse fahren. Nikolaj wartet noch solange mit mir, bis Ljoscha, der neue Fahrer, ausgeschlafen hat, dann packen wir das Fahrrad um. Erst gegen Ende der dreißig Kilometer wird Ljoscha richtig wach und lädt mich ein, bei ihm zu Hause - kurz vor Tjumen - Pause zu machen. Das ist nett! Aber mal schauen, ob ich überhaupt über Tjumen fahre, bis dahin sind es immerhin 700 Kilometer und überhaupt liegt ja noch der eigentliche Ural dazwischen und was da alles passieren kann ...

Auf jeden Fall geschieht erst einmal etwas sehr Schönes: Als mich Ljoscha nach dreißig Kilometern an meinem Abzweig von der großen Trasse rauslässt, ist der Regen vorbei – hurra! Sofort steigt die Stimmung. Beim Dorf Beresovka beschließe ich, für heute Schluss zu machen, allein der Name gefällt mir schon – Birkchen. Davon gibt es auch wirklich genug - endlose Birkenwälder entlang der ganzen Strecke.

Da nach dem vielen Regen alles völlig aufgeweicht ist, frage ich im Dorf nach einem trockenen Stück Wiese. Ich werde zu einem großen Haus geschickt und dort wohnt tjotja Raisa, eine lustige Omi. Natürlich kann ich in ihrem

Sahneproduktion bei tjotja Raisa

Garten zelten, aber viel besser sei es doch mit ins Haus zu kommen - es ist sehr groß, die Kinder sind längst aus dem Haus und einen Mann gibt es nicht. Nur eine Kuh, und die wird gerade gemolken. Und zwar von der Nachbarin - denn weil tjotja Raisa zur Zeit gesundheitlich schlecht zurecht ist, hilft sie ihr ein bisschen.

Die frische Milch kommt in eine Zentrifuge, allerdings nicht, ohne dass für mich vorher ein Glas abgezwackt wird. Mit einer Handkurbel wird dann die Sahne von der Milch getrennt - sozusagen im Schleudergang. Lässt man die Sahne anschließend stehen, wird daraus smetana - super leckerer Schmand. Zum anschließenden Tee gibt es dann auch noch frischen Quark - also, so eine Kuh ist schon echt was Feines!

Nach dem Tee gehen wir zu der hilfsbereiten Nachbarin, dort trinken wir nochmal Tee. Und von wegen trinken – zum Tee gibt es wie immer auch etwas zu Essen, das Getränk ist eigentlich nur Nebensache. Ein bisschen wie in Deutschland jemanden zum Kaffee trinken einzuladen, da geht es ja dann auch in erster Linie ums Kuchen essen. Und da wir ja bisher nur Tee getrunken und noch gar nicht wirklich gegessen haben, gehen wir dann wieder zu tjotja Raisa, um Abendbrot zu machen. Letztendlich ist es Mitternacht als wir dann „richtig" essen. Die Verdauungspausen verbringen wir mit vergnügter Unterhaltung, tjotja Raisa kennt unendlich viele Anekdoten, etliche davon gehen unter die Gürtellinie und wir können gar nicht aufhören zu lachen. Richtig albern sind wir und kichern wie die Teenager. Bevor ich am nächsten Tag weiterfahre, frage ich tjotja Raisa, ob ich von ihr ein Erinnerungsfoto zusammen mit dem gepackten Fahrrad machen darf. Sie nickt und freut sich sichtlich, verschwindet dann aber schnell im Haus. Nach einer Weile kommt sie wieder raus, völlig verändert - schnell hat sie sich umgezogen und grinst verschmitzt in einem schicken altrosa Kleid. Darunter lugen noch ihre Gummistiefel hervor.

Die gute Laune ist wieder da, auch wenn es weiter zermürbend hoch und runter geht. Vielleicht habe ich mir das falsche Verkehrsmittel ausgesucht? Mich überholt mit aller Leichtigkeit und im Affenzahn ein Motorrad, bremst dann scharf ab, dreht im großen Bogen und kommt auf mich zu. Dimitri ist es - und der dachte im ersten Moment, ich sei auch ein Motorradfahrer. Er ist ganz begeistert und ich bin baff, einen russischen Motorradfahrer mit Helm, Motorradkleidung und moderner Straßenmaschine zu treffen. Es kommt mir fast ein bisschen unwirklich vor. Und ich baue ein Vorurteil ab, denn nicht alle reichen Russen sind doof - Dimitri ist ein echt netter Kerl! Er ist Manager und hat drei Standbeine: Einmal ist er an einer Papierfabrik beteiligt, dann besitzt er Wald und verkauft das Holz daraus, und er macht irgendwas für Polizeiautos. Alles verstehe ich nicht. Trotzdem wird klar, arbeiten muss er eigentlich gar nicht soviel - er kassiert hauptsächlich das Geld und den Sommer über reist er durch die Gegend. Nicht schlecht so ein Leben! Dimitri lädt mich zu einer Spritztour auf seinem Motorrad ein. Es sind die absolut beängstigendsten Minuten auf der ganzen Reise - mit 160 Sachen auf der Landstraße, dazu diverse Überholmanöver - das ist zu viel für meine Nerven! Auch mein Fahrradhelm kann mich nicht wirklich beruhigen, aber wenigstens setze ich ihn nun mal auf. Als Ausflugsziel wählt Dimitri seine Wohnung. Die ist sehr nobel, ich würde sagen, gehobener europäischer Standard, in Russland sehe ich das zum ersten Mal. Dimitris Frau macht einen netten Eindruck, sie ist Hausfrau. Der ältere Sohn ist dreizehn und geht ab Oktober für sechs Jahre in Kanada zur Schule, dann bekommt er dort einen Pass. Der jüngere Sohn ist erst ein Jahr und es gibt noch keine Pläne. Meine Bitte, langsamer zurück zu fahren, ignoriert Dimitri bzw. versteht sie einfach nicht - sein Kommentar dazu: „Ich kann hier leider nicht so schnell fahren, weil die Straßen so schlecht sind." Er rast also genauso wie schon auf der Hinfahrt und ich bin froh, als ich heil wieder auf meinem Fahrrad sitze und in meinem ganz gemütlichen Tempo weiterfahre. Nein, ich habe genau das richtige Verkehrsmittel gewählt! Als Übernachtungstipp hat mir Dimitri eine turbasa[15] kurz vor Tschusowoj empfohlen und da er abends vorbeikommen will, lasse ich mich auf eine erste bezahlte Nacht in Russland ein. Und gegen 150 Rubel ($\approx$4 €) kann man ja auch wirklich nichts sagen. Eigentlich wollte Dimitri um 21 Uhr hier sein und ich sitze in meinem turbasa-Zimmer und warte, warte und warte. Mittlerweile ist es 22:30 Uhr und ich beschließe, ins Bett zu gehen. Kaum liege ich, da steht Dimitri mit zwei Freunden in der Tür, praktischerweise heißen beide Oleg. Nun machen wir die Nacht zum Tage und verspeisen auf meinem Zimmer erst mal Bier und Fisch, gespickt mit einer lebhaften Unterhaltung. Wobei ein Oleg keinen Alkohol trinkt, weil er Sportler ist. Sehr gut! Die anderen zwei beteuern zwar, dass sie natürlich auch Sportler seien - es geht bei allen um Karate - aber eben nicht mehr so aktiv. Nun gut, ich bin heute Abend auch nicht mehr so aktiv, also trinke ich mit den Nicht-Aktiven Bier. Und einmal in Fahrt lasse ich mich dann noch auf ein „Erstes Mal" ein. Wir fahren mit dem Auto zu einer Bowlingbahn. Vermutlich stelle ich mich ziemlich ungeschickt an, aber es ist echt lustig - erst um drei Uhr liege ich im Bett.

Am nächsten Morgen kommt Dimitri noch einmal vorbei, diesmal mit einem schüchternen Journalisten. Kaum haben wir mit dem Interview begonnen, gibt das Diktiergerät seinen Geist auf und erst ganz am Ende des Gesprächs kommt der ganz nervös gewordene Journalist auf die Idee, mit Stift und Zettel festzuhalten, was ich so erzähle. Als ich später den Artikel lese, bin ich echt überrascht, wie gut er geworden ist. Zum Abschied drückt mir Dimitri einen Zettel mit seiner Telefonnummer in die Hand und meint, dass ich ihn jederzeit anrufen kann, wenn es Probleme gibt. Nun kann mir ja wirklich gar nichts mehr passieren!

Wieder auf dem Rad, komme ich kurz hinter der turbasa am Fuße des Urals nach Tschusowoj. Eigentlich ist es richtig hübsch hier, wäre da nicht eine Metallfabrik, die direkt am Fluss mitten in der Stadt steht. So ist die Luft leider sehr schlecht und durch die Berge drumherum kann der Dreck auch gar nicht abziehen. Eine schlechter Standort! Schnell fahre ich weiter, wobei das mit dem schnell so eine Sache ist, denn nun fängt das eigentliche Gebirge an, das Europa von Asien trennt. Direkt in Tschusowoj geht es los mit einem langen, anstrengenden Anstieg – echt fies bei den Abgasen hier. Zumal heute

---

15 Eine turbasa (turistskaja basa) ist eine Art Touristenherberge.

auch meine Beine extrem schwer sind und ich noch langsamer fahre als sonst. Ob das wohl an gestern Abend liegt? Ich kann ja nicht alles auf die schlechte Luft schieben.

Dann aber habe ich den schlimmsten Berg geschafft und fahre auf einer Art Hochebene. Und gerade als ich dort oben denke: „es reicht für heute" hält neben mir ein Auto mit zwei neugierigen Männern auf dem Weg zur Arbeit. Da sie behaupten, dass man dort auch gut zelten kann, fahre ich hinter ihnen her. Am Ende eines langen Waldweges landen wir an einer Gasförderanlage und zu sehen sind verwirrend viele Rohre, Ventile und Kräne. An einigen Stellen wird Gas abgefackelt. Außerhalb des eigentlichen Betriebsgeländes stehen ein paar Bauwagen, in denen die Arbeiter wohnen und dort stelle ich auch mein Zelt auf. Was für eine Kulisse: strahlend blauer Himmel über einem Industriegelände, umgeben von nichts als Wald und ich im Zelt daneben. Sehr skurril! Und sogar mit banja, denn auch ich darf den Schwitzbad-Bauwagen der Arbeiter benutzen. Anschließend schlafe ich richtig gut, kaum zu glauben bei dem ununterbrochenen Lärm des abfackelnden Gases.

Ich schlafe nicht aus, sondern bin bald wieder auf dem Rad – Frühschicht sozusagen. Ob es daran liegt oder an einer allgemeinen Erschöpfung - nachmittags schlafe ich auf dem Fahrrad fast ein. Denn es ist natürlich ein Wunschtraum, dass man einmal oben im Ural nur noch geradeaus fährt. Aber die Landschaft bekommt ein anderes Gesicht: So weit das Auge reicht, gibt es rundherum endlose Wälder und dass diese immer mehr aus Fichten bestehen, verstärkt das Gefühl in den Bergen zu sein - auch wenn die hier nur bis zu 600 Meter hoch sind.

Tja, und dann hat der Ural ja noch einen ganz besonderen Höhe(n)punkt zu bieten: eine ungewöhnliche Grenze. Mitte Juni, nach drei Monaten und gut 5.200 Kilometern, bin ich tief im Osten von Europa gelandet und betrete mit dem Fahrrad einen anderen Kontinent. Von nun an radel ich durch Asien. Obwohl die Landschaft selbst sich zunächst gar nicht verändert, geht es nun nicht mehr ständig berghoch und runter. Es geht sozusagen mehr oder weniger eben durch die Berge hindurch - ein Phänomen, das in Deutschland selbstverständlich ist: Durch Straßenböschungen werden Höhenunterschiede abgefangen – vielen Dank dafür an die Straßenbauer! Dabei hat meine Fahrleistung durch die ganze Quälerei gar nicht gelitten, im Gegenteil: Im Ural komme ich durchschnittlich auf über 110 Kilometer pro Tag[16] und

16 Eigentlich fahre ich durchschnittlich 90 Kilometer am Tag.

Hier gibt es eimerweise köstliche Walderdbeeren

erreiche eine Spitzengeschwindigkeit von 57 km/h – okay, da ging es natürlich bergab.

Was vor ein paar Tagen noch völlig außerhalb meiner Vorstellungskraft lag, rückt nun immer näher und wirkt wie ein Magnet auf mich: die sibirische Tiefebene. Von jetzt an fahre ich sehr zielstrebig und eigentlich schon seit Kasan ohne erholende Pausentage.

Kleine Pausen mache ich natürlich schon, zum Beispiel kann ich - auch wenn ich noch so gut in Fahrt bin - dem Duft von Walderdbeeren nicht widerstehen. Selbstverständlich halte ich sofort an und pflücke sie begeistert. Aber selbst diese Pausen werden schnell seltener und kürzer, denn die Mückendichte nimmt derart rapide zu, dass ich dabei total zerstochen werde. Also doch wieder schnell aufs Rad und weiter. Zum Glück gibt es am Straßenrand immer mal wieder nette Menschen, denen ich ein paar Beeren abkaufen kann. Wobei die dann immer gleich eimerweise verkauft werden, da in der Regel daraus warenje gemacht wird - diese dünne, köstliche Marmelade. Mit einem netten Lächeln und entschuldigendem Blick auf meine vollen Packtaschen, kann ich die Beerensammler aber meist dazu überreden, mir auch eine kleinere Portion zu verkaufen.

Und ganz nebenbei will ich noch erwähnen, dass die Begegnungen mit diversen Beeren-Sorten meine einzigen Beeren-Erlebnisse bleiben. Einen

Bären dagegen bekomme ich keinen einzigen zu Gesicht, die Jäger von der Wolgaquelle behalten recht.

Neben den Beeren, gibt es natürlich noch andere Gründe, anzuhalten. So stoppen mich immer wieder Autofahrer, um sich mit mir zu unterhalten oder mich einfach nur mit ihrem Handy zu fotografieren. Kaum in Asien, ist einer mal wieder so begeistert, dass er mich sogar ein Stückchen mit dem Auto begleitet. Wassilij heißt er und als Beweis, mich getroffen zu haben, reicht ihm ein Foto nicht aus. Er meint, dass ihm das eh kein Mensch glaubt. Also ruft er schnell zur weiteren Beweissicherung einen Freund an, mit dem ich dann unbedingt am Telefon sprechen muss.

Apropos unbedingt mit jemandem sprechen müssen, da gibt es wirklich die kuriosesten Momente. Mittlerweile wird es nachts fast nicht mehr dunkel (ich befinde mich hier etwa auf der Höhe von Göteborg) und die Zeiten, in denen ich mich abends sputen musste, um noch im Hellen einen Zeltplatz zu finden, sind längst vorbei. Nun gehe ich bei vollem Tageslicht ins Bett und stehe erst auf, wenn ich das Gefühl habe, einigermaßen ausgeschlafen zu sein. Außer ich bekomme Besuch. Es kann nämlich auch schon mal um vier Uhr morgens passieren, dass da zwei Männer vorbeikommen und unbedingt mit mir reden wollen. Ich werde wach, weil sie um mein Zelt spazieren und rufen: „Djewuschka (Fräulein), aufstehen! Wir wollen uns mit dir unterhalten!" Das darf doch nicht wahr sein, haben die beiden keine Uhr? Sie lassen sich durch mein verschlafenes: „Es ist mitten in der Nacht, ich schlafe noch." nicht abschrecken und lassen nicht locker. Sie begründen ihren Wunsch nach Unterhaltung mit: „Es ist schon morgens, es ist doch schon hell!" Womit sie natürlich recht haben. Da ich aber längst noch nicht ausgeschlafen bin, vertröste ich sie auf später am Tag. Erst das Versprechen, dass ich mittags noch da sei, lässt sie irgendwann verschwinden. Und Asche auf mein Haupt, ich bleibe nicht bis mittags, sondern fahre morgens zu humanen Zeiten, so gegen neun Uhr, weiter. Ich muss mich wirklich bei den beiden entschuldigen - prostitje!

Eigentlich habe ich damit geliebäugelt, fern von der Hauptstrecke Tjumen-Omsk zu radeln und nochmal ein Stückchen Schiff zu fahren. Nun entscheide ich mich aber für den Weg über Tjumen. Die Aussagen bezüglich Schiffsverkehr und Straßenvorhandensein weiter im Norden sind einfach zu unterschiedlich und die Aussicht, eventuell mehrere 100 Kilometer wieder zurückradeln zu müssen, ist nicht sehr verlockend. Außerdem habe ich einen Anlaufpunkt in Tjumen, bzw. zwanzig Kilometer vorher im Dorf Kulkowo. Dort wohnt Ljoscha, der verschlafene Fahrer, der mich ein Stückchen mitgenommen hat.

Nach all den Ural-Strapazen komme ich in Kulkowo ziemlich erledigt und ausgelaugt an und kann mir nicht so recht vorstellen, schnell wieder zu Kräften zu kommen. Ich glaube, ich habe es in der letzten Zeit wirklich etwas übertrieben. Da es nun auch noch sehr schwül geworden ist, liegt es außerhalb meiner Vorstellungskraft, mich überhaupt jemals wieder zu bewegen. Ansonsten fängt mein Aufenthalt in Kulkowo gut an: Die Verkäuferin, die ich in einem Geschäft nach einem Telefon frage, kennt Ljoscha - was bei 3.000 Einwohnern ja nicht selbstverständlich ist. Sie ruft ihn sofort an und er kommt mich abholen. Bei Ljoscha zu Hause werde ich nicht nur sehr herzlich von seiner Frau Lena begrüßt, es wird auch sofort die banja angeheizt und - ich bin schier sprachlos - es gibt eine Waschmaschine, die ich selbstverständlich benutzen darf. Zwar ist es nicht so eine Hochmoderne, die alles alleine macht - aber der einfache Waschautomat, in den man das vorher selbst erhitzte Wasser mit Wäsche und Waschmittel hineingibt, erscheint mir wie das Paradies! Anschließend mache ich nichts mehr. Nun ja, lecker gegessen wird natürlich auch noch - es gibt pelmeni[17] mit Salat und süßen georgischen Wein. Danach falle ich todmüde ins Bett und schlafe sofort ein.

Und siehe da, ein Pausentag bewirkt regelrechte Wunder der Wiederbelebung. Einen Tag lang kein Radfahren, keine unnötige Bewegung außer einem kleinen Stadtbummel in Tjumen. Nachmittags sind wir auf einem Kindergeburtstag, was für die Erwachsenen bedeutet, einfach nur viele leckere Salate, blini und Kuchen zu essen und sich nett zu unterhalten. Abends erfahre ich dann, dass heute zufälligerweise auch Ljoschas Geburtstag ist. Wieder gibt es Torte, natürlich nicht ohne vorher ausgiebig Abendbrot gegessen zu haben – es gibt rohen Fisch, Sushi auf Russisch sozusagen - sehr lecker! Übrigens ist es bei Feiern in Russland generell umgekehrt als in Deutschland: Erst wird herzhaft gegessen und je nach Feier getrunken und getanzt. Und ganz zum Schluss, gewissermaßen als Weggeleit nach Hause bzw. ins Bett, gibt es Tee mit Kuchen.

---

17 Die ursprünglich aus Sibirien stammenden kleinen und mit Fleisch gefüllten Teigtaschen werden in Brühe oder Wasser gekocht und zählen heute zu den russischen Nationalgerichten.

Sibirien – die herbeigesehnte Tiefebene

Nach einem Pausentag fühle mich wie neu geboren und ich realisiere, dass es nun nicht mehr weit bis Omsk ist. Witzig, wie sich Entfernungen ändern. Die 600 Kilometer von Bochum bis Potsdam kamen mir im März noch sehr weit vor. Hier vor Tjumen habe ich dagegen das Gefühl, schon fast in Omsk zu sein, die 650 Kilometer sind doch ein Klacks! Und hätte mich jemand im Uralvorland gefragt, ob es in irgendeiner Form realistisch sei, dass ich jemals am Baikal ankäme - hätte ich ehrlich geantwortet, hätte „Nein" gesagt. Nach 5.000 Kilometern - etwa auf der Hälfte der Strecke - konnte ich mir nicht ernsthaft vorstellen, nochmal so weit zu fahren. Nun aber, ausgeruht und die sibirische Tiefebene vor der Nase, halte ich nichts mehr für unmöglich – Baikal wir kommen! OK, zunächst geht es nach Omsk.

Von Tjumen bis Omsk fahre ich erstmals richtig lange auf einer Trasse, also auf einer Fernverkehrsstraße. Will man nicht durch Kasachstan, führt eigentlich nur diese eine Straße Richtung Osten. Natürlich gibt es auf ihr mehr Autos als auf den kleinen Landstraßen, die ich bisher meist gefahren bin, aber sie ist weniger stark befahren als erwartet. Und ich finde es ganz interessant, die Stimmung einer solchen Fernreisestraße zu erleben. Die Menschen entlang der Trasse sind an Reisende gewöhnt, bzw. sind ja selbst unterwegs, oft auch über Tage und tausende Kilometer.

Sogar andere Radfahrer gibt es. Ich bekomme sie zwar nicht zu Gesicht, aber ich höre von ihnen – Vorbeifahrende und die Anwohner der Trasse halten mich auf dem Laufenden. Ein deutsches Paar muss wohl ein paar Tage vor mir unterwegs sein, ein Franzose auf dem Weg nach Wladiwostok auch. Bald habe ich das Gefühl, dass eine richtige Radfahrerschwemme auf dieser Straße herrscht - aber man muss genauer hinhören. Als mich zwei Frauen nach dem Motto „schon wieder so eine" begrüßen, bedeutet „schon wieder" in diesem konkreten Fall, dass sie im letzten Jahr ein Radfahrerpaar gesehen haben und im Jahr davor ebenfalls. Auch eine Oma erzählt mir brühwarm von zwei französischen Radlern, die bei ihr übernachtet haben. Ja, ihre Fahrräder seien genauso bepackt gewesen wie meins! Sie ist ganz aufgeregt und erzählt das ganze so frisch und lebendig, dass ich das Gefühl habe, es muss gestern gewesen sein. Vielleicht habe ich ja eine Chance die beiden einzuholen? Es stellt sich dann aber heraus, dass der Besuch schon acht Jahre her ist ... So relativiert sich mein Eindruck wieder, dass Russland plötzlich zu einer Fahrradhochburg geworden ist.

Vereinzelt begegne ich auf der Trasse anderen ausländischen Touristen. Zwei tschechische Motorradfahrer sind auf dem Weg in die Mongolei, als ich sie mit ihren Maschinen an einer Tankstelle stehen sehe. Sie reparieren gerade irgendwas an der Bremse. Für ihre Tour haben die beiden insgesamt sieben Wochen Zeit und drei Wochen später treffe ich sie wieder - ich radel immer noch in der sibirischen Tiefebene und die Motorradfahrer sind schon wieder auf dem Rückweg, waren bereits am Baikal und in der Mongolei. Ein anderes Mal hält ein Mercedes mit Berliner Kennzeichen und aus dem Auto steigt ein sympathischer Mongole. Er arbeitet in Berlin als Boxtrainer und wohnt in der Mongolei. Bevor er sich weiter auf seinen langen Nachhauseweg macht, schenkt er mir einen Energiedrink – da ich allerdings keine Wirkung spüre, kaufe ich weiterhin lieber russische Kekse und Schokolade zur Beflügelung.

Froh, alle Berge hinter mir gelassen zu haben, schaffe ich in der sibirischen Tiefebene trotz Gegenwind mühelos 115 Kilometer am Tag. Ich bin selbst erstaunt wie gut das geht! Aber den Ural mit seinen heftigen Anstiegen habe ich natürlich nicht vergessen und auch nicht die dreieckigen Steigungsschilder als Vorwarnung. Die genaue Prozentzahl konnte ich zwar aus der Entfernung nicht erkennen, wohl aber, ob die Zahl ein- oder zweistellig war. Das war für mich die psychologische Grenze. Allem bis 9% habe ich recht gelassen entgegengesehen, leider waren die Zahlen meist im zweistelligen Bereich, häufig bei 12 oder 13, bis zu 17%. Innerlich habe ich jedes Mal aufgestöhnt und mich auf die nächste Quälerei eingestellt.

Und nun taucht hier in der sibirischen Tiefebene auch so ein dreieckiges Steigungsschild vor mir auf. Aus Gewohnheit schaue ich auf die Prozentzahl und bekomme einen gewaltigen Schreck – sie ist zweistellig! Als ich beim Näherkommen die Zahl erkenne, falle ich fast vom Fahrrad: 55% - das darf doch echt nicht wahr sein! Weit und breit ist allerdings gar kein Berg zu sehen, voraus nur ein ganz leichter Anstieg.

Ich bleibe stehen, um mich zu beruhigen und denke nach, dann fange ich an zu lachen: Kann ja gar nicht sein – 55 Prozent! Scherzbolde, diese Russen, da wurde wohl einfach ein Komma vergessen.

Ansonsten genieße ich die Fahrt durch die Tiefebene. Später werde ich mehrfach von reisenden Auto- und Motorradfahrern besorgt gefragt, wie ich die sibirische Tiefebene überlebt hätte - sie hätten bereits wenige Tage

Schock in der sibirischen TiefEBENE!

dort als sehr eintönig und langweilig empfunden. Wie erst muss das auf dem Fahrrad sein? Für mich wunderbar! Vermutlich hat man auf dem Fahrrad ein anderes Empfinden und sieht vielleicht mehr Details. Und ich empfinde diese Birkenwald-Sumpflandschaft - zwischendrin Wiesen und Felder - gar nicht als langweilig, sondern abwechslungsreich und sehr angenehm fürs Auge. Es gibt keine eckigen Abgrenzungen, sondern alles scheint harmonisch ineinander überzugehen.

Manchmal werde ich allerdings auch aus dieser Idylle herausgerissen – auf halber Strecke nach Omsk sehe ich einen schweren Unfall. Davon, dass es häufiger Unfälle gibt, zeugen etliche Autowracks am Straßenrand. Nicht immer gehen sie gut aus und zur Erinnerung an Verstorbene werden nicht nur Kreuze, Blumen und Fotos, sondern oft auch Originalteile des Unfallwagens aufgestellt. Ein bisschen mulmig wird mir schon, wenn ich an solchen Erinnerungsstätten vorbeifahre. Und einen gehörigen Schreck bekomme ich, als ich nun den ganz frischen Unfall eines Sattelzuges sehe.

Die Zugmaschine liegt im Feld und der Auflieger dahinter ist komplett aufgerissen. Direkt vor der Zugmaschine hockt eine Gruppe von etwa zehn Leuten und zunächst sieht es für mich so aus, als ob sie dort zwischen dem Getreide Erste Hilfe leisten. Alle sitzen im Kreis und hantieren geschäftig mit den Armen. Als ich näher komme, wird aber klar, es handelt sich um ein Picknick - scheinbar gibt es akut keinen Handlungsbedarf mehr. Winkend bedeuten mir die Männer, ich solle anhalten und mich dazugesellen. Da ich aber satt bin und nun begreife, was die Handbewegungen der Männer bedeuten, fahre ich lieber weiter. Ununterbrochen verscheuchen sie mit ihren Armen die Mücken um sich herum - es muss Milliarden davon in diesem Feld geben. Und die kleinen Viecher schaffen es doch ernsthaft mir die Laune zu verderben!

Anfangs haben ja wenigstens diverse Antimückenmittelchen geholfen und ich hatte das Gefühl, dass die Viecher zeitweise auch mal ruhen. Mittlerweile sind die Mücken rund um die Uhr überall. Und nicht nur Mücken, es gibt auch ganz kleine Fliegen und die großen Bremsen und bremsenartige Fliegen – alle stechen oder beißen, was auch immer - auf jeden Fall rauben sie mir den letzten Nerv! Sie wechseln sich regelrecht ab: Sind die einen nicht da, kommen die anderen. Mücken beispielsweise mögen Radfahren nicht so gerne, auch die kleinen Fliegen halten nur bei Schrittgeschwindigkeit mit. Werde ich schneller, kommen die größeren Kaliber. Bremsen scheinen

Geschwindigkeit zu lieben und tauchen erst auf, wenn ich in Fahrt bin. Im Windschatten hinter meinem Rücken gibt es meist einen ganzen Schwarm von den schwarzen Biestern und die scheinen nur darauf zu warten, dass ich nicht mehr kann und sie dann über mich herfallen können. Gruselig, schnell weiter. Aber erst bei 30 km/h bin ich jegliche Begleitung los, leider eine sehr seltene Geschwindigkeit.

Und irgendwann muss ich ja auch mal Pause machen. Stehenbleiben ist aber ganz schlecht und sich irgendwo gemütlich in eine schöne Wiese setzen, geht gar nicht. Am geringsten ist die Mückendichte fern von jeder Natur, also mitten auf dem Asphalt. Daher esse ich seit Neustem im Stehen, bzw. im Gehen mitten auf der Straße. In Bewegung zu bleiben hilft wenigstens etwas dabei, die Viecher nicht zur Ruhe kommen zu lassen. Blöd, dass ich mich selbst dann auch nicht ausruhen kann. Ganz fies wird es, wenn ich aufs Klo muss, diese Tortur möchte ich hier aber gar nicht näher beschreiben ...

Nachts werde ich regelmäßig wach, weil sämtliche Mückenstiche am ganzen Körper gleichzeitig anfangen zu jucken. Ansonsten habe ich wenigstens dann Ruhe, denn mein Zelt ist nicht nur sturmfest, sondern auch mückendicht – allerdings muss ich es dafür zunächst aufstellen. Längst suche ich mir nicht mehr geschützte Plätze für mein Zelt. Möglichst freistehend baue ich es in Rekordgeschwindigkeit auf, flüchte sofort hinein und ohne Mitleid erschlage ich jedes mit mir ins Zelt geschlüpfte Tier. Als Warnung vor Nachschub macht eine schwarze Mückenwolke zwischen Innen- und Außenzelt unglaublichen Lärm. Kochen fällt an diesen Abenden aus und erst mit dem Abbau am nächsten Morgen verlasse ich das Zelt wieder, um dann schnell auf die Straße zu kommen.

Sogar nette Besucher können mich nicht mehr aus dem Zelt locken. Zwar komme ich mir schon ein wenig komisch dabei vor, aber ich unterhalte mich nur noch durch die schützende Zeltwand. Lasse ich das Außenzelt auf, kann ich meinen Besuch wenigstens durch das Moskitonetz sehen. Ich verstehe gar nicht, wie die Russen so ruhig bleiben können, werden die nicht gestochen? Die schnappen sich höchstens mal einen Zweig und wedeln damit um sich herum - das ist die hiesige Mückenabwehrmethode.

Und wäre es tagein tagaus permanent so schlimm wie eben beschrieben, würde ich die Radtour abbrechen! Auf Dauer macht das echt keinen Spaß - nicht mal die regnerischen Uraltage konnten mir so die Laune verderben, wie diese kleinen Biester es tun. Zum Glück gibt es aber auch in Sibirien Orte, Tage oder Momente, an denen es erträglich ist. Nicht immer kann ich feststellen, woran es liegt - es ist mir auch egal, ich genieße einfach diese mückenarmen Phasen. Wobei ich neben Starkregen einen Abwehrmechanismus klar benennen kann, und das ist starker Wind. Den mögen die kleinen Viecher alle nicht und so freue ich mich mittlerweile sogar über heftigen Gegenwind!

Außerdem: Wie kann ich an Abbrechen denken, wenn doch nun Omsk vor der Tür steht? Immerhin war das vor meiner Abfahrt der einzige Ort, an dem ich schon einmal war und wo ich jemanden kenne. Ein bisschen muss ich da zur Erklärung ausholen: 1999 war ich als Studentin für ein Praxissemester in Kirgisistan und habe dort in einem Dorf am See Issyk-Köl bei einer russischen Familie gewohnt. Besonders habe ich mich mit den Nachbarn Wassja und Kostja angefreundet, zwei Russen etwa in meinem Alter. Wassja ist vor ein paar Jahren nach Omsk gezogen. 2003 habe ich ihn dort besucht und habe dabei auch seine Tante mit ihrer Familie kennengelernt und mich von ihnen mit den Worten verabschiedet: „Das nächste Mal komme ich mit dem Fahrrad!" und alle haben gelacht ...

Nun stehe ich mit meinem Rad vor dem Ortsschild von Omsk und kann es selbst kaum glauben. Wobei es gar kein Schild ist, sondern eher eine Art Denkmal: monumentale Buchstaben aus blaugestrichenem Beton unter einem in den Himmel ragenden Ortswappen.

Mittlerweile weiß ich durch eine E-Mail von einem Freund von Wassjas Cousine, dass mein Ankündigungs-Brief angekommen ist. Nur der genaue Tag bleibt Überraschung. Aber Nadja, Wassjas Tante, hat sich schon fast gedacht, dass ich heute komme, denn ihre Finger jucken schon den ganzen Tag. Ein unverkennbares Zeichen für meine Ankunft!

Nadja besitzt eine der üblichen Zweizimmerwohnungen in einem Plattenbau. Aus Kostengründen leben hier drei Generationen zusammen, fünf Erwachsene und zwei Kinder. Auch das ist völlig normal in Russland – Privatsphäre ist da ein Fremdwort. Und nun komme ich noch dazu und blockiere mit meinem Gepäck die halbe Wohnung – ist doch gar kein Problem, alle freuen sich, dass ich hier bin! Das Fahrrad kann praktischerweise in einer Garage eingeschlossen werden, meist kommt das selbstverständlich auch noch mit in jede noch so kleine Wohnung.

Fast zwei Wochen bleibe ich in Omsk und erhole mich. Als mir am dritten Tag Nadja ankündigt, dass nun mein „Gast sein" aufhört, ich ab jetzt Teil der Familie bin und gerne auch Pflichten wie Tisch decken und spülen übernehmen kann, bin ich erleichtert. Nicht mehr nur bedient zu werden und sich als zusätzliche Belastung zu fühlen, tut sehr gut! Und ich möchte auch mal für alle kochen. Natürlich muss da eine deutsche Spezialität auf den Tisch. Gar nicht so einfach – ich entscheide mich aus pragmatischen Gründen für Chili con Carne: Es ist sehr einfach in großer Menge zu kochen, die Zutaten sind leicht zu finden und trotzdem ist das Gericht hier ungewöhnlich und somit etwas Besonderes. Und nein, nun denkt nicht ganz Omsk, dass Chili die deutsche Spezialität schlechthin ist - ich verrate natürlich, dass es eigentlich aus Mexiko stammt und der Humor siegt über die Enttäuschung. Hauptsache ist doch, dass es allen schmeckt! Ich wage mich auch an einen Kuchen und backen ist ja nun wirklich eine urdeutsche Tradition. Der Kirsch-Himbeerkuchen auf Schoko-Nussteig wird zwar nicht so wie in Deutschland und es gibt ihn auch nicht am Sonntag, aber er schmeckt auch in der russischen Version hervorragend!

Und wo wir schon mal beim Essen sind: Sehr oft werde ich gefragt, was wir so in Deutschland essen und fast ebenso oft, was ein Kilo Fleisch dort kostet. Bei der letzten Frage muss ich passen, ich weiß es nicht. Dafür kann ich mit Brotpreisen dienen und die Menschen erschrecken, denn in Russland kostet ein Brot umgerechnet 20 - 30 Cent. Fleisch ist auch hier teuer, daher wird zwar gerne, aber gar nicht so viel davon gegessen. Oft gibt es Suppen, häufig borschtsch oder schtschi. Borschtsch ist eine Rote-Beete-Suppe mit Kohl, Möhren, Zwiebeln, Kartoffeln und Fleisch. Schtschi ist eigentlich borschtsch nur ohne rote Beete. Als mich einmal eine Oma beim borschtsch Essen fragt, ob es den denn bei uns auch gäbe, runzelt sie bei meiner Antwort die Stirn. Aber schtschi essen wir dann doch wenigstens? Nach einem erneuten „nein" ist ihr Gesichtsausdruck voller Mitleid und sie fragt besorgt, wovon wir uns denn dann in Deutschland ernähren?

Hier in Russland mache ich mir um das Essen jedenfalls keine Sorgen, es ist ganz nach meinem Geschmack - oft einfach und deftig. Und Suppe, Bratkartoffeln & Co gibt es bereits zum Frühstück, denn meist werden morgens die Reste vom Abend gegessen. Oder es gibt kascha (Brei) aus Reis, Buchweizen, Hafer, Hirse oder Mais. Außerdem stehen pirogi und blini ganz oben auf dem Speiseplan. Auch frischen Salat gibt es jetzt im Sommer, aber keinen Blattsalat - eher Gurken, Radieschen und Tomaten. Und ganz wichtig, es wird alles immer mit Brot gegessen – egal was. Augenzwinkernd sagt man, dass in Russland selbst Brot mit Brot gegessen wird. Mein ganz persönlicher Geheimtipp und Favorit auf dem Fahrrad ist der hiesige, etwas krümelige Quark zusammen mit smetana und frischen Beeren oder warenje – das ist

In der Omsker Innenstadt

einfach köstlich! Und auf den Dörfern ist es meist kein Problem, die Zutaten ganz frisch aus Eigenproduktion zu bekommen.

Aber erst mal bin ich ja noch in der Stadt und meine Pausentage sehen da überall sehr ähnlich aus. Weil ich keine große Ausdauer beim Sightseeing habe, lerne ich die Städte spazierengehend beim Shoppen kennen. In erster Linie kaufe ich das ein, was man unterwegs nicht so gut bekommt: Trockenmilch, Müsli und Spiritus für meinen Kocher. Wobei sich diese Einkäufe immer mehr erübrigen, da ich viel lieber frische Milch verwende, statt Müsli morgens immer öfter Buchweizenbrei esse und Spiritus bekomme ich auch in den Städten nur selten. Teilweise verbringe ich Stunden mit der Suche. Macht aber eigentlich nichts, wenn sie erfolglos bleibt, denn meist koche ich eh auf einem Lagerfeuer und für die Notversorgung bekomme ich immer mal wieder 90-prozentigen Selbstgebrannten geschenkt.

Lebensmittel und sonstige alltägliche Waren kann ich übrigens wunderbar unterwegs kaufen. Denn überall wo Menschen wohnen, gibt es auch ein Geschäft, auch wenn die Dörfer noch so klein sind und das Leben dort noch so einfach. Und die Geschäfte haben auch sonntags auf!

Damit ich unterwegs nicht nur satt bin, sondern auch weiter meinen Weg finde, klappere ich in den Städten die Buchläden nach geeignetem Kartenmaterial ab. Werde ich so gar nicht fündig, habe ich eine Übersichtskarte, nach der ich zur Not fahre. Hier in Sibirien ist die Straßendichte so gering, dass selbst bei einem Maßstab von 1:2 Millionen alle Straßen abgebildet sind. Aber gerade für die Zeltplatzsuche ist es ganz praktisch, eine genauere Karte zu haben, in der auch kleinere Gewässer eingezeichnet sind. Besonders gut sind die Topographischen Atlanten, die es eigentlich für jeden oblast[18] im Maßstab 1:200.000 gibt - man muss sie nur im passenden Moment finden.

Wie schon vorher an Pausentagen, versuche ich auch in Omsk möglichst viel Zeit in der virtuellen Welt zu verbringen. Zwar gibt es auch unterwegs in kleinen Städten Internetmöglichkeiten, aber so ohne Fahrrad vor der Tür bin ich doch wesentlich entspannter. Besonders freue ich mich, wenn Freunde mir von ihrem alltäglichen Leben in Deutschland schreiben. Das ist für mich mittlerweile so weit weg und doch irgendwie vertraut. E-Mails sind wirklich eine tolle Möglichkeit der Kommunikation und auch die einzige Verbindung zu meinen Eltern. Ein Handy mitzunehmen kam für mich nicht in Frage - mal davon abgesehen, dass ich auch in Deutschland keins habe. Denn was wäre, wenn ich länger nicht erreichbar bin? Weil es keinen Empfang gibt, der Akku leer oder das Handy kaputt ist. Da wäre die Panik groß zu Hause, dann doch lieber erst gar nicht telefonisch erreichbar sein und ab und zu eine E-Mail schreiben.

Ansonsten verbringe ich natürlich viel Zeit mit meinen Gastgebern und besonders gerne mit Wassja. Leider ist das nicht so einfach, denn er wohnt mit seiner Freundin und deren Kindern bei ihren Eltern ziemlich weit draußen in einem Vorort von Omsk. Aber wann immer er es nach der Arbeit einrichten kann, kommt Wassja in die Stadt gefahren und wir gehen zusammen spazieren oder setzen uns an den Irtysch[19] und quatschen über Gott und die Welt. Es tut gut, einen alten Freund hier in Sibirien zu treffen! Leider ist seine Freundin Natascha sehr eifersüchtig und kaum sehen wir uns, klingelt alle fünf Minuten Wassjas Telefon und Natascha will wissen, wann er denn endlich nach Hause kommt. Das macht die Treffen etwas unentspannt und da er es sich zu Hause natürlich nicht verscherzen will, enden sie oft abrupt.

So verbringe ich mehr Zeit mit Wassjas Cousine Anjuta, der Tochter von Nadja. Sie lebt mit einem Syrer zusammen und die beiden haben eine

---

18 Eine Verwaltungseinheit in Russland. Ähnlich wie Deutschland in Bundesländer, Hansestädte und Freistaaten aufgeteilt ist, gibt es in Russland: oblast, respublika und kraj.
19 Ein großer Fluss in Sibirien.

zweijährige Tochter. Anjutas Hauptmännerauswahlkriterium war: kein Tropfen Alkohol. Und weil sie diesbezüglich den russischen Männern nicht traut, musste ein Ausländer her - am besten einer, der gar nicht erst trinken darf. Zunächst war sie einige Jahre mit einem Inder zusammen, nun hat sie sich für einen Moslem, für Ismael entschieden.

Grundsätzlich fängt bei den Russinnen spätestens mit Anfang zwanzig die Jagd auf Männer an - wer bis Mitte zwanzig noch keinen abgekommen hat, gilt als alte Schachtel und ab dreißig ist dann sowieso alles zu spät. Auch ich werde natürlich oft nach Mann und Familie gefragt. Zum Glück werde ich so ungeschminkt und voller Unsinn im Kopf meist für viel jünger gehalten und keinen Mann zu haben, ist so lange verständlich, bis ich mein wahres Alter verrate. Dann kommen erstaunte oder auch skeptische Blicke. Mit Mitte dreißig unverheiratet und ohne Kinder – da stimmt doch was nicht! Wobei ich kurz vor Omsk eine Frau getroffen habe, die das aussprach, was einige Frauen mir gegenüber bereits angedeutet haben. Auf meine Aussage, dass ich nicht verheiratet bin, meinte sie anerkennend: „Super, du bist sehr sehr klug!"

Leider sind die so früh geschlossenen Ehen nämlich nicht immer glücklich, und gehen sie wegen Alkoholproblemen in die Brüche, schaffen es die Frauen oft erst dann von den Männern loszukommen, wenn alles versoffen ist. Aber natürlich gibt es auch russische Männer, die nicht trinken oder nur mal ab und zu. Mein persönlicher Eindruck ist, dass die Russen, die im normalen Berufsleben stehen, genauso viel oder wenig trinken wie die Deutschen.

Alkohol hin oder her, was meiner Meinung nach unglaublich viele Russen haben, sind goldene Hände. Mein Sattel wurde ja bereits fachmännisch geschweißt, nun ist an meinem Stativ der Befestigungsteller für die Kamera so abgebrochen, dass ich eigentlich nur noch die Lösung „wegschmeißen" sehe. In Omsk nimmt es der Mann von Nadja an sich und für mich hat sich das Thema erledigt. Als er mir am Tag vor meiner Weiterfahrt das Stativ mit einem Lächeln wieder überreicht, bin ich total baff und begeistert. Mit feinsten Schrauben und Plättchen hat er es funktionstüchtig wieder zusammengeflickt.

Es gibt für mich in Omsk noch einen anderen Grund zur Begeisterung, bevor es dann endlich weitergeht. Bei so viel Pause komme ich von Höcksken auf Stöcksken ... Aber das muss ich noch loswerden: Und zwar bekomme ich echte Post - ein wunderschönes Päckchen, wie hier in Russland üblich als

Banderole eingenäht. Ich weiß sofort, was drin ist und freue mich wahnsinnig.

Denn leider hatten sich bereits in Danzig die Wege von meiner Isomatte und mir getrennt, als ich dort ziemlich erschöpft bei Barbara vom Hospitalityclub ankam. Mit letzter Kraft hatte ich dort das Fahrrad entpackt und alles in die Wohnung in der ersten Etage geschleppt. Irgendwie ist mir dabei vor der Haustür die Tüte mit der Isomatte runtergefallen und kaum in der Wohnung habe ich gemerkt, dass sie fehlt. Sofort bin ich wieder raus – die Isomatte war aber bereits weg. So ein Mist!

Barbara und ihr Freund meinten dazu nur: „Herzlich willkommen in Polen!"

Na ja, aber bis dahin hatte ich ja wirklich nur die besten Erfahrungen gemacht, also bat ich die beiden, einen Zettel in den Hausflur zu hängen, dass ich meine Isomatte vermisse und sie doch bitteschön wieder haben möchte. Ein schräges polnisches Lächeln verriet mir, dass meine Idee etwas komisch oder vielleicht auch bescheuert war. Wohl aus reiner Höflichkeit wurde trotzdem ein klitzekleiner Zettel geschrieben und sehr unscheinbar im Hausflur aufgehängt. Ich hatte da eher an ein mit fettem Filzstift beschriebenes DIN A4-Blatt gedacht, das unübersehbar an der Eingangstür befestigt wird.

Schweren Herzens habe ich meine Isomatte abgeschrieben und bin am Tag nach der Papstbeerdigung losgezogen, um eine neue Schlafunterlage zu kaufen. Nun hatte ich zwar auch wieder eine selbstaufblasbare, aber lange nicht so bequeme Matte wie meine gute alte Therma-Rest. Aber besser als keine ... In Kaliningrad hatte ich dann eine Mail von Barbara im Postfach: Zwei Stunden nach meiner Abfahrt sei meine alte Isomatte wieder aufgetaucht, sie lag in der Plastiktüte vor der Wohnungstür. Was sagt man dazu? Natürlich ist die Freude groß, aber wie komme ich nun wieder an mein bequemes Bett?

Erst einmal bitte ich Barbara, die Isomatte nach Deutschland zu schicken und zwar zu der Freundin, die eine Freundin hat, deren Eltern in Wolgoretschensk wohnen. Dort kam die Isomatte schnell an und wurde sofort weiter nach Russland geschickt. Allerdings war ich vor der Isomatte in Wolgoretschensk und da völlig ungewiss war, ob sie überhaupt jemals ankommt und wenn ja wann, bin ich ohne auf sie zu warten weitergefahren. Für den Fall der Fälle habe ich aber bei Oma Vera die Omsker Adresse hinterlassen. Und nun hat Nadja gerade eben das kostbare Päckchen von der Post abgeholt und ich halte es ungläubig in den Händen. Mir kommen fast die Tränen, so gerührt bin ich!

Nun kann es aber wirklich weitergehen! Bevor ich abfahre, wird schnell noch in der Wohnung gestaubsaugt und gewischt, denn damit nichts

Schlimmes passiert, wird nun so lange der Boden nicht mehr geputzt, bis ich am Reiseziel angekommen bin. Oh je, wie viele dreckige Wohnungsböden wird es mittlerweile in Russland geben? Komme ich doch erst im Herbst am Baikal oder sonstwo an ... Na ja, wir einigen uns darauf, dass mein Zelt mein Zuhause ist und ich insofern ja auch heute Abend irgendwo ankomme. Das gefällt mir!

Kein Aberglaube, sondern einfach eine tolle russische Tradition ist das Hinsetzen vor dem Aufbruch zu einer langen Reise. Wenn schon alles abfahrbereit ist, also das Gepäck verstaut, Jacke und Schuhe angezogen, dann setzen sich alle zusammen hin - worauf ist nicht wichtig. Wichtig ist, dass alle sitzen und schweigen. In der ja oft aufregenden Abreisestimmung kommt man so nochmal zur Ruhe und ist sich in dem Moment vor dem Abschied sehr nah. Bewegt sitzt mir ein dicker Kloß im Hals. Dann ist der ruhige Moment vorbei - wir stehen auf, umarmen uns, wünschen uns alles Gute und unter wildem Gewinke fahre ich weiter. Traurig über den Abschied, aber auch sehr glücklich wieder unterwegs zu sein – ach, was freue ich mich auf die erste Nacht auf meiner Isomatte!

Es ist sogar noch viel besser wieder auf dem Rad zu sein als erwartet! Denn eigentlich hatte ich mir die Fahrt von Omsk nach Nowosibirsk recht eintönig vorgestellt auf der vermutlich viel befahrenen neuen Trasse, der sogenannten betonka. Aber wenn es eine neue Trasse gibt, dann muss es ja eigentlich auch noch eine andere geben. Und tatsächlich entdecke ich auf meiner Karte eine Alternative - und da ich bisher auf den Nebenstrecken sehr gut gefahren bin, ist meine Wahl klar: Ohne zu zögern entscheide ich mich für die etwas längere, dafür weniger befahrene alte Trasse.

Nachdem ich aus dem Dunstkreis von Omsk heraus bin, wird nicht nur der Verkehr immer geringer, irgendwann hört auch der Asphalt auf. Es lässt sich herrlich fahren! Die Autofahrer schütteln bei meiner Routenwahl skeptisch mit dem Kopf, fast jeder hält an und fragt, ob ich mich nicht verirrt habe. Warum ich hier auf der alten Trasse fahre, wo es doch fünfzig Kilometer weiter südlich die viel bessere betonka gäbe? Dort sei doch wenigstens Zivilisation, sprich Autos und Cafés. „Jeder" bedeutet übrigens auf der alten Trasse etwa ein Auto pro Stunde.

Nur ein Jugendlicher, der mit zwei Kumpels auf einem Motorrad vorbeifährt, versteht meine Wahl. Er meint, dass es bei dem vielen Wind, besonders wenn er von der Seite kommt, viel zu gefährlich auf der betonka sei. Die Lkw könnten einen beim Überholen aus dem Gleichgewicht bringen und außerdem sei über die Dörfer zu fahren auch viel interessanter. Beides stimmt!

Und interessant ist bereits direkt hinter Omsk ein Straßenschild an der alten Trasse: Links geht es zum Baikal. Ein eindeutiger Pfeil mit eindeutigen Großbuchstaben: <- БАЙКАЛ, da ist kein Vertun. Bin ich etwa schon da? Oder sind die russischen Karten doch so schlecht wie ihr Ruf, oder bin ich am Ende einer geheimen Verschwörung auf die Schliche gekommen? Tatsächlich ist auch auf meiner Karte ein Baikal eingezeichnet - es ist allerdings kein See, sondern ein kleines Dorf ein paar Kilometer von der Straße entfernt. Ich spare mir den Abstecher, denn ich möchte ja zum gleichnamigen See. Aber ich mache sicherheitshalber ein Foto, wie ich mit Fahrrad unter dem Schild stehe und triumphierend die Arme nach oben strecke. Falls ich nicht am Baikalsee ankomme, verrate ich einfach niemandem, dass mit diesem Schild ein Dorf gemeint ist.

Auf der alten Trasse mache ich eine ganz tolle Erfahrung: Je einsamer die Gegend, umso intensiver ist der Kontakt zu den Menschen. In dem Dorf Kamischewo zum Beispiel entdecken mich zunächst Kinder, kurz darauf kommt eine Frau um ein Haus herum und signalisiert mir, zu ihr zu kommen.

BAIKAL - bin ich schon angekommen?

Da ich Lust auf Leute und Unterhaltung habe, folge ich ihrem Winken und biege von der Trasse ab. Immerhin muss ich als Frau ja auch mindestens 20.000 Worte am Tag loswerden, habe ich mal gelesen. Wobei ich einen wirklich geduldigen Zuhörer an meiner Seite habe. Was mir anfangs seltsam und sogar befremdlich vorkam - und ich dachte, dass ich nun komplett verrückt werde - ist mittlerweile völlig normal geworden: Selbstverständlich rede ich mit meinem Fahrrad! Ich sporne es an und muntere es auf, ich zeige ihm die Schönheiten am Wegesrand und teile so meine Eindrücke. Aber da das Fahrrad nur selten antwortet, lassen sich Menschen natürlich nicht ersetzen - also fahre ich neugierig zu dem Haus mit der winkenden Frau. Die bittet mich hinein und was für eine Überraschung: Es ist eine Backstube und es duftet herrlich nach frischem Brot! Eine zweite Frau öffnet gerade die Ofentür, holt einen Kasten nach dem anderen heraus und löst mit einem geschickten Schlag die fertig gebackenen Brote aus den Formen. Heraus kommt das überall in Russland gängige Kastenbrot. Meist ist es ein Weißbrot, aber es gibt auch die sogenannte „zweite Sorte", die ist mit gutem Willen ein bisschen dunkler, weil das Mehl nicht ganz so fein ausgesiebt wurde.

Neben der Wink- und der Backofenfrau gibt es eine dritte Bäckerin und die deckt schon den Tisch und setzt Teewasser auf. Das ist Erna, eine Deutsche, die aber kein Deutsch kann. Macht nichts, wir verstehen uns auch so blendend, und alle drei Frauen verwöhnen mich, wo sie nur können. Das noch warme Brot tunke ich mit Genuss in Johannisbeer-warenje, außerdem gibt es frische pirogi, die ebenfalls mit Beeren gefüllt sind – einfach köstlich! Für einen Moment überlege ich zu bleiben, denn natürlich werde ich herzlich dazu eingeladen – aber draußen scheint die Sonne und sonst komme ich ja auch nie voran. Also fahre ich weiter. Lange wird mir nachgewunken.

Übrigens hat mich eine der Bäckerinnen gefragt, wo ich denn am 9. Mai war – schon in Russland? Als ich antworte: „Ja, in Twer", meinte sie etwas unsicher: „Aha, und wo ist das?" Um nicht völlig unwissend dazustehen, fügt sie noch schnell hinzu: „Gehört hab ich das schon mal ..." Die zwei anderen wussten aber, dass es in der Nähe von Moskau ist - trotzdem merke ich an solchen Reaktionen, wie weit weg ich bin.

Am Tag vor der Backstubeneinladung war ich bei einer Familie zu Gast, die im Wohnzimmer einen Luftballon mit dem Gesicht Putins aufbewahrte. Ich frage sie, ob er ein guter Präsident sei und bekomme ein Achselzucken zur Antwort: „Moskau ist so weit weg, wichtig ist doch was hier in der lokalen

Politik geschieht." Die Familie hatte mich eingeladen, als ich mit dem Wetter, mit tiefschwarzen Wolken, um die Wette gefahren bin.

Diese Wettfahrten werden immer häufiger und bisher habe ich Glück und schaffe es irgendwie immer, mit den ersten Regentropfen in ein Dorf zu kommen. Teilweise sind es richtige Wolkenbrüche, die herunterkommen. Und die Aussichten prophezeien nichts Gutes: Es heißt, ein Zyklon sei im Anmarsch, mit Hagel und Regen für die nächsten drei Tage.
Zwar keinen Hagel, aber den Regen und vor allem seine Auswirkungen bekomme ich voll ab. Jetzt verstehe ich, was die Leute mit ihrer Warnung meinen, dass die alte Trasse „kaum befahrbar" ist. Dabei ließ es sich bisher auch ohne Asphalt super fahren. Über einem Unterbau aus Schotter gibt es die meiste Zeit eine festgefahrene Erdkruste, bei trockenem Wetter ist diese wie Beton. Bei Regen aber geht leider ganz schnell gar nichts mehr. Die Straße verwandelt sich in kürzester Zeit in eine Seifenpiste – schlammig und glitschig. Damit die Räder nicht total blockieren, hilft es zunächst, die Schutzbleche zu entfernen. Anfangs mache ich mir sogar jedes Mal die Hände wieder sauber, nachdem ich das Rad vom gröbsten Schlamm befreit habe – nur, um dann ein Stückchen weiter wieder steckenzubleiben. Bald schaffe ich keine fünf Meter mehr und fange wieder von vorne an. Immer wieder pule ich die Matsche zwischen den Bremsen, den Reifen und überhaupt zwischen allem, was sich drehen soll heraus. Mittlerweile sind sowohl Fahrrad, als auch ich von oben bis unten voller Schlamm und wir sind kaum noch zu erkennen. Ich ziehe das Rad mehr durch die Mocke, als dass ich es schiebe. Blöd nur, dass ich auf dem glitschigen Untergrund keinen festen Tritt finde und die Schlammbrocken um meine Füße ständig anwachsen. Ich fühle mich wie auf einer Expedition am Ende der Welt.
Zum Glück hört der Regen irgendwann auf und die Straße trocknet soweit ab, dass ich mich ins nächste Dorf retten kann. Welch ein Glück, dass es in Pokrowka einen Fluss gibt. Dort gehe ich mit dem Fahrrad samt Taschen erst einmal baden, und die Kinder, die sich am Ufer versammelt haben, schauen dabei mit großen Augen zu. Vielleicht denken sie, es ist ein Zaubertrick, wie aus einem großen Schlammhaufen ein Mensch und ein Fahrrad wird. Anschließend geht es mir wieder gut. Erst recht als Tatjana vorbeikommt und mich mit der Aussage: „Die banja ist schon heiß" zu sich nach Hause lockt. Es gibt eine richtige Prozession zu ihrem Haus, denn die ganzen

So ein Schlam(m)assel!

Kinder wollen unbedingt helfen. Schnell drücke ich jedem ein Gepäckstück in die Hand - vermutlich ein sehr lustiger Anblick, diese Karawane. Nach der banja bin ich tatsächlich wie neu geboren und am nächsten Mittag hat der hochsommerliche warme Wind die Trasse regelrecht trockengeföhnt. Ein erhabenes Gefühl so dahinzufahren.

Mir gefällt die alte Trasse richtig gut! Die Landschaft ist sehr ursprünglich, leicht gewellt, und die Kombination aus sattem Birkengrün mit weißer Rinde und blauem Himmel ist einfach toll. Außerdem genieße ich den wenigen Verkehr, ich treffe mehr Pferdewagen als Autos. Und nicht zuletzt sind es natürlich die Menschen, die mich mit ihrer Fürsorge und Herzlichkeit begeistern.
Trotzdem entscheide ich mich nach gut 400 Kilometern auf der alten Trasse die restlichen 350 Kilometer bis Nowosibirsk auf der asphaltierten betonka zu fahren. Die Wettervoraussagen kündigen leider wieder Regen an und ich finde ein quälendes Schla(m)massel ausreichend als Erfahrung. Wobei mein Humor schon längst wieder Oberhand gewonnen hat. Als ich heute in einem Dorf zwei Schweine in der Matsche liegen sehe, muss ich sehr lachen, weil man wirklich merkt, wie sehr sie dieses Schlammbad genießen - ich dagegen habe gestern geflucht wie sonst was.

Bevor ich nun von der alten Trasse auf die betonka fahre, möchte ich nochmal in der Abgeschiedenheit übernachten - weg von der Zivilisation, wie die Russen so schön sagen. Leider ist es nicht so einfach, einen nichtsumpfigen und mückenarmen Platz zu finden. Daher folge ich dem Tipp eines Autofahrers, es ein paar Kilometer weiter bei einem Ferienlager zu versuchen. Ich finde den beschriebenen Abzweig und probiere mein Glück.

Das Lagergelände ist umzäunt und ich frage den Wachmann am Tor, ob ich irgendwo auf ihrem trockenen Boden mein Zelt aufstellen darf. Die üblichen Fragen - woher und wohin und ob ich denn auch keine Terroristin sei und wie viele Bomben in meinen Taschen sind, kenne ich ja bereits und antworte ganz gelassen. Aber damit nicht genug. Der Wachmann will es ganz genau wissen und studiert penibel meinen Pass, schreibt jede Zahl daraus in ein Notizbuch. Meine Körpergröße hat sonst noch niemanden interessiert! Ebenfalls nicht meine Registrierung und als Begründung für die vielen Fragen sagt er bloß: „Angst vor Terroristen". Sehe ich so gefährlich aus?

Der Wachmann ruft seinen Chef an, um zu fragen, was er mit mir machen soll, und als er auch noch anfängt, sich für mein Geschäftsvisum zu interessieren, habe ich endgültig das Gefühl, mich in etwas reinzureiten, in das ich gar nicht rein will. Er hakt nach, was es denn für Arbeit sei, die ich hier ausübe oder ob ich nicht doch eher Touristin bin. Immerhin will ich ja auch zelten. Ich bereue längst, hier gefragt zu haben und überlege, einfach wieder zu fahren und mir einen anderen Platz zu suchen. Während ich noch nachdenke, gesellt sich die Hausmeisterin dazu. Sie scheint die Lage sehr schnell zu durchschauen und schiebt mich samt Fahrrad an dem Wachmann einfach vorbei. Zu mir sagt sie: „Ich lade dich ein." und zu dem Wachmann: „Und wen ich zu mir nach Hause einlade, dass kann ich ja wohl selber bestimmen!" Schwups, bin ich auf dem Lagergelände. Und natürlich baue ich nicht mein Zelt auf, sondern komme gerne mit zu Erna nach Hause.

Sie bewohnt mit ihrem Mann ganzjährig ein kleines Häuschen am Rande des Geländes. Im Sommer verbringen hier etwa 250 Kinder aus der nahegelegenen Stadt Kuibyschew ihre Ferien und schlafen in kleinen Baracken, die wunderschön in einem offenen Birkenwald liegen. Im Winter lebt das Hausmeisterehepaar ganz alleine hier. Da sie kein Auto besitzen, laufen sie mit Skiern zur Straße, vergraben sie dort im Schnee und trampen in die Stadt zum Einkaufen. Ansonsten sind sie mit Kuh und Schweinen wie alle Dorfbewohner Selbstversorger.

Praktischerweise muss Erna nicht selber kochen, sondern holt für uns das Abendessen aus der Mensa – sehr lecker und gesund mit Obst und viel Gemüse! Zur Feier des Tages kommt noch eine Flasche selbstgemachter Wein mit auf den Tisch. Wenn ich es richtig verstehe, wurde dafür warenje mit Reis gemischt, das ganze drei Monate stehengelassen, dann noch irgendwas hinzugefügt und schlussendlich zu 5 Litern des Getränks noch 100 Gramm Wodka gemischt. Lecker und umdrehungsreich! Im Laufe des Abends versammelt sich um den Küchentisch eine lustige Runde und nach dem abschließenden Tee, falle ich müde in Ernas Bett. Sie selbst schläft auf der Couch. Ihr Mann hat Nachtwache und zwar zusammen mit dem Wachmann, der mich so „freundlich" am Tor ausgefragt hat.

Am nächsten Morgen sind beide Nachtwächter betrunken - dienstlich sozusagen. Der Hausmeister erklärt mir ernsthaft, dass man nur mit Wodka auf Dauer mit wenig Schlaf auskommt, bei ihm sind es drei Stunden pro Nacht. Aha?! Aber offensichtlich hat der Wachmann von gestern nicht nur seine Müdigkeit, sondern auch seine ganze Skepsis abgelegt - er begrüßt mich mit Handkuss und umschwärmt mich geradezu.

Nach einem ausgiebigen Frühstück fahre ich weiter Richtung Kuibyschew, wo ich von der alten Trasse Richtung betonka abbiegen will. Gerade als ich ins Zentrum der Stadt komme, überholt mich ein Auto und hält direkt vor mir an, es steigt ein Mann aus und wedelt mit einem Paar Schuhen in der Luft. Den Mann kenne ich zwar nicht, aber die Schuhe erkenne ich sofort – es sind meine! Stimmt, weil es gestern Abend nach Regen aussah, hatte ich sie bei Erna mit ins Haus genommen. Der Rest des Gepäcks war regensicher verpackt und ich habe bei der guten Bewachung alles auf dem Fahrrad gelassen. Heute morgen bin ich bei Sonnenschein einfach in meine Sandalen geschlüpft und weitergefahren.

Unendlich dankbar und überglücklich nehme ich die vergessenen Schuhe entgegen! Während ich weiterfahre, staune ich immer wieder darüber, dass der Schuhüberbringer mich in einer Stadt mit fast 50.000 Einwohnern gefunden hat. Außerdem musste ja Erna überhaupt erst mal jemanden mit Auto organisieren, der Lust hat, mir hinterherzufahren. Sie hätte ja auch abwarten können, ganz nach dem Motto: Wenn das Mädel ihre Schuhe braucht, wird sie wohl wiederkommen oder kauft sich eben neue. Später mache ich am Baikalufer ein extra Schuhfoto und schicke es Erna - schließlich ist es ja nicht selbstverständlich, dass auch sie dort angekommen sind!

Nach der Schuhübergabe in Kuibyschew kaufe ich nur noch schnell ein bevor ich auf die betonka fahre. Es ist sonnig mit Wolken, es ist heiß und es gibt Rückenwind! Auch wenn ich die Einsamkeit der alten Trasse vermisse, ist es doch gar nicht so schlecht, mal wieder auf einer Fernreisestraße zu fahren. Zum einen hält sich der Verkehr in Grenzen, zum anderen hätte ich ansonsten die zwei tschechischen Motorradfahrer auf ihrem Rückweg von der Mongolei nicht noch einmal wiedergetroffen. Und nicht nur die, ich treffe auch zwei russische Motorradfahrer aus Barnaul (Altai). Die beiden drücken mir einen Zettel von zwei deutschen Radfahrern in die Hand, die sie gestern kurz vor Omsk getroffen haben. Witzig, der Straßenfunk ist wieder voll im Gange. Auf dem Zettel steht außer einer E-Mail-Adresse, dass sie „uns" treffen wollen. Aber auch, wenn ich nicht die eigentliche Adressatin der Nachricht bin, ich werde den beiden auf jeden Fall schreiben!

Mittags treffe ich drei geodesisti (Vermesser) aus Nowosibirsk auf komandirowka (Dienstreise). Die Jungs sind in einem Jeep unterwegs und vermessen mit modernem Gerät die Straßen des gesamten Nowosibirsker oblast, damit daraus genaue Karten erstellt werden können. Was für eine sinnvolle Aufgabe! Wegen der weiten Entfernungen sind sie schon seit Ende April nicht mehr zu Hause gewesen, immerhin ist der oblast halb so groß wie Deutschland. Sie übernachten in den lokalen Bauhöfen und laden mich in ihr heutiges Ziel, den Bauhof von Ubinskoje, ein. Da es nur vierzig Kilometer bis dahin sind, bin ich einverstanden und freue mich auf den Abend! Die drei warnen mich noch, dass es bei ihnen spät werden kann.

Ich komme am Nachmittag nach Ubinskoje und finde schnell den Bauhof. Wie fast überall gibt es auch hier einen Wachmann, dieser ist sehr nett und lädt mich erstmal auf einen Kaffee ein. Er bestätigt mir: „Ja, die drei Jungs waren morgens hier und haben ihre Sachen dagelassen." Sieht also wirklich so aus, als kämen sie wieder. Eigentlich war es mein Plan, irgendwo mein Zelt aufzustellen, aber der Direktor des Bauhofs schließt mir sein kabinet (Büro) auf. Vorausgesetzt, ich sei morgen früh um acht Uhr zu Arbeitsbeginn verschwunden, könne ich hier übernachten. Großartig!

Aber jetzt müssen wir erst mal auf unsere Begegnung einen Wodka trinken - dagegen kann ich mich nicht wehren. Eduard heißt er, der Direktor, und er war schon mal in Deutschland und kann auch ein wenig Deutsch. Kurz darauf gesellt sich Oleg zu uns, er prüft einmal im Monat, was die drei Jungs da draußen im Gelände so vermessen haben und danach wird dann bezahlt.

Da ich heute etwas mundfaul bin, bin ich ganz froh, dass Oleg viel über die Arbeit erzählt. Eduard ist längst nach Hause gefahren, es wird später und später. Mittlerweile ist es dunkel, wir haben pelmeni gegessen und die Flasche Wodka ist leer – wobei ich immer nur ganz wenig getrunken habe, ehrlich! Aber für mich reicht's … Kurz vor Mitternacht kommen dann tatsächlich die drei Jungs: Dima, Oleg und Ljoscha – alle ca. 25 Jahre alt, sie bringen gute Laune und Bier mit. Es wird eine lange und lustige Nacht.

Pünktlich um acht Uhr verlasse ich wie versprochen das kabinet des Direktors und bepacke draußen auf dem Bauhof etwas verkatert mein Fahrrad. Alle Arbeiter versammeln sich dabei um uns, sie haben alle Zeit der Welt. Zwar wollen sie eigentlich arbeiten, weil aber im Moment kein Geld für Benzin da ist, können sie es nicht. Mit neugierigen Blicken betrachten sie das vollbepackte Rad von allen Seiten, so als suchten sie etwas. Ich kenne das schon und tatsächlich fragt dann einer: „Und wo ist der Motor?" „Es gibt keinen, das ist ein Fahrrad", antworte ich grinsend.

Die Männer wackeln skeptisch mit dem Kopf hin und her und suchen weiter, irgendwo werde ich doch wohl so ein klitzekleines Motörchen versteckt haben und sei es in einer der vielen Taschen. Was soll da auch sonst drin sein? Als nächstes will einer der Männern, die alle echte russische muzhiki (Kerle) mit breitem Kreuz und tellergroßen Händen sind, mal eben testen wie schwer das Fahrrad ist. Am ausgestreckten Arm versucht er das Rad an der Querstange des Rahmens hochzuheben. Der Versuch scheitert! Aus den skeptischen Blicken werden ratlose, auch der nächste Versuch klappt nicht. Kopfschüttelnd sind sich alle einig: Das was ich mache, dass ist doch eigentlich überhaupt nicht möglich. Es amüsiert mich, so gestandene Kerle so verwirrt zu sehen. Und mal ganz ehrlich, es ist ja auch ein Fahrrad und kein Tragrad und rollen tut es doch auch mit all dem Gepäck ganz gut!

Und noch etwas lässt mich bei den russischen muzhiki schmunzeln - bei Dima, dem Geodesisten, fällt es mir mal wieder besonders auf. Sicher ist er kein Weichei, sondern sehr männlich und ein harter Kerl, dem man so schnell nichts vormacht. Trotzdem benutzt er wie viele Russen bei allem und jedem die Verniedlichungsform, hängt an fast jedes Wort ein „ik", „ka" oder „schki". Bei uns vergleichbar mit „chen" oder „lein". Angefangen von Blümchen und Brötchen (womit ein Brot gemeint ist) über Häuschen (auch wenn es riesengroß ist), sogar das simple OK wird zum OKchen. In meinen Ohren klingt das eher weiblich süß als männlich stark. Das sage ich aber besser nicht laut, sondern freue mich einfach, dass ich solch Sprachfeinheiten bereits heraushöre. Und harte russische Kerle können nicht nur niedlich sein, sie können auch im Matsch versinken - genauso wie ich als zarte Radfahrerin. Ich verabrede mich nämlich mit Dima, Oleg und Ljoscha zum Mittagessen auf einem Rastplatz in vierzig Kilometer Entfernung und warte dort einige Stunden auf sie. Längst habe ich meinen Hunger mit Keksen gestillt. Bevor ich aber endgültig aufgebe und weiterfahren will, kommen die drei um 17 Uhr auf den Rastplatz gefahren. Sie beteuern, dass sie wirklich eher kommen wollten, aber leider auf einer unasphaltierten Straße im Schlamm festgesteckt haben und damit ich das auch wirklich glaube, zeigt Dima mir das Beweisvideo auf seinem Handy. Ja, ja - auch mit einem allradbetriebenen Jeep kann so etwas passieren ...

Fast schon überfrachtet von all den ungewöhnlichen und netten Begegnungen, will ich gerne auch mal wieder etwas für mich sein und in Ruhe in meinem Zelt schlafen. Das ganze Erlebte muss einfach mal sacken. Zu meinem Glück fehlt mir nur noch Trinkwasser, und so komme ich in das Dorf Kokoschino. Am Brunnen werde ich herzlich von einer Gruppe Menschen begrüßt, die dort auf einer Bank sitzen und auf ihre Kühe warten. Sie laden mich alle ein. Aber sie akzeptieren, dass ich einen Zeltplatz suche, bemerken dann aber noch beiläufig, dass es außerhalb des Dorfes viele Giftschlangen gibt. Aha? Die Empfehlung lautet nach wie vor, sich besser einen der Anwesenden auszusuchen und dort zu übernachten - wenn ich aber unbedingt zelten wolle, dann könnte ich das auf dem Fußballplatz tun. Ich entscheide mich fürs Zelten. Da sich aber auf dem Bolzplatz gerade die Dorfjugend zu einem Spiel versammelt – mir sind die ganzen Jungs mit einem Fußballtor eben entgegengekommen – wird mir als Alternative der Garten des Krankenhauses vorgeschlagen. Ein Krankenhaus, hier in dem Dorf? Ich schaue etwas irritiert, aber ich stehe bereits direkt davor – es ist ein kleines einstöckiges Haus – in meinen Augen eher eine Arztpraxis oder Krankenstation. Aber der Garten ist perfekt und ich baue das Zelt dort auf.

Da scheinbar zur Zeit niemand krank ist, bin ich ganz alleine und nehme mir vor, früh schlafen zu gehen. Daraus wird nichts. Die Einladung zu einem Tee kann ich nicht ablehnen, zumal der hier direkt auf der Straße getrunken werden soll. Der Tisch steht schon bereit. Es bleibt natürlich nicht beim Tee,

Nachbarinnen in Kokoschino

nach und nach kommen die Nachbarsfrauen und bringen selbstgemachte Köstlichkeiten mit. Und ich darf das alles essen! Schließlich stellt ein Mann in meinem Alter noch eine Flasche Selbstgebrannten auf den Tisch und wir stoßen gemeinsam auf das spontane Straßenfest an. Eine tolle Nachbarschaft! Sie scheinen öfters auf der Straße zusammenzusitzen. Und im wahrsten Sinne des Wortes zehre ich noch eine ganze Weile von dem schönen Abend, die Reste des Festes werden mir nämlich mitgegeben.

Ach, es ist doch gar nicht so schlecht, auf der betonka zu fahren. Und wenn ich mir so das Wetter betrachte, dann war meine Entscheidung, von der alten Trasse abzubiegen, auf jeden Fall richtig. Zwar regnet es nicht oft, aber wenn, dann richtig. Wie nass alles ist, merke ich abends, wenn ich nach einem Platz für die Nacht Ausschau halte.
Im Laufe der Zeit hat sich meine Zeltplatzsuche enorm verändert. Ganz am Anfang war der Faktor Mensch wichtig und die erste Zeit habe ich sogar immer gefragt, ob ich irgendwo mein Zelt aufstellen darf. Dann wusste derjenige schon mal, dass es mich gibt. Später hat es mir gereicht, in Sichtweite von Häusern zu zelten und so das Gefühl zu haben, nicht in der Weite des Landes verloren zu gehen. Aber in Menschennähe hatte ich niemals so richtig meine Ruhe. Besuch ist toll, aber nach einem anstrengenden Tag auf dem

Rad, brauche ich einfach meinen Schlaf. Also bin ich dazu übergegangen, irgendwo in der Pampa zu zelten, weit weg von den Dörfern. Dort kann ich mich wunderbar ausruhen! Nun gibt es längst andere Faktoren, die meine Zeltplatzwahl beeinflussen. Gibt es Mücken, gibt es eigentlich nur eine Lösung: möglichst viel Wind. Sieht es nach Gewitter aus, sollte es dann doch nicht so ganz exponiert sein. Und bei den vielen Sümpfen hier in der Ebene, gilt es einfach nur, ein trockenes Plätzchen zu finden, an dem ich nicht im Schlamm versinke. Gar nicht so einfach. Ich suche also wieder mehr die Nähe der Menschen und lande kurz vor Nowosibirsk auf einer Kuhfarm.

Die Kühe werden gerade von einem lustig grinsenden Hirten auf seinem Pferd reitend in einen Auslauf getrieben und danach in einem Bretterbudenmelkstand von einer Frau gemolken. Nach einem gemeinsamen Feierabend-Tee bin ich in der Nacht mit den vierzig Kühen alleine. Wie praktisch, dass Kühe auch ihre Nachtruhe lieben! Allerdings ist für sie um sechs Uhr die Nacht bereits zu Ende, ich stehe erst um sieben auf und bin immer noch nicht ausgeschlafen. Während die Kühe schon wieder durch die Wiesen streifen, packe ich langsam meine Sachen und fahre weiter nach Nowosibirsk.

Nowosibirsk - hier wohnen ca. 1½ Millionen Menschen und einer davon ist Radfahrer. OK, vielleicht gibt es noch mehr davon, aber diesen einen habe ich über den Hospitalityclub kennengelernt und, was soll ich sagen, Vitalij ist unglaublich nett! Genauso wie seine Frau Lena. Beide wohnen mit ihrer fünfjährigen Tochter in einem zehnstöckigen Plattenbau und schon an der Haustür staune ich: Es gibt so etwas wie eine Klingel. Kennt man den Türcode nicht, gibt man einfach die Wohnungsnummer ein (die man dafür natürlich wissen muss) und dann klingelt es in der Wohnung. Ich bin baff! Weiter geht es im Treppenhaus: Dort gibt es einen Aufzug – welch Wohltat, mal nicht Fahrrad und Gepäck in den vierten Stock schleppen zu müssen! Und in der Wohnung fühle ich mich eher wie in Deutschland als in Russland: keine Teppiche oder bunte Blumentapeten an den Wänden, es gibt eine moderne Einbauküche und eine „echte" Waschmaschine im Badezimmer. Außerdem ist Lena die erste Vegetarierin, die ich in Russland treffe, und Vitalij der erste Russe, der mein Fahrrad in der Badewanne putzt. Kein Teil lässt er aus - so sauber war es wohl seit dem Kauftag nicht mehr. Es sei eine Ehre für ihn, meint er. Außerdem ist es Routine, denn mit seinem Rad macht Vitalij das nach jeder Fahrt, und er radelt nicht nur fast täglich zur Arbeit, am Wochenende macht er „kleinere" Ausflüge von 200 bis 300 Kilometern – pro Tag versteht sich. Zum Glück macht er nicht den Vorschlag, eine kleine Runde zusammen zu fahren. Wir trinken lieber gemeinsam Tee, es gibt Matetee – ganz schön alternativ dieser Haushalt.

Als Programmierer verdient Vitalij scheinbar gutes Geld, hat aber bloß zehn Tage Urlaub im Jahr und arbeitet in der Regel zwölf Stunden am Tag, manchmal auch länger. Da viele Kunden in Moskau sitzen, muss er immer auch die vier Stunden Zeitverschiebung mit einplanen.

Lena schlägt sich als Musikerin durchs Leben, sie gibt Klavierunterricht und spielt in dem Ethno-Jazz Trio „Sedmoje Njebo" (der siebte Himmel) - ein außergewöhnliches Frauen-Trio mit Klavier, Flöte/Klarinette/Dudelsack und Gesang/Percussion. Sie spielen ausschließlich ihre eigenen Kompositionen und Arrangements - sehr eigenwillig und ausdrucksstark. Ich bin begeistert! Und sogar ich werde hier etwas kreativ, denn nach Vitalijs Putzaktion bekommt mein Fahrrad von mir eine neue Dekoration. Aus Isolierband in den verschiedensten Farben bastle ich mit viel Geduld Fähnchen von den Ländern, durch die ich bereits gefahren bin. Ich befestige sie an meinem Fahnenmast unter dem orangenen Dreieck. Die Fahne ist ja längst mein Erkennungsmerkmal und so wird sie nun sogar richtig hübsch und bekommt eine persönlichen Note!

Heutzutage ist Nowosibirsk mit vielen Studenten und großem kulturellen Angebot eine lebendige Metropole. Es ist die drittgrößte Stadt Russlands und hat eine ganz interessante Entstehungsgeschichte: 1893 wurde für die Transsibirische Eisenbahn eine Brücke über den Fluss Ob gebaut. Man mag es kaum glauben, aber die Transsib wurde zunächst nicht für zugfahrbegeisterte Touristen gebaut, sondern um Westsibirien mit seinem Reichtum an Bodenschätzen zu erschließen. Der Ob war dabei ein großes Hindernis. Um das zu überwinden, brauchte man für den Brückenbau viele Arbeiter und die wurden kurzerhand einfach an der Brückenbaustelle angesiedelt, so entstand aus dem kleinen Dorf Nowaja Derewnja (neues Dorf) bald eine große Stadt. Seit 1926 heißt sie Nowosibirsk (neues Sibirien).

Ein Stückchen dieser ersten Brücke über den Ob ist bis heute als wichtige Sehenswürdigkeit im Zentrum der Stadt erhalten. Und genau dort treffe ich den Geodesisten Dima wieder. Ich lerne nun eine ganz andere Seite an ihm kennen, denn seine Arbeit als Vermesser ist eigentlich nur ein Hobby. Sein

Geld verdient er als Businessman im Baugeschäft. Ansonsten reist Dima auch sehr gerne und auch alleine, am liebsten mit seinem Jeep. Eigentlich dachte er bisher, dass er extrem sei, nun aber ist er überzeugt davon, das ich die eigentliche ekstremistka bin. Dabei fahre ich doch bloß Fahrrad …

Zeit für Urlaub – ein Abstecher nach Tuwa

Nach gut vier Monaten, fast 7.500 Radel-Kilometern und zur Hochsommerzeit August ist endlich mal Urlaub angesagt – den habe ich mir echt verdient! Also stelle ich mir bei Lena und Vitalij einen Wecker auf halb vier und fahre am 31. Juli mitten in der Nacht mit meinem Fahrrad zum Flughafen von Nowosibirsk. Aber keine Angst, ich fliege nun nicht davon. Steffen aus Hamburg kommt angereist, mein Urlaubspartner für die nächsten vier Wochen. Der Flieger soll eigentlich um 5:35 Uhr landen, hat heute aber eine halbe Stunde Verspätung. Zeit, um nochmal zu überlegen, auf was ich mich da wohl einlasse, denn eigentlich kenne ich Steffen gar nicht. Wir haben nur einen gemeinsamen Freund - Christoph.

Da es ursprünglich gar nicht meine Absicht war, alleine zu radeln, habe ich im Vorfeld versucht, einen Reisepartner zu finden. Pustekuchen, entweder war ein halbes Jahr zu lang oder die Himmelsrichtung stimmte nicht. „Russland, ach ne – aber schreib doch mal 'ne Karte …", bekam ich häufig als Reaktion. Also änderte ich meine Taktik. So wie es Lebensabschnittsgefährten gibt, dachte ich, gibt es doch vielleicht auch Reiseabschnittsgefährten. Und nun kam Christoph ins Spiel. Er hätte große Lust gehabt, mich ein Stückchen zu begleiten, da er aber zwei Kinder hat, verbringt er seine freie Zeit natürlich noch lieber mit denen. Als Ersatz vermittelte er mir einen guten Freund: Steffen. Und der hat tatsächlich Lust und bekommt sogar vier Wochen Urlaub am Stück.

Um uns wenigstens einmal vorher gesehen zu haben, hatte Steffen extra mal einen Zwischenstopp in Bochum gemacht und wir haben uns für eine halbe Stunde in einem Café am Bahnhof getroffen. Es gab eine etwas ungewöhnliche Begrüßung. Das erste was mir einfiel, als ich ihn sah war nicht „Hallo" oder „Ich bin Nicola" sondern: „Oh, ich glaube du passt nicht in mein Zelt!" Denn er ist wirklich unglaublich lang. Irritiert schaute ich zu ihm auf. Auf meinen Schreck reagierte Steffen ganz gelassen und erwiderte: „Kein Problem, ich kann mich zusammenklappen." Na, dann ist ja alles geklärt. Wir beschlossen, es miteinander zu probieren - und nun, hier am Flughafen in Nowosibirsk, kommen mir Zweifel.

Dass ich eigentlich aus der Not heraus alleine losgefahren bin, hat sich in meinen Augen mittlerweile als großen Vorteil entpuppt. Ich komme sehr gut klar, es ist nicht langweilig oder gar gefährlich. Im Gegenteil, ich finde es toll, mich nur auf Russisch zu unterhalten (selbst mit meinem Fahrrad!) und genieße den intensiven Kontakt zu den Menschen, genieße es aber auch allein zu sein. Und oft habe ich einen wahren Frauen-Bonus. Ich das Gefühl, dass die Menschen mir gegenüber noch hilfsbereiter reagieren, als sie das ohnehin schon tun.

Und bei „Frau alleine" denkt man ja schnell auch an sexuelle Belästigung oder gar Vergewaltigung, erst recht bei den wilden Russen. Ich kann Euch aber beruhigen, es besteht keine Gefahr – wirklich gar nicht. Ganz abgesehen davon, dass ich ungeschminkt und ohne Stöckelschuhe überhaupt nicht dem russischen Schönheitsideal entspreche, haben die Männer hier einen so unglaublich großen Respekt vor mir, dass sie mir niemals etwas tun würden. Mir fällt da eine typische Situation ein: In Twer saßen wir bei unserem Duschausflug bei den Freunden meiner Gastgeber in der Küche zusammen und wie so oft kamen weitere Freunde „ganz zufällig" vorbei, um mich kennenzulernen. Alle waren von meinem Plan, tief in den Osten zu radeln, fasziniert und gleichzeitig auch geschockt. Besonders die Männer wollten mir begreiflich machen, dass es nicht funktionieren wird – mit dem Fahrrad durch Sibirien als Frau alleine. Ihre Begründung war, dass sie es sich nicht mal mit mehreren Männern zusammen in einem Auto trauen würden. Alle glauben, dass ich ungeheuer mutig bin.

Steffen brauche ich also eigentlich gar nicht mehr - vielleicht stört er mich bloß, ich kenne ihn doch gar nicht. Was mache ich mit ihm, wenn wir nicht miteinander klarkommen? Und was erwartet Steffen überhaupt? Er war noch nie in Russland. Hofft er auf wilde Bärenjagden oder Saufgelage? Oder sind es sportliche Höchstleistungen, die ihn hierher locken? Ich weiß, dass er viel Rennrad fährt und alleine das Wort verursacht bei mir schon ein Gefühl des Hinterherhechelns. Ich habe ernsthafte Bedenken, dass ihm meine gemütliche Radtour irgendwie zu unspektakulär ist.

All diese Bedenken sind in dem Moment vergessen, als ich Steffen erblicke - und diesmal bin ich echt froh über seine Größe, sonst hätte ich ihn vermutlich gar nicht erkannt. Er kommt mit den anderen Passagieren zu Fuß direkt vom Flugfeld. Wir Abholer warten geduldig hinter dem Zaun und gemeinsam warten wir dann sehr lange auf das Gepäck. Zeit, in der mir Steffen von seinen Umsteigeabenteuern in Moskau erzählt – langweilig war das sicher nicht! Auch weiter geht es mit richtig russischen Abenteuern, Steffen braucht eine Registrierung. Da aber Lena und Vitalij wie üblich nicht in ihrer Wohnung gemeldet sind, können wir ihre Adresse dafür nicht benutzen. Wir versuchen es mit Dima, aber erstens ist das zuständige Amt heute geschlossen – erst übermorgen hat es wieder auf - und zweitens kann man sich in Nowosibirsk nur registrieren, wenn die einladende Firma vor Ort sitzt. Wie bei mir ist Steffens Firma auch in Moskau und kein Schreiben der Welt hilft da weiter. Letztendlich quartieren wir Steffen offiziell für eine Nacht in einem Hotel ein und so bekommt er seine Registrierung, sogar für die kompletten vier Wochen. Dass er dort nie einen Fuß in ein Zimmer gesetzt hat, interessiert keinen Menschen.

Angekommen und registriert kann unser Urlaub nun wirklich beginnen, und was wollen wir wohl machen? Na klar, eine Fahrradtour! Allerdings habe ich mir schon etwas Besonderes ausgedacht, und zwar einen kleinen Abstecher in die zu Russland zählende autonome Republik Tuwa. Dort habe ich einen Rundkurs auf meiner Karte entdeckt, der sehr verlockend aussieht: etwa 1.000 Kilometer durch einsame Gebirgslandschaft, wobei der Ausgangs- und gleichzeitig Endpunkt gut mit dem Zug zu erreichen ist. Außerdem gibt es in Tuwa angeblich Menschen, die kein Russisch sprechen. Wie ich finde, perfekt für unseren gemeinsamen Urlaub, zumindest haben Steffen und ich dort die gleichen Verständigungsvoraussetzungen.

Allerdings werde ich von jedem Russen gewarnt, dem ich von unserem Vorhaben erzähle. Die Tuwiner seien alle Banditen und Verbrecher. Wenn wir Glück haben, kommen wir zwar mit dem Leben davon, werden aber sicherlich mehrmals am Tag in dieser unzivilisierten Gegend ausgeraubt. An solche Warnungen bin ich mittlerweile gewöhnt. Es ist anscheinend das Fremde, das den Menschen Angst macht. Mich macht es neugierig, und so nehme ich die Warnungen meistens nicht mehr ernst, bzw. kann ganz gut einschätzten, welche Hinweise Hand und Fuß haben und welche zwar gut gemeint, aber trotzdem unbegründet sind.

Vor Tuwa warnt uns allerdings auch Dima. Dass er als erfahrener Reisender, der auch alleine in die einsamsten Gegenden fährt und nicht einmal Angst vor dem Kaukasus hat, mir abrät und von „lebensmüde" spricht, das macht mich stutzig. Ist es am Ende doch eine Schnapsidee?

Hurra, Steffen und ich machen eine Radtour!

Egal, vor Steffen tue ich so, als lasse ich mich gar nicht beirren, und wir kaufen Fahrkarten für den Zug nach Abakan. Extra haben wir unser ganzes Gepäck auf eine große Waage gestellt und dem Gewicht entsprechend bezahlt, trotzdem will der Schaffner uns mit den Rädern nicht in den Zug lassen. Es wird die Zugchefin gerufen. Ich berufe mich auf unsere Gepäckfahrkarten und die Auskunft am Schalter, dass wir die Fahrräder mitnehmen dürfen. Aber erst nach einiger Diskussion wird erlaubt, die Fahrräder in den Raucherbereich am Waggonende zu stellen, das Gepäck passt irgendwie in den Stauraum an unseren Plätzen. Platz bedeutet eigentlich Bett, denn selbstverständlich hat man mit dem Fahrkartenkauf einen Anspruch darauf, sich hinzulegen. Unsere Zugfahrt dauert fast 24 Stunden.

Am frühen Morgen kommen wir in Abakan an, der Hauptstadt der Republik Chakassien - von hier aus sind es etwa 300 Kilometer durch das Krasnojarsker Gebiet bis nach Tuwa. Ab hier wollen wir nun endlich radeln. Wir starten bei einem wunderschönen Sonnenaufgang unseren kleinen Rundkurs und sind gespannt, ob, wie und wann wir wieder hier in Abakan landen.

Bei strahlend blauem Himmel und hochsommerlichen Temperaturen fahren wir zunächst durch eine völlig ebene, schnell aber immer hügeliger werdende Landschaft, die hauptsächlich landwirtschaftlich genutzt wird. Kaum Wälder, dafür viele Felder - besonders schön sind die gerade in voller Blüte stehenden Sonnenblumen. Am Fluss Oja machen wir eine ausgedehnte Mittagspause und da die Sonne knallt und wir keinen anderen Schatten finden, setzen wir uns einfach unter die Straßenbrücke. Die wird gerade geschweißt und einer der Bauarbeiter schenkt uns als Nachtisch köstliche gelbe Pflaumen. Ach, so ist Urlaub doch wirklich schön!

Abends suchen wir unseren Zeltplatz an der Oja, ganz in der Nähe des Dorfes Zheblachti. Es ist eines dieser kleinen sympathischen Dörfer mit Häusern aus massiven Rundhölzern, die Fensterläden blau gestrichen. Auch die Staketenzäune rund um die Vorgärten sind oft blau angemalt. Die Rasenflächen rechts und links der Straße werden von den Kühen kurz gehalten - die laufen hier natürlich frei herum. Steffen kommt aus dem Staunen nicht heraus. Als krönenden Tagesabschluss finden wir eine traumhafte Zeltwiese direkt am Fluss, ansonsten schlängelt er sich hier sehr ursprünglich durch einen Auwald.

Während wir am Zelt unser Abendessen vorbereiten, kommt ein zwölfjähriger Junge zu uns und möchte unbedingt ein Autogramm. Aber worauf? Er hält uns seinen Arm hin und wir fühlen uns geehrt, darauf zu unterschreiben. Später kommt er mit Freunden und ein paar selbstgepflückten Blümchen nochmal wieder und nun sind sie mit Papier ausgestattet. Wirklich ganz bezaubernd, und ich würde sagen: „Steffen - herzlich Willkommen in Russland!"

Und genauso ungewöhnlich gewöhnlich geht es weiter. Direkt am Anfang der Siedlung Jermakowskoje hält vor uns ein Mercedes, ein gut genährter und mit dunklem Anzug und weißen Schuhen bekleideter Mann im besten Alter steigt aus und hält uns an. Er wirkt sehr seriös und ernsthaft. Er stellt sich als Chef des rajons[20] vor und gibt uns sehr deutlich zu verstehen, dass wir als allererstes unbedingt zur Administration kommen sollen. Ich bekomme einen Schreck. Noch sind wir zwar nicht in Tuwa, aber ich befürchte, dass wir irgendeine spezielle Genehmigung benötigen, um weiterfahren zu dürfen. Es gibt Gegenden, besonders Grenzregionen, in denen das der Fall ist und über Tuwa wird ja alles mögliche erzählt. Auf jeden Fall aber wird es eine genaue Kontrolle unserer Papiere geben – davon bin ich überzeugt.

Obwohl ich nichts Gutes ahne, entscheiden wir uns, den Rat ernst zu nehmen und fahren zur Verwaltung. Dort erwartet uns der Chef bereits und heißt uns

---

20 Ein rajon ist ein kleinerer Verwaltungsbezirk, vergleichbar mit dem Kreis in Deutschland.

als Gäste von Jermakowskoje willkommen. Wir sind ein bisschen verwirrt. Es steht ein regelrechtes Begrüßungskomitee vor dem zweistöckigen Gebäude und Boris - so heißt der Chef - hat zwar eigentlich im Moment Urlaub, organisiert aber mal eben unsere Betreuung.

Als erstes stellt er seine Mitarbeiterin Diana für uns ab und die nimmt uns nun unter ihre Fittiche. Eigentlich ist Diana für die Jugendarbeit zuständig und organisiert beispielsweise, dass als Ferienprogramm mit den Jugendlichen Biwakplätze in den Bergen einrichtet werden. Denn der Tourismus hier soll unbedingt gefördert werden. Das Potential ist mit den Bergen, die es im südlichen Teil des rajons gibt, durchaus vorhanden. Sie sind im Schnitt 1.000 - 1.500 Meter hoch, der höchste sogar fast 2.600 Meter. Eines der beliebtesten Reiseziele ist der Naturpark Jergaki, er ist bekannt für seine unberührte Naturlandschaft und vielen bizarren Felsformationen. Also hinfahren! Um mal dem Tourismus ein wenig auf die Sprünge zu helfen ...

Für uns geht es nun holterdiepolter: Diana zeigt uns zunächst die Galerie mit Bildern von heimischen Künstlern, dann folgt im Büro von Boris ein langes Interview mit einem Journalisten. Wobei Steffen interessiert so tut, als ob er alles versteht, während ich die ganze Zeit rede. Anschließend gibt es vor dem Verwaltungsgebäude einen Fototermin, wir bekommen zwei T-Shirts geschenkt und werden zum Mittagessen in ein Café eingeladen. Es wird uns zwar auch noch sehr herzlich angeboten, hier zu übernachten - ganz offiziell als Gäste von Jermakowskoje oder privat bei Mitarbeitern - aber wir wollen weiter.

Weiter bedeutet für uns, wir kommen in die Berge. Erst sehen wir sie aus der Ferne und dann merken wir sie - das Sajan-Gebirge beginnt. Es ist ein Gebirgszug im Süden Sibiriens, der vom Altai zum Baikalsee und bis in die Mongolei reicht und bis zu 3.500 Metern Höhe erreicht. Erst mal fahren wir nur bergauf. Es ist schweißtreibend und meist fahre ich im kleinsten Gang, aber die Steigung ist gut zu bewältigen und überhaupt nicht grenzwertig, wie es so oft im Ural der Fall war. Mit den Bergen fängt auch Wald an. Zunächst ist es ein Laubmischwald, der sich später in Nadelwald wandelt. Wir kommen langsam immer höher, der Wald wird lichter und plötzlich sind wir mitten in einem richtigen Hochgebirgspanorama. Klasse!

Um Luft zu holen und vor allem um die tolle Aussicht zu genießen, halten wir an. Zu unseren Füßen erstrecken sich violett blühende Blumenwiesen zwischen locker stehenden Fichten und am Horizont imposante Felsformationen. Und da wir in Jermakowskoje gut aufgepasst haben, können wir dort den schlafenden Sajan ausmachen. Die steinigen Gipfel sehen mit ein bisschen Phantasie wirklich aus wie ein liegender Riese mit vor der Brust verschränkten Armen. Es gibt eine Menge Legenden um diesen schlafenden Sajan. Man sollte sich auf jeden Fall gut mit ihm stellen, denn eine Legende besagt, dass Menschen, die er nicht mag, in seinem Dunstkreis sterben – die, die er mag dagegen, bekommen keine Probleme.

Wir haben Glück, uns mag er scheinbar und wir fahren über einen Pass ins nächste Tal – was folgt, ist eine herrliche Abfahrt. Bis uns ein Plakat stoppt. Es ist das phantasievoll selbstgemalte Programm eines Festivals dieser Region - Sajanskij-Festival, wie es passenderweise heißt. Und eigentlich stehen wir auch bereits direkt an dem Gelände. In der blühenden Almwiese vor uns stehen einige Zelte, ein Stückchen weiter die dazugehörigen Autos und ein Haus, und dahinter entdecken wir nun auch eine kleine Bühne. Ansonsten weit und breit nur Wälder und hier im weitläufigen Tal ein paar Wiesen. Das Festival ist nur heute und nur einmal im Jahr – kann man da weiterfahren? Nein, natürlich nicht, wir bleiben!

Die Bühne ist praktischerweise im unteren Teil einer Wiese aufgebaut und durch die leichte Hangneigung ist es ein bisschen wie eine Freilichtbühne, allerdings ohne unbequeme Stühle. Das Publikum sitzt gemütlich im langen Gras. Es ist ein überschaubares Festival mit sehr familiärer Atmosphäre und von Anfang an fühlen wir uns pudelwohl. Jeder, der mag, darf im Prinzip auf die Bühne. Man muss sich nur vorher bei den Organisatoren melden und bekommt dann etwa eine halbe Stunde Zeit für sein Konzert zugeteilt. So entsteht ein ganz bunt gemischtes Programm. Ob nun alleine oder mit einer kaum auf die Bühne passenden Gruppe, ob alt oder jung, ob Profi oder eher Amateur – alles ist möglich, und wir sind total begeistert. Bei vielen Liedern wird auch im Publikum kräftig mitgesungen. Scheinbar gibt es keine Hemmschwelle und niemand nimmt es krumm, wenn der eine oder andere Musiker mit dem Mikrofon nicht so ganz zurecht kommt.

Und es sind nicht nur die Konzerte, die uns faszinieren - es ist auch die ganze, sehr liebevolle Organisation des Festivals. Angefangen bei den kreativen Plakaten. Auch die Bühne ist natürlich selbstgebaut: ein einfaches, aber sehr praktisches Gerüst aus Holzbalken, umspannt von Plastikfolie - für den zum Glück nicht eintretenden Regenfall. Als Bühnenhintergrund wurde ein großes, dunkelblaues Stofftuch aufgehängt und in fröhlich bunten Farben ist darauf „Sajanskij-Festival" zu lesen. Natürlich darf auch ein Tisch mit Mischpult nicht fehlen und mit dem dahinter sitzenden Tonmenschen ist ein Drittel der Bühne bereits belegt. Ganz besonders gut gefällt mir der Mikrofonständer. Er besteht aus zusammengeschraubten Holzlatten, an die in zwei verschieden Höhen Mikrofone mit Klebeband befestigt wurden. Alles spricht für viel Herzblut!

Da es keine Beleuchtung gibt, enden die Konzerte mit Einbruch der Dunkelheit, was aber nicht bedeutet, dass das Festival schon zu Ende ist. Am Lagerfeuer geht es bis spät in die Nacht weiter. In gemütlicher Runde wird die Gitarre rundherum gereicht und es wird fortlaufend gespielt und gesungen. Romantik pur! Bis auf die kurzen Momente, in denen mit der Motorsäge Holz klein gesägt wird, na ja – aber da wollen wir mal nicht so sein. Und wie praktisch, dass wir unser Zelt ganz in Lagerfeuernähe aufgebaut haben. So können wir auch nachdem wir in unsere Schlafsäcke gekrabbelt sind noch den Liedern und dem Knistern des Feuers lauschen. Ein echt großartiges Festival!

Leider dauert das Sajanskij-Festival nur einen Tag, also radeln wir am nächsten Morgen weiter. Zunächst noch bergab geht es danach über einen weiteren Pass in ein Tal, das eine völlig andere Stimmung hat - statt durch Fichten fahren wir nun durch ausgedehnte Lärchenwälder, die durch ein Feuer fast komplett zerstört wurden. Allerdings scheint das schon eine Weile her zu sein. Zwischen den ganzen kahl in den Himmel ragenden verkohlten Baumstämmen breiten sich teilweise wieder junge Gehölze in sattem Grün aus. Wahrhaft mystisch ist das. Die kühleren Temperaturen hier oben und der graue Himmel mit leichtem Nieselregen verstärken das Gefühl, durch eine geheimnisvolle Landschaft zu fahren.

Als wir den letzten Pass nach Tuwa in Angriff nehmen, werden wir ganz aufgeregt – was wird uns dort erwarten? Wir wurden ja genug gewarnt. Oben am Pass (auf 1.252 Metern) begrüßen uns Tuwiner, die uns Bergkräuter, Beeren und Pilze verkaufen wollen – sie winken uns fröhlich zu und machen so gar keinen gefährlichen Eindruck. Wir fahren also weiter. Aber dann werden wir doch noch gestoppt und zwar von einem grandiosen Ausblick, der uns einfach überwältigt. Wir stehen da mit offenen Mündern und können es gar nicht fassen. Hinter uns die - wenn auch teils verbrannten - aber dennoch schier endlosen Bergwälder, vor uns erstreckt sich im Tal eine weite Ebene ohne einen einzigen Baum. Steppe so weit das Auge reicht.

Die vereinzelt aus ihr herausragenden Berge haben fließende Formen, alles scheint völlig unwirklich – fast wie eine Mondlandschaft. Zumal der Regen aufgehört hat und alles wie weichgezeichnet wirkt. Das ist also Tuwa! Die autonome Republik ist von der Fläche her fast halb so groß wie Deutschland und hat ca. 300.000 Einwohner, etwa die Hälfte der Menschen wohnt in der Hauptstadt Kysyl.

Auch wenn Tuwa mit einer Ebene beginnt, ist es doch eine Republik mit vielen Bergen, die teilweise knapp 4.000 Meter hoch sind. Und kaum erfahren wir die ersten Berge, fange ich an, mein Lieblings-T-Shirt zu zerreißen. OK, ich gebe zu, es ist auch schon ziemlich durchlöchert - aber es soll nun kein Putzlappen werden, sondern ich zerreiße es, weil das hier scheinbar alle so machen. Ständig kommen wir irgendwo vorbei, wo bunte Tücher oder Stoffstreifen festgebunden sind.

Die Tuwiner sind nämlich Buddhisten und die glauben, dass Bewegung - wie das Drehen von Gebetsmühlen oder das Wehen des Windes - ihre Gebete in den Himmel tragen. Daher werden an allen besonderen Orten Gebetsfahnen aufgehängt. Auch Bergpässe gehören zu diesen Stellen und die haben natürlich für uns Radfahrer eine ganz besondere Bedeutung. Und da es dort oft keine Bäume gibt, an denen man die Tücher befestigen kann, werden mit

Ein schönes Ende für mein Lieblings-T-Shirt

Steinhaufen Holzstäbe fixiert, an denen sie dann festgebunden werden. Oft sehe ich schon von weitem die im Wind flatternden Tücher und freue mich, dass ich bald oben ankomme. Aus Dankbarkeit heil bis hierher gekommen zu sein, und einfach auch, weil ich es eine wunderschöne Tradition finde, knüpfe ich von nun an immer ein Stückchen meines T-Shirts an diesen besonderen Orten an. Außerdem ist es doch auch ein tolles Ende für so ein T-Shirt!

Die ersten Pässe hinter uns gebracht, kommen wir nach Kysyl. Diese „Metropole" nutzen wir, um auf dem Markt einzukaufen, und da es schon spät ist, beschließen wir in der Stadt zu bleiben. Durch eine Zeitungsannonce finden wir eine Wohnung, die man nachtweise mieten kann. Am Telefon verstehe ich jedoch nicht, wie das mit der Schlüsselübergabe funktionieren soll und eigentlich ist es mir auch zu teuer, aber Steffen ist für Geld ausgeben. Ein netter Tuwiner ruft für uns nochmal die Nummer an und erklärt mir dann wie es geht: Gar nicht weit weg gibt es in einer Häuserfront zwischen zwei Geschäften ein offenes Fenster wo die Übergabe stattfindet: Wir geben Geld und Pass ab und bekommen den Schlüssel.

Die Wohnung ist im vierten Stock, recht dreckig und nicht sehr gemütlich. Die Nachbarn bestätigen uns, dass hier ständig gefeiert wird und was auch immer sonst noch – die vielen leeren Bierflaschen auf dem Balkon sprechen Bände. Na ja, für eine Nacht geht es, zumal Steffen von der hellblauen Tapete mit weißen Wolken und riesigen bunten Schmetterlingen total begeistert ist. Ich bin froh, als wir am nächsten Abend wieder einen Zeltplatz suchen.

Wir finden eine traumhafte Stelle direkt oberhalb des Jenissejs, der hier in Tuwa entspringt und irgendwann ins Polarmeer mündet. An unserem Zeltplatz ist er schon ein richtiger Fluss, der sich beeindruckend durch das weite Tal schlängelt. In der Ferne sehen wir rundherum Berge und außer dem flussbegleitenden Gehölzgürtel befinden wir uns mitten in der Steppe. Ein toller Sonnenuntergang taucht alles in ein warmes Licht - ach ist das schön! Aber warum zieht Steffen bei trockenstem Hochsommerwetter sein Regenzeug an und sitzt dann sogar mit Kapuze auf dem Kopf am Lagerfeuer? Nie hätte ich gedacht, dass man sich daran gewöhnen kann - aber ich merke sie tatsächlich erst etwas später, als es noch ein paar mehr werden: Mücken leisten uns Gesellschaft.

Nicht nur mit meiner kurzfristigen Mückenresistenz, auch sonst kann ich Steffen beeindrucken, wie gut ich in meinem Reise-Alltag zurecht komme. Feuer machen beispielsweise ist längst zur Routine geworden. Für den Notfall habe ich meinen Spirituskocher dabei, aber auf Feuer kochen, macht natürlich viel mehr Spaß und ohne das würde beim Zelten mittlerweile richtig etwas fehlen. Mit zunehmender Selbstverständlichkeit Holz zu sammeln, hatte ich das Gefühl, langsam erwachsen zu werden.

Und Steffen ist nicht nur beeindruckt, wie ich den Alltag in der Wildnis meistere, ihm macht das Ganze auch viel Spaß und wir verstehen uns super. Und weil das so ist, schütte ich ihm mein Herz aus. Denn obwohl alles so gut läuft, gibt es doch ein großes Problem auf meiner Ost-Erfahrung: Ich habe Angst vor Gewitter! Mir war das vorher gar nicht so bewusst und ich wundere mich selbst, wie ängstlich ich da reagiere. Was für eine mutige Frau ich doch bin ...

Leider ist so ein Sommergewitter keine Seltenheit und ich bin mit etlichen mittlerweile um die Wette gefahren oder habe schlaflos im Zelt gelegen. Unheimlich finde ich, dass meist erst das Gewitter kommt und dann der Regen. Ich weiß, dass meine Angst eigentlich unbegründet, zumindest aber völlig übertrieben ist. Für mich reicht meist schon, wenn sich dunkle Wolken am Himmel gefährlich zusammenziehen. Zwar komme ich mir dabei selten dämlich vor, aber wenn ein Gewitter ganz nah tobt, dann stehe ich nachts sogar auf und trage mit vielen Entschuldigungen mein Fahrrad weg vom Zelt. So ein Haufen Metall könnte ja den Blitz anziehen. Und weil ein Zelt leider kein Faradayscher Käfig ist, kauere ich mich dann in Hockposition auf meine Isomatte und hoffe, dass es schnell vorbeizieht.

All das hört sich Steffen mit Engelsgeduld an und nickt immer mal wieder verständnisvoll mit dem Kopf – ach, ein richtiger Frauenversteher ist er! Nicht grundlos erzähle ich ihm das gerade jetzt, denn am Horizont braut sich was zusammen. Trotzdem gehe ich beruhigt ins Bett, ich bin ja nun nicht mehr alleine mit meiner Angst. Steffen ist wie immer sofort eingeschlafen und ich beobachte, wie das Gewitter immer näher kommt. Unglaublich, wie tief ein Mensch schlafen kann! Mittlerweile ist das Gewitter so nah, dass ich meine Hockposition auf der Isomatte eingenommen habe und ein Blitz irgendwo ganz in unserer Nähe einschlägt. Von dem Donnerkrachen, das gefühlt zeitgleich folgt, wird selbst Steffen wach. Er schaut verwundert zu mir hoch, wie ich da so hocke und meint: „Du hast ja echt Angst vor Gewitter!", dreht sich um und schläft weiter. Was war das denn? Ich bin ganz perplex, von wegen Frauenversteher. Allerdings bin ich nun so mit Steffen und seinem guten Schlaf beschäftigt, dass ich die Angst vorm Gewitter vergesse und es fast unbemerkt vorbeizieht. Am nächsten Morgen kann sich Steffen an nichts erinnern.

Ansonsten kommen wir aber wirklich gut miteinander klar und durch mein viermonatiges Training kann ich, was die Ausdauer angeht, gut mit Steffen mithalten. Beim Tempo drosselt ihn die Landschaft - wäre ja auch wirklich schade, hier einfach so durchzurasen. Was die Pausen angeht, bin ich wohl die treibende Kraft. Mittlerweile hält Steffen schon von ganz alleine an jeder Eiskaufmöglichkeit, weil er weiß, dass ich sowieso nicht vorbei fahren werde. Einem leckerem Vanille- oder noch besser Schokoladeneis kann ich einfach nicht widerstehen. Und oft gibt es ja auch gar nicht die Gelegenheit dazu. Aber schöne Picknickplätze gibt es im Überfluss und Hunger habe ich eigentlich auch fast immer. Wenn Steffen sich nach der letzten Pause gerade erst wieder warm gefahren hat, kommt von mir der Vorschlag, ob wir nicht mal wieder was essen wollen. Anfangs hat er irritiert mit „schon wieder?" reagiert, mittlerweile kennt er meinen Appetit, schaut sich in der Gegend um und fragt: „Ist hier in Ordnung?" Ach, er ist doch ein Frauenversteher!

Unser Weg führt mal durch weite Steppe, mal durch nahe Berge und treffen wir dabei auf Menschen, dann meist auf einem Pferd. Denn das ist ganz klar das Fortbewegungsmittel Nummer eins hier in Tuwa. Ob nun einfach um von A nach B zu kommen oder als Hirte seine Herde zu bewachen, ein Pferd muss sein! Oft kommen wir ins Gespräch mit den Reitern, die Neugier auf beiden Seiten ist groß. Ein Hirte macht mir doch glatt den ernsthaften Vorschlag, sein Pferd gegen mein Fahrrad zu tauschen. Und ich muss zugeben, die Versuchung ist groß. Aber mittlerweile bin ich so mit meinem Rad verwachsen, dass ich es freiwillig wohl nicht mehr abgeben würde - selbst nicht für ein Pferd. Ich lehne also dankend ab und wir müssen beide lachen. Da die Tuwiner Halbnomaden sind und nur im Winterhalbjahr komplett in den Dörfern leben, ist es kein Wunder, dass wir auch fern der Siedlungen ab und zu Menschen treffen. Im Sommer zieht nämlich ein Teil der Familien mit den Herden in die Berge und lebt dort in Jurten. Von der Straße aus können wir diese runden, hellen Filzzelte manchmal sehen und nutzen gerne die Gelegenheit, dort nach frischer Milch zu fragen. Einmal werden wir dabei von einer Oma zum Tee eingeladen. Nicht nur mit ihrem mongolischen Aussehen unterscheiden sich die Tuwiner von den Russen, auch der Tee schmeckt anders. Er wird mit viel Milch und ein bisschen Salz getrunken. Gar nicht so schlecht! Außerdem ist es für uns natürlich spannend, eine Jurte auch mal zu betreten. Man sieht das Holzgerüst, durch das die runde Form

Tuwa - wunderschöne Landschaft und kein einziger Bandit!

entsteht und in dessen Mitte es oben einen runden Dachkranz als Durchlass nach draußen gibt. Der dient als Belüftung und Rauchabzug. In jeder Jurte gibt es einen Ofen, mit dem geheizt und gekocht wird. Am Rande der Jurte steht ein Bett für die betagte Oma, ansonsten werden abends die Bettenlager auf dem Boden ausgebreitet. Wir wollen aber nicht hier übernachten, sondern in etwas Entfernung unsere eigene Jurte aufbauen.

Nachts fängt Steffens Magen an zu rumoren, ihm ist übel und er muss sich übergeben. Am nächsten Morgen ist klar, Steffen ist krank und wir legen eine Genesungspause ein. Einen besseren Platz hätten wir uns dafür kaum aussuchen können: In der weiten Steppenlandschaft zelten wir direkt an einem Bach mit vereinzelten Gehölzgruppen und mit einem herrlichen Blick auf die Berge!

Nachmittags bekommen wir erst Besuch von einem Hirten mit Pferd und dann von einem, der zu Fuß mit seiner Ziegen- und Schafherde unterwegs ist. Mit beiden trinke ich vor unserem Zelt Tee. Steffen schläft den ganzen Tag, aber abends geht es ihm zum Glück schon wieder so gut, dass er mit mir zusammen etwas isst. Vermutlich war alles einfach ein bisschen viel: die ganze Umstellung, die vielen Eindrücke, das ungewohnte Essen, die körperliche Anstrengung. Und ich habe mir Sorgen gemacht, dass es ihm zu langweilig werden könnte ...

Am nächsten Morgen ist Steffen soweit wieder fit und wir können weiter. Wir haben das Gefühl, im Einklang mit uns, unseren Rädern und mit Tuwa zu fahren. Wie selbstverständlich kommt ein Reiter zu uns ans Feuer an einem unserer wohl nur scheinbar „weit-ab-vom-Schuss"-Zeltplätzen und fragt, ob wir nicht seine Kuh und seine Ziege gesehen haben? Wir müssen grinsen – er findet es offensichtlich gar nicht seltsam, uns hier zu treffen und im Grunde fühlen wir uns durch seine Frage geehrt. Leider haben wir keine Kuh mit Ziege gesehen und der Mann reitet weiter, um seine vermissten Tiere zu finden.

Der nächste Hirte, den wir um Hilfe bitten und nach Trinkwasser fragen, kann uns dagegen weiterhelfen. Er schickt uns in ein nahes Camp russischer Geologen. Hier bekommen wir nicht nur Trinkwasser, sondern werden auch zum Tee in ihren Bauwagen eingeladen. Die beiden Männer servieren uns Brot mit Pastete und begründen augenzwinkernd diesen weichen Aufstrich: „Schlechte Zähne der alten Männer." So alt sind sie dabei doch gar nicht, vermutlich keine fünfzig. Auch ihre genaue Arbeit bleibt ein Geheimnis. Die beiden verraten uns nur, dass sie hier nach seltenen und wertvollen Metallen suchen. Wir spekulieren auf Gold, aber statt einer Antwort kommt nur ein geheimnisvolles Grinsen. Wir können ihnen allerdings die Aussage entlocken, dass ihre Suche durchaus erfolgreich verläuft.

Vielleicht ist es wegen der vielen vorhandenen Bodenschätze, dass Russland die von Tuwa ausgesprochene Unabhängigkeit nach dem Zerfall der Sowjetunion nicht anerkannt hat. Die Wogen scheinen aber mittlerweile geglättet und wir bekommen von dem Zwist nichts mit. Wir bemerken nur, wie freundlich und unkompliziert hier die Menschen sind - von wegen Banditen und Verbrecher.

Fast jede Ortschaft unterwegs steuern wir an, um unsere Lebensmittelvorräte aufzufrischen – an so vielen kommen wir ja auch gar nicht vorbei. Parken wir vor einem Geschäft unsere Fahrräder, sind wir im Nu von einer ganzen Horde Kinder umgeben. Die sind hier völlig ohne Scheu. Wollen wir weiterfahren, versuchen sie, uns anzuschieben oder auch festzuhalten – sie sind sich da selbst nicht so ganz einig. Auf jeden Fall gibt es ein ganz schönes Gezerre und ich bin froh, dass das Gepäck so fest sitzt. Bis sie nicht mehr können, rennen sie mit uns mit.

Ein besonders wichtiger Ort für uns ist Kysyl-Mazhalik ganz im Westen von Tuwa. Es ist das letzte tuwinische Dorf durch das wir fahren, und das nächste in Chakassien werden wir voraussichtlich erst in vier oder fünf Tagen erreichen. Dazwischen liegen einige Pässe und kein Geschäft. Also klappern wir die Läden nach allen möglichen Leckereien ab und machen uns mit vollen Taschen und guter Laune auf den Weg. Kaum raus aus dem Ort, wird uns allerdings die Straße versperrt. Schon von weitem sehen wir die vier Radfahrer, die die Fahrbahn sehr demonstrativ komplett blockieren. Aber es droht uns kein Überfall, es sind vier Jugendliche, die uns einfach ein Stückchen begleiten wollen. Bis zur Brücke über den Fluss Chemtschik fahren sie mit uns, dann kehren sie um und wir werden in die Wildnis entlassen. Ab jetzt geht es fast nur noch bergauf.

Wir radeln durch wunderschöne Täler, die Berge werden felsiger und zerklüfteter, sie kommen immer näher, bis wir direkt durch sie hindurch fahren. Nun sind wir wirklich mitten im Hochgebirge. Von weitem sehen wir anfangs noch ein paar Jurten, ansonsten sind wir ganz alleine unterwegs und kommt mal eines der seltenen Autos vorbei, ist das eine willkommene Abwechslung.

Auch an den Temperaturen merken wir, dass wir immer mehr an Höhe gewinnen und bei einer unserer Pausen krame ich meine warmen Klamotten wieder aus den Tiefen meiner Taschen und verstaue sie griffbereit. Wir haben Mitte August und bereits jetzt treffen wir auf einen Almabtrieb. Als er uns entdeckt, kommt der junger Hirte angaloppiert und erzählt, dass es oben in den Bergen schon geschneit hat, angeblich auch an unserem nächsten Pass. Er sei aber befahrbar, nur sei es eben schon sehr kalt – der Winter kommt. Daher treibt der Hirte auch seine Herden bereits ins Tal, ein paar Männer und eine Frau helfen ihm, die Tiere auf der Straße zu halten. Einer Schaf- und Ziegenherde folgt eine Kuhherde mit ein paar Pferden. Etwas später kommt noch eine Gruppe Fußvolk, scheinbar die Frauen und Kinder der Familie und noch später kommt uns der Lkw mit der Jurte entgegen.

Wir sind gespannt, ob wir durch Schnee fahren werden - oben auf den Bergen ist er teilweise schon zu erspähen, wir können aber nicht einschätzen, auf welcher Höhe das ist. Wir beschließen, eine letzte Nacht in Tuwa zu verbringen und morgen mit neuen Kräften den höchsten Pass auf unserem Rundkurs in Angriff zu nehmen. Jetzt, wo die Sonne noch scheint, ist es noch angenehm warm. Umso erfrischender das kurze Bad im Bergbach - brrr, die Wassertemperaturen fühlen sich schon nach Winter an. Die Lufttemperatur ebenso nachdem die Sonne verschwunden ist - daher krabbeln wir schnell in die warmen Schlafsäcke und morgens begrüßt uns eine mit Raureif bedeckte Landschaft. Wunderschön und kalt!

Bei strahlend blauem Himmel nehmen wir den Pass in Angriff. Wir schwitzen viel, von wegen kalt, aber die Steigung ist weiterhin human, und auch wenn die letzten Kilometer nicht mehr asphaltiert sind, lässt es sich gut fahren. Wir passieren die Baumgrenze und kommen dem Schnee auf den Bergen immer näher. Oben am Sajanskij-Pass auf 2.206 Meter Höhe fallen wir uns glücklich in die Arme! Auf der einen Seite liegt Tuwa, von dem wir uns traurig und dankbar verabschieden - auf der anderen Chakassien, auf das wir uns nun freuen. Ach so, und hier oben liegt noch kein Schnee, der fängt erst 100 - 200 Meter über uns an.

Chakassien begrüßt uns mit einer wunderbar langen Abfahrt. Nach der ganzen Steppe ist es herrlich, mal wieder durch endlose Wälder zu fahren und überall gibt es Täler, in denen wilde Bergbäche rauschen. Nach zwei kleineren Pässen kommen wir nach Abasa. In der kleinen Stadt am Fluss Abakan stoßen wir zum ersten Mal nach vier Tagen wieder auf Zivilisation, und natürlich kaufen wir als allererstes ein Eis! Zur Feier des Tages gönnen wir uns anschließend noch ein Bier. Leider gibt es kein Schiff auf dem Abakan, der flussabwärts durch die gleichnamige Stadt fließt - also müssen wir weiter radeln. Die Enttäuschung hält sich aber in Grenzen, das mit dem „kein Schiff" kenne ich ja schon.

Nach einem letzten kleinen, aber anstrengenden Pass, kommen wir wieder in eine heiße Steppenlandschaft. Nicht nur, dass es dieser letzte Pass in sich hat, auch die nun folgenden kleinen Berge quälen mich ganz schön – scheinbar vermisse ich das Hochgebirge. Aber dafür kommen wir wieder mehr in besiedelte Gebiete und das heißt, wir machen mehr Eispausen – die bauen mich wieder auf!

Bei einer dieser Pausen können wir gar nicht glauben, was wir sehen - es ist fast wie eine Fata Morgana. Und wären wir nicht vorgewarnt worden, hätten wir es vermutlich verpasst. Während wir unser köstliches Eis schlecken, behauptet eine Frau, dass hier gleich ganz viele Radfahrer vorbeikommen werden. Und tatsächlich: Als erstes kommt ein Polizeiauto, dann ein Pulk von fünfzehn Rennradfahrern und abschließend ein kleiner Polizeibus mit einer großen Fahne hinten am Heck. Alles geht verdammt schnell, wir haben kaum Zeit zu Winken, da sind sie auch schon vorbeigerauscht. Das war das Radrennen „Sajan Ring". Sozusagen auf unseren Spuren, fahren sie fast genau unseren Rundkurs - allerdings in einer etwas anderen Geschwindigkeit.

Dabei finde ich unser Tempo gar nicht so schlecht, denn sonst wären wir sicher an der netten Omi einfach vorbeigerauscht. Sie steht mit einer Schubkarre voller Gemüse aus ihrem Garten am Straßenrand und wir entscheiden uns für Tomaten und Paprika. Sie ist überglücklich, einen Abnehmer gefunden zu haben. Uns macht das Einkaufen bei ihr so viel Spaß, dass wir auch noch die Gurken nehmen, obwohl wir gerade erst welche woanders gekauft haben. Nun kann die Omi sich nicht mehr zurückhalten und die Tränen kullern über ihre Wangen, so gerührt und dankbar ist sie. Ich glaube, sie kann die paar Rubel wirklich gebrauchen!

Abends sitzen wir vor unserem Zelt an einem Baggersee kurz vor Abakan und während wir beobachten, wie die Sonne farbenprächtig untergeht, essen wir einen unglaublich leckeren Salat. Ach geht es uns gut!

Am nächsten Morgen fahren wir in die Stadt und erkundigen uns nach einem Zug, der uns auf die Haupttrasse Richtung Osten bringt. Das war also unser Abstecher nach Tuwa - nun sind wir wieder in Abakan gelandet und was soll ich sagen: Es war super! Ich weiß ja nicht, wo sich die ganzen Banditen versteckt haben - wir haben sie jedenfalls nicht getroffen. Eigentlich war es eine perfekte Radtourstrecke: Ein mit Zug erreichbarer Rundkurs von ca. 1.100 Kilometern, fast komplett auf gutem Asphalt, fast kein Verkehr, schönes Wetter, wenig Mücken, tolle Landschaft und unglaublich nette Menschen. Also ihr Radfahrer, auf nach Tuwa!

Für uns geht es nun wieder auf den Weg weiter Richtung Osten und dafür fahren wir mit dem Zug bis Sajanskaja. Wie gehabt müssen wir wegen unserer Fahrräder mit dem Schaffner diskutieren, bevor er uns letztlich doch komplett mitnimmt. Von Sajanskaja sind es nur noch dreißig Kilometer bis auf die Trasse, sozusagen die Transsib der Straße, die auch wirklich mehr oder weniger parallel zu der berühmten Zugstrecke verläuft.

Am späten Nachmittag erreichen wir auf der Trasse Kansk, eine Stadt am Fluss Kan und natürlich kaufen wir als erstes zwei Eis. Als wir schleckend vor dem Geschäft stehen, lädt uns Roman zum Kaffee ein. Ein Freund von ihm hat nebenan eine kleine Autowerkstatt, die eigentlich nur aus einer Garage mit Grube, etwas Werkzeug und einem Wasserkocher besteht. Roman ist ganz stolz, weil er gerade Besuch von einer russischen Freundin aus New York hat, die stellt er uns natürlich vor.

In gemütlicher Runde stehen wir mit unseren Kaffeetassen vor der Werkstatt, als noch Aleksander dazu kommt. Er bietet uns spontan seine leer stehende Wohnung als Übernachtungsquartier an. Da die Stimmung gut ist und wir eigentlich auch schon genug gefahren sind, überlegen wir nicht lange, sondern nehmen gerne an. Wir stutzen auch gar nicht, dass die Wohnung voll möbliert ist und einen bewohnten Eindruck macht. Kaum ist Aleksander weg, klingelt das Telefon. Weil es ziemlich hartnäckig klingelt und ich so ein komisches Gefühl habe, gehe ich ran. Eine Frau am anderen Ende der Leitung droht mit der Polizei, wenn wir nicht sofort verschwinden – es sei ihre Wohnung. Sie schreit und schimpft. Ich bin total perplex und versuche zu erklären, wer wir denn überhaupt sind und wie wir in diese Wohnung kommen. Sie legt einfach auf. Steffen und ich sind ratlos - sollen wir jetzt besser sofort verschwinden? Wieder klingelt das Telefon, wieder ist es die Frau. Sie fragt nun, ob sie mich richtig verstanden hat, dass wir zwei deutsche Radtouristen auf der Durchreise seien. Dann erklärt sie mir, dass es wirklich ihre Wohnung sei, sie nur gerade woanders ist, ihr Ex-Mann Aleksander noch einen Schlüssel hat und ihr scheinbar eins auswischen will. In was für einen Rosenkrieg sind wir denn da geraten? Die Frau meint dann aber weiter, dass wir ja gar nichts dafür könnten und wo wir schon mal da sind, einfach bleiben sollen. Wir telefonieren noch ein paar Mal, später kommt sie sogar kurz vorbei, um uns mal anzuschauen, verschwindet aber sofort wieder. Trotz der doofen Situation sind wir froh, bleiben zu können - längst ist es dunkel und wir sind ziemlich müde. Was für eine Nacht!

Bei der nächsten Einladung sind wir vorsichtiger. Eigentlich wollen wir in dem Dorf auch nur nach Quark fragen, der würde nämlich zu den vorhin gekauften Johannisbeeren perfekt passen. Vor einem Haus mit Heuvorräten im Garten, die auf eine Kuh hindeuten, sitzt auf einer Bank ein sympathischer Opa - den frage ich. Na ja, es gäbe zwar schon Quark, den könne er uns aber leider nicht geben. Er kenne sich nämlich im Kühlschrank nicht aus. Etwas irritiert hake ich nochmal nach, ob ich ihn richtig verstanden habe - eigentlich muss man doch nur die Kühlschranktür öffnen und dort suchen. Er meint aber, dass sei nicht so einfach, es sei das Reich seiner Frau und die ist leider im Moment nicht da. Wir bekommen also keinen Quark, dafür erzählt uns der Opa von seiner Armeezeit 1960 in Dresden, Potsdam und Stendal und dass er jetzt 68 Jahre alt ist. Und warum wir nicht einfach bei ihm schlafen und auf seine Frau warten wollen? Wir sollten hier in der Gegend nämlich ja aufpassen, im nächsten Ort gäbe es ein Gefangenenlager. Mir ist es eigentlich egal, aber Steffen will nach den Erfahrungen der letzten Nacht lieber weiter. Irgendwie haben wir beide das mit dem Gefangenenlager nicht so ernst genommen, aber als wir im nächsten Ort unsere Wasservorräte auffüllen wollen, stellen wir fest, dass das komplette Dorf ein Lager ist. Passenderweise heißt es Kljutschi (Schlüssel) – na, da hätte man ja auch drauf kommen können. Wir fahren an einem mehrfachen Maschen- und Stacheldrahtzaun entlang und zunächst interpretieren wir die Gebäude und Männer auf dem Gelände dahinter als irgendein gewerbliches Unternehmen. Am Tor fragen wir nach Trinkwasser. Die Wachmänner sind sichtlich irritiert, dass wir sie ansprechen und raten uns, schnell weiterzufahren. Sie machen uns klar, dass sie uns zwar Wasser geben könnten, aber wir doch besser schnell verschwinden sollen, um kein Aufsehen zu erregen. Und hier im weiteren Umkreis würden sie uns auch dringend davon abraten zu zelten. Mit einem bedeutenden Seitenblick zu den Männern auf dem eingezäunten Gelände meinen sie noch, die seien nicht ohne. Erst jetzt verstehen wir die Warnung des Opas so richtig. Wir erkennen nun auch, dass ohne Zustimmung wohl niemand das Gelände so einfach verlässt und so richtig vertrauenserweckend sehen die Männer tatsächlich nicht aus. Obwohl wir müde sind und schon 120 Kilometer hinter uns haben, folgen wir dem Rat der Wärter und fahren noch weitere acht bis zum nächsten Rastplatz. Hier sind wir garantiert sicher. Und wo wir schon mal so zivilisiert zelten, nutzen wir die Gelegenheit, in dem kleinen Café zu essen. In einer Verdauungspause beschäftigen wir uns mit der Zeit. Denn kurz hinter Klujtschi sind wir fast unbeachtet vom Krasnojarski kraj in den Irkutsker oblast gefahren. Und das bedeutet, wir müssen unsere Uhr (= Tacho) um eine Stunde vorstellen. Mittlerweile sind wir sieben Stunden vom Leben in Deutschland entfernt, von wegen die Menschen in Sibirien hinken der Zeit hinterher – vorweg gehen sie, ganz klar!

Dass wir nun im Irkutsker Gebiet sind, freut uns natürlich sehr, nun hört und fühlt sich der Baikal auch gar nicht mehr so weit an. Allerdings darf man sich da nicht täuschen lassen, der Irkutsker oblast ist mehr als doppelt so groß wie Deutschland, ein Stückchen liegt also noch vor uns ...
Ein Stückchen wo's mal hoch, mal runter geht, mal durch Felder, mal durch Wälder. Die Landschaft ist sehr abwechslungsreich und der Straßenbelag ist es auch. Ich erkenne keine Systematik darin, warum die Straße mal asphaltiert ist und warum mal nicht. Manchmal gibt es auf einem langen Stück Asphalt einen kurzen Abschnitt mit Schotter oder auch inmitten einer langen Schotterstrecke ein kurzes Stück Asphalt. Oder Asphalt und Schotter wechseln sich ganz gleichmäßig ab. Langweilig wird es auf jeden Fall nicht. Die Schotterstücke geben uns das Gefühl, auf einer richtigen Piste zu fahren - die Staubwolke, in der wir beim Überholtwerden verschwinden, nehmen wir dafür gerne in Kauf. Auf den Asphaltstrecken erholen sich dann unsere Lungen und Gelenke wieder und wir rollen sanft dahin.
Oft rollt oder strampelt Steffen ein Stück voraus und ich finde es spannend, durch ihn mitzubekommen, wie man als Radfahrer wahrgenommen wird. Sich selbst kann man ja doch nicht so gut beobachten. Das Erste was auffällt: Ist ein Mann dabei, wird man als Frau völlig ignoriert. Sehr ungewohnt und auch ein bisschen befremdlich ist es für mich, wenn nur Steffen die Hand gegeben wird, obwohl ich direkt daneben stehe. Ganz abgesehen davon, dass zunächst auch nur mit ihm geredet wird. Wobei der Hintergrund ein ehrenwerter ist, ganz nach dem Motto: „Ich will nichts von Deiner Frau und fasse sie auch nicht an." Missachtet fühlt man sich aber trotzdem. Konkret

bei uns beiden ist das allerdings ziemlich lustig, denn Steffen versteht und spricht ja kein Russisch. Kommt also ein Auto von hinten angefahren und ist neugierig, wer wir sind, fährt es grundsätzlich erst einmal an mir vorbei bis zu Steffen. Kaum wird er angesprochen, folgt wildes Gestikulieren und schnell zeigt Steffen einfach nur noch nach hinten auf mich. Innerlich amüsiere ich mich schon, nun müssen sie doch mit mir vorlieb nehmen.

Dieses ständige Angehaltenwerden, um ein Pläuschchen zu halten, ist für mich längst zum schönen Alltag geworden. Jetzt mit Steffen fällt mir auf, dass es dabei völlig egal ist, wo man sich gerade befindet. Auch auf der Trasse, die ja nun wirklich eine Hauptstraße ist, halten die Autos einfach neben Steffen und blockieren mit ihm zusammen die ganze Fahrspur – kommt ein weiteres Auto, muss es halt drumherum fahren. Da regt sich keiner auf. Na ja, den Kühen auf der Straße müssen sie ja auch ausweichen, warum sich also über Radfahrer beschweren?

Wir genießen diese Stopps auf der Straße – egal, ob wir nur kurz gefragt werden woher und wohin oder gemeinsam Pause machen. Ein Ehepaar aus Jakutien hält ein ganzes Stückchen vor uns am Straßenrand und zerlegt schnell eine Wassermelone. Als wir uns ihrem Auto nähern, kommen sie uns schon mit einem vollen Teller entgegen. Einfach köstlich und bei der brütenden Mittagshitze wirklich eine tolle Idee!

Einen besonders lustigen Russen treffen wir vor einem kleinem Geschäft, in dem wir einkaufen wollen. Sascha erzählt sehr viel und fragt noch mehr. Er will wissen, wie hoch unsere Durchschnittsgeschwindigkeit ist - bestimmt doch mindestens 25 oder 30 km/h? Wir schlucken. Er fährt fort in seiner Überlegung: „Natürlich, muss ja so sein!" Denn wenn er hinten und vorne einen Sack Kartoffeln auf dem Rad hat, dann müsse er mindestens 22 km/h fahren, um nicht umzufallen. Wir grinsen – wir fahren doch etwas langsamer, schätzungsweise irgendwas zwischen 11 und 18 km/h. Na dann, meint Sascha lachend, überhole er uns aber spielend. Und das mit seinen Kartoffelsäcken, denken wir für uns. Sascha fügt fairerweise noch hinzu, dass seine Beine auch schon nach acht, neun Kilometern sehr müde seien. Puh, da sind wir ja doch ein wenig beruhigt.

Wir treffen nicht nur lustige Russen, die Trasse wird nun irgendwie inter-nationaler. Je weiter wir auf ihr nach Osten kommen, desto mehr Autos mit scheinbar leerem Fahrersitz begegnen wir - sie alle haben das Lenkrad auf der rechten Seite. Es sind Fahrzeuge aus Japan. Frisch importiert kommen sie uns in kleineren Kolonnen aus Wladiwostok entgegen. Und damit der

Verkaufswert nicht mit jedem Kilometer auf der langen Strecke sinkt, sind die empfindlichen Stellen der Autos mit Pappen und Folien abgeklebt. Aber nicht nur die Fahrzeuge werden internationaler, auch deren Fahrer. Gleich ein ganzer Konvoi von deutschen Wohnmobilen kommt uns entgegen, es sind insgesamt 14 oder 15 Stück. Am ersten ist ein Schild mit der Aufschrift „Reiseleitung" angebracht. Wir müssen lachen während wir allen zuwinken. Später hält sogar mal ein Wohnmobil: Werner und seine Frau kommen aus Stendal und sie waren am Baikal. Dort, so erzählen sie uns, hat ihnen ein holländischer Radfahrer von einer allein radelnden Frau berichtet. Nein so was, das gibt's doch gar nicht! Von dem Holländer habe ich auch schon gehört und auch wenn es gerade nicht so aussieht, bin vermutlich ich mit der Radlerin gemeint.

Wir begegnen noch weiteren Wohnmobilen, Jeeps und Motorradfahrern - zum Beispiel einem Amerikaner auf seinem Weg um die Welt. Endlich kann sich auch Steffen verständigen! Und gleich nochmal, denn wir treffen auf ein ungarisches Fernsehteam, mit dem wir uns gut auf Englisch verständigen können. Sie drehen ein Road-Movie über einen lila Cadillac auf dem Weg von Los Angeles nach Budapest. Es ist eine sehr lustige Truppe, die uns spontan vor laufender Kamera interviewt und vor allem filmt, wie wir radelnd dem lila Auto begegnen. Schon seit fünf Wochen sind sie unterwegs, sind über Magadan hierher gefahren und wollen als nächstes einen Abstecher nach Tuwa machen. Wir wünschen ihnen viel Spaß dabei!

Tja, und für uns ist der Spaß so langsam vorbei – nach knapp vier Wochen verbringen wir einen letzten gemeinsamen Tag auf dem Rad. Bei Hitze und Gegenwind geben wir nochmal alles, aber irgendwann müssen Steffen und ich einsehen, dass das Ende unserer gemeinsamen Radtour gekommen ist. Zur Feier des Tages wollen wir im nächsten Café richtig groß essen gehen. Es ist ein kleines einstöckiges Klinkerhaus, einsam inmitten von Feldern und Wiesen, erst am Horizont fängt wieder Wald an. Hinter dem Café gibt es eine Terrasse und dort belegen wir einen der beiden quietschgelben Plastiktische. Bisher sind wir die einzigen Gäste und eine junge Bedienung bringt uns das menju - die Speisekarte. Auf einem Blatt Papier in einer Klarsichtfolie ist alles aufgeführt, was man hier bekommen kann: erstes Gericht (verschiedene Suppen), zweites Gericht (verschiedene Hauptspeisen), Salate und blini. Bei den kleinen Cafés ist es allerdings durchaus sinnvoll nachzufragen, was davon wirklich vorhanden ist.

Da heute ein besonderer Tag ist und wir wie immer Hunger haben, werden wir keinen Gang auslassen und so richtig zuschlagen. Als Suppe vorweg gibt es borschtsch, als Hauptspeise wählen wir schaschlyk, pelmeni, zwei Salate und als Nachtisch blini. Ein köstliches Mahl! Dazu gibt es für jeden ein Bier - darauf haben wir uns schon den ganzen Tag am allermeisten gefreut. Da uns eine 2-Liter-Flasche viel zu groß vorkommt, nehmen wir zwei 0,5-Liter-Dosen und als erstes stoßen wir damit auf unseren gelungen Urlaub an! Ganz gemütlich essen und trinken wir, und nach dem halben Bier sind wir beide bereits etwas wackelig. Ratlos schauen wir uns an. Eigentlich wollten Steffen und ich es heute mal so richtig krachen lassen und nach einem Bier diskutieren wir nun sehr lange, ob wir noch ein zweites brauchen. Nicht nur, dass wir wirklich schon einen im Tee haben, ich weiß bereits, dass das Radfahren am nächsten Tag so gar keinen Spaß macht und man mit jeder Promille Fitness einbüßt. Aber das soll heute echt egal sein. Also entscheiden wir, noch für jeden ein Bier mit ans Zelt zu nehmen – immerhin ist heute unser letzter Abend! Als Kompromiss wollen wir auch noch zwei Portionen blini bestellen, davon können wir nämlich gar nicht genug bekommen.

Gerade als wir Bier und blini bestellen wollen, kommt Oleg mit zwei Kollegen und besetzt den anderen Tisch auf der Terrasse. Er kommt zu uns rüber und verkündet, dass er heute mit uns Wodka trinken will. Nicht einfach so, es gibt einen Grund zu feiern, er ist nämlich soeben befördert worden. Wir gratulieren und normalerweise wäre es jetzt wirklich allerhöchste Zeit zu gehen. Ich weiß, wie so was endet ... Da wir aber auch etwas zu feiern haben und Olegs Kommentar dazu ist: „Na also, umso besser - feiern wir doch zusammen!", setzen wir uns rüber zu den anderen.

Dann geht es Schlag auf Schlag: ein paar Essenssachen kommen auf den Tisch, eine Flasche Saft und natürlich die erste Flasche Wodka. Von Anfang an ist klar, heute Abend werden sieben Stück davon getrunken. Später wird deutlich warum, es kommen noch weitere Kollegen - insgesamt drei Mädels und vier Jungs - für jeden gibt es also eine Flasche. Sie arbeiten alle in einem Gefängnis, mehr wird uns nicht verraten. Kein Geheimnis bleibt, dass Oleg heute Leutnant geworden ist und zwei Sterne mehr auf seine Schultern bekommen hat. Na ja, eigentlich hat er vier bekommen, zwei für jede Schulter. Nun hat er aber wirklich nur noch zwei, da er uns die anderen beiden zum Andenken schenkt. Ach, es ist wirklich ein lustiger Abend und ein echtes Besäufnis.

Runde folgt auf Runde. Die vollen Gläser werden zeitgleich hochgehoben und dann sagt jemand einen Toast, jeder kommt mal dran. Also nicht nur einfach „Prost", oder wie wir fälschlicherweise annehmen „na sdarowje"[21], sondern ein ganzer Trinkspruch, der zum Anlass und zur Stimmung passt – das kann durchaus etliche Minuten dauern. Dabei nimmt man sich schon mal was Essbares in die freie Hand. Auf ex wird dann der Wodka am Ende der Rede runtergekippt und schnell das Essen hinterhergeschoben und eventuell auch noch ein Schluck Saft getrunken. Die dritte Runde geht meistens auf die Liebe, daher wird so gar nicht verstanden und eigentlich auch nicht akzeptiert, wenn man vorher aufhören will.

Irgendwann stelle ich erschrocken fest, dass Steffen jede Runde brav austrinkt und schon einen sehr angeschlagenen Eindruck macht. Mein Rat, einfach nur zu nippen, kommt zu spät. Denn nach den ersten Runden achtet keiner mehr so genau darauf, ob man sein Glas auch wirklich austrinkt. Nach drei oder vier Flaschen Wodka steigen wir endgültig aus und torkeln im Dunkeln zu unseren Rädern. Scheinbar schaffen wir es, einen Platz für unser Zelt zu finden und es dort auch noch aufzubauen, denn am nächsten Morgen werden wir darin wach – mein Schädel brummt, so laut brummen nicht mal alle sibirischen Bären zusammen - und mir ist schlecht. Steffen hat sich gestern Abend schon etwas erleichtert und macht einen recht fitten Eindruck. Oh, das ist doch ungerecht! Aber wir sind uns beide einig: Es war ein toller Abschiedsabend - wie für Steffen bestellt!

Jetzt müssen wir nur noch ein Fahrzeug finden, das Steffen die restlichen 300 Kilometer mit nach Irkutsk nimmt - von dort geht morgen früh sein Flieger Richtung Deutschland. Es war klar, dass wir es in den vier Wochen nicht zusammen bis nach Irkutsk oder gar zum Baikal schaffen – also muss er den Rest trampen. Während Steffen sich im Hintergrund hält, stelle ich mich an die Straße. Schnell hält ein Lkw, der passenderweise bis Irkutsk fährt. Der Fahrer freut sich schon auf eine Fahrt mit mir und ist etwas irritiert, als ich ihn frage, ob er auch nur Steffen alleine, bzw. zusammen mit seinem Fahrrad mitnimmt. Er versteht sichtlich nicht warum, aber er tut es. Nachdem wir Steffens Rad hinten im Auflieger verstaut haben, steigt er mit ins Fahrerhaus und ich bin wieder alleine.

---

21 „Na sdarowje" habe ich in Russland beim Anstoßen noch nie gehört. Wenn es wirklich mal ausnahmsweise vorkommt, keinen ganzen Toast auszusprechen, dann sagt man „sa starowje" (auf die Gesundheit).

Endspurt

Mit dickem Schädel radel ich dem Lkw hinterher und bin überzeugt, dass meine Angewohnheit, auf dem Fahrrad eigentlich nichts zu trinken, gar nicht so verkehrt ist. Allerdings habe ich - dank meines Katers - nun keinen Kopf frei, Steffen hinterher zu trauern. Aber ich habe auch wirklich keinen Grund, mich alleine zu fühlen: Erstens habe ich mein Fahrrad und zweitens gibt es unterwegs so viele tolle Begegnungen!

Schon die ganz kleinen Gesten lassen mein Herz höher schlagen und geben mir Kraft - sei es ein Nicken, ein Grinsen oder ein Winken vom Straßenrand. Diese kurzen Momente sind für mich wie das Salz in der Suppe. Es ist einfach schön, an einer Wiese vorbeizuradeln, auf der gerade ein alter, rundschnäutziger Lkw mit Heu beladen wird. Zwei Männern hieven das trockene Gras mit ihren Heugabeln hinauf auf die Ladefläche. Bis übers Fahrerhaus hinaus ist sie bereits voll und oben auf dieser weichen Fracht nehmen zwei weitere Männer das Heu entgegen. Als sie mich sehen, unterbrechen sie kurz ihre Arbeit und winken mir fröhlich zu.

Oder das Hupen im Vorbeifahren. Anfangs habe ich jedes Mal einen riesigen Schreck bekommen - habe ich etwas falsch gemacht oder ist etwas nicht in Ordnung? Mittlerweile weiß ich längst, dass es immer nur als Gruß gemeint ist, wie ein freundliches Zuwinken und gerne winke ich zurück. Übrigens habe ich dies so stark verinnerlicht, dass ich später in Deutschland weiterhin fröhlich zurückwinke, wenn mich ein Autofahrer anhupt ...

Die meisten Gesten sind aber schon international verständlich - „Daumen hoch" ist auch in Russland eine Anerkennung. Oft wird sie von einem bestätigenden Kopfnicken begleitet. Meist sind es Männer, die mich so ansporen - Frauen dagegen wünschen mir manchmal im Vorbeifahren laut rufend eine glückliche Reise. Dankbar antworte ich: „spasibo!"

Auch wenn ich mich nicht im Geringsten einsam fühle, freue ich mich natürlich trotzdem, als mir Steffen ganz unerwartet nochmal ganz nah ist: Als ich am Morgen nach unserem Abschied beim Frühstück vor dem Zelt sitze, höre ich Flugzeuglärm. Es ist nebelig, aber über mir gibt es ein Stückchen blauen Himmel und genau daher fliegt das Flugzeug. Es kommt aus Richtung Irkutsk. Ich schaue auf die Uhr, es ist 8:25 Uhr, zwanzig Minuten nach Steffens Abflugzeit – das ist er! Sofort springe ich auf und winke wie verrückt. Bestimmt hat Steffen den Piloten bestochen, diesen Kurs zu fliegen. Ach, es war wirkliche eine tolle Zeit mit ihm! Und so gerne ich alleine unterwegs bin,

Heuernte kurz vorm Baikal - der Winter steht vor der Tür

so gut ist es auch, dass es jemanden gibt, der mich ein Stückchen begleitet hat. Danke Steffen!

Kurz nachdem ich Steffen bei hochsommerlichen Temperaturen verabschiedet habe, werde ich etwas beunruhigt. Denn kaum ist er weg, kommt der Winter! Jetzt habe ich den Wettlauf doch tatsächlich verloren, und er hat mich 300 Kilometer vor Irkutsk eingeholt. Aber irgendwie hätte es auch gar keinen Ausweg gegeben. Ich hätte noch so schnell fahren können, am Winter vor Irkutsk und dem Baikal ist einfach kein Drumherumkommen. Der Grund dafür ist einfach: Auf dem Weg liegt eine kleine Stadt und die heißt Sima (Winter). Und da es vorher noch die Orte Njura (weiblicher Vorname) und Schuba (Mantel) gibt, hat sich folgende Redensart gebildet: „Njura, zieh deinen Mantel an bald kommt der Winter." Aber selbst im sibirischen Winter ist es so heiß, dass man auch in T-Shirt und kurzer Hose ins Schwitzen kommt – zumindest Ende August. Abgeerntete Getreidefelder, große Heuberge, aufgefüllte Brennholzlager und reihenweise Menschen, die säckeweise Kartoffeln von den Ackerflächen sammeln sind allerdings untrügliche Zeichen, dass die Hitze wohl bald vorbei sein wird. Also gehe ich auf Nummer sicher und fahre sehr zielstrebig weiter.

Da kurz vor Irkutsk die Stadt Angarsk aber direkt auf meinem Weg liegt, mache ich dort noch einen kleinen Besuch. Pawel und Tatjana hatten mit ihren drei Kindern vor ein paar Tagen neugierig angehalten, als sie gerade aus der Ukraine zurückkamen, wo sie seine Eltern besucht und Urlaub gemacht hatten. Seit gut fünf Tagen waren sie auf dem Rückweg und strahlten auch dieses „es ist so toll unterwegs zu sein"-Gefühl aus. Beim Weiterfahren haben sie mir ihre Adresse zugesteckt. Sie haben überhaupt nicht ernsthaft damit gerechnet, dass ich wirklich in Angarsk vorbeikomme und sind total aus dem Häuschen, als ich plötzlich vor der Tür stehe. Bevor ich überhaupt reagieren kann, schnappen sich Pawel und sein 19-jähriger Sohn Sergej mein Fahrrad und tragen es - ohne es abzusetzen - mitsamt den Packtaschen in den fünften Stock hinauf. Was für eine Meisterleistung! Eigentlich versorge ich ja lieber selbst mein Rad, weil bei den gut gemeinten Tragehilfsaktionen das Material doch sehr leidet und mir Angst und Bange wird. Nicht die erste Stelle von Gepäck oder Fahrrad, die man in die Finger bekommt, ist auch die stabilste. Pawel und Sergej sind aber sehr vorsichtig und schauen genau, wo sie anfassen.

Es wird ein sehr schöner Abend - im wahrsten Sinne des Wortes, denn Tatjana und Pawel arbeiten für die schwedische Kosmetikfirma Oriflame. Beide sind dort im Direktvertrieb tätig. Tatjana ist richtig im Karrierefieber, erst vor kurzem ist sie vom Teammanager zur Direktorin aufgestiegen und stolz zeigt sie mir das Video der Urkundenverleihung mit anschließendem Ball in Moskau. Ich bin fasziniert von so viel Begeisterung für eine Firma. Tatjana ist so Feuer und Flamme, dass sie mich direkt mit in das Unternehmen holen und sich deswegen in Moskau erkundigen will. Hihi, ich und Kosmetikvertrieb, da hat sie ja den richtigen Fisch an der Angel. Wenn ich da nicht mal aus Versehen Nagellack als Lidschatten verkaufe ...

Den nun wirklich letzten Zwischenstopp vor dem Baikal mache ich in Irkutsk. Bei der Stadteinfahrt sind am Straßenrand auf hohen Brettergerüsten knalligbunte Plastikblumen zum Verkauf drapiert, wenn das mal keine Begrüßung ist! Nun bin ich wirklich kurz vor dem Ziel. Denke ich mir die Autoabgase in der Stadt weg, kann ich den Baikal quasi schon riechen. Oh Mann, so langsam werde ich doch aufgeregt. Trotzdem lege ich noch einen Pausentag in Irkutsk ein. Erstens regnet es und zweitens fülle ich noch einmal meine Vorräte auf.

Zwar sind es von hier nur noch siebzig Kilometer bis zum Baikal, aber ich werde wohl 3 - 4 Tage mit dem Rad brauchen. Ich möchte zunächst nicht an den nahen „Hauptstrand" in Listwjanka fahren, sondern die 300 Kilometer zur Insel Olchon. Die Spannung bleibt also noch ein paar Tage erhalten. Ganz bestimmt ist der See noch nicht zugefroren, aber der Schiffsverkehr zum Baikal ist wegen Saisonende bereits eingestellt – doch die letzten Meter kann ich ja nun wirklich auch noch radeln.

In Irkutsk schlafe ich bei Sankt Spiritus. Den Tipp hab ich von den zwei Fernradlern bekommen, deren E-Mail-Adresse mir unterwegs von den Motorradfahrern aus Barnaul zugesteckt wurde. Seitdem stehen wir in lockerem Mailkontakt. Als sie mir von Sankt Spiritus schrieben, dachte ich, sie seien besoffen und machen Scherze, von wegen Sankt Spiritus Kathedrale ... Aber die gibt es wirklich und wird von einem polnischem Priester geleitet. Der bietet Reisenden Platz zum Schlafen, sogar mit echter Waschmaschine und Warmwasser zum Duschen!

Die zwei Fernradler kommen übrigens aus Stuttgart und heißen Mats und Ingo. Ich habe sie kurz im deutschen Zentrum in Nowosibirsk getroffen und da hatten wir natürlich viel zu erzählen. Die beiden finden irre, dass ich allein fahre und ich finde irre, was sie von ihrer gemeinsamen Fahrt berichten. Sie hatten wohl schon einige Tiefphasen. Als erste Konfliktlösung haben sie sich ein zweites Zelt gekauft und sind dann auch streckenweise mal getrennte Wege gefahren.

Überhaupt scheinen sie eine ganz andere Reise zu erleben, obwohl wir ja mehr oder weniger die gleiche Strecke fahren. Eine der ersten Fragen von Mats und Ingo ist, ob ich die Versorgungslage unterwegs auch so schlecht finde? Nein, das ist mir bisher noch gar nicht aufgefallen. Im Gegenteil, ich bin immer eher ein bisschen zu gut versorgt. Ja, aber die Auswahl in den Tante-Emma-Läden auf den Dörfern sei ja nun wirklich sehr beschränkt, nur selten hätten sie Marsriegel oder Bananen. Ein Radfahrer muss doch jeden Tag eine Banane essen! Mhm, ich war bisher eigentlich mit dem vielseitigen Beerensortiment und auch mal mit 'nem Apfel völlig zufrieden und habe auf der ganzen Fahrt noch keine einzige Banane gegessen. Auch die russischen Süßigkeiten finde ich klasse.

In Nowosibirsk machten Mats und Ingo aber einen sehr entspannten, satten und harmonischen Eindruck. Und es sah eine Zeit lang so aus, als ob wir vielleicht ein Stückchen zusammen fahren können. Denn, als ich mit Steffen nach unserem Tuwa-Abstecher wieder auf der Trasse war, hörten wir von zwei Radlern, die knapp einen Tag vor uns unterwegs waren. Das hörte sich doch nach Mats und Ingo an. Und da wir recht zügig unterwegs waren, dachten wir, dass wir die beiden vielleicht noch einholen könnten. Dann aber kamen mehr und mehr verwirrende Nachrichten über die zwei vor uns, plötzlich waren es vier und der Abstand wurde rasant größer.

Bei Sankt Spiritus in Irkutsk treffe ich Mats und Ingo wieder und bekomme die Auflösung der rätselhaften Informationen. Die beiden hatten zwei Schweden auf dem Rad getroffen und sind dann zu viert weitergefahren. Von da an hat sich keiner mehr getraut zu sagen: „Ich bin müde" oder gar: „Ich brauche eine Pause". Fast ununterbrochen sind sie geradelt - über 200 Kilometer jeden Tag. Eigentlich waren alle fix und fertig und es hat wohl auch keinem mehr so richtig Spaß gemacht, aber der Mannesstolz war zu groß, um als erster „aufzugeben". Ach ja, diese Männer ...

In meiner gemütlichen Frauengeschwindigkeit mache ich mich auf meine letzte Etappe Richtung Baikal. Mal schauen, ob sich die weite Fahrt gelohnt hat, obwohl ja eigentlich der Weg das Ziel war und der war wirklich grandios! Was den Baikal angeht, versuche ich keine großen Erwartungen aufzubauen, ich will am Ende nicht noch enttäuscht werden. Kurz hinter Irkutsk komme ich sogar ins Grübeln, ob ich überhaupt bis dorthin weiterfahren soll. Eindeutig gibt es hier einen Abzweig nach Kuda, das tiefblaue Straßenschild mit großen weißen Buchstaben und dickem Pfeil lässt keinen Zweifel. Und das russische Wort „kuda" bedeutet „wohin". Das ist ja wirklich eine philosophische Frage, wohin will ich denn überhaupt und warum? Zum Baikal geht es geradeaus, „Wohin" rechts ab – was soll mir das sagen? Wohin bringt mich das Leben? Vielleicht ist es ein Zeichen, dass ich hier lieber umkehren soll? Eigentlich kann ich doch nach allem, was ich erlebt habe, vom Baikal nur enttäuscht werden. Wie oft habe ich unterwegs gedacht, das ist jetzt so toll, besser kann es doch gar nicht mehr werden. Und natürlich kam dann auch der Gedanke, ob ich nicht besser aufhören sollte, wenn es am schönsten ist? Das erste Mal war das bereits in Kaliningrad der Fall, dann bei meiner Ersten-Mai-Familie oder an meinem so genialen Geburtstag und und und. Immer wieder hatte ich das Gefühl, dass das doch gar nicht mehr zu toppen ist, immer wieder aber ging es genial weiter, eben anders. Nun nach Tuwa habe ich allerdings wirklich das Gefühl, dass landschaftlich mich erst mal nichts mehr so schnell umhauen kann. Also kuda? Nach Hause will ich aber in keinem Fall, also bleibt nur die Flucht nach vorn - ich fahre weiter. Anschauen will ich mir den Baikal nun doch, auch wenn es einfach nur ein See ist.

Übrigens verrät mir ein Blick auf meine Karte, dass es hier ein kleines Dorf namens „Kuda" gibt. Was für ein Name! Wobei damit nicht das russische Wort für „wohin" gemeint ist, sondern die Bezeichnung vermutlich aus dem burjatischen[22] kommt und entweder „Gott" oder „Schwiegervater" bedeutet, oder aber turksprachige Wurzeln hat und dann so etwas wie „schroff" oder „steil" heißt, womit die Ufer des gleichnamigen Flusses gemeint wären.

Ab dem Abzweig nach Kuda fahre ich zunächst durch eine weite Steppenlandschaft. Ich begegne vielen Pferdeherden und auch ein imposantes, bestimmt zehn Meter hohes silbernes Reiterdenkmal säumt die Straße. Das Pferd ist hier in der Gegend scheinbar sehr wichtig. Allerdings bekomme ich abends anderen tierischen Besuch, während ich in der Dämmerung vor dem Zelt beim Abendbrot sitze. Ein Uhu kreist bestimmt zehnmal um mich herum. Er ist wohl neugierig, wer da in sein Revier eingedrungen ist und jeder seiner Kreise wird ein wenig enger. Am Ende ist er fast direkt über mir, bevor er abdreht und davonfliegt. Was für ein beeindruckender, riesiger Vogel!

Nicht so beeindruckend, eher ärgerlich ist eine Begegnung am nächsten Tag. Eigentlich will ich in einem kleinen Dorf nur schnell Brot kaufen und treffe dabei drei Jungs, die ziemlich frech Geld von mir fordern. Sie kommen sich dabei richtig cool vor. Bis zum Geschäft verfolgen sie mich und ich hab schon irgendwie ein komisches Gefühl, trotzdem stelle ich das Rad ab und gehe kurz in den Laden. Als ich wieder raus komme, sind die Jungs weg und Steffens Kamera auch. Mist! Steffen hat mir seine kleine Kompaktkamera dagelassen, die ich für schnelle Schnappschüsse am Lenkrad befestigt habe. Ansonsten fotografiere ich ja mit meiner Spiegelreflexkamera, die ich in der Lenkertasche überallhin mitnehme.

Ich bin wütend auf die Jungs und ärgere mich über mich selbst. Man sollte wirklich immer auf sein Gefühl hören! Am meisten schmerzt der Verlust der Fotos, der Film war fast voll. Noch will ich mich aber nicht geschlagen geben und mache mich auf die Suche nach den Dreien. Ein paar Männer helfen mir dabei. Schnell hat sich mein Malheur herumgesprochen und der Ladenbesitzer fährt sogar mit dem Auto los. Kurze Zeit später kommt er

---

22 Die Burjaten sind die größte ethnische Minderheit in Sibirien und sprechen neben russisch auch burjatisch, eine mongolische Sprache.

zurück, mit den Jungs auf der Rückbank. Sie entschuldigen sich ganz brav bei mir und behaupten, dass sie so etwas nie wieder machen werden. Ich glaube ihnen kein Wort, bin aber glücklich, die Kamera wiederzuhaben. Leider ist der Film nicht mehr drin und das ärgert mich noch eine ganze Weile. Meine miese Stimmung hält aber nicht lange an. Nun biege ich nämlich wirklich rechts ab, nicht nach Kuda, frage mich auch nicht mehr wohin, sondern es geht Richtung Baikal! Die Straße führt durch Wälder und Berge. Erst überquere ich einen kleineren Pass, bevor es rauf auf über 900 Meter geht, die Laune wird mit jedem Meter besser. Oben angekommen knüpfe ich aus guter Tradition natürlich ein Stückchen von meinem T-Shirt zu den anderen Stoffstreifen an einem Baum. Denn, wie die Tuwiner, sind auch die Burjaten Buddhisten.

Die ursprünglich aus der Mongolei stammende Volksgruppe ist hier im südlichen Baikalgebiet die größte Bevölkerungsgruppe und oben am Pass kann ich direkt eines ihrer Nationalgerichte testen. Einige Bretterbuden mit einfachen Garküchen und Souvenirverkäufern machen den Pass zu einer kleinen Raststätte. Von einer sehr herzlichen Burjatin werde ich zu Tee und posy eingeladen. Das burjatische Nationalgericht sind nach oben offene große Teigtaschen, die mit Hackfleisch gefüllt sind und mit scharfem Senf, Chili- oder Sojasauce gegessen werden. Die posy werden in einem geschlossenen Topf gedämpft und dabei entsteht in den Taschen eine leckere Brühe. Diese muss man zuerst ausschlürfen, bevor man den Rest unfallfrei essen kann (posy werden mit den Händen gegessen). Es schmeckt ganz ausgezeichnet!

Durch die Passpause ist es spät geworden und ich fahre schnell weiter und bekomme am eigenen Leib zu spüren, dass der Sommer wohl doch schon vorbei ist - es wird wieder früh dunkel und sobald die Sonne weg ist, sehr schnell sehr kalt. Bevor ich einen Zeltplatz suche, will ich im nächsten Dorf kurz noch nach frischer Milch fragen und die Frau mit Kuh lädt mich sofort zu sich ins Haus ein. Es sei doch viel zu kalt draußen! Beim Abendbrot bekomme ich dazu nicht nur so viel frische Milch wie ich will, ich bekomme auch eine weitere Familiengeschichte erzählt: Mit ihrem Mann zusammen hat Lena in den 70er Jahren lange an der BAM gearbeitet. Die BAM (Baikal-Amur-Magistrale) ist eine Eisenbahnverbindung von Sibirien in den fernen Osten, sie verläuft nördlich der Transsibstrecke und führt über 3.000 Kilometer durch fast unbesiedeltes Bergland. Es war wohl eine sehr harte, aber auch sehr schöne Zeit in ihrem Leben. Hart, weil sie weit ab vom Schuss, fern von jeder Zivilisation mit Entbehrungen gelebt und sehr viel und oft körperlich anstrengend gearbeitet haben. Schön, weil es eine sehr gemeinschaftliche und enthusiastische Zeit war. Zusammen mit all den anderen Pionieren haben sie an eine gute Zukunft geglaubt und gerne ihren Teil dazu beigetragen. Nach einer Nacht im muckeligen Bett fahre ich bei Frost am nächsten Morgen weiter. Aber schnell wird es warm, nicht nur weil es munter hoch und runter geht, auch weil die Sonne doch noch ganz schön Kraft hat. Die Landschaft wird nun wieder steppiger, ein kleines bisschen erinnert mich das an Tuwa. Ich fahre durch eine lange Baustelle und der Chef der Gegend hält mich an und erkundigt sich, ob bei mir alles in Ordnung ist. Er ist gerade dabei, den Straßenbau zu beaufsichtigen, denn in ein paar Jahren soll die komplette Straße bis zur Insel Olchon asphaltiert sein. Damit der Tourismus freie Bahn hat! Noch fehlen einige Stücke und die lassen sich auch wirklich schlecht fahren - übelste Waschbrettpiste oder rutschiger, sehr grober Schotter. Was soll's, die Sonne scheint und der Baikal nähert sich unaufhaltsam.

tief im Osten ...

Am Baikal – einfach unglaublich

Es ist der zweite September und mich packt immer mehr die Nervosität. Vergessen ist, dass ich keine Erwartungen haben will, ich kann es nun kaum noch abwarten und eigentlich müsste ich ihn doch schon irgendwo entdecken können - den Baikal. So groß wie er ist ... Bei jedem Anstieg denke ich, da oben, da sehe ich ihn bestimmt! Nein, also weiter. Wenn mir ein Berg besonders aussichtsreich erscheint, lasse ich das Rad einfach an der Straße stehen und laufe hinauf, keuchend muss ich oben aber immer wieder feststellen, dass sich rundherum nur Steppe und Berge befinden.

Und dann plötzlich entdecke ich vor mir zwischen den Bergen ein kleines Stückchen tiefblaues Wasser. Fast bleibt mir das Herz stehen, dann fängt es an zu rasen - irgendwie alles gleichzeitig. Es dauert noch eine Weile, bis ich wirklich am See bin und einer inneren Eingebung und dem Schild zur turbasa „Tschajka" (Möwe) folge. Nun, der Eingebung wurde auf die Sprünge geholfen, mehrfach habe ich den Tipp bekommen, dorthin zu fahren. Außerdem spricht mich das große Schild an, welches einsam in der Landschaft steht. Auf dem Gemälde ist eine blonde junge Frau – eine Badenixe - an einem einsamen Sandstrand zu sehen. Wie passend! OK, ich habe keine lockige Haarpracht, der Bikini fehlt mir und den sexy Blick muss ich auch noch etwas üben – trotzdem fahre ich schon hier an den See, weiter auf die Insel kann ich morgen ja immer noch. Außerdem bin ich mittlerweile so zittrig und aufgeregt, dass ich eh kaum mehr fahren kann. Eine letzte Anhöhe und dann liegt er vor mir: der Baikal. Ich bin total ergriffen! Nein, es ist nicht irgendein See und nein, ich bin auch überhaupt gar nicht enttäuscht - völlig überwältigt bin ich, der Baikal zieht mich sofort in seinen Bann. Und dann kullern die Tränen ... Mir fehlt jegliches Zeitgefühl, stehe ich dort oben fünf Minuten oder eine Stunde?

Nachdem ich mich einigermaßen wieder gefasst habe, ist die Abfahrt zum Baikal ein einziges Hochgefühl! In der Bucht stehen verteilt Gruppen von kleinen Holzhäusern. Neben der turbasa Tschajka gibt es scheinbar noch weitere Ferienanlagen, einige sind erst im Bau, aber alle sind ganz dezent in die Landschaft integriert. Touristen sehe ich keine. Ich fahre direkt durch bis zum Wasser, dort treffe ich ein paar Kühe und an ihrem Strand baue ich mein Zelt auf. Als nächstes gehe ich baden – im Baikal, ich werde irre! Dann mache ich erst mal gar nichts mehr, lege mich vor mein Zelt auf die Isomatte und kann es gar nicht fassen. Ich bin angekommen!

Das Wasser ist ganz ruhig und ich bin erstaunt, wie warm es ist. Sicherlich liegt es daran, dass ich hier am sogenannten „Kleinen Meer" bin, dieser Teil des Sees ist durch die Insel Olchon ein wenig abgegrenzt. Außerdem ist es auch nicht so tief wie im Rest des Sees und das Wasser kann sich im kurzen Sommer besser erwärmen. Von meiner Bucht habe ich einen wunderbaren Ausblick über den tiefblauen See, darüber ein strahlend blauer Himmel und eingerahmt wird das Ganze von Bergen, zwischen denen der Baikal am Horizont verschwindet. Geradeaus vor mir liegt Olchon, die Insel wirkt aber eher wie das andere Ufer. Gibt es hier auf dem Festland an den Nordhängen noch Bäume und Wäldchen, sieht man auf Olchon nur bergige Steppe mit teils schroffen Felsen zum Wasser hin. Es ist wunderschön!

Der Baikal scheint eine Heizung zu sein, es gibt keinen Nachtfrost und überhaupt - was kann ich hier gut schlafen! Am nächsten Morgen sind die Kühe zwar verschwunden, aber irgendwo müssen sie ja hin sein, also ziehe ich mit einer leeren Flasche los, um frische Milch zu besorgen. Ich finde einen jungen Burjaten, allerdings gibt es nur Milch von gestern Abend, da er heute morgen noch auf seine Kuh wartet. Ob ich sie gesehen habe? Nein, leider nicht, aber ich nehme auch gerne die Milch von gestern.
Voller Vorfreude auf mein Frühstück gehe ich zurück zum Zelt und dort werde ich bereits erwartet. Scheinbar hat es sich schon herumgesprochen, dass hier eine einsames Fräulein zeltet und im See badet, und nun wollen ein älterer Herr und ein junges Mädel mal schauen, wer ich denn so bin. Der ältere Mann stellt sich mir als Achmat aus Sankt Petersburg vor. Wie ich später erfahre, ist er dort Regisseur und macht hier im Moment mit Schauspielschülern aus Irkutsk eine Seminarwoche, die Baikal-Theater-Schule. Diese findet einmal im Jahr in der turbasa Tschajka statt und das junge Mädel ist eine Teilnehmerin. Beide sind sehr sympathisch. Sie laden mich ganz herzlich ein, heute Abend bei ihnen vorbeizukommen und locken mich mit Lagerfeuer, Gitarrenklängen und russischen Liedern. Da kann ich natürlich nicht widerstehen! Morgen ist auch noch ein Tag, um nach Olchon zu radeln, außerdem ist mir sowieso mehr nach Nichtstun, als schon wieder alle Sachen zu packen und weiter zu fahren.
Mein Gammeltag fängt mit schwimmen an, ansonsten mache ich wirklich nicht viel. Ich schreibe ein bisschen Tagebuch, einige Briefe, stopfe ein paar Löcher und schaue vor allem aufs Wasser. Und dort tut sich was: Wind frischt auf und aus dem fast spiegelglatten See wird ein welliges Meer. Sofort ändert

sich die Atmosphäre. Zudem ist der Wind kalt und überlagert die warme Lufttemperatur. Gestern hat auch schon jemand behauptet, dass für heute Schnee angekündigt sei, und tatsächlich ziehen am Horizont Wolken auf. Schnee kommt aber vorerst noch nicht, dafür Max von der Schauspielertruppe, um mich abzuholen. Schnell packe ich alles zusammen, denn das Zelt samt Haushalt hier den ganzen Abend alleine stehen zu lassen, halte ich für keine gute Idee. Max ist wie Achmat Gastpädagoge bei der Baikal-Theater-Schule. Auch er kommt aus Sankt Petersburg, ist aber erst 26 und unterrichtet die Schauspielschüler in allen Dingen, die mit Bewegung zu tun haben. Auf Anhieb verstehen wir uns blendend!

Am Feuer werde ich von allen freudig begrüßt - es ist der dritte Kurs, der hier versammelt ist. Zehn Studenten, die alle noch ein Jahr vor sich haben, bevor sie fertige Schauspieler sind. Mit dabei ist auch Slawa, so eine Art Klassenlehrer. Außerdem werden sie von der Schauspielschuldirektorin, drei Lehrerinnen und einem Busfahrer begleitet. Eine wirklich nette Truppe! Und von Anfang an gehöre ich einfach mit dazu.

In der rustikalen Frauenbetreuerhütte bei Ludmila und Angelika ist noch ein Bett frei und selbstverständlich wohne ich nun dort. Und Max wird mein persönlicher Begleiter. Ganz süß ist es bei den Mahlzeiten, denn er teilt mit mir nicht nur sein Essen, sondern auch den Stuhl - beides ist genau abgezählt. Keinem von uns kommt der Gedanke, mich offiziell anzumelden. Ich würde ja die Kosten gerne übernehmen, aber die Stimmung ist so, dass ich eben nicht extra bin, sondern ein Teil der Gruppe. Solidarisch wird Max und mir der ein oder andere Salat oder Nachtisch zugeschoben, trotzdem bin ich ständig hungrig - die angereicherte halbe Portion reicht nicht wirklich aus, um satt zu werden. Aber die Atmosphäre ist mit nur einer Pobacke auf dem Stuhl so toll, dass ich das gerne hinnehme. Und das, obwohl ich doch so gerne esse - Steffen wird vom Hocker fallen, wenn er das liest!

Es ist eine ganz andere Welt, in die mich die Theatergruppe entführt und für mich ist es natürlich spannend mitzubekommen, was die angehenden Schauspieler so lernen. Morgens beginnt der Tag mit einem Training von Max. Als erstes macht er immer ein paar allgemeine Aufwärm- und Dehnungsübungen, bei denen auch wir Älteren gerne mitmachen. Ganz schön ungewohnt für unsere steifen Körper ... Danach folgt eine Einführung in die Kunst des Jonglierens und ich bin baff, wie schnell die Studenten problemlos vier Bälle durch die Luft wirbeln. Anschließend wird es seriöser, es geht um authentische Bewegungsabläufe. Max wählt die Zeit des Barocks, und es wird

Ist das eine Kuh?

geübt wie Mann und Frau sich damals würdevoll begegneten: mit Knicks, Verbeugung, Handkuss, um dann gemeinsam von dannen zu schreiten. Als besonderes Schmankerl hat Max zum Abschluss seines Trainings noch eine moderne Action-Übung in petto. Und zwar lernen die Mädels voller Eifer, wie sie den Jungs in die Eier treten können - so richtig mit Schmackes, aber ohne dass es weh tut. Die schmerzverzerrten Gesichter der Jungs sind angeblich wirklich nur gute schauspielerische Leistung!

Ansonsten sollen Schauspieler ganz allgemein mit offenen Augen durchs Leben gehen und die Menschen in ihren verschiedenen Lebenslagen beobachten. Sie müssen sie ja alle mal verkörpern können. Und passend zur Umgebung steht heute auf dem Programm: angeln und melken. Fische zu fangen ist nur für die Mädels ungewohnt, bei den Jungs ist die scheinbar langjährige Angelerfahrung wohl eher nicht gespielt. Melken dagegen stellt irgendwie alle vor ein Problem. Dabei sind die Kühe gerade netterweise am Strand, und auch die Erlaubnis, sie um ein paar Tropfen Milch zu erleichtern, ist von den Besitzern eingeholt. Ausgestattet mit Seil, Melkschemel, Eimer und einer Tüte Brot zum Anlocken muss also nur noch eine Passende gefangen werden. Gar nicht so einfach, bei der Auswahl fängt das Drama schon an: Woran erkennt man denn überhaupt eine Kuh? Hilft nix, kopfüber wird das geprüft - Euter ja oder nein? Ganz klar sind hier Städter unterwegs und für uns Zuschauer ist das ziemlich lustig. Die Kühe haben das Spektakel mit den komischen Kopf-nach-unten-Menschen allerdings schnell satt und laufen weg - da nützt auch kein altes Brot mehr. Aber Schauspieler wären ja keine Schauspieler, wenn sie nicht improvisieren könnten. Also fangen sie sich nun einfach gegenseitig als Kühe mit dem Seil ein und das Melken am fiktiven Objekt sieht auch schon ganz schön überzeugend aus.

Als Höhepunkt des Tages gibt es im Laufe des Nachmittags Schauspielunter-richt bei Achmat. Er ist ein richtiger Ehrengast, alle hängen an seinen Lippen und sind mit Feuereifer dabei. Auch bei Achmat geht es um Tierisches. Er wird bis zum Ende des vierten Kurses mit den Studenten ihr Abschlussstück inszenieren: „Eine sehr einfache Geschichte" von Maria Lado. Und dabei geht es um das Leben auf dem Lande.

Es wird aber nicht nur gearbeitet, auch wenn das allen viel Spaß macht. Zu meiner großen Freude schippern wir bei einem gemeinsamen Ausflug mit einem ehemaligen Fischerboot hinaus aufs Kleine Meer. Statt Fischkisten gibt es an Deck einen Tisch mit Bänken drumherum. Ein paar Wellen lassen das Schiff angenehm schaukeln und gut eingepackt genießen wir die Fahrt. Für die meisten von uns ist es der erste Baikal-Besuch und wir alle sind von seiner Schönheit begeistert!

Und wir erfahren auch etwas über die Naturgewalten, die hier lauern. Wir kommen an einem Tal vorbei, in dem der sogenannte sarma entsteht - der kälteste und stärkste Wind der Region. Wie aus dem Nichts bildet sich dieser Fallwind, der schnell Hurrikanstärke erreichen kann. Der sarma ist so stark, dass er das Vieh in den See weht und Häuser abdeckt, vor allem ist er verständlicherweise von den Kapitänen gefürchtet. Wir kommen aber wieder völlig wohlbehalten an Land.

Zum Abschluss unseres Ausflugs kaufen wir frischen Fisch am Hafen und verspeisen ihn beim Abendbrot. Lecker! Es ist omul, ein lachsähnlicher Fisch, der hier viel gegessen wird und nur in der Baikalregion vorkommt. Es gibt noch zahlreiche andere endemische Tier- und Pflanzenarten. Neben dem omul ist auch die nerpa sehr bekannt, eine Süßwasserrobbe, die ebenfalls nur hier im Baikal lebt.

Zurück von unserem Ausflug habe ich mit Max noch einen täglichen, ganz privaten Programmpunkt, bei dem sonst keiner mitmachen will. Wir gehen baden. Anfangs ist es tagsüber auch noch recht warm, gerade bei Sonnenschein

- aber es wird täglich kälter und die Überwindung größer. Als beim letzten Badegang Graupelregen einsetzt, wollen wir fast umkehren. Aber wir bleiben standhaft - Traditionen muss man fortsetzen und wir stellen einen Rekord in ausziehen, reinspringen und wieder anziehen an. Und hinterher ist es ja auch herrlich!

Abends treffen wir uns alle am Lagerfeuer und hier gibt es die versprochenen Gitarrenklänge und russischen Lieder. Ich schmelze komplett dahin. Zumal die Theaterleute in ihrer offenen und emotionalen Art ganz besonders ausdrucksstark singen - mal mit voller, mal mit zurückhaltender Stimme. Romantik pur!

Bis spät in die Nacht sitze ich mit den Lehrern zusammen und es werden unentwegt Geschichten rund ums Theater erzählt. Alle hier leben und „brennen" dafür, wie die Russen so schön sagen. Das mit Abstand eindrucksvollste und bewegendste Erlebnis schildert uns Achmat, der schon allein mit seiner Ausstrahlung jeden gefangen nimmt. Ursprünglich kommt er aus dem Kaukasus. In den Anfängen als Regisseur ist er dort mit einer jungen Schauspielertruppe durch die Berge gezogen und hat Gastspiele gegeben. Die Leute waren begeistert und die Vorstellungen immer gut besucht. An einem Abend fiel zehn Minuten vor dem Finale der Strom aus. Was nun? Ein Stromausfall kann Stunden dauern und im Stockdunkeln kann man ja schlecht weiterspielen. Während Achmat mit Bedauern die Vorstellung abbrechen will, bitten die Zuschauer um ein bisschen Geduld und verlassen eilig den Raum. Die Schauspieler verharren auf der Bühne. Nach und nach kommt das Publikum wieder - jeder hat irgendein Licht dabei. Dicht an die Bühne gedrängt, versuchen sie diese mit ihren Lampen so gut es geht zu beleuchten und im diffusen Schummerlicht spielt Achmats Gruppe das Stück zu Ende. Bei der Schlussverbeugung haben alle Tränen in den Augen. Und wir hier am Baikal auch! Achmat erzählt die Geschichte so lebendig, dass wir das Gefühl haben, mit dabei gewesen zu sein.

Tatsächlich mit dabei sein darf ich am letzten Abend der Baikal-Theater-Schule, es gibt einen sogenannten kapustnik. Ich denke bei dem Wort sofort an Essen, da kapusta Kohl bedeutet. Was jedoch dieser letzte Abend mit Kohl zu tun hat, ist mir unbegreiflich. Mir fällt auch kein deutsches Wort für so ein kapustnik ein, vielleicht eine Art „bunter Abend". Unter Schauspielern ist das hier weit verbreitet und sehr beliebt. Die Studenten führen ein kleines Theaterstück auf, darin wird die Woche noch einmal mit viel Humor zusammengefasst. Klasse! Danach feiern wir zusammen und kommen wie jeden Abend nicht vor drei Uhr ins Bett.

Nach den gemeinsamen Tagen fällt uns allen der Abschied schwer und schon jetzt ist klar, dass ich sicher mal in Irkutsk bei der Schauspielschule vorbeischauen werde! Nun aber will ich erst noch weiter nach Olchon. Aus der Bucht raus geht es sofort ordentlich berghoch und mitten am Berg holt mich der Schauspielschulbus ein. Während er mich überholt, hängen sich alle weit aus den aufschiebbaren Fenstern und schreien wild winkend: „Nicola!" Das Salz in den Augen ist bei mir nun sicherlich nicht nur vom Schweiß ...

Überhaupt bin ich in diesen Tagen nah am Wasser gebaut und bin voller überschwänglicher Emotionen. Wann immer ich den Baikal sehe oder an ihn denke, bekomme ich Herzklopfen. Manchmal reicht ein netter Wortwechsel und Tränen schießen mir in die Augen, am liebsten würde ich alle vor lauter Freude umarmen!

Glücklich am Ziel angekommen zu sein, verfalle ich in einen Bummelrhythmus. Immer noch nicht fahre ich auf die Insel, erst möchte ich mit einem kleinen Abstecher dem großen Baikal guten Tag sagen. Bisher war ich ja „nur" am Kleinen Meer. Also biege ich auf dem Weg zur Fähre einfach ab und folge einen Feldweg durch die Steppe Richtung Seeufer. Nach sechs Kilometern bin ich angekommen - der große Baikal liegt vor mir! Und groß ist er wirklich, daher wird der Baikal meist auch gar nicht als See, sondern als Meer bezeichnet. Zwar kann ich das gegenüberliegende Ufer dank der guten Sicht in sechzig Kilometern Entfernung erkennen, aber rechts und links verschwindet der See am Horizont. Kein Wunder, bei einer Länge von ca. 650 Kilometern! Und durch seine enorme Tiefe von etwa 1.640 Metern, beinhaltet der Baikal das größte Süßwasservorkommen der Erde. Das Wasser ist so sauber, dass man es bedenkenlos trinken kann. Und es schmeckt herrlich!

Da brauche ich natürlich unbedingt einen Zeltplatz mit Wasserzugang. Wobei ich das Zelt bestimmt 100 Meter über dem Ufer des Baikals aufbaue - einfach weil der Ausblick hier oben so grandios ist. Vorher habe ich mich aber vergewissert, dass man durch ein kleines Tal hinunter zum Wasser kommt – so ist die Trinkwasserversorgung gesichert und ich kann meine tägliche Badetradition weiterführen, wenn auch leider ohne Max.

Ich bin völlig alleine hier oben, so weit das Auge reicht nur See und Steppe, die felsig steil zum Wasser abfällt. Kein Haus, kein Mensch, kein Vieh ist zu

Am Baikal - einfach unglaublich!

sehen. Es gefällt mir hier so gut, dass ich noch einen Pausentag einlege - die Insel schwimmt ja nicht weg ... Oberhalb der Steilküste sitze ich stundenlang auf einem Felsen, starre auf das Wasser und kann das alles gar nicht fassen. Ich fühle mich wie im Rausch, vollgepumpt mit irgendwelchen Drogen.

Am zweiten Abend brechen die Strahlen der untergehenden Sonne durch die Wolken und treffen wie Scheinwerfer auf die Wasseroberfläche. Später verfärbt sich der Himmel immer mehr orange-gelb. Es ist fast windstill und zur Krönung des romantischen Naturschauspiels schippert ein kleiner Kutter vor der untergehenden Sonne übers Wasser. Ist das schön! Am Abend und in der Nacht davor war es so stürmisch, dass der Wind die Heringe herausgerissen hat und ich sie kurzerhand mit Steinen beschweren musste. Diese Abwechslung in und mit der Natur genieße ich in vollen Zügen.

Vieles ist unterwegs wie selbstverständlich zum Alltag geworden, aber es gibt natürlich auch immer wieder neue Erfahrungen und Erkenntnisse. Hier oben über dem Baikal beispielsweise, gibt es nur Steppe. Wie, bzw. womit also Feuer machen? Von meinem Praxissemester in Kirgisistan weiß ich, dass dort in den gehölzfreien Gegenden Kuhfladen als Brennmaterial genutzt werden. Nun will ich das selbst ausprobieren! Die weiten baumfreien Steppen werden hier ganz offensichtlich als Weideland genutzt, denn auch wenn zur Zeit weit und breit keine Kuh zu sehen ist, ihre Hinterlassenschaften finde ich in ausreichender Menge. Fröhlich sammele ich die Fladen ein. Mit ein paar vertrockneten Blütenständen bekomme ich sie ruckzuck angezündet und bin ganz begeistert. Ich habe den Eindruck, dass die Hitze des Kuhfladenfeuers sehr viel gleichmäßiger ist und auch länger anhält als bei einem Holzfeuer. Und der allergrößte Vorteil ist: Teekessel und Kochtopf stehen auf Kuhfladen viel stabiler als auf dem wackligen Gerüst runder Hölzer, die durch Wegbrennen ständig in sich zusammenfallen. Auf den platten Fladen steht mein Essen fast so sicher wie auf einer Herdplatte!

Und was den Geruch angeht, kann ich beruhigen: Es stinkt nun nicht alles nach Scheiße. Es riecht zwar anders als bei einem Holzfeuer, aber ich finde es ebenso angenehm. Probiert es doch einfach mal aus! Allerdings müssen die Kuhfladen wirklich durch und durch getrocknet sein, sonst macht es keinen Spaß ...

Umhüllt von meiner neuen Dungfeuer-Duftnote mache ich mich nun endlich auf nach Olchon. Der Fähranleger ist gar nicht zu verfehlen, denn die einzige Straße führt genau dorthin und endet mit einer Rampe ins Wasser. Schaut man weiter geradeaus, taucht die Fahrbahn wieder aus dem Baikal auf und verschwindet in den Bergen der Insel. Im Winter ist es auf dem zugefrorenen See ja auch eine durchgängige Straße. Jetzt im Herbst müssen die zwei Kilometer halt mit einem Stück schwimmender Fahrbahn überbrückt werden, passenderweise heißt die Fähre „dorozhnik", was so etwas wie „Straßenbaufachmann" bedeutet.

Olchon ist die größte Insel im Baikal und die einzig von Menschen bewohnte. Mit der Fähre landet man an der äußersten Südspitze, von dort ist sie 72 Kilometer lang und im Schnitt 10 Kilometer breit. Auf etwa der Hälfte der Länge liegt am Kleinen Meer das Hauptdorf Chuzhir. Die Straße dorthin ist meist eine ziemlich üble Schotter-Waschbrettpiste, aber was soll's, schließlich fahre ich auf einer Insel im Baikal! Etwa die Hälfte der Fläche ist eine von Steppe geprägte Landschaft, die andere Hälfte – eher die Osthälfte zum großen Baikal hin – ist bewaldet.

Als ich die ersten Häuser von Chuzhir erreiche, hält vor mir ein russischer Jeep und vier Männer steigen aus, die unbedingt ein gemeinsames Foto machen wollen. Sie sind hier gerade ein paar Tage im Angelurlaub. Ganz erstaunt fragen sie mich, ob ich wirklich mit dem Rad den kompletten Weg von Irkutsk hierher gefahren sei? Das wäre ja ganz schön weit! Diese Frage bekomme ich auf Olchon noch öfters gestellt. Ich grinse und antworte wahrheitsgemäß, dass ich wirklich den ganzen weiten Weg geradelt bin[23] und sogar noch ein kleines bisschen mehr ...

In Chuzhir wohnen 1.200 der insgesamt 1.500 Inselbewohner und es gibt hier einen kleinen Fischereihafen mit angeschlossener Fischfabrik. Beides läuft allerdings auf Sparflamme und hat sichtbar die besten Zeiten hinter sich. Einst beschäftige die Fischkonservenproduktion die gesamte Bevölkerung, heute können die Menschen zum Glück immer mehr vom Tourismus leben. In Hafennähe oben auf der Steilküste befindet sich eine neu gebaute kleine Kirche. Mit ihren strahlend-weißen Wänden und blauen Zwiebeltürmen, hebt sie sich wunderschön von der grün-gelben Steppe und den braunen Holzhäusern des Dorfes ab. Folgt man weiter dem Ufer Richtung Norden, kommt man direkt hinter Chuzhir zu einem heiligen Ort der Burjaten - zur Schamanka. Der wunderschöne Schamanenfelsen ist wohl das bekannteste Fotomotiv des Baikals. Nur durch eine kleine Landzunge ist er mit dem Festland verbunden und liegt mit seinen zwei Gipfeln fast wie eine kleine Insel im Baikal. Fasziniert betrachte ich den Felsen vom Ufer aus. Betreten werden sollte er wegen seiner starken Energien nur von Schamanen für ihre Rituale.

Es gibt hier am Baikal nicht nur einzelne heilige Plätze wie die Schamanka, eigentlich wird der komplette See als Heiligtum verehrt. Die Burjaten bezeichnen ihn auch als „heiliges Meer". Selbst ich kann fühlen, dass er eine Seele hat und bin vom ersten Augenblick an völlig von ihm ergriffen. Nein, es ist nicht nur einfach ein See. Er ist DER BAIKAL - er besitzt eine enorme Kraft und unbeschreibliche Ausstrahlung!

Die Besonderheit des Baikals wird nicht nur von den Burjaten, sondern auch von den Russen empfunden. Erwähnt man alleine seinen Namen, bekommen alle glänzende Augen. Mir wird vermittelt, dass man ihm niemals respektlos gegenübertreten darf, sonst kann er durchaus erzürnen und das kann furchtbare Auswirkungen haben. Ein Ausdruck des Respekts ist zum Beispiel, dass man ihn immer siezen sollte.

Von meinem Aussichtspunkt zur Schamanka blicke ich in eine langgestreckte Bucht, in der es zur Abwechslung keine Steppe, sondern Wald gibt, außerdem einen langen Strand aus feinstem Sand. Vermutlich ist es der Hauptstrand von Chuzhir. Für mich ist es ein hervorragender Zeltplatz, und da die Saison

---

23 ca. 325 Kilometer

bereits vorbei ist, habe ich den kompletten Strand für mich alleine. Nur ein paar Kühe kommen vorbei, um ihren Durst zu stillen.

Aufgrund des guten Wetters fahre ich direkt am nächsten Morgen weiter zur Nordspitze der Insel. Hinter Chuzhir hört die befestigte Straße irgendwann auf und weiter geht es auf Feldwegen. Abwechselnd durch Steppe und Wald fahrend, komme ich zur Pestschanaja Buchta (Sandbucht). Und Sand gibt es hier tatsächlich in rauen Mengen, leider auch auf dem Weg. Während ich stöhnend das Fahrrad durch den Sand zerre, bewundere ich die Bäume und Sträucher, die tapfer versuchen der Versandung standzuhalten. Eine Zeit lang lebten in dieser Bucht die Arbeiter einer kleinen Fischfabrik und noch früher, von den 30er bis Mitte der 50er Jahre, gab es hier ein Gulag für die sogenannten „Feinde des Volkes". Von diesem ist eigentlich nichts mehr zu sehen - alles von Sand überweht.

Die noch vorhandenen kleinen Wohnhäuser in der Sandbucht werden bloß noch zeitweise von Fischern zum Übernachten genutzt. Nur ein Haus ist bis heute ständig bewohnt und zwar von einer alten Frau. Baba Katja (Omi Katja, 73 Jahre) ist auf der ganzen Insel bekannt. Sie mag einfach nicht von hier wegziehen und wird von den Fischern und auch von Fahrern, die hier ab und zu mit Touristen vorbeikommen, mit Lebensmitteln, Neuigkeiten und was sie sonst noch braucht, versorgt.

Hinter der Sandbucht geht es durch einen herrlichen Wald, bis ich ganz im Norden der Insel auf eine Art Hochebene mit Steppe komme. Mit dem Nordkap, dem Kap Chaboj, hört die Insel auf. Von hier kann ich das andere Ufer mit der Heiligen Nase sehen - einer langgezogenen Halbinsel, die zum Sabaikalski Nationalpark gehört. Rechts daneben irgendwo im Dunst des Horizontes muss das Dorf Maksimicha sein. Allerdings weiß ich im Moment noch gar nicht, dass es dieses Dorf überhaupt gibt, geschweige denn, dass ich dort gerne hin möchte. Im Moment genieße ich einfach die phantastische Aussicht - fast rundherum Baikal!

Auf dem Rückweg vom Kap Chaboj behalte ich meinen Tacho gut im Blick, denn ich überschreite die 10.000-Kilometer-Marke. An Ort und Stelle begehe ich diesen feierlichen Anlass mit einem Schluck köstlichen Baikalwasser und einer Tafel Schokolade. Und für den Abend kaufe ich mir eine Flasche Bier.

Zu meiner Überraschung komme ich bei meinem Einkaufsbummel in Chuzhir an einem Haus vorbei, mit einem Zettel am Tor: „Internet". Da kann ich nicht vorbei gehen und klopfe an. Hier wohnt Gregori, der Deutschlehrer der Insel. Er spricht wirklich super deutsch, vor allem mit seinen lustigen Redewendungen und Sprichwörtern beeindruckt er mich. Und mit seinem Internet, das per Satellit funktioniert. Es ist entsprechend teuer: 35 Rubel ($\approx$1 €) und jetzt kommt es: pro Minute! Aber wenigstens ganz kurz möchte ich die Gelegenheit nutzen, um meine Baikalankunft zu verkünden. Dass ich dabei automatisch auch Strom nutze, ist keine Selbstverständlichkeit. Erst in diesem Sommer wurde Olchon mit einem Seekabel über den Baikalgrund in einer großen Aktion an das Stromnetz am Festland angeschlossen. Vorher war Strom nur stundenweise über Dieselgeneratoren verfügbar.[24]

Ich lasse es bei einer sehr kurzen Internetnutzung und mache mich dann auf zu „meinem" Sandstrand, so ganz ohne Strom, nur mit ganz viel Baikal - ein guter Ort, um mit der Flasche Bier meine 10.000 Kilometer zu begießen. Und ich bleibe auch den nächsten Tag bei herrlichem Sommerwetter am Strand wohnen - gehe baden, schreibe Briefe und schaue auf das Wasser.

Mittags ist es jedoch zunächst vorbei mit meiner schönen Ruhe. Früh morgens war fast unbemerkt ein Auto mit Hänger und Boot an den Strand gekommen und vier Männer sind raus zum Fischen gefahren. Nun kommen sie zurück gerudert und sind ziemlich angetrunken. Sie gehen mit lautem Gejohle ausgiebig baden und fahren erst, nachdem sie sich so richtig ausgetobt und mir etwas von ihrem Fisch geschenkt haben. Wobei nur zwei der vier Männer abfahren. Die beiden anderen Kollegen werden einfach am Strand liegengelassen - vor lauter Erschöpfung sind sie dort tief und fest eingeschlafen. Als sie wieder aufwachen wollen sie unbedingt Zigaretten von mir haben und sammeln notgedrungen die Kippen vom Strand. Dann verschwinden sie endlich, dabei schafft es einer der beiden noch, sich so in der Zeltschnur zu verheddern, dass er mein ganzes Haus mit sich reißt. Nun sind die Stangen noch krummer geworden ... Aber abends gibt es bei mir herrlich leckere Fischsuppe!

Am nächsten Tag will ich wieder Richtung Irkutsk aufbrechen, aber nicht ohne vorher noch bei Nikita vorbeizuschauen. Er scheint hier die Anlaufstation für ausländische Touristen zu sein. Schon mehrfach habe ich von ihm gehört, auch Gregori gab mir den Tipp, doch mal zu ihm zu gehen - gerade wenn ich überlege, den Winter hier zu verbringen. Und das überlege ich wirklich ...

---

24 Mittlerweile ist nicht nur die Stromversorgung auf Olchon zur Selbstverständlichkeit geworden, auch der Handy- und Internetempfang funktioniert ausgezeichnet ohne teure Satellitentechnik.

So langsam muss ich mir ja mal Gedanken machen, wie es überhaupt weiter geht - mein Ziel habe ich ja nun erreicht. Eigentlich hatte ich mir das folgendermaßen vorgestellt: Ob nun am Baikal angekommen oder nicht, spätestens nach einem halben Jahr wird es Zeit, wieder nach Hause zu fahren. Im Winter kann man in Russland eh kein Rad fahren, erlebt habe ich dann auch genug und vor allem werde ich wohl kein Geld mehr haben.

Ich weiß gar nicht so genau, wann sich dieser Plan geändert hat. Bereits in Irkutsk bei Sankt Spiritus habe ich nach einer Möglichkeit gefragt, den Winter dort zu verbringen. Das Angebot gegen Kost und Logis mit Straßenkindern zu arbeiten, finde ich sehr spannend und hätte große Lust dazu!

Noch in Riga, als ich überraschend die beiden Radfahrer Eliane & Thierry wiedergetroffen hatte, fand ich ihre Idee, am Baikal zu überwintern, völlig absurd. Bis ich selbst hier angekommen bin. Von Anfang an war mir sehr klar, dass mich so schnell keiner mehr hier wegbekommt - und weil ich unterwegs viel weniger Geld ausgeben habe als gedacht, bin ich auch noch nicht pleite. Außerdem ist glücklicherweise mein russisches Visum noch bis Anfang April gültig und so steht auch von offizieller Seite einer Überwinterung in der Baikalregion nichts im Wege!

Auf der Insel Olchon an „meinem" Strand

Um nun auf Olchon Möglichkeiten für den Winter zu erfahren, gehe ich bei Nikita vorbei und kaum betrete ich seine Ferienanlage, betrete ich eine andere Welt. Es wimmelt nur so von ausländischen Touristen und das, obwohl die Saison bereits vorbei ist. Ungewöhnlich auch, dass die ganzen Holzhäuser nicht aus einem Guss sind, sondern alle verschieden – offensichtlich ist die turbasa im Laufe der Jahre stetig gewachsen. Dennoch ist sie in sich stimmig und liebevoll mit Blumenbeeten und vielen Holzschnitzereien verziert. Es ist gemütlich und sympathisch!

Passend zu seiner Ferienanlage ist Nikita ein sehr netter und gastfreundlicher Mensch – offen für ungewöhnliche Ideen. Meine Frage ist schnell beantwortet. Ja, natürlich darf ich im Winter kommen, und wenn ich zwei, drei Stunden am Tag etwas für ihn übersetze, kann ich dafür hier essen und schlafen. So lange ich will – herzlich willkommen! Und wenn ich Lust habe, kann ich das direkt ausprobieren und bis morgen bleiben, heute Abend könnte ich dann einen kurzen Dokumentarfilm für deutsche Touristen übersetzen. Da ich meinen Sprachfähigkeiten nicht so recht traue, nehme ich den Vorschlag gerne an. Allerdings ist beim Filmschauen dann eine andere Frau so in Übersetzungs-Fahrt, dass ich gar nicht gebraucht werde. Na ja, meine Zeit wird schon noch kommen ... Erst einmal genieße ich einfach die Atmosphäre bei Nikita. Ganz schön skurril, als ich später mit einer Gruppe Deutscher am Lagerfeuer sitze und über Gott und die Welt, vor allem aber über Russland, den Baikal und Olchon quatsche.

So schön es auf Olchon ist, ich möchte auch noch auf die andere Baikalseite nach Burjatien. Hoffentlich schaffe ich das noch mit dem Rad, denn als ich mich auf den Rückweg nach Irkutsk mache, ist es merklich kühler geworden. Weil es außerdem stürmisch und regnerisch ist, radle ich nur bis zur Fähre zurück. Dort finde ich einen kleinen Lkw, der mich mit nach Irkutsk nimmt. Eine gute Wahl! Nicht nur, weil es keinen Spaß macht, Strecken doppelt zu fahren, unterwegs kommen wir in den Bergen in ein richtiges Schneegestöber - der erste Wintereinbruch in diesem Jahr, es ist Mitte September. Ach, aber aus dem beheizten Fahrerhaus heraus ist das echt gemütlich!

Nach ein paar Tagen in Irkutsk wird das Wetter wieder besser und ich starte, um den Baikal an der Südspitze zu umrunden. Mein Ziel ist das knapp 500 Kilometer entfernte Ulan-Ude. Mit fast 400.000 Einwohnern ist es die Hauptstadt von Burjatien. Ganz grob kann man sagen, dass das Westufer

TIEF IM OSTEN ...

des Baikals zum Irkutsker Gebiet gehört und das Ostufer zur Republik Burjatien.

Und tatsächlich ist von Winter erst mal nichts mehr zu spüren, im Gegenteil: Bei sonnig warmem Wetter läuft bei mir der Schweiß in Strömen. Das liegt allerdings sicher auch an den Bergen, die gleich hinter Irkutsk kommen. Die Straße windet sich mit einer fiesen Steigung ca. 500 Höhenmeter hinauf - das ist echt grenzwertig. Während ich keuchend versuche nicht aufzugeben, kommt mir ein russischer Rennradfahrer entgegen und hält an. Er hat mich schon auf der Hinfahrt seiner Trainingsrunde in einem Affenzahn überholt. Voller Bewunderung lobt er mich, wie schnell ich in der Zwischenzeit vorangekommen bin - bei dem Berg seien schon weniger bepackte Männer mit ihrem Fahrrad zu Fuß gegangen. Das geht natürlich runter wie Öl! Trotzdem fährt es sich auch danach nicht von alleine und ich bin froh, irgendwann die Serpentinen zum Baikal hinabzufahren.

Natürlich freue ich mich, mein Ziel wiederzusehen, aber die Südspitze mit der kleinen Stadt Sljudjanka gehört sicher nicht zu seinen schönsten Ecken. Da der Baikal hier zu Ende ist, fehlt die endlose Weite. Und Sljudjanka gefällt mir irgendwie auch nicht so gut - ich bin froh, dass ich zuerst nach Olchon gefahren bin. Oh Mann, ich bin ganz schön verwöhnt!

Am Ostufer ist der Baikal dann wieder ganz nach meinem Geschmack, und bei den vielen Wäldern bekomme ich hautnah mit, wie der Herbst Einzug hält. Täglich verfärbt sich immer mehr Laub - was vielleicht auch daran liegt, dass ich immer weiter in den Osten komme. Auf jeden Fall leuchten die Birken gelb in der Sonne, was zusammen mit ihrer weißen Rinde vor dem blauem Himmel besonders schön aussieht. Auch die Lärchen weiter oben in den Bergen geben zwischen den dunkelgrünen Kiefern tolle goldgelbe Farbtupfer.

Direkt am Baikal finde ich herrliche Zeltplätze: schmale Sand- oder Kies-strände, die ich ganz für mich alleine habe. Abwechselnd gibt es Wellen und eine fast glatte Seeoberfläche, immer mit prächtigen Sonnenuntergängen. Tagsüber sind die Temperaturen sommerlich warm, nach Sonnenuntergang verschwinde ich aber schnell in den Schlafsack. Morgens ist das ganze Ufer in einen dicken, herbstlichen Nebel gehüllt – wunderschön und geheimnisvoll.

Entlang der Selenga, dem größten Baikalzufluss, führt die Straße dann weg vom See ins Landesinnere. Ulan-Ude liegt etwa 150 Kilometer vom

Ufer entfernt. Kurz vor der Stadt werde ich gestoppt und zwar von einem gaischnik[25], so werden umgangssprachlich die Verkehrspolizisten genannt, die an einem Straßenkontrollposten arbeiten. Diese gibt es vor und somit auch hinter jeder großen Stadt. Und fast immer werde ich angehalten. Anfangs hat mich das ganz schön nervös gemacht, die angeblich ja so korrupte Miliz war mir nicht geheuer. Zumal auch mit Kalaschnikow ausgerüstete Kollegen mit dabei sind, oft schusssichere Westen getragen werden und immer sehr ernst geschaut wird. An der Hand eines jeden gaischnik baumelt ein Stock, der eher nach Schlagstock als nach Rauswinkkelle aussieht. Hat aber genau diese Funktion: das ausgewählte Fahrzeug aus dem Verkehr zu ziehen.

Sicherlich ist mein Misstrauen nicht ganz unberechtigt, denn regulär verdienen, bzw. verdienten die gaischniki so wenig, dass sie ihre Familien nur mit Zuverdiensten über Wasser halten konnten. Allerdings von mir als Radfahrerin wollen sie niemals auch nur eine Kopeke, im Gegenteil. Längst weiß ich, dass die im Befehlston ausgesprochene Aufforderung „pasport!" keine eigentliche Kontrolle ist, sondern eher der Wunsch, ein ausländisches Dokument in den Händen zu halten. Wenn sie mich dann beim Durchblättern auf meinem Passfoto lächeln sehen, schütteln sie verwundert den Kopf. In Russland wäre es undenkbar so unseriös zu schauen, OK – bei uns seit den biometrischen Fotos ja auch ...

Oft wollen die gaischniki wissen, ob alles in Ordnung ist oder ob ich Hilfe brauche. Mal wird mir ein Eis ausgegeben, mal meine Wasserflaschen aufgefüllt. In Turinsk, einer kleinen Stadt am Rande des Urals, hat es sich ein Polizist nicht nehmen lassen, mir den Weg zu zeigen. Er ist die ganze Zeit mit seinem Polizeiwagen vor mir hergefahren.

Hier vor Ulan-Ude werfen die gaischniki neugierig einen Blick in meinen Pass und wollen wissen, woher und wohin. Der jüngste von ihnen, es sind drei mit Rauswinkstock und einer mit Kalaschnikow, ist ganz keck und möchte unbedingt mit meinem Rad fahren. Eigentlich gebe ich das nur ungern aus den Händen. Aber bei so einer Autoritätsperson und den erwartungsvollen Blicken der Kollegen, kann ich nicht nein sagen. Allerdings schafft er es nicht, mit dem vielen Gepäck das Gleichgewicht zu halten und scheitert bereits beim Versuch anzufahren. Sofort gibt er auf. Seine Kollegen grinsen und wackeln bewundernd mit dem Kopf, dass ich dieses Ungetüm bezwingen kann.

---

25 Die Straßenkontrollposten hießen früher post GAI, daher der Name gaischnik. Heute heißen die Kontrollstellen post DPS, aber der Begriff gaischnik ist im Sprachgebrauch geblieben.

In Ulan-Ude komme ich mal wieder per Hospitalityclub unter. Und zwar bei Eliane, einer Deutschen, die seit vier Jahren über den Deutschen Akademischen Austauschdienst an der Uni in Ulan-Ude als Dozentin arbeitet. Per E-Mail schrieb sie mir, dass sie gerade noch anderen Besuch habe und zwar von Alex & Carsten, die mit ihren Motorrädern von Freiburg hierher gefahren seien. Vor meinem inneren Auge sehe ich zwei kräftige Kerle in Lederkluft – so richtige Rocker. Als ich bei Eliane in die Küche komme, sitzen dort zwei schmächtige Persönchen: ein dünner Mann und eine zarte Frau. Ich schaue wohl etwas irritiert und muss lachen: So habe ich mir die zwei Motorradkerle aber nicht vorgestellt. Die drei lachen längst, denn auch sie haben sich bereits den ganzen Tag ausgemalt, wie wohl eine Frau aussehen muss, die alleine von Deutschland zum Baikal radelt - auch ich entspreche scheinbar nicht ihren Vorstellungen. Wir vier verstehen uns auf Anhieb unglaublich gut, haben viel zu erzählen und ticken auf einer sehr ähnlichen Wellenlänge.

Ich komme an diesem Abend aus dem Staunen nicht mehr raus: Kaum habe ich verdaut, dass Alex & Carsten keine breitschultrigen Kerle sind, sondern ein verliebtes Pärchen, schaue ich mich irritiert um. Was hat denn da Eliane mit ihrer Wohnung gemacht? Vom ersten Moment an hat es sich komisch angefühlt, so bekannt und vertraut und doch irgendwie fehl am Platz. Ich hab's: Diese Wohnung ist deutsch! Sie befindet sich zwar in einem typisch russischen Plattenbau in einer gewöhnlichen Stadt in Ost-Sibirien, aber hier drinnen fühle ich mich wie nach Deutschland gebeamt. Wirklich abgefahren! Im Wohnzimmer gibt es keine klassischen Möbel, wie Sofa oder Schrankwand, sondern das Zentrum des Zimmers bildet ein voll belegter Schreibtisch. Dann gibt es noch ein Bücherregal, eine Hängematte und große Zimmerpflanzen. Und das Prägnanteste: statt Tapete oder Teppich, sind die Wände mit Schwammtechnik farbig gestrichen. Ganz abgesehen davon, dass ein großer Hund mit zum Haushalt gehört und wie ein Kind selbstverständlich überall mit dabei ist. Ich bin wirklich sprachlos! Alex & Carsten grinsen schon wieder, ihnen ging es bei ihrer Ankunft ganz genauso.

Für mich ist es toll, dass die beiden unterwegs ganz ähnliche Erfahrungen gemacht haben wie ich und auch so begeistert von Russland und dem Baikal sind. Irgendwie fühle ich mich dadurch in meinen Eindrücken bestätigt. Witzigerweise haben Alex & Carsten auch spontan beschlossen hier zu überwintern und wie es der Zufall so will, hat sich Eliane gerade ein Häuschen am Baikal gekauft, in dem sie wohnen können. Dort werde ich sie ganz sicher mal besuchen!

Leider kann ich nur drei Tage in Ulan-Ude bleiben, denn ich habe einen wichtigen Termin in Irkutsk: ein Konzert von DDT. Schon seit meiner Zeit in Kirgisistan kenne ich diese Gruppe und habe ihre Kassetten dort oft mit den Nachbarn zusammen gehört. Seitdem zählt DDT ganz klar zu meiner Lieblingsmusik. Welch Zufall, dass die Gruppe aus Sankt Petersburg gerade jetzt hier spielt!

Bereits seit den 80er Jahren sind sie russlandweit eine sehr bekannte Rockband, deren zentrale Figur der Sänger Juri Schewtschuk ist. Es geht vor allem auch um seine Texte und nicht nur um die Musik. Schon zur Sowjetzeit hat DDT wohl erschreckend ehrliche und politische Lieder gespielt und sich damit nicht nur Freunde gemacht. Sie standen als „Schrecken des KGB" auf dessen schwarzer Liste.

Auch während des Konzerts in Irkutsk fordert Juri uns junge Leute dazu auf, hinzuschauen und das Land mitzugestalten. Mehr von dem was er sagt, verstehe ich leider nicht. Die Menge ist auf jeden Fall begeistert und das Konzert großartig - Juri Schewtschuk hat auf der Bühne eine enorme Ausstrahlung und reißt die komplette Halle mit sich. Zu meiner Freude werden auch die alten Hits gespielt und da kann sogar ich teilweise den Refrain mitsingen. Ein Lied geht mir ganz besonders unter die Haut: „Eto vse" (Das ist alles). Bei den Textphrasen, die ich verstehe, geht es darum, dass das Leben kein Zucker ist und der Tod für uns kein Tee. Dass ich meinen eigenen Weg finden muss und dass Du nicht weinen sollst wenn ich geh. Es gibt eine Verabschiedung mit den Worten: Auf Wiedersehen mein Freund und lebe wohl. Und im Refrain kommt die Schlussfolgerung: Das ist alles was nach mir bleibt, das ist alles was ich mit mir mitnehme ...

Auch wenn es vermutlich um eine Trennung geht, für mich ist es das Lied eines Weiterziehenden und somit das Lied der Reisenden geworden. Es drückt das aus, was ich unterwegs empfinde. Und mit seiner emotionalen, etwas melancholischen und sehr kraftvollen Melodie ist es für mich ein Ausdruck der russische Seele. Es geht wirklich unter die Haut!

Da in diesem Jahr der sibirische Winter ungewöhnlich lange auf sich warten lässt, mache ich Anfang November eine letzte kleine Radtour. Na klar, zum Baikal! Und zwar nach Listwjanka - mit nur siebzig Kilometern ist es von Irkutsk aus die mit Abstand kürzeste Verbindung zum See. Viele nutzen die gut ausgebaute Landstraße, um „mal eben" zum Baikal zu fahren - ob nun Tagestouristen, Hochzeitsgesellschaften oder eben Radfahrer.

So ganz „mal eben" ist es für mich dann allerdings doch nicht, denn obwohl die Straße parallel zum Fluss Angara verläuft, geht es in fast gleichmäßigen Wellen hoch und runter. Meine eher schon auf Winterschlaf eingestellten Beine tun mir bei Ankunft am Baikal tatsächlich weh. Das ist doch echt gemein, da müht man sich ein halbes Jahr lang ab und ruckzuck sind alle Muskeln wieder weg. Dafür gibt's jetzt mehr Speck und der ist bestimmt für den kommenden Winter wichtig.

Kurz vor Listwjanka trifft die Straße zusammen mit der Angara auf den Baikal, bzw. eigentlich ist es umgekehrt: Hier hat der Baikal mit der Angara seinen einzigen Abfluss. Zuflüsse hat er ein paar mehr, man sagt, so viele wie Tage im Jahr. Über die Abflussstelle, in deren Mitte ein Stein aus dem Wasser schaut, gibt es mehrere Legenden. Bei allen geht es darum, dass Vater Baikal nur eine einzige und heißgeliebte Tochter hat – die Angara. Die ganzen Zuflüsse sind seine vielen Söhne. Eines Tages verliebt sich seine wunderschöne Tochter in den Jüngling Jenissej und vor lauter Wut und Eifersucht, schmeißt Vater Baikal ein Stück Fels hinter ihr her. Es ist der sogenannte Schamanen-Stein, den man bis heute aus dem Wasser ragen sieht. Ob es nun Angara gelungen ist, zu ihrem geliebten Jenissej zu fliehen oder ob es die Tränen des Baikals sind, die das Flusswasser bilden, ist je nach Legendenversion unterschiedlich. Auf jeden Fall mündet die Angara in den Jenissej und fließt gemeinsam mit ihm dann irgendwann ins Polarmeer.

Hier an der Quelle hat man zwar einen tollen Ausblick, nicht nur auf den Schamanen-Stein und den beeindruckenden 850 Meter breiten Angara-Abfluss, sondern auch auf die endlose Weite des Baikals - aber Listwjanka selbst ist nicht besonders hübsch. Es ist eher eine kilometerlange Aufreihung touristischer Infrastruktur, protziger Villen und nobler Hotels am Baikalufer. Wirklich kein schnuckeliger Ferienort, jetzt in der Nebensaison aber wenigstens recht leer und ruhig.

So ganz ohne Anlass wäre ich wohl auch nicht hierher gefahren, aber ich habe einen: Ich bin auf der Suche nach Eliane & Thierry – das letzte Mal habe ich die beiden in Riga gesehen. Aus einer ihrer E-Mails weiß ich, dass sie sich für einen Monat in Listwjanka ein kleines Häuschen gemietet haben. Mehr Informationen über ihren Aufenthaltsort habe ich nicht. In meiner Naivität dachte ich, dass ich eine genauere Adresse auch gar nicht unbedingt brauche, sondern dass ich einfach einen beliebigen Bewohner frage, wo denn die beiden Ausländer mit den Fahrrädern wohnen. In jedem gewöhnlichen russischen Dorf würde das vermutlich funktionieren. Hier aber reagieren die

Befragten irritiert und können mir nicht weiterhelfen, vielleicht halten sie mich auch für durchgeknallt, weil ich annehme, dass sie hier jeden Touristen kennen. Wir befinden uns in einer Touristenhochburg! Egal ob nun mit oder ohne Fahrrad, ob nun Ausländer oder Russe, hier kommen und gehen die Gäste am laufenden Band. Trotzdem klappere ich die Straßen einzeln ab und versuche Leute zu finden, die mir weiterhelfen können. Keine Chance. Nach über einer Stunde will ich bei Einbruch der Dunkelheit schon fast aufgeben und mir einen Zeltplatz suchen, da kann mir in der allerletzten Straße eine Frau tatsächlich sagen, in welchem Häuschen Eliane & Thierry wohnen. Gibt das eine Begrüßung! Und hier am Ende des Ortes ist es eigentlich auch ganz nett. Es ist der alte Kern von Listwjanka, der mit seinen einfachen Holzhäusern fast wie ein normales russisches Dorf aussieht. Und direkt dahinter beginnen die wunderschönen Wälder und Berge des Pribaikalski-Nationalparks.

Lange kann ich aber mal wieder nicht bleiben, diesmal ist es das Wetter, das mich nach nur einem Tag wieder nach Irkutsk treibt. Jetzt kommt er wirklich, der sibirische Winter. Der Schnee, der nun fällt, wird definitiv nicht mehr vor dem Frühjahr wegtauen, nachts wird es bereits -17 Grad und auch tagsüber liegen die Temperaturen dauerhaft unter dem Gefrierpunkt. Auf dem Rückweg nach Irkutsk stürze ich in einer Bergabkurve auf spiegelglatter Fahrbahn. Zum Glück passiert nichts, da auf der gerade leeren Straße meine Packtaschen und nicht mein Knie den Aufprall abfangen. Ich nehme es als Zeichen, das Fahrrad nun endgültig in den Winterschlaf zu entlassen.

Winterschlaf – oder was macht man in Sibirien sonst?

Ja der Winter - irgendwo müssen wir, mein Fahrrad und ich, ja nun unterkommen. Und eigentlich bleiben wir dann wohl mehr hängen, als dass wir uns irgendetwas suchen - und zwar bei Igor in Irkutsk. Ihn habe ich auf der Trasse kurz nach dem Urlaub mit Steffen kennengelernt. Wie so oft hielt ein Auto und zwei Männer, etwa in meinem Alter, wollten wissen, was ich da mache. Sie waren gerade auf dem Rückweg von einer Beerdigung. Schon auf der Hinfahrt hatten sie mich auf der Trasse radeln sehen und nun beschlossen anzuhalten.

Andrej, der Beifahrer, überhäufte mich mit kleinen Geschenken, die er überall aus dem Auto kramte. Er fand eine Orange, einen Kugelschreiber und einen buddhistischen Talisman. Dann wollte er unbedingt, dass ich mit seinem Handy bei mir zu Hause in Deutschland anrufe, ich war aber froh, dass das nicht funktionierte. Scheinbar wurde von Andrej bei der Beerdigung auf den Toten der ein oder andere Wodka getrunken. Igor, der Fahrer, war ganz nüchtern und versuchte immer wieder seinen Freund in seinem Überschwang zu zügeln. Es war wirklich witzig.

Als ich erwähnte, dass ich über Irkutsk zum Baikal möchte, schrieb mir Igor erfreut seine Telefonnummer auf und meinte, ich solle dann doch bei ihm vorbeikommen. Er wohne nämlich in Irkutsk! Er fügte noch hinzu, dass er eine große Wohnung ganz für sich alleine habe - diesen Satz habe ich mir ganz besonders gut eingeprägt. Meist erlebe ich es nämlich, dass mehrere Generationen in kleinen Wohnungen zusammen leben, einfach weil sie sich mehr Wohnraum oder gar mehrere Wohnungen nicht leisten können.

Da bei Igor vermutlich ein guter Platz ist, um in Ruhe ein paar Tage darüber nachzudenken, wie es im Winter mit mir weitergeht, nehme ich seine Einladung nun gerne an. Und tatsächlich hat Igor eine große Wohnung. Es gibt sogar ein kleines Gästezimmer, das wie für mich gemacht ist – perfekt, um Pläne zu schmieden! Nach ein paar Tagen drückt Igor mir dann seinen Haustürschlüssel in die Hand und meint, er müsse auf eine Dienstreise. Er baut nämlich gerade ein Business auf, um in Sibirien gefertigte Blockbohlenhäuser nach China zu exportieren. Da dieses Geschäft erst anläuft, verdient er sein Geld allerdings eher im Schienen-Güterverkehr. Irgendwo rollt immer ein Eisenbahnwaggon mit Waren, die Igor irgendwo eingekauft hat und woanders wieder verkauft. Jetzt aber will er sich um seine Holzhäuser in China kümmern. Es sei jedoch gar kein Problem, wenn ich hier bleibe - er sei auch bald wieder da.

Bald - auf Russisch skoro - ein Wort was vieles bedeuten kann ... Anfangs ruft Igor noch ein paar Mal an und auf meine Frage, wann er denn zurück kommt, antwortet er weiterhin mit: „Skoro." Ich warte also. Aus den Anrufen werden E-Mails, in denen aus „skoro" „wann genau weiß ich noch nicht" wird. Dann kommen auch keine Mails mehr ... Nach sieben Wochen kehrt Igor von seiner kurzen Dienstreise zurück. Inzwischen bin ich in seiner Wohnung selbst wie zu Hause und bleibe einfach. Wobei ich den Winter über schon viel unterwegs bin, aber mein Basislager ist mehr oder weniger von ganz alleine Igors Wohnung geworden.

300 Kilometer vor Irkutsk treffe ich auf der Trasse Igor

Das war schon etwas in die Zukunft geschaut, jetzt, als ich Anfang November aus Listwjanka zurückkomme, ist Igor seit zwei Wochen auf komandirowka und ich komme in „meine" leere Wohnung zurück nach Irkutsk. Diese Ungestörtheit nutze ich, um ganz in Ruhe mein Rad winterfest zu machen. Allerdings ist mein Rad gar nicht mehr mein Rad, sondern seit der Ankunft bei Igor „Wanjuscha"! Und das kam so: Immer wenn ich irgendwo zu Gast bin, mache ich mir keine Gedanken darüber, wo ich schlafen werde - es wird irgendwo ein Plätzchen geben. Aber wo mein Fahrrad unterkommen kann, das frage ich sofort. Zum Glück ist es für meine Gastgeber selbstverständlich, dass es nicht einfach auf der Straße bleiben kann. Oft kommt es auf den Balkon, und wenn keiner da ist, meist sogar einfach mit in die Wohnung. Nie gibt es ein Problem, obwohl das Rad ziemlich platzraubend und häufig dreckig ist – es ist wie ein Ehrengast.

Auch als ich bei Igor ankam, war meine erste Frage: „Wohin mit dem Fahrrad?" Er will es auf die stajanka, einen bewachten Parkplatz, abschieben. Ich bin entrüstet! Igor wird hellhörig und meint, ich würde ja von meinem Fahrrad sprechen, als sei es mein Ehemann. Spontan antworte ich: „Es ist für mich viel wichtiger als ein Ehemann!" Na ja, stimmt ja eigentlich auch. Was sollte ich denn ohne es machen? Ganz zu schweigen davon, dass wir ja wirklich inzwischen fast miteinander verwachsen sind. Die logische Frage von Igor war nun: „Wie heißt es denn?" Tja, und da musste ich passen. Zwar ist es zu meinem engsten Freund geworden, hat aber tatsächlich keinen Namen. Das musste sich schnellstens ändern! Ich forderte Igor auf, mir ein paar echte russische Männernamen zu nennen. Denn selbstverständlich ist meine bessere Hälfte ein Mann und braucht einen russischen Namen. Obwohl in Deutschland „geboren", ist das Rad schließlich hier zu Hause, davon abgesehen, dass es gar kein Deutsch spricht, da ich die ganze Zeit auf Russisch mit ihm rede. Igor landet schließlich bei Iwan. Ich bin begeistert! Russischer und männlicher geht es ja gar nicht und ich kenne bisher niemanden, der so heißt, verbinde also noch kein Gesicht mit dem Namen. Aber die Koseform muss her. In Russland wird eigentlich niemand mit seinem normalen Vornamen angeredet, sondern immer per Spitznamen. So wird aus Iwan Wanja. Und wenn man das dann noch verniedlicht, wird daraus Wanjuscha. Das klingt toll! Ich höre mich schon den Namen nachts verliebt in sein Ohr säuseln ... Und immer, wenn ich nun Männer kennenlerne, die Wanjuscha heißen, muss ich grinsen und habe das Bild meines Fahrrads vor Augen.

Mein Wanjuscha stand bei Igor zunächst tatsächlich einsam zwischen vielen Autos auf der nahen stajanka. Er war dort zwar gut bewacht, aber viel zu weit weg von mir. Mittlerweile hat er sich in die Wohnung geschlichen und, wie es sich gehört, einen Platz in meinem Zimmer gefunden. Und weil es draußen schon zu kalt ist, mache ich Wanjuscha auch hier drinnen winterfest. Wir breiten uns im ganzen Wohnzimmer aus, ich zerlege ihn in fast alle Einzelteile und bin richtig im Putz- und Einölwahn. Gut, dass Igor das nicht sieht ... Ich wechsele Bremsgummis, Kette, Ritzel und Mäntel und kontrolliere alle Brems- und Schaltzüge. Kette und Bremsen habe ich natürlich auch schon mal unterwegs getauscht. Die Mäntel sind eigentlich immer noch nicht ganz abgefahren, aber trotzdem ist es ein guter Moment, die aus Deutschland mitgenommenen Ersatzmäntel endlich mal zu verwenden. Dann baue ich Wanjuscha wieder zusammen und zu guter Letzt finde ich unter Igors Badewanne noch einen Topf Fußbodenfarbe im russischen Einheitsbraun. Damit pinsle ich auf den Rahmen mit großen Buchstaben ВАНЮША (WANJUSCHA). Fertig! Nun kann er in meinem Zimmer seine wohlverdiente Winterpause genießen.
Wanjuscha ist übrigens nicht nur sauber und mit neuen Verschleißteilen in den Winterschlaf gekommen, sondern auch mit einem neuem Tretlager. Vielleicht hätte das gar nicht sein müssen, aber die Geschichte an sich war

eine Erfahrung wert: Seit Tuwa hatte ich ein kleines Spiel in meinem Tretlager gemerkt. Als ich dann in Irkutsk die zwei Radfahrer mit dem Sankt-Spiritus-Tipp getroffen habe, erzählte mir Ingo, dass er schon zweimal sein Tretlager wechseln musste. Immer hat es ganz harmlos angefangen, dann aber schnell gar nicht mehr funktioniert. Und da sich „gar nicht mehr" in meinen Ohren gar nicht gut anhörte und ich in Irkutsk ja gerade in einer großen Stadt war, habe ich mich nach einem neuen Tretlager umgeschaut. Reparieren ging leider nicht.

Im ersten Radladen gab es an dem Tag keinen Mechaniker, dafür jedoch die Adresse eines zweiten Radgeschäfts. Dort das gleiche Spiel: Es wurde geschaut und gestaunt - ich hatte das Rad samt Gepäck dabei, da ich gerade erst in Irkutsk angekommen war - aber leider gab es auch keinen Mechaniker. Sie wollten mich dann wieder zum ersten Geschäft schicken. Ich wusste ja aber bereits, dass es dort ebenfalls keinen Schrauber gibt, also nannten sie mir noch einen dritten Laden und behaupteten, dass es dort heute bestimmt einen gäbe. Also los - zum Glück sind alle drei Geschäfte relativ zentral gelegen. Mein Entschluss stand aber fest, wenn es nun wieder nicht klappt, fahre ich mit dem jetzigen Lager einfach weiter.

Laden 3 befindet sich leider im vierten Stock mit einem Minitreppenhaus. Dort oben aber große Freude: Es gibt direkt zwei Jungs, die sich als Mechaniker ausgeben. Allerdings weigern sie sich zunächst, mein Fahrrad unten auf der Straße zu besichtigen, schließlich kommen sie netterweise doch mit runter. Sie bestätigen mir: Das Tretlager muss gewechselt werden. Dummerweise hat dieser Radladen zwar zwei Mechaniker, aber kein passendes Ersatzteil. Danach wird nun sehr ausdauernd telefonisch gesucht, mit Erfolg - es scheint, dass Laden 2 ein Tretlager für mich hat. Also kommen die Schrauber von Laden 3 einfach mit zu Laden 2. Dort wird lange diskutiert, ob das Tretlager wirklich die richtige Größe und Qualität hat. Letztendlich sind wir alle überzeugt: Es passt! Also weg mit den Pedalen und ran ans Lager. Aber die Pedalen sind hartnäckig und die herkömmliche Methode, sie mit einem Abzieher zu entfernen, will einfach nicht funktionieren. Meinen Tipp, es mit einem 10er Inbusschlüssel zu probieren, ignorieren die Jungs einfach. Schließlich werde ich handgreiflich, denn so langsam bekomme ich Angst um mein Rad und die Mechaniker staunen nicht schlecht, als ich mühelos die Pedalen abschraube. Es ist ihnen wohl auch etwas peinlich, sie ahnen ja nicht, dass ich selbst schon hilflos vor dem gleichen Rätsel stand und mir die Lösung damals gezeigt wurde. Weiter haben dann die zwei Jungs ganz routiniert geschraubt, weiter hätte ich ihnen auch nicht helfen können. Es kam später sogar noch der eigentliche Mechaniker dieses zweiten Ladens, der wurde wohl in der Zwischenzeit extra herbeordert. Bis dahin war aber schon alles erledigt. Bezahlt habe ich zum Schluss nur das Tretlager, Arbeitslohn wollte partout niemand haben. Aber ein Eis als Dankeschön durfte ich den Mechanikern ausgeben.

Apropos Eis, das ist ja ein wichtiger Bestandteil des sibirischen Winters. Aber eben nicht nur das gefrorene Wasser als Naturphänomen, sondern zu meiner Verwunderung auch das Speiseeis. Denn selbstverständlich sind die Eisbuden hier rund ums Jahr geöffnet. Auch bei -25 Grad ist es durchaus üblich, sich ein Eis zu kaufen und das dann auch zu essen – wohlgemerkt, draußen auf der Straße, nicht erst zu Hause im warmen Wohnzimmer. Grinsend denke ich an die Eisdielen in Deutschland, die vermutlich wegen der unglaublichen Kälte bereits im Herbst dicht machen.
Dicht gemacht wird hier etwas ganz anderes - und zwar die Fenster. Dafür kommt extra Igors Mutter nach Irkutsk. Seine Eltern leben in einer kleinen Stadt 150 Kilometer entfernt, der Vater ist dort Bürgermeister und offiziell

Selbstverständlich wird auch im sibirischen Winter Eis verkauft

gehört die Wohnung in Irkutsk ihm. Und Mama kümmert sich darum. Vor
dem Winter macht sie zunächst die ganzen Fenster sauber und damit es durch
die Ritzen der Holzfenster nicht so zieht, dichtet sie dann alle Fensterrahmen
mit Klebeband ab. Außerdem putzt sie mal eben durch die ganze Wohnung,
was mir sehr unangenehm ist. Aber ich komme erst nach Hause, als sie schon
fast fertig ist. Es ist Woche zwei von Igors Geschäftsreise und seine Mutter
weiß noch weniger als ich, wo er steckt und wann er wieder kommt.

Igors Mutter weiß auch nicht wer ich bin, bzw. was ich denn nun für
eine Stellung hier einnehme. Die Frage steht ihr aber offen ins Gesicht
geschrieben. Sie erklärt mir ganz genau, wie ich in Zukunft was zu putzen
und zu handhaben hätte - wohl schon für den Fall der Fälle. Da ich aber
nicht vorhabe, die Schwiegertochterrolle einzunehmen und sicherlich nicht
von nun an Igors Haushalt schmeißen werde, höre ich nur halbherzig den
Anweisungen der Mutter zu und bin froh, als sie wieder verschwunden ist.

Nachdem nun nach Wanjuscha auch die Wohnung winterfest ist, fehle nur
noch ich. Das ist aber eigentlich gar nicht so schwer: Klamottenmäßig mache
ich es einfach so, dass ich alle Sachen übereinander ziehe, die ich dabei
habe – das klassische Zwiebelschalenprinzip funktioniert sehr gut. Und für
obendrüber leiht mir Ludmila, die Schauspiellehrerin, die ich am Baikal
kennengelernt habe, noch eine alte Daunenjacke.

Für die Füße kaufe ich mir walenki, das sind russische Filzstiefel. Ich wähle
die ganz simple Variante in braun, sie besteht komplett aus fünf Millimeter
dickem Filz. Und der hält echt warm! Kaum zu glauben, aber auch bei -35
Grad und kälter bekomme ich in meinen walenki keine kalten Füße. Sie
brauchen sogar eine gewisse Mindest-Minustemperatur, um überhaupt zu
funktionieren, denn sie dürfen in keinem Fall nass werden. Dann verliert
der Filz sofort seine isolierende Wirkung. Und ich sollte vielleicht noch
erwähnen, dass es eigentlich kein Schuhwerk ist, das man in der Stadt anzieht,
sondern eher ein Dorfoutfit. Aber ich spaziere mit den walenki auch munter
durch Irkutsk, schließlich will ich auch hier keine kalten Füße bekommen.
Die russischen Städter belächeln das ein wenig. Ich glaube sogar, dass es Igor
manchmal peinlich ist, wenn ich neben ihm mit meinen Filzstiefeln gehe.
Am Ende denkt noch jemand, er komme vom Dorf ... Ach, aber ich liebe es
einfach, mit ihnen durch den Schnee zu stapfen!

Aber erst mal stapfe ich nicht, sondern fahre spontan nach Omsk - Wassjas
Cousine Anjuta und Ismael wollen heiraten. Gerne nehme ich die kurzfristige

Einladung an und so weit ist es ja auch gar nicht von Irkutsk, nur zwei Tage mit dem Zug.

Zugfahren macht viel Spaß in Russland! Jeder Waggon hat seinen eigenen Schaffner, eigentlich sind es sogar zwei, die sich im Schichtbetrieb abwechseln. Sie haben nicht nur die Aufgabe, beim Einsteigen die Fahrkarten zu kontrollieren, sondern auch während der Fahrt für Ordnung und Sauberkeit zu sorgen. Und für ausreichend Heißwasser. Denn in jedem Waggon gibt es am Eingang einen sogenannten titan, der im Prinzip nichts anderes ist, als ein großer Wasserkocher. Jederzeit kann man sich dort für Tee oder Kaffee das heiße Wasser abzapfen. Auch manche Fertiggerichte lassen sich so wunderbar zubereiten.

Gibt man in Deutschland die Dauer einer Zugfahrt in der Regel in Stunden an, so ist die Einheit hier in Russland Tage. Daher ist es verständlich, dass jeder Reisende ein Bett zur Verfügung hat - auch in der billigen Klasse. Überhaupt finde ich es viel angenehmer, in den günstigeren platzkart Waggons zu reisen, hier gibt es offene Abteile und so kann man viel mehr beobachten und hat besseren Kontakt zu den Mitreisenden, als in den geschlossenen Vierer-Abteilen der teuren kupe Klasse.

Das Nette an den Zugfahrten ist, dass man es sich von Anfang an so richtig gemütlich macht. Als erstes werden Schuhe gegen Pantoffeln getauscht und die Straßenkleidung gegen bequeme Freizeitklamotten. Dann wird die Teetasse auf den Tisch gestellt und die ganze Verpflegung in Griffweite verstaut. Mit den Mitreisenden bildet man oft unterhaltsame Reisegemeinschaften, man ist ja eine Zeit lang zusammen unterwegs.

So gehen im Zug die zwei Tage bis Omsk ruckzuck vorbei, zumal für mich dieses gleichmäßige Geschuckel etwas ganz angenehm Meditatives hat. In Omsk angekommen, gibt es allerdings eine schlechte Neuigkeit: Die Hochzeit fällt aus. Nicht, weil einer der beiden kalte Füße bekommen hat, sondern weil irgendwie die Papiere nicht vollständig oder nicht in Ordnung sind. So ganz verstehe ich es nicht. Es scheint aber niemanden in Depressionen oder eine große Krise zu stürzen, nun wird halt erst mal nicht geheiratet.

Auch ich kann ohne die Hochzeit leben, aber für mich gibt es noch eine schlechte Neuigkeit - ich kann, bzw. darf Wassja nicht treffen. Dabei ist er ja derjenige, der mir von den Omskern am nächsten steht, den ich immerhin seit sechs Jahren kenne. Und nun verbietet mir seine Freundin Natascha, ihn zu sehen. Sie hat mich sogar schon vor meiner Abfahrt in Irkutsk bei Igor angerufen, war ganz aufgebracht und giftete mich durch den Hörer an, dass Wassja ihr Mann sei und ich nicht kommen darf. Ich war sprachlos und konnte die Aufregung überhaupt nicht verstehen. Leider haben meine Beruhigungsversuche, dass ich ihr bestimmt nicht den Mann wegnehmen möchte und ich ja sowieso in erster Linie zu der Hochzeit fahren will, nicht gefruchtet. Hier in Omsk bekomme ich Wassja nicht mal an den Hörer. Eigentlich sollte mir diese zickige und vor allem grundlose Eifersucht egal sein, aber dass ich Wassja nun so gar nicht sehen kann, macht mich doch traurig. Allerdings bin ich ja auch fuchsig. Ich weiß, wo er in einem Vorort von Omsk arbeitet, er baut dort in einer kleinen Schreinerei Küchenmöbel. Da fahre ich einfach auf eigene Faust hin. Wassja ist ganz aus dem Häuschen und freut sich riesig mich zu sehen, er wusste nicht mal, dass ich in der Stadt bin.

Um Wassja nicht in Schwierigkeiten zu bringen, mache ich mich schnell wieder auf die Rückreise. Die nutze ich, um noch einen Zwischenstopp in Nowosibirsk zu machen, was ja direkt auf dem Weg liegt. Auch wenn es wirklich schön ist, dort Dima, Lena, Vitalij und all die anderen netten Leute vom Sommer wiederzusehen, bin ich doch froh, als ich wieder nach Hause – nach Irkutsk - komme.

Irkutsk mit meinem Basislager bei Igor ist wirklich schnell zu einem Zuhause für mich geworden. Auch wenn mir eigentlich Städte, vor allem so große, nicht gut gefallen, in Irkutsk fühle ich mich trotz der 600.000 Einwohner wirklich wohl. Im Zentrum gibt es nur wenig sozialistische Neubauten, dafür viele nette alte Häuser. Natürlich gibt es immer noch das obligatorische Lenindenkmal, aber ebenso ganze Viertel mit Holzhäusern. Auch wenn diese teilweise in schlechtem Zustand sind, gibt es der Stadt eine angenehme Ausstrahlung. Genauso wie die Angara, die mit ihrem Baikalwasser mitten durch die Stadt fließt und mit ihrer Uferpromenade zu einem Spaziergang lockt.

Irkutsk ist eine Studentenstadt mit vielfältigem kulturellen Angebot. Und auch wenn ich mich selbst manchmal spaßeshalber als „Kunstbanause" bezeichne, so kann ich hier von der Theaterwelt gar nicht genug bekommen. Wenn ich in der Stadt bin, gehe ich fast täglich zur Schauspielschule. Dort werde ich jedes Mal überschwänglich von „meinem" dritten Kurs begrüßt, den ich ja am Baikal kennengelernt habe. Interessiert schaue ich bei ihrem Unterricht zu, sogar bei den Prüfungen darf ich mit dabei sein und natürlich sitze ich im Publikum, wenn sie eine ihrer Aufführungen haben.

Überhaupt ist die Schauspielschule ein ganz besonderer Ort. Sie liegt im Zentrum der Stadt, ganz in der Nähe der zentralen Markthalle, in einem der schönen alten Steinhäuser mit knarrenden Holzdielen und -treppen. Sobald man die Eingangstür aufgestemmt hat, die hinter einem laut krachend zufällt, wenn man vergisst sie ganz langsam loszulassen, ist man wie in einer anderen Welt: Überall wuselt es, irgendwo macht jemand Stimmübungen, probt laut einen Text oder spielt Klavier. Begrüßt wird man aber als erstes von der Wachfrau - an ihr ist kein Vorbeikommen. Ihr Arbeitsplatz ist eine kleine Garderobe, hinter deren Theke sie alles im Blick hat. Mittlerweile kennen mich die beiden Omis, die hier abwechselnd Dienst schieben, und wissen wohin ich möchte: als erstes nämlich immer zu Ludmila.

Ludmila arbeitet in der Schauspielschule als Pädagogin und hat mir nicht nur ihre alte Daunenjacke geliehen, sondern ist sehr schnell zu meiner besten Freundin geworden. Wir haben uns nicht gesucht, aber gefunden! Ludmila ist genauso alt wie ich und hat ebenfalls keine Kinder. Ich glaube am beeindruckendsten an mir findet sie, dass ich auch in Deutschland, wenn ich nicht mit dem Rad unterwegs bin, keine Schuhe mit hohen Absätzen trage. Ludmila mag es nämlich auch nicht, auf solchen Schuhen zu laufen. Sie hat

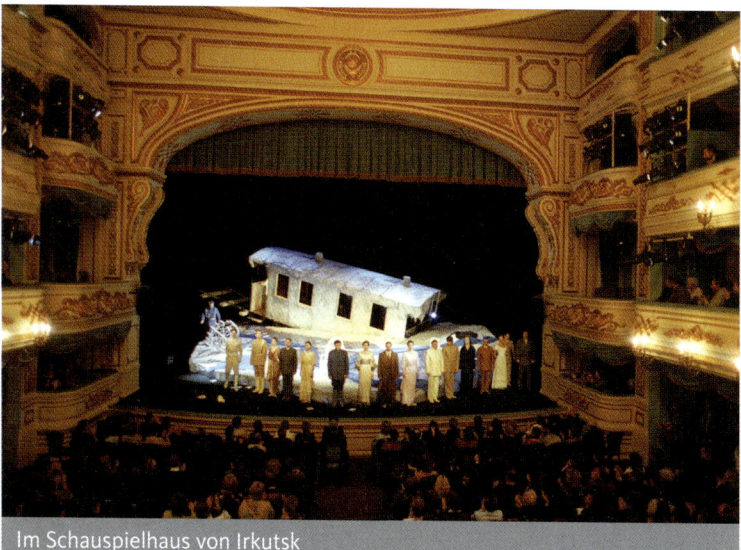

Im Schauspielhaus von Irkutsk

schon an ihrer Zurechnungsfähigkeit gezweifelt, weil ihr von allen Seiten eingetrichtert wird, es tun zu müssen. Mit mir nun eine Gleichgesinnte zu kennen, die auch noch aus dem angesagten Europa kommt, lässt sie hoffen. Die Direktorin der Schauspielschule lässt aber klar durchblicken, dass sie als Pädagogin eine Vorbildfunktion für ihre Schüler hat – ungeschminkt und flache Schuhe geht da eigentlich gar nicht. In der ansonsten so ungewöhnlich offenen Atmosphäre dieser Theaterwelt fast ein Widerspruch für mich. Oder eben einfach nur sehr russisch.

Ludmila ist nicht nur Pädagogin, sondern arbeitet auch als metodist in der Schauspielschule. Das heißt, sie sitzt in einem winzigen Büro zusammen mit einer Kollegin und erledigt Papierkram. Im Gegensatz zu ihrer Kollegin hat Ludmila für ihre Arbeit einen Computer samt Internetanschluss und ist die einzige des Kollegiums, die damit umgehen kann, bzw. will oder muss - wie auch immer. Auf jeden Fall geht jede E-Mail und jedes digitale Dokument über ihren Schreibtisch. Ständig kommt irgendein Kollege oder auch die Direktorin mit einer „Mal-eben-Bitte" hereingeschneit und das sind ja bekanntermaßen die undankbarsten Aufgaben.

Im Gegensatz zu ihrem Schreibtischjob, der Ludmila ziemlich auf die Nerven geht, ist sie beim Schauspielunterricht so richtig in ihrem Element. Sie brennt für das Theater und liebt es ganz besonders, den Jugendlichen diese Welt nahezubringen und sie in ihren Talenten zu fördern und zu fordern. Die Studenten sind für sie fast wie eigene Kinder. Sind sie interessiert und engagiert, ist sie gerne bereit, Tag und Nacht mit ihnen zu verbringen, sich ihre Sorgen anzuhören, mit ihnen Fachliches zu diskutieren oder Kostüme zu nähen. Das Wort Feierabend kommt dabei in ihrem Wortschatz nicht vor.

Eigentlich ganz praktisch für diese Rund-um-die-Uhr-Betreuung ist, dass Ludmila im Prinzip zusammen mit ihren Studenten wohnt. Allerdings nicht freiwillig, denn sie kann sich leider, trotz der zwei Jobs, die Miete einer Wohnung nicht leisten. Daher wohnt sie in dem Wohnheim, in dem auch ihre Schauspielschüler untergebracht sind. Zwar gibt es einen extra Flur für die „erwachsenen" Bewohner, aber Gebäude, Ausstattung und Regeln sind für alle gleich. Pro Flur mit ca. 30 Zimmern à 2 Personen gibt es zwei Toiletten, zwei Waschräume und eine Küche. Wobei Küche etwas übertrieben klingt - in einem kleinen Raum befindet sich ein Herd, ein Abstelltisch und ein Wachbecken. Die Duschen sind für das gesamte Wohnheim im Erdgeschoss, für Männer und Frauen jeweils drei Stück. Leider sind die Duschräume nur jeden zweiten Tag von 19 - 23 Uhr geöffnet und es bilden sich immer lange Schlangen davor.

Nicht nur die Duschen, auch das Wohnheim schließt um 23 Uhr. Wer danach nach Hause kommt, hat Pech gehabt. Oder muss zähneknirschend den Wachdienst rausklingeln, der dann alles andere als erfreut darüber ist. Und auch wenn das Wohnheim tagsüber geöffnet ist, muss man natürlich am Eingang zunächst an einer Wachfrau vorbei. Besucher müssen dort vorher angemeldet werden, sonst kommt man eigentlich nicht ins Haus. Aber auch hier kennen mich die Frauen mittlerweile und da ich immer freundlich grüße und sehr höflich bin, kann ich einfach so durchgehen. Eine der Wachfrauen freut sich sogar immer, mich zu sehen und ist ganz stolz, wenn sie mich auf Deutsch mit „Guten Tag" und „Auf Wiedersehen" grüßt.

Für mich ist es natürlich wunderbar, wie unkompliziert ich bei Igor wohnen kann. Wobei ich merke, dass ich so ganz frei bei ihm auch nicht bin. Er ist mittlerweile schon fünf Wochen auf komandirowka und seine Wohnung ist zwar längst zu meinem zu Hause geworden, aber was Gäste angeht, bin ich doch gehemmt. Nur selten lade ich Freunde ein, denn ich habe das Gefühl, dass es Igor nicht recht sein könnte.

Nun aber ist ein Notfall eingetreten und ich weiß nicht, was ich machen soll. Eliane wurde in Listwjanka von einem Hund in die Wade gebissen und die Wunde hat sich böse entzündet. Sie muss nun jeden Tag hier in Irkutsk ins Krankenhaus, um die Wunde versorgen zu lassen. Spontan möchte ich Eliane & Thierry anbieten, mit mir in Igors Wohnung zu bleiben. Es ist so viel Platz hier, sie könnten ohne Probleme auf ihren Isomatten im Wohnzimmer schlafen. Aber ich traue es mich nicht, ohne Igor vorher zu fragen. Der hat sich allerdings schon seit zehn Tagen nicht mehr gemeldet, trotzdem schreibe ich ihm sofort eine E-Mail und erkläre die Situation. Bis Sonntag wollen Eliane & Thierry die siebzig Kilometer sowieso noch mit dem Bus hin- und herpendeln. Dann ist der Monat in ihrem Häuschen dort vorbei und sie brauchen eine andere Lösung. Heute ist Dienstag ...

Igor antwortet leider in den nächsten Tage nicht auf meine Mail. Ich entscheide mich daher, den umgekehrten Weg zu gehen und schreibe ihm, dass er jetzt noch die Chance hat, „nein" zu sagen. Wenn er sich bis Sonntag nicht meldet, sehe ich das als sein Einverständnis. Denn irgendwie habe ich schon das Gefühl, dass Igor seine Mails liest - immerhin ist er auf einer Geschäftsreise und nicht auf dem Mond.

Der Sonntag kommt und da Igor kein Veto eingelegt hat, ziehen Eliane & Thierry bei mir ein. Ich freue mich, dass ein bisschen Leben in die Bude kommt, und da Eliane wieder ganz gut laufen kann, wollen wir auch direkt etwas zusammen unternehmen. Wir wollen zu einem Eishockeyspiel gehen. Die Idee dazu ist mir in der letzten Woche gekommen, denn immer wenn ich in die Stadt laufe, komme ich am Stadion vorbei. Schon witzig: Im Sommer ist es ein Fußball- und Leichtathletik-Stadion, im Winter eine große Eisbahn. Diese Umwandlung funktioniert, dem Wetter sei dank, fast ganz automatisch. Und letzte Woche war das Eröffnungsspiel der Saison. Schon auf meinem Hinweg in die Stadt habe ich die Fans Richtung Stadion pilgern sehen, fast alle mit Bajkal-Energija Schals ausgerüstet, daher unverkennbar Anhänger der Irkutsker Mannschaft. Was für ein schöner Name: Baikal-Energie! Auf meinem Rückweg war das Spiel in vollem Gange und das in Flutlicht getauchte Stadion in der eiskalten Luft sah einfach klasse aus.

Da ich Eliane & Thierry für die Idee, ins Stadion zu gehen begeistern konnte, besorge ich Eintrittskarten. Alleine das ist schon eine lustige Aktion. Die Kasse ist ein in die Stadionwand integriertes kleines Fenster, aus dem heraus die Karten verkauft werden. Auf mein Klopfen öffnet eine Frau eine kleine Klappe und ich bitte ganz souverän um drei Tickets für das heutige Spiel. Sie fragt mich: „Voll oder ermäßigt?" „Na ja, wir sind drei Erwachsene." Das ist aber nicht, was sie wissen will und fragt nochmal nach: „Sind Frauen dabei?" „Äh, ja zwei." „OK, dann brauchen Sie 2x ermäßigt und 1x voll." Frauen zahlen tatsächlich nur die Hälfte. Ich lache und denke mal wieder: Na klar, ist es ein Vorteil, als Frau unterwegs zu sein!

Zwar ist es mit -4 Grad für einen 21. November wirklich sehr warm, trotzdem packen wir uns dick ein und nehmen eine Thermoskanne heißen Tee mit. Immerhin werden wir 90 Minuten auf einer Stelle verbringen. Schon von weitem sehen wir das flutlichtbeleuchtete Stadion mit seinem prunkvollen Eingang und eingereiht in den Besucherstrom kommen wir direkt unter dem hell erleuchteten weißen Säulentor zum einzigen Einlass. Grinsend strecke ich dem Kontrolleur mein ermäßigtes Ticket entgegen. Dann verliert sich der einheitliche Menschenstrom und die einzelnen Grüppchen biegen zielstrebig links und rechts ab. Wir stehen am Spielfeldrand und wissen nicht so recht wohin. Natürlich schlägt unser Herz für die Irkutsker Mannschaft und da wollen wir nun nicht aus Versehen in den gegnerischen Fanblock geraten. „Wir" spielen heute gegen den SKA-Njeftjanik[26] aus Chabarowsk, das liegt

26 Ein njeftjanik ist ein Arbeiter der Erdölindustrie.

noch gut 3.000 Kilometer weiter im Osten, kurz vor Wladiwostok[27]. Etwas irritiert frage ich einen Mann mit Fanschal von Bajkal-Energija, wo wir denn nun hin müssen. Erst versteht er meine Frage gar nicht: „Wie, wo wir hin müssen?" Dann macht er eine ausschweifende Handbewegung und meint: „Sucht euch doch einfach einen Platz aus!" Ich hake nochmal wegen der Mannschaftszugehörigkeit nach. „Na ja, das ist doch egal. Wir balelschtschiki sitzen hier alle bunt durcheinander." Das ist ja wirklich unkompliziert! Außerdem habe ich wieder ein Wort gelernt und was für ein schönes: Ein balelschtschik ist ein Fan und bedeutet so was wie „einer, der für/an etwas erkrankt ist". Das gefällt mir! Und von Herzschmerz können so richtige Fans ja auch ein Liedchen singen und prompt fällt mir der VFL Bochum ein, bei dem es ja auch extrem schmerzhafte Krankheitsphasen gibt.

Da es schon ziemlich voll ist, laufen wir etwas am Spielfeld entlang, um nach freien Plätzen Ausschau zu halten. Das Spielfeld wird von einer lockeren Reihe Uniformierter (ich glaube es sind Polizisten) in langen, vermutlich warmen Mänteln bewacht. Ansonsten gibt es keine unüberwindbaren Barrieren oder gar Zäune. Rund um die spiegelglatte Eisfläche sind Tribünen mit entweder rot oder blau gestrichenen Holzbänken, auf die rote oder blaue Plastiksitzschalen geschraubt sind. Wir finden in einem roten Block am Ende der langen Gerade drei freie Plätze nebeneinander. Offiziell passen ins Stadion knapp 20.000 Zuschauer und so viele werden es heute wohl auch fast sein. Bei sehr wichtigen Spielen sind es angeblich 30.000 balelschtschiki, die hier irgendwie Platz finden.

Natürlich ist der Jubel groß, als endlich die Mannschaften aufs Eis gleiten und eine Begrüßungsrunde drehen. Schon jetzt wird demonstrativ der ein oder andere Sprint gezeigt, um die eigene Stärke zu beweisen. Dann wird es feierlich. Beide Mannschaften stellen sich der Reihe nach auf, das Publikum erhebt sich und gemeinsam wird die Nationalhymne gesungen. Für alle Fälle läuft wie bei Karaoke der Text an der Anzeigetafel mit.

Dann geht es endlich los. Und erst jetzt begreife ich, dass es ganz verschiedene Eishockeyarten gibt und warum es hier immer „Eishockey mit Ball" heißt. OK, das ist wirklich einfach - es gibt keinen Puck, sondern einen tennisballgroßen Plastikball. Die Spieler sehen eher normal aus, das heißt, sie sind kaum gepolstert. Helme haben sie aber schon. Und obwohl wir keine Ahnung haben, verstehen wir schnell die groben Regeln und auch für uns Laien macht es Spaß, dem Spiel zuzuschauen. Anders als bei Eishockey mit

27 Nach Wladiwostok sind es von dort aus noch knapp 800 Kilometer.

Puck enden die Spielzüge nicht abrupt laut krachend vor einer Bande, weil es nämlich gar keine Banden um das Spielfeld gibt. Hier sind die langen fließenden Bewegungen der Spieler fast elegant. Es geht um Schnelligkeit und darum, durch raffinierte Spielzüge den Gegner auszutricksen. Die Stimmung ist absolut friedlich und selbstverständlich wird die ganze Zeit mitgefiebert und kommentiert. Aufgeregt futtern einige Fans ununterbrochen sjemetschki[28]. Es entstehen anfeuernde Sprechchöre und La-Ola-Wellen und immer wieder werden mit beiden Armen die Fanschals in die Höhe gehalten. Mit unserer Thermoskanne liegen wir voll im Trend, allerdings ist Wodka zum Aufwärmen mindestens genauso beliebt. Uns wird versichert, dass bei -30 Grad fast niemand mehr ohne sein Wässerchen ins Stadion kommt. Die Highlights des Spiels sind natürlich die Tore, alle springen auf und jubeln. Auch wir neu Erkrankten sind wunschlos glücklich, als „wir" - also die Baikal-Energie - mit 6:3 das Spiel gewinnen.

Ein paar Tage später machen wir noch einen Ausflug, diesmal fahren wir mit der elektritschka nach Angarsk, um Pawel und seine Familie zu besuchen. Wir übernachten auch dort und genau in diesem Moment kommt Igor wieder nach Hause. Nach sieben Wochen kehrt er von seiner Geschäftsreise in eine menschenleere Wohnung zurück, die aber sichtlich von Menschen bewohnt ist. Als wir wieder in Irkutsk sind, ist Igor schon wieder weg. Nachmittags, wir sitzen gerade beim Tee, schellt es und er steht vor der Tür. Mir ist nicht ganz wohl - was wird Igor zu den neuen Mitbewohnern sagen, weiß er es überhaupt? Im ersten Moment ist die Situation für ihn sichtbar befremdlich: Ausgelassene fremde Leute sitzen in seiner Küche. Dann aber schmilzt schnell das Eis und der Bann ist gebrochen. Außerdem hat Igor wirklich meine Mails gelesen und meint, ich hätte alles richtig gemacht. Puh, Glück gehabt!
Schnell werden wir zu einer lustigen WG. Für uns Europäer ist so eine Wohngemeinschaft ja nichts Unbekanntes, aber in dieser internationalen Zusammenstellung sicher besonders schön. Für Igor ist es eine absolut neue Erfahrung. Sein ruhiger Männerhaushalt wird ganz schön auf den Kopf gestellt, aber er genießt es richtig da mittendrin zu stecken.
Oft sitzen wir bis spät in die Nacht in der Küche und spielen Karten. Thierry bringt uns ein französisches Spiel bei, dessen Namen ich mir nicht merken

---

28 Geröstete Sonnenblumenkerne mit Schale. Geschickt werden sie aufgebissen und mit der Zunge aus der Schale herausgefischt.

kann, und Igor erklärt uns durak (Blödmann). Eine Farbe ist dabei Trumpf und man muss nacheinander seinen rechten und linken Nachbarn bespielen. Für uns ist es gar nicht so einfach, den Überblick zu behalten, denn je nachdem darf man auch einfach dazwischen funken. Klar ist aber, wer verliert, ist der durak. Besonders lustig sind diese Abende, weil nicht nur die Spiele international sind, die Unterhaltung ist es auch. Es geht wild durcheinander. Eliane spricht mit Thierry Französisch, das können Igor und ich aber nicht, wir sprechen Russisch miteinander, was nur Eliane etwas versteht. Mit ihr kann ich Deutsch reden, da sind dann die Männer außen vor. Thierry und Igor versuchen es manchmal mit Englisch, können es aber eigentlich beide nicht. Genauso wenig wie ich, trotzdem ist es die einzige Sprache, mit der ich mich mit Thierry verständigen kann. Zum Glück haben wir alle Hände, Füße und viel Humor!

Auch als Eliane & Thierry wieder ausgezogen sind, bleibt die WG-Stimmung in Igors Wohnung erhalten. Da wir beide aber kein Blatt vor den Mund nehmen, kommt es auch schon mal zu Auseinandersetzungen. Meist sind es Kleinigkeiten, über die wir streiten. Igor behauptet, dass ich die Kartoffeln nicht richtig schäle und ich rege mich auf, wenn er einfach aus der Küche geht und den Wasserhahn voll aufgedreht lässt. Manchmal allerdings ist es auch nett gemeint. Häufig spricht Igor falsches Russisch mit mir und ich will ja eigentlich richtiges lernen. Er lässt aber einfach die Grammatik weg, sagt also: „Ich gehen Stadt." Vermutlich macht man das ganz automatisch, weil man denkt, so besser von einem Ausländer verstanden zu werden. Aber mittlerweile erkenne ich stolz den Fehler und antworte gespielt genervt: „Igor, sprich bitte Russisch mit mir!"

Wenn auch auf einem ganz einfachen Niveau und mit vielen Fehlern - mein Russisch wird tatsächlich immer besser. Besonders jetzt, während des Winters, sind da klare Fortschritte zu erkennen. Zum einen liegt es sicherlich daran, dass ich nun oft mit den gleichen Leuten zusammen bin und ganz normale alltägliche Gespräche führe. Unterwegs ging es ja doch meist um meine Reise. Nun aber, gerade durch die enge Freundschaft mit Ludmila, geht es um die verschiedensten Themen, die wir intensiv bequatschen. Wobei es schon noch so ist, dass Ludmila mehr redet und ich eher zuhöre, aber das funktioniert ganz gut.

Und zum anderen werde ich auch selbst aktiv, mein Russisch zu verbessern. Das erste, was ich in Igors Wohnung gemacht habe, als er auf seine komandirowka verschwunden ist: Ich habe mit Klebezetteln sämtliche Gegenstände in der Wohnung benannt - Tapete, Gardine, Kissen, Backofen usw. Igors Mutter hat sie bei ihrem Wintervorbereitungsbesuch alle wieder abgerissen und weggeschmissen. Aber ich habe mich nicht entmutigen lassen und einfach alles neu beschriftet - wiederholen hilft ja schließlich beim Lernen ... Auch Igor war etwas irritiert, als er in seiner Wohnung neben Eliane & Thierry all die Zettelchen vorfand. Er schaute nach oben auf die Küchenlampe und meinte: „Oh - ich weiß, dass das eine Lampe ist!" Na ja, aber er hat den Sinn durchschaut und duldet meine Vokabelübungen.

Mittlerweile übersetze ich auch ganze Texte. Und zwar habe ich von unterwegs immer mal wieder an Freunde & Bekannte Rundmails geschrieben, wie es mir unterwegs so ergeht – also ein Brief an alle. Bisher gab es diese Mails immer nur auf Deutsch. Inzwischen habe ich aber auch einige E-Mail-Adressen mit russischsprachigen Interessenten für meine Ost-Erfahrungen. Von nun an gibt es daher eine deutsche und eine russische Fassung der Briefe. Und als Training fange ich damit an, die bereits abgeschickten Mails zu übersetzen. Hört sich gar nicht so kompliziert an, ist es aber, und ich brauche unglaublich lange dafür.

Aber der Winter ist ja lang und zum Übersetzen bleibt noch eine Menge Zeit - erst mal möchte ich nochmal an den Baikal. Ich will doch mal schauen, wie Alex & Carsten den Winter in Elianes Häuschen verbringen. Dazu muss ich auf die andere Baikalseite nach Burjatien in das kleine Dorf Maksimicha. Mit dem Zug fahre ich über Nacht nach Ulan-Ude und von dort die restlichen 250 Kilometer mit einer marschrutka. Das ist eine Art Sammeltaxi-Kleinbus im Linienverkehr.

Der Deal mit Eliane ist, dass Alex & Carsten das neu erworbene Haus ein bisschen renovieren, dafür dürfen sie dort wohnen. Und die beiden waren schon richtig fleißig. Wie viel Mühe das Zuspachteln der unebenen und löchrigen Wände gekostet hat, kann ich zwar nicht erkennen - denn nun ist alles schön glatt - aber sie erzählen mir davon. Und ich lerne wieder ein neues Wort: schpakljöwka. Den deutschen Ausdruck Spachtelmasse verwenden Alex & Carsten nicht mehr, Augen verdrehend reden sie bei den Renovierungsgeschichten fast ununterbrochen von schpakljöwka. Ich glaube, die beiden träumen auch nachts davon. Mittlerweile sind sie bei den dekorativen Arbeiten angekommen, fast alle Wände sind frisch gestrichen – selbstverständlich mit bunten Farben und Schwammtechnik. Ich bin wieder in einem deutschen Haushalt!

Das Haus selbst und das ganze Dorf Maksimicha sind aber sehr russisch, man könnte sagen, wie aus dem Bilderbuch. Das 250 Seelendorf aus lauter Holzhäusern liegt in einer Ebene direkt am Baikal, drumherum Wälder, Berge und ganz viel Schnee. Den gibt es hier am Ostufer wirklich in Massen, viel mehr als in Irkutsk. Und es gibt den Baikal! Er ist keine 100 Meter vom Haus entfernt und natürlich besuchen wir ihn täglich. Man hat nicht nur einen tollen Blick über die langgezogene Bucht, sondern auch über den Baikal hinweg bis zur Heiligen Nase. Das ist die langgestreckte Halbinsel, die ich auch schon von Olchon aus gesehen habe. Hier ist sie nun je nach Wetter manchmal fast zum Greifen nah oder weit weg im Nebel verschwindend. Immer aber ist das langsam ansteigende Bergmassiv wunderschön und liegt fast majestätisch am Horizont des Baikals.

Noch ist er nicht zugefroren und dampft bei Lufttemperaturen von -15/-20 Grad mystisch vor sich hin. Aber wir haben ja auch erst Anfang Dezember, das wird schon noch. Vor allem, da wir an manchem Abend ein Wässerchen darauf trinken - immer die burjatische Tradition beachtend, ein paar Tropfen den Göttern zu spenden.

Für mich ist es nicht nur wunderbar, Zeit mit Alex & Carsten zu verbringen, ich genieße auch aus vollen Zügen das einfache Dorfleben. Das ist doch eine ganz andere Lebensqualität als in Irkutsk! Die Tage sind ausgefüllt mit Holz hacken, Ofen heizen, Wasser holen, Magen füllen und natürlich auch mit spazieren gehen und ganz viel quatschen.

Wie Holz hacken geht, ist klar, und dass man es hacken muss auch, sonst passt es nicht in den Ofen. Wie in Russland üblich, ist er der Mittelpunkt des Hauses und ziemlich groß. Über der Feuerstelle gibt es eine Eisenplatte, auf der man kochen kann, und oben auf dem Ofen eine Ablagestelle, die ideal ist, um walenki oder sonstiges Schuhwerk vorzuwärmen. Dazu muss der Ofen natürlich erst mal befeuert werden, und weil wir das alle so gerne machen, darf jeder mal. Damit die kostbare Hitze nicht durch den Schornstein verfliegt, kann man den Abzug mit einem Schieber regeln und eigentlich entfaltet der Ofen erst dann seine größte Hitze, wenn er wieder aus und der Abzug geschlossen ist. Die Strahlungswärme der lehmverputzten Ziegel hält über Stunden an. Meist reicht es auch im tiefsten Winter aus, den Ofen

Wasserholen gehört in Maksimicha zum wunderbaren Alltag

einmal am Tag ordentlich zu heizen, dann strahlt er genug Wärme bis zum nächsten Tag aus.

Es gibt noch einen weiteren Ofen, den wir mit Begeisterung heizen – den der banja. Der ist aus Metall, denn hier kommt es nicht auf die dauerhafte Wärme an, sondern es soll schnell sehr heiß werden. Aber nicht nur Holz und Ofen sind wichtig für die banja, sondern auch Wasser. Das brauchen wir natürlich ebenfalls für die Küche, aber für die banja benötigen wir besonders viel. Und weil Eliane keinen eigenen Brunnen hat, benutzen wir den der Nachbarn. Mit Schlitten, Eimern und fljaga ziehen wir los. Die großen Milchkannen sind hier das typische Aufbewahrungsgefäß für Wasser: Sie sind stabil, verschließbar und mit bis zu fünfzig Litern passt einfach mehr rein als in einen Eimer. Und mit dem Schlitten kann man sie gut transportieren und muss sie nicht schleppen.

Längst ist es im Dorf bekannt, dass die Deutschen ihre banja nicht nur samstags heizen, sondern auch mittwochs - zweimal in der Woche also. Wir genießen diesen ungewöhnlichen Luxus, denn gerade im Winter ist es einfach großartig! Aufgeheizt und mit Birkenzweigen ausgepeitscht, treten wir aus der banja direkt in den Garten und wälzen uns zum Abkühlen jauchzend im Schnee. Dann noch ein paarmal tief durchatmen und schnell wieder zurück in die Hitze. Ist das herrlich! Vermutlich hätte sich in Sibirien ohne banja niemals ein Mensch angesiedelt ...

Da sich Alex & Carsten um die Bewohnbarkeit des Hauses kümmern, stocken sie auch den Haushalt ein wenig auf. Im Laufe der Zeit haben sie festgestellt: Es fehlt ein Topf. Sie haben einen großen und einen kleinen, oft aber wäre auch ein mittlerer sehr praktisch und den wollen wir nun versuchen, hier in Maksimicha zu kaufen. Klar, wir Mädels gehen shoppen, der Mann hütet das Haus. Weil Alex mit Feuereifer Russisch lernt, möchte sie gerne den Topf kaufen und bittet mich, den Mund zu halten. Sie fragt mich noch, ob ich denn wüsste, was denn überhaupt Topf heißt. Mhm, ich muss passen – das gibt's doch gar nicht. Da fallen mir meine Klebezettel in Igors Wohnung ein und dort habe ich auch einen Blumentopf beschriftet. Es ist scheinbar wie im Deutschen: Blumen+Topf - tswjetotschnij+garschok. Lässt man die Blume weg, bleibt der Topf übrig. Logisch, oder? Mit Vorbehalt sage ich Alex, „Topf" könnte „garschok" heißen.

Obwohl so klein, ist Maksimicha eigentlich mit allem ausgestattet, was man braucht: mehrere Lebensmittelgeschäfte, eine Post und auch ein kleiner Haushaltswarenladen. Dort fragt Alex hoffnungsvoll die Verkäuferin: „Haben Sie einen garschok?" Die Verkäuferin nickt, verschwindet für einen Moment und kommt dann mit einem garschok wieder. Über die Theke reicht sie uns einen gelben Plastiknachttopf. Alex und ich schauen uns erstaunt an und bekommen einen Lachanfall. Die Verkäuferin ist irritiert und meint: „Aber Sie wollten doch einen garschok?" Wir prusten: „Ja, aber wollen in ihm kochen!" Die Verkäuferin begreift und klärt uns auf: „Das heißt dann aber nicht garschok, sondern kastrjulja." Gut, sagen wir kichernd, dann wollen wir eine kastrjulja. Und wir haben Glück, auch die gibt es und sogar in der richtigen Größe.

Stolz machen wir uns auf den Heimweg und müssen die ganze Zeit lachen, weil uns der Nachttopf nicht aus dem Kopf geht. Wir malen uns aus, warum die Verkäuferin sich nicht gewundert hat, dass wir überhaupt einen haben wollen. Jeder im Dorf weiß, dass wir keine Kinder haben. Bestimmt dachte sie, dass es uns bei -30 Grad zu kalt sei, draußen im Garten auf das Plumsklo zu gehen und wir uns daher ein Hausklo besorgen wollten. Wir bekommen bei dem Gedanken einen erneuten Lachanfall und kommen kichernd nach Hause. Natürlich erzählen wir Carsten sofort brühwarm unser Erlebnis und lachend sitzen wir drei um den Küchentisch, als die Nachbarin Vera hereinschneit.

Vera ist die Vorbesitzerin von Elianes Haus, baut sich nebenan gerade ein neues und wohnt vorübergehend in einem leerstehenden Haus gegenüber. Sie ist die Feldscherin hier in Maksimicha. Das heißt, Vera ist ein Zwischending zwischen Krankenschwester und Arzt und die einzige medizinische Versorgung hier im Dorf. Sie hat einen kleinen Praxisraum im Dorfzentrum und macht auch Hausbesuche. Kommt sie selbst nicht weiter, schickt sie ihre Patienten ins Krankenhaus der nächsten Stadt, wo es einen Arzt gibt.

Ab und zu schaut Vera bei Alex & Carsten vorbei. Oft hilft sie den beiden mit guten Ratschlägen weiter, kommt aber auch, um einfach neugierig zu verfolgen, was die zwei Interessantes treiben. Nun platzt sie in unsere lustige Runde und will natürlich wissen, warum wir so lachen. Ich erzähle ihr die Geschichte. Und ich lasse auch unsere Vermutung nicht aus, dass die Verkäuferin uns bestimmt für verweichlichte Europäer hält, die nicht draußen aufs Klo gehen wollen. Offensichtlich findet Vera unsere Geschichte gar nicht witzig, aus Höflichkeit lächelt sie ein wenig gequält. Wir wundern uns darüber, eigentlich kann es nicht an meinem Russisch liegen, egal - es gibt eben unterschiedlichen Humor.

Ein paar Tage später will ich dann wieder zurück nach Irkutsk und zufällig fährt ein Auto aus Maksimicha nach Ulan-Ude, in dem noch ein Platz frei ist. Auch Vera fährt mit in die Stadt und unsere gemeinsame Fahrt fängt schon gut an. Alex & Carsten gegenüber kommentiert sie nämlich immer sehr kritisch deren kinderlosen Zustand. So langsam wäre es doch wirklich mal Zeit! Als jedoch einer der Mitfahrer abfällig meint, dass es doch unnormal sei, wie die beiden in ihrem Alter nur für sich leben, da gerät Vera in Rage. Nein, die zwei machten das genau richtig: In jungen Jahren das Leben genießen und was von der Welt sehen, bis vierzig hätten sie noch genug Zeit, um Kinder zu bekommen. „Schaut mich doch an", regt sie sich auf, „ich habe früh Kinder bekommen, sie ohne Mann großgezogen und hatte niemals Zeit für mich. Nun, wo ich kurz vor der Rente stehe, hätte ich zwar die Gelegenheit, endlich mal an mich zu denken - nun aber bin ich alt und klapprig. Was ist das für ein Leben, das wir hier propagieren?" Ich staune, wie vehement Vera ihre Schützlinge verteidigt. Alex & Carsten wären wohl mächtig gerührt, wenn sie das wüssten!

Es gibt noch eine weitere Überraschung, als wir auf halber Strecke in einem Café eine kleine Pause machen. Vera und ich nutzen die Gelegenheit, um aufs Klo zu gehen. Hinter dem Haus sind zwei Plumpsklos und während wir nebeneinander hockend vor uns hinpieschern, stöhnt Vera: „Brr, ist das kalt am Po!" Ich wundere mich und weiß gar nicht, wie ich reagieren soll. Es ist mit -20 Grad ein ganz normaler Wintertag und damit so kalt wie immer auf dem Klo. Ich antworte: „Ach, ich hab' mich eigentlich schon daran gewöhnt und finde es gar nicht so schlimm." Vera reagiert aufgebracht: „Nein, also ich werde mich nie an diese Kälte gewöhnen! Wenn dann auch noch der eisige Wind um den Hintern weht … Also, ich gehe den ganzen Winter auf den Eimer und nur zum großen Geschäft nach draußen." Ich falle fast vor Lachen ins Klo. Jetzt wird mir natürlich klar, warum Vera unsere garschok-Geschichte so gar nicht lustig fand!

Dass nachts ein Eimer benutzt wird, damit man nicht aus dem warmen Bett raus in die Kälte muss, habe ich schon in einigen Familien erlebt. Aber dass generell der Eimer benutzt wird, höre ich zum ersten Mal. Aber wer weiß, vielleicht sind wir Deutschen ja auch die einzig Dummen, die im sibirischen Winter draußen auf die Toilette gehen …

Feiertage

In Irkutsk habe ich wieder ein ganz normales WC, aber ich könnte gut darauf verzichten und vermisse das Dorfleben. Zum Glück bleibt keine Zeit, Trübsal zu blasen, denn es stehen etliche Feiertage bevor: als erstes Igors Geburtstag. Am 19. Dezember wird er dreißig Jahre - klar, das muss gefeiert werden! Mittags lädt er mich zu einem Japaner im Stadtzentrum ein. Im Grunde wird in Russland häufig Sushi gegessen, allerdings nach hiesiger Art: gefroren in dünne Scheiben geschnitten oder ganz frischer gesalzener Fisch, beides schmeckt köstlich roh und passt gut zu Wodka. Im Restaurant bekommen wir japanische Varianten mit Reis und in grüne Blätter gewickelt.

Abends wird dann richtig gefeiert und es geht mit ein paar Freunden zu einem Chinesen. Die gemütlich-kitschige Ausstattung, die Bedienung und vor allem das Essen sind klar chinesisch - die Musik ist russische popsa (populäre Musik) und passend dazu gibt es in der Mitte des Restaurants eine Tanzfläche. Wir setzen uns aber erst mal alle um einen runden Tisch und den ganzen Abend über werden uns verschiedenste Speisen serviert. Zur Verdauung wird später getanzt. Die Stimmung ist wirklich gut und es ist ein unterhaltsamer Abend - bis wir nach Hause wollen. Wir alle sind nicht mehr nüchtern, besonders

Igors bester Freund Andrej ist ziemlich angeschlagen. Und Andrej will noch nicht nach Hause. Er weigert sich, mit uns in das Taxi zu steigen, Igor wird wütend und schwups stecken die beiden in einer wilden Prügelei. Ich bin entsetzt! Für Igor und Andrej ist die Welt bereits am nächsten Tag wieder in Ordnung und sie reden miteinander, als wäre nichts gewesen.

Nach Igors Geburtstag kommt eigentlich als nächstes Weihnachten. Allerdings nicht in Russland, denn die orthodoxen Christen begehen ihre Feiertage nach dem alten, dem julianischen Kalender. Und da fällt Weihnachten auf den 7. Januar. Zusammen mit Ludmila bin ich gerade bei ihrer Mutter in Baikalsk und im Grunde merkt man gar nicht, dass Weihnachten ist, außer man geht in die Kirche - dort gibt es rund um die Uhr eine sluzhba, einen Gottesdienst. Man kann kommen und gehen wie man möchte, das ist hier wohl bei allen Gottesdiensten so üblich, oft dauern sie zwei bis drei Stunden. Wenn ich es richtig verstehe, sind die Gläubigen kein Teil der Zeremonie, sondern eher eine Art Zuschauer - sie gehen in die Kirche, um aufzutanken und sich dem Irdischen ein Stück weit zu entziehen. Ist dieses Bedürfnis gestillt, geht man wieder nach Hause.

Bei Einbruch der Dunkelheit machen wir uns auf den Weg und stapfen durch den Schnee zur Kirche. Weiße Weihnacht ist hier wohl garantiert! In der vollen Kirche zünden wir zunächst ein paar Kerzen an, danach stellen wir uns zu den anderen Gottesdienstbesuchern und lauschen den Sprechgesängen des Priesters. Eine Weile genießen wir die Atmosphäre und gehen dann wieder. Ich kann auch kaum mehr stehen, denn wie üblich gibt es keinerlei Sitzmöglichkeit in der Kirche. Wie machen das nur die alten Leute, die viel länger ausharren als wir? Später, als mich Ludmila mal in Deutschland besucht, ist sie ganz begeistert davon, dass man in unseren Kirchen sitzen kann!

Der kurze Kirchgang war quasi unser russisches Weihnachtsfest. In einigen Familien gibt es zwar schon noch ein besonderes Festtagsessen, aber weil Ludmilas Mutter uns jeden Tag mit einem Festmahl bewirtet, fällt der Abend da gar nicht aus der Reihe. Zur Abwechslung stelle ich wenigstens ein paar selbstgebackene Weihnachtsplätzchen und eine Kerze auf den Tisch - sozusagen als deutsche Tradition.

Später verrät mir Ludmila einige russische Bräuche, denn mit Weihnachten beginnt die Woche des Wahrsagens - bis zum 14. Januar kann man einiges über seine Zukunft erfahren. Schmeißt man zum Beispiel nach Mitternacht einen seiner walenki über seine Schulter über einen Zaun, zeigt der einem dann, in welcher Richtung der Zukünftige wohnt. Wir verschlafen Mitternacht dummerweise immer, nun muss ich also weiter in Ungewissheit leben ...

Was wir nicht verschlafen, ist täglich zum Baikal zu spazieren. Wie der Name Baikalsk vermuten lässt, liegt die kleine Stadt direkt an seinem Ufer und ich bin erstaunt, als wir am ersten Abend mit hohen Wellen und brausender Brandung begrüßt werden. Nach zwei Monaten Dauerfrost habe ich ehrlich gesagt eine stille Eisfläche erwartet. Bisher türmen sich aber nur am Ufer eingefrorene Wellen, was auf jeden Fall schon toll aussieht.

Am nächsten Tag dann, oh Wunder, ist der See ganz ruhig und fast flächendeckend von großen dünnen Eisplatten bedeckt, die durch die leichten Wasserbewegungen sanft auf- und abschweben. Jetzt friert der Baikal endlich zu! Am Tag darauf folgt eine herbe Enttäuschung: Das ganze Eis ist wieder futsch. Wo ist es hin? Oder ist es am Ende nur ein Märchen, dass der Baikal komplett zufriert?

Später auf der Rückfahrt nach Irkutsk, kommt mir eine betrübliche Erklärung in den Sinn, denn immer mal wieder entdecke ich weite Eisfelder auf dem See, dann wieder komplett eisfreie Stellen: Russland ist pleite. Eis für den ganzen See kann es sich nicht mehr leisten, also schwimmt es hin und her,

Mit Ludmila am vermeintlich zufrierenden Baikal

damit jeder mal was davon hat. Oder es war wirklich im Herbst zu lange zu warm ... Vermutlich wünscht sich niemand so sehr wie ich im Moment, dass es noch viel kälter wird, ich würde doch sooo gerne mal auf dem Baikal spazieren! Da das offensichtlich aber noch warten muss, suchen wir uns eine andere Beschäftigung: Wir gehen Skifahren. Naheliegend wäre auch Schlittschuhlaufen, denn wie in Deutschland Bolzplätze, gibt es hier im Winter überall katoks – Eislaufbahnen. Da ich Schlittschuhe aber mit kalten Füßen und unsicherem Herumwackeln verbinde, scheidet das für mich aus. Abgesehen davon, dass ich nicht Skifahren kann, behalte ich für mich, dass ich auch den ganzen Skizirkus nicht besonders reizvoll finde. Die Musik, die den ganzen Tag von dort oben über Baikalsk schallt, macht es nicht besser. Abfahrtski ist hier aber wirklich die Attraktion schlechthin und die Leute kommen von weit her dafür angereist, selbst Putin ist hier schon herumgewedelt. Da will ich mich nicht querstellen und wir gehen einfach mal schauen. Moderne Gebäude aus Holz bilden die Basisstation des Skigebiets und ich bin erleichtert, dass die Preise für uns jenseits von Gut und Böse liegen und wir uns das Ganze nur ein bisschen anschauen. Eingekleidet in fesche Skianzüge und coole Sonnenbrillen wird man samt Skiern oder Snowboard durch entwaldete Schneisen den Berg hinaufgeliftet, um dann über die verschiedenen Pisten wieder hinunterzufahren. Das Skifahren an sich macht sicher auch viel Spaß, aber Ludmila hat noch eine viel bessere Idee: Bei ihrer Mutter um die Ecke gibt es eine Sportschule, die schon in ihrer Kindheit existierte und dort kann man sich Langlaufskier ausleihen. Das machen wir! Und mit uns kommt noch Nina, eine alte Schulfreundin von Ludmila.

In einem sympathischen Holzbau befindet sich eine Turnhalle und tatsächlich ein Skiverleih - kein moderner Firlefanz, keine hohen Preise. Ein bisschen wehmütig tausche ich walenki gegen Skischuhe, aber vom ersten Moment an auf den langen Brettern, bin ich total begeistert!

Hinter der Sportschule fangen direkt Wald, Berge und ein weit verzweigtes Netz von Loipen an. Von der Schneelast sind die Äste der Bäume oft weit heruntergebogen und wir laufen mitten durch diesen verwunschenen Märchenwald. Schnell kommen wir in die absolute Stille, man hört selbst den Skizirkus nicht mehr, nur noch die leisen Geräusche unserer Skier, das Rascheln der Kleidung und unseren eigenen Atem. Sonst wirklich nichts. OK - bis auf die Momente, in denen ich mal wieder laut kreischend in den Schnee plumpse, immerhin befinde ich mich zum allerersten Mal auf Langlaufskiern. Geradeaus und bergauf laufen habe ich schnell raus, ich versuche einfach so gut es geht, Nina und Ludmila zu imitieren. Geht es bergab, wird es schwierig. Wird es mir zu schnell, lasse ich mich einfach fallen - das ist die einzige Bremstechnik, die sich mir erschließt. Gerade in den Bergabkurven verschwinde ich regelmäßig im Tiefschnee neben der Loipe. Sicherlich sieht es nicht sehr elegant aus, aber es ist wunderbar weich und scheinbar sieht es auch sehr gemütlich aus, denn sogar Nina und Ludmila fangen irgendwann an, sich absichtlich in den Schnee fallen zu lassen. Anschließend buddeln wir uns gegenseitig wieder aus - bestimmt wird das eine neue Trendsportart. Solange wir in Baikalsk sind, machen wir es auf jeden Fall täglich und ob nun auf Skiern oder gerade im Schnee verschwunden, das Dauergrinsen von meinem Gesicht ist einfach nicht wegzubekommen.

Übrigens hat Baikalsk auch in Deutschland einen gewissen Bekanntheitsgrad. So beliebt es für die Russen als Skigebiet ist, so bekannt ist es für viele Deutsche wohl wegen seiner Zellulosefabrik – einem regelrechten Umweltmonster. Das will ich nicht unerwähnt lassen.

Sicherlich ist daher Baikalsk einer der ganz wenigen Orte am Baikal, an dem ich nicht direkt aus dem See das Wasser trinken würde, aber dass der komplette See deswegen gefährdet ist oder gar kurz vor dem Umkippen steht, ist in meinen Augen doch etwas übertrieben. Es gibt zwar diese Fabrik und je nach Wind riecht man auch den leicht süßlichen Geruch im unteren Teil der Stadt. Und ja, die giftigen Abwässer werden scheinbar ungeklärt oder zumindest unzureichend geklärt direkt in den Baikal geleitet. Das ist sicher überhaupt nicht gutzuheißen! Aber auf die Gesamtheit des Baikals betrachtet, ist es auch nicht die absolute Katastrophe, zumal er aus drei Becken besteht, deren Wassermengen sich kaum miteinander vermischen. Betroffen von der Fabrik ist also im Prinzip „nur" der südliche Teil. Außerdem besitzt der Baikal ein hervorragendes Selbstreinigungspotenzial. Neben seiner enormen Tiefe und der riesigen Wassermasse - immerhin mehr als ein Fünftel aller Süßwasservorräte - reinigen klitzekleine fleißige Flohkrebse sehr effizient sein Wasser. Das soll alles keine Rechtfertigung dafür sein, dass man ihn deswegen fleißig verschmutzen könnte – bitte nicht! - aber es ist vielleicht eine Relativierung der Gefahr.

Außerdem geht die Entwicklung in Baikalsk scheinbar in die richtige Richtung: 2006 wird die Fabrik vermutlich wegen Verstoßes gegen Umweltauflagen

geschlossen und in den Jahren danach endlich ein geschlossener Abwasser-
kreislauf eingebaut. 2010 wird ein Teil wieder in Betrieb genommen. Seitdem
gibt es sowohl Gerüchte, dass die Fabrik komplett stillgelegt werden soll,
genauso wie es Gerüchte gibt, dass die Produktion wieder ausgeweitet wird.
Der aktuelle Stand der Dinge ist also nicht wirklich klar. Klar ist, dass die
Menschen in Baikalsk, so sehr sie ihren sauberen Baikal lieben, diese Fabrik
wollen. Sie ist der einzige Arbeitgeber vor Ort. Ein kleines bisschen habe ich
die Hoffnung, dass der Skizirkus daran etwas ändern kann. Auch wenn er
nicht meine Welt ist, aber für Baikalsk wäre es eine Chance, rund ums Jahr
mit Touristen Geld zu verdienen.

Kommen wir aber wieder zurück zu den ganzen Feiertagen in diesem Winter.
Eigentlich bin ich ja bei Weihnachten stehengeblieben und das „deutsche"
Fest im Dezember verstreicht fast unbemerkt. Wobei ich vorbereitend in
Igors Küche eine Menge Plätzchen backe und sie fleißig verteile.
Am 25. Dezember gehe ich zu einem Weihnachtskonzert in die Sankt Spiritus
Kirche und ganz spontan werde ich am Tag vorher zu einem Konzert in die
Irkutsker Waldorfschule eingeladen. Sowohl über die Schule, als auch das
Konzert bin ich sehr überrascht. Die enge deutsch-russische Verbindung
der Waldorfschulen war mir bisher gar nicht so bewusst, aber sie ist wirklich
offensichtlich - es wird sogar „Stille Nacht" und „Oh Tannenbaum" auf
Deutsch gesungen. Bei dem Konzert in der Aula fühle ich mich in meine
eigene Schulzeit zurückversetzt und hinterher wird mir von allen Seiten zu
Weihnachten gratuliert – ich bin gerührt! Da kann ich die Einladung der
Oberstufenschüler zu ihrem Kostümball in der nächsten Woche natürlich
nicht ablehnen. Voraussetzung ist allerdings, kostümiert zu erscheinen.
Bei Igor zu Hause gehe ich meinen Kleiderstapel durch und außer „Nicola"
fällt mir dazu leider nichts ein. Ein Kostüm extra kaufen, will ich nun aber
auch nicht. Bleibt nur eines: Ich kombiniere meine schludrigen Klamotten
einfach in ungewöhnlicher Reihenfolge und kräftigen Farbkombinationen,
flechte mir zwei abstehende Zöpfe, die ich mit Ostereierfarbe aus Igors
Kühlschrank orange färbe und fertig bin ich! Da ich Igors Badezimmer gleich
mitfärbe, bin ich froh, dass er mal wieder auf Geschäftsreise ist. Aber es
funktioniert und alle erkennen mich! Allerdings falle ich mit meinem Pippi-
Langstrumpf-Kostüm schon ein wenig aus der Reihe, die meisten auf dem Ball
sind Prinzessinnen oder Feen, unter den Männern gibt es fast nur Prinzen.

Zunächst vergnügen wir uns mit geselligen Spielen, dann wird getanzt. Für mich ist es natürlich eine große Ehre, als Caesar höchstpersönlich mich zum Walzer auffordert. Und wie gut, dass er so souverän führen kann ... Diese Kostümfeste vor dem Jahreswechsel sind hier ganz typisch, genauso wie die vielen Weihnachtsfeiern in Deutschland. Denn für die Russen ist nicht Weihnachten der wichtigste Feiertag im Jahr, sondern Novij god - Neujahr, also die Silvesterfeier. Natürlich sind es unterschiedliche Feste, aber irgendwie sind sie sich doch sehr ähnlich. Zwar bringt hier nicht der Weihnachtsmann die Geschenke sondern Djed Maros (Väterchen Frost) und seine Enkelin Snjegurotschka (Schneeflöckchen), aber Väterchen Frost sieht dem Weihnachtsmann verdammt ähnlich - es ist auch ein alter kräftiger Mann mit langem weißen Rauschebart. Allerdings ist sein langer Mantel nicht zwangsläufig Coca-Cola-rot, sondern oft blau oder auch silbern. Genauso ist die Kulisse vergleichbar: Zentraler Ort des Geschehens ist ein geschmückter Tannenbaum. Nach russischem Geschmack darf er nicht nur glänzend, sondern auch bunt geschmückt und beleuchtet sein - umso kitschiger, umso besser.

Zwar gibt es im Dezember in Russland keine Adventszeit, trotzdem merkt man, dass sich Neujahr immer mehr nähert. Häuser und Innenstädte werden mit Lichterketten und leuchtenden Sternen geschmückt, außerdem entstehen an vielen Plätzen der Stadt wunderschöne Eisskulpturen. Dazu werden riesige Eisblöcke aus den gefrorenen Flüssen herausgesägt und per Lkw in die Stadt gefahren. An Ort und Stelle werden sie dann mit Motorsäge, Meißel und anderen Werkzeugen bearbeitet – das Ergebnis sind richtige Kunstwerke: große Stadttore, Burgen und Kirchen, oder auch filigrane Märchenfiguren und wilde Tiere. Ich kann mich gar nicht daran sattsehen. Das durchsichtige Eis glitzert in der Sonne und ab der Neujahrsnacht werden die Skulpturen nach Einbruch der Dunkelheit von innen mit Lichtschlangen beleuchtet – großartig! Und immer ist bei den Bauwerken irgendwo eine Eisrutsche integriert, die von Jung und Alt mit großem Spaß heruntergesaust wird.

Die Neujahrsfeier selbst ist wie Weihnachten ein Familienfest und wird mit einem Festessen zu Hause gefeiert. Da ich hier keine Familie habe, wollte ich eigentlich zu Ludmila nach Baikalsk, aber ich finde keine Möglichkeit, am Silvester Vormittag dorthin zu kommen. Alle Plätze in den marschrutki sind belegt. Also bleibe ich in Irkutsk und Igor fährt spontan nicht zu seinen

Weihnachts- äh Neujahrsgänse - garantiert tiefgeforen!

Eltern, sondern kocht uns ein leckeres Silvestermenü. Ansonsten ist es ein sehr unspektakulärer Abend - wir schauen Fernsehen. Ein paar Minuten vor Mitternacht wird die Neujahrsansprache von Präsident Putin übertragen und anschließend das neue Jahr mit den Moskauer Kreml-Glocken eingeläutet. Diese Prozedur wird übrigens mehrfach in dieser Nacht vollzogen, je Zeitzone einmal[29]. Und je nachdem, wo man überall Familie oder gute Freunde hat, stößt man natürlich mehrmals auf das neue Jahr an. Das deutsche Neujahr um sieben Uhr morgens verschlafe ich allerdings.

Nach Mitternacht geht man nicht nur wegen des Feuerwerks nach draußen, sondern auch um einen Spaziergang durch die Stadt zu machen. Üblicherweise geht man zur jolka – einem Tannenbaum. Mit Igor laufe ich zu der Tanne auf dem zentralen Kirow-Platz, der große Neujahrsbaum dort ist mit vielen glänzenden Päckchen geschmückt und bunt beleuchtet. Vor der jolka stehen Djed Maros und Snjegurotschka, aus Eis gehauen. Überall werden Fotos gemacht und bei den Eisrutschen muss man anstehen, so viel Andrang herrscht. Es ist fast ein bisschen wie auf dem Rummel.

Und da den Russen eine Neujahrsfeier nicht reicht, wird auch das Starij Novij god, das alte Neujahr gefeiert, man kann es erahnen – nach dem alten Kalender. Es ist die Nacht vom 13. auf den 14. Januar. Mich laden Lena und

29 Seit 2010 gibt es „nur noch" neun Zeitzonen in Russland.

Max ein, zwei awtostopschtschiki (per Anhalter Reisende), die ich über den Hospitalityclub kennengelernt habe. Da Eliane & Thierry gerade mal wieder für ein paar Tage bei Igor wohnen, kommen die drei auch mit. Wir sind 15 gutgelaunte Gäste und verbringen den Abend mit lustigen Spielen. Wir drei Ausländer sind mit Abstand die Ältesten und freuen uns, wie spontan und ausgelassen die Jugend ohne einen Tropfen Alkohol feiern kann. Es wird tatsächlich nur Tee getrunken! Wir Alten kaufen auf dem Heimweg eine Flasche Wodka und stoßen zu Hause darauf an – Mann, wir sind ganz schön schlimm ... Natürlich trinken wir auch auf das alte neue Jahr, auf die Liebe und unsere Reisen, auf die Frauen und die Männer und dann ist die Flasche leer und in Moskau schon fast Starij Novij god (fünf Uhr). Und mein Fazit ist: Irgendwie gefällt mir die alte Neujahrsnacht besser als das normale Neujahr! Aber es ist noch nicht zu Ende mit der Feierei, es gibt noch ein drittes Novij god: das burjatische Neujahr. Und da die Burjaten ja Buddhisten sind, feiern sie natürlich das buddhistische Neujahr - sie nennen es Sagaalgan - und das wird nach dem Mondkalender gefeiert. In diesem Jahr fällt es auf den 29./30. Januar. Wir fahren dafür extra in das bekannteste und größte buddhistische Kloster der Region, nach Iwolginsk, in der Nähe von Ulan-Ude. Grund der weiten Reise ist eine ganz besondere Ausstellung.

Der Pandito Chambo-Lama XII Daschi-Dorscho Itigälow war zu Lebzeiten das buddhistische Oberhaupt von Burjatien, er ist 1927 verstorben. Man sagt, dass er im Lotussitz gestorben sei und auch so begraben wurde. Einer Vorhersage nach wurde er 2002, genau 75 Jahre nach seinem Tod, wieder ausgebuddelt und zeigte angeblich keine Anzeichen von Verwesung. Er, bzw. seine Haut, soll sogar noch atmen. Direkt nach der Ausgrabung war Itigälow bei seinen seltenen Audienzen allerdings so mit Tüchern verhüllt, dass man eigentlich gar nichts von ihm gesehen hat. Wer weiß, ob nicht doch nur eine Wachsfigur nachgebildet wurde ...

Lama Itigälow befindet sich in Iwolginsk und an diesem Sagaalgan soll er endlich mal wieder der Öffentlichkeit gezeigt werden. Das lockt selbst Igor ins Kloster, der mit Religion und sonstigem Hokus-Pokus nichts zu tun haben will. Bei strahlend blauem Himmel und winterlichen -30 Grad fahren wir also nach Iwolginsk.

Es ist toll, wie das Kloster in der ebenen und weiten Steppe mit all seinen bunten Gebetsfahnen in der Sonne strahlt. Im Uhrzeigersinn wandernd, drehen wir auf dem Gelände fleißig die teils riesigen Gebetsmühlen. Viele

Gläubige haben Gebetsketten in ihren Händen und murmeln während ihres Rundgangs ununterbrochen vor sich hin.

Wir brauchen nicht zu fragen, wo denn nun der Lama Itigälow zu sehen ist, die Schlange vor dem zentralen Haupttempel lässt keinen Zweifel. Im Tempel werden wir mit dem Menschenstrom durch den Raum geschleust. Vor dem besagten Lama, der nach wie vor im Lotussitz auf einer Art Thron sitzt, lässt ein Aufseher jeden Besucher nur ein paar Sekunden verweilen und dann wird man auch schon wieder aus dem Tempel rausgeschoben. Ob er nun echt ist oder doch nur aus Wachs – keine Ahnung. Mir hat der kurze Blick im Vorbeigehen nicht so viel gegeben, viel lieber hätte ich noch in Ruhe der Zeremonie der Mönche in der Mitte des Tempels zugeschaut. Die haben nämlich definitiv geatmet und hatten eine fühlbare Ausstrahlung. Schon wieder ein Fazit für mich: Ein Sagaalgan ohne Lama Itigälow wäre sicherlich intensiver.

Auch wenn mit dem dritten Neujahrsfest nun wirklich alle Jahreswechsel abgeschlossen sind, so heißt das nicht, dass es keine Feiertage mehr gibt - die Russen lieben Feiertage! Und fällt ein gesetzlicher Feiertag auf ein Wochenende, dann ist der Montag dafür frei. Manchmal werden auch noch arbeitsfreie Tage im Anschluss an den eigentlichen Feiertag gelegt, die müssen dann allerdings an einem Samstag oder Sonntag abgearbeitet werden.

Es gibt aber nicht nur die gesetzlich freien Tage, ich habe das Gefühl, jeden Tag gibt es irgendjemanden oder -etwas zu feiern: Tag der Lehrer, Tag des Radios, Tag des weiß ich nicht was ...

Für mich ist in diesem Winter der mit Abstand wichtigste Feiertag die Kreschtschenije (Taufe) am 19. Januar. Es ist, wie der Name schon vermuten lässt, ein orthodoxer Feiertag. Man könnte auch sagen, es ist der allgemeine russische Badetag. Dummerweise liegt er mitten im Winter, daher müssen dafür zunächst auf den gefrorenen Flüssen und Seen Löcher ins Eis gesägt werden.

Am Tag der Kreschtschenije fahren wir zum Angara Stausee etwas außerhalb von Irkutsk. Ein großes Areal auf dem Eis ist durch eine brusthohe Schneeschollenmauer abgegrenzt, darin wurden auf hohen Sockeln Kreuze und Engel errichtet, natürlich alles aus Eis. Vor dem blauem Himmel in der Sonne glitzernd, sieht das wunderschön aus. Sogar eine kleine Kapelle wurde aus dem absolut durchsichtigen Eis gebaut und innendrin steht eine große Schale mit Sand, in der man Kerzen anzünden kann. An den vier Eingängen hängen über Kopf Glocken in den Rundbögen. Eine davon soll ich unbedingt läuten, das gehört mit zum Ritual. Selbstverständlich habe ich mich vorher erkundigt, ich darf auch als nicht orthodoxer Mensch hier mitmachen, jeder ist herzlich willkommen.

Die meisten Menschen stehen oder knien dick eingepackt an einem bestimmt 15 Meter langen Eisgraben. Sie sind mit verschiedensten Aufbewahrungsgefäßen und Schöpfkellen ausgestattet, um das an diesem Tag gesegnete Wasser mit nach Hause zu nehmen. Was sie dort dann mit dem heiligen Wasser anstellen, weiß ich nicht so genau.

Es gibt noch ein weiteres Eisloch: Es ist etwas breiter, dafür nicht ganz so lang und bildet mit einem Quergraben die Form eines Kreuzes. Hier bin ich richtig, immerhin habe ich als unterste Schicht heute extra meinen Badeanzug angezogen. Das Wetter ist aber auch wirklich verlockend: Vor zwei Tagen waren es noch -37 Grad, heute ist es mit etwa -15 Grad, Windstille und strahlender Sonne fast frühlingshaft warm. Außerdem bin ich so mit Adrenalin vollgepumpt, dass mir das Ausziehen an dem Badeloch überhaupt nicht schwer fällt. Die Entscheidung, nun in das kalte, bzw. warme Wasser zu springen (es ist ja immerhin über null), wird mir abgenommen. Rechts und links neben dem Eisloch stehen nämlich zwei sympathische kräftige

Meine sibirische Taufe

Männer, die mich an den Oberarmen packen und ruckzuck dreimal in das Wasser untertauchen. Dann stehe ich wieder auf dem Eis, bzw. auf einer bereitgelegten Holzpalette - die ist notwendig, damit man barfuß nicht am Eis festklebt. Am ganzen Körper kribbelt es, die Haut piekt wie lauter kleine Nadelstiche und ich fühle mich so richtig lebendig - hurra, ich bin sibirisch getauft!

Übrigens sind wir zu fünft hier an der Angara: Igor, sein Freund Andrej, die Journalistin Oksana, die über meine Taufe in der Zeitung berichten will, der Fotograf Sergej und ich. Und wer von uns ist wohl baden gegangen? Die drei Männer haben gut eingepackt neugierig zugeschaut und Oksana und mir nach dem Bad die Handtücher gereicht. Ich ziehe Igor damit noch eine ganze Weile auf. Ein Jahr später bekomme ich von ihm eine Mail mit Beweisfoto: Er und Andrej waren zum ersten Mal in ihrem Leben Eisbaden – als Antwort auf meine unausgesprochene Herausforderung.

Winterausflüge: glatte walenki & eisfester Wanjuscha

Immer mal wieder versuche ich Igor in diesem Winter zu gemeinsamen Aktivitäten zu animieren. Einzig ins Theater kommt er einmal mit - auf meinen Vorschlag, doch einfach mal ein paar Stationen mit der elektritschka raus aufs Land zu fahren und dort durch die Taiga zu spazieren, reagiert er verständnislos. Sein Kommentar: „Da ist Wald, da liegt viel Schnee und da ist es kalt. Was willst Du dort also, das kann ich Dir auch so erzählen."
Aber Igor hat Lust auf einen Abstecher nach Arschan, denn es liegt quasi fast auf dem Weg zu unserem buddhistischen Neujahrsausflug nach Iwolginsk. Arschan ist ein beliebter Kurort gut 100 Kilometer westlich vom Baikal. Ich freue mich über die Idee und verzichte darauf, lieber öffentliche Verkehrsmittel benutzen zu wollen - Igor besteht darauf, mit dem modernen Jeep seiner Eltern zu fahren.
Da wir ein paar Tage in Arschan bleiben wollen, suchen wir dort angekommen zunächst eine Unterkunft. Jetzt in der Nebensaison sollte das kein Problem sein und man erkennt Privatquartiere an einem Schild „zhiljö" (Wohnraum) am Gartenzaun. Igor hält vor einem dieser Häuser und ich will gerade aussteigen, da hupt er einfach. Irritiert frage ich ihn, was das solle? „Na ja, wenn die uns etwas vermieten wollen, soll doch bitteschön jemand rauskommen."

Ich bin froh, dass niemand reagiert, denn mir ist das Verhalten ausgesprochen peinlich - es ist mir eh schon unangenehm genug, in einem protzigen japanischen Jeep zu sitzen. Beim nächsten Quartier das Gleiche. Beim dritten Versuch bin ich dann schneller und bevor Igor richtig zum Stehen kommt, springe ich aus dem Auto und klopfe am Gartentor. Igor hupt nun nicht, sondern steigt auch aus. Als kurz darauf eine Frau über den Hof kommt, ermahnt er mich, nun aber ja kein Wort zu sagen. Klar verstehe ich warum: Er hat Angst, dass ich mit meinem Akzent den Preis in die Höhe treibe. Amüsiert frage ich mich, wer oder was denn da den Preis hoch treibt: die mit walenki und abgetragenen Klamotten gekleidete Ausländerin oder der fette Jeep mit dem coolen Großstadttypen? Die Frau ist auf jeden Fall sehr nett und wir können zu einem günstigen Preis ein kleines Häuschen auf ihrem Hof mieten. Es ist eigentlich nur ein Zimmer mit einer Essecke, zwei Betten und natürlich einem großen Ofen, perfekt für uns und sehr gemütlich. Später kaufe ich bei der Vermieterin Teekräuter, die sie in den Bergen gesammelt hat, und sie erklärt mir sehr geduldig, wofür die einzelnen Pflanzen gut sind – alles ohne Preisaufschlag ...

Mit Igor schlendere ich durch Arschan - ein großes Dorf, in dem auch im Winter die Kühe auf der Straße herumlaufen. Mit ihrem Winterfell sehen sie richtig niedlich aus. Um den Euter haben sie ein wärmendes Stück Stoff gebunden, die Milch soll ja bei den derzeitig normalen -20 bis -30 Grad nicht einfrieren. Auch der Bach, der durch Arschan fließt, friert nicht zu, sondern dampft wunderschön vor sich hin, denn er wird durch heiße Quellen gespeist. Diese Heilquellen machen den Kurort so bekannt und das warme Wasser schmeckt leicht schwefelig und ist bestimmt sehr gesund.

Und hier im Urlaub hat selbst Igor nichts mehr gegen Spazierengehen! Wir besuchen das nah gelegene buddhistische Kloster und dann wollen wir eine richtige Wanderung machen - wir wollen in die Berge. Arschan liegt sehr malerisch am Fuße des Sajan-Gebirges, dessen anderes Ende ich ja bereits in Tuwa kennengelernt habe. Morgens kann ich von meinem Bett die Berge im Sonnenlicht erstrahlen sehen - klar, dass mir da die Füße jucken.

Im Sommer ist Arschan ein beliebter Ausgangspunkt für Bergtouren und jetzt im Winter soll ein Weg zu einem eingefrorenen Wasserfall begehbar sein. Allerdings merke ich schnell, dass meine geliebten walenki kein ideales Schuhwerk für Bergwanderungen sind - die Filzsohle bietet so gar keinen Halt. Berghoch geht es ja noch irgendwie und ich nehme meine Hände zur Hilfe, um mich an Bäumen, Felsen oder an Igor festzuhalten und hochzuziehen.

Wir, bzw. ich muss jedoch einsehen, dass ich es nicht bis zu dem Wasserfall schaffe, aber auch unser Teilstück des Weges wird von bizarr eingefrorenem Wasser gesäumt.

Igor amüsiert sich über die Art und Weise, wie ich spazieren gehe. Endlich sieht er seine Meinung bestätigt, dass walenki kein vernünftiges Schuhwerk sind. Auf dem Rückweg kommt er aus dem Lachen gar nicht mehr raus. Nachdem ich Igor ein paar Mal als Prellbock benutzt habe und wir beide auf dem Boden landen, ändere ich meine Taktik: Ich rutsche einfach auf meinem Hosenboden talwärts. Leider ist es kein reines Vergnügen und hinterlässt eindrückliche Spuren an meinem Hintern, aber es funktioniert.

Von Arschan fahren wir nicht direkt zur Neujahrsfeier nach Iwolginsk, sondern machen vorher noch einen kleinen Abstecher zu Alex & Carsten nach Maksimicha. Scheinbar habe ich Igor so viel davon vorgeschwärmt, dass ihm die zusätzlichen 500 Kilometer auch egal sind. Ich finde das natürlich klasse!

Typisch Igor, macht er sich aber gleich am Anfang nicht sonderlich beliebt, sondern fragt als erstes, noch bevor er Alex & Carsten begrüßt, wo denn sein Auto hin soll. Er will es auf keinen Fall hier auf dem Dorf auch nur eine Sekunde unbeaufsichtigt auf der Straße stehen lassen. Carsten schnappt sich anstelle einer Begrüßung eine Schneeschaufel und schaufelt, schaufelt und schaufelt – bis endlich Igors Wagen hinter dem Hoftor Platz findet.

Den etwas unglücklichen Start macht Igor beim Abendessen wieder wett – er macht für uns schaschlyki und was für welche! Die Fleischlappen sind so groß, dass sie mit zwei Spießen gehalten werden müssen. Dieses Riesenschaschlyk nennt sich tschelagatsch und kommt wohl ursprünglich aus Georgien. Ehrensache, dass Igor das Fleisch vorher selbst mit Zitrone, Gewürzen und Zwiebeln eingelegt hat - russisch professionell in einer großen Plastiktüte. Nie konnte ihn ein Spaziergang durch die Taiga hinterm Ofen hervorlocken, nun ist er gar nicht mehr zu bremsen. Wie beim Grillen wird das Fleisch beim schaschlyk-Braten auf Holzfeuer gegart, die -30 Grad draußen sind da völlig egal. Das Ergebnis schmeckt köstlich!

In Maksimicha gibt es eine wunderbare Neuigkeit: Der Baikal ist endlich zugefroren! Ganz aufgeregt betrete ich das Eis. Hier in der Bucht vor Maksimicha ist es in diesem Winter zwar meist schneebedeckt, aber dank des Windes gibt es auch einige spiegelglatte Stellen, die in der Sonne glänzen. Wir legen uns darauf und schauen durch das glasklare Eis. Darunter scheint es tiefschwarz zu sein, was wohl durch die Tiefe des Wassers kommt - teilweise sieht man eingeschlossene Luftblasen, manchmal auch kleine Pflanzenteile. Es gibt weitverzweigte Risse und bereits wieder zugefrorene Eisspalten, an machen Stellen liegen Eisschollen wie Geröllfelder übereinander - hier war wohl beim Zufrieren starker Seegang. Wir kriegen uns gar nicht mehr ein, so schön ist es!

Weit draußen in der Ferne fährt ein Auto über den See, es ist bestimmt ein Fischer und ich bekomme plötzlich Sehnsucht nach Wanjuscha. Kann er das nicht auch? Wanjuscha auf dem Baikal – ein Gedanke, der mich nicht mehr loslässt ...

Zurück in Irkutsk freue ich mich nicht nur, Wanjuscha von meiner Eisfahrt-Idee zu erzählen, sondern stelle erschrocken fest, dass es bereits Februar ist und der Winter, und damit auch mein russisches Visum, gar nicht mehr so lange dauert. Es ist der erste „echte" Winter in meinem Leben. Temperaturen von -15 bis -25 Grad sind für mich normal geworden und erst wenn es noch kälter wird, habe ich das Gefühl: „Oh - heute ist es aber kalt!" Die trockene Kälte mit viel Sonnenschein ist überhaupt nicht zu vergleichen mit dem oft nasskalten Schmuddelwetter in Deutschland.

Natürlich packt man sich auch gut ein und würde niemals ohne Mütze oder Handschuhe aus dem Haus gehen – und ich nur selten ohne meine walenki. Das Straßenbild in Irkutsk ist geprägt von Pelzmützen und -mänteln, in fast allen Farben und Variationen. Jacken, Mützen und meist auch die Handschuhe werden unterwegs immer angelassen. Komme ich in ein Geschäft, setze ich als erstes meine Mütze ab und öffne die Jacke – ansonsten ist es mir viel zu warm. Oft werde ich dabei seltsam beäugt, als ob ich nun nackt wäre. Später erzählt mir ein Russe, die Mützen würden nicht abgesetzt, weil ja dann die Frisur zerstört würde. Vielleicht schauen die Leute also auch wegen meiner demolierten Frisur so komisch.

In Bus oder Straßenbahn ist es allerdings angebracht, warm angezogen zu bleiben, dort ist es oft nur einige Grad wärmer als draußen und ein Winterphänomen ist da besonders auffällig: Alle Scheiben sind zugefroren. Ich bin froh, die Stadt schon zu kennen und mittlerweile mehr oder weniger blind meine Ausstiegshaltestellen zu finden. Fahrdauer und Kurven dienen als gute Hinweise. Kleine Gucklöcher ins Eis zu kratzen, ist meist nicht so effektiv. Generell wird hier mit dem Winter gelebt, nicht dagegen angekämpft. Nur bei wirklich viel Neuschnee wird er mit Lkw aus der Stadt gefahren, ansonsten wird eigentlich nicht geräumt, sondern der Schnee einfach festgefahren und -gelaufen. Das Stadtbild sieht dadurch sehr schön winterlich aus und viele Straßen lassen sich durch die verschwundenen Schlaglöcher viel besser fahren als im Sommer.

Bis es im Januar so richtig kalt wurde, sind weiterhin 95 Prozent der Frauen mit ihren Pfennigabsätzen über den vereisten Schnee gestöckelt – ohne sichtliche Schwierigkeiten. Mir kam der Gedanke, dass ihre Absätze wie Eispickel funktionieren. Mittlerweile laufe ich zum Glück auch nicht mehr wie auf rohen Eiern, sondern bewege mich ganz souverän durch die Stadt.

Trotz der Kälte gibt es weiterhin im Freien Marktstände, bei denen man alles Mögliche kaufen kann. Auch wenn mir die Kälte im Prinzip nichts ausmacht, ist es für mich unvorstellbar, den ganzen Tag draußen auf einer Stelle zu verbringen. Die Verkäuferinnen sind echt hart im Nehmen! Und kauft man bei ihnen Lebensmittel, sind die garantiert tiefgefroren.

Eigentlich hatte ich ja überlegt, im Winter etwas zu arbeiten. Immer wieder ist mir das Angebot von Sankt Spiritus durch den Kopf gegangen, mit Straßenkindern zu arbeiten, und manchmal bedauere ich, dass ich es nicht angenommen habe. Nun ist die Zeit aber so schnell verflogen, dass es leider nicht mehr klappen wird.

Das Angebot von Tanja, für Oriflame im Vertrieb tätig zu werden, habe ich erst gar nicht weiter verfolgt. In der Kosmetikbranche wäre ich wohl auch eher eine Witzfigur. Als ich Igor von dieser Jobmöglichkeit für mich erzähle, fällt er vor Lachen fast vom Stuhl - er kennt mich schon gut. Er ist überhaupt ganz fasziniert von mir und ganz besonders von meinen löchrigen T-Shirts, die meiner Meinung nach noch völlig in Ordnung sind.

Da ich mich selbst als ziemlich normal betrachte, fällt mir gar nicht auf, was so ungewöhnlich an mir ist. Igor zeigt es mir immer wieder. Als ich neulich nach draußen wollte, meinte er, während ich den Schal um meinen Hals wickelte und die Türklinke schon in der Hand hatte: „Du bist echt nicht russisch!" Abgesehen davon, dass ich das natürlich weiß, will ich wissen, was so merkwürdig daran ist, dass ich mich anziehe, bevor ich rausgehe? „Du hast nicht ein einziges Mal dabei in den Spiegel geschaut!" Eine russische Frau würde vermutlich niemals das Haus verlassen, ohne einen letzten kritischen Blick in den Spiegel zu werfen. Ich dagegen habe bis zu diesem Moment noch gar nicht bemerkt, dass im Flur überhaupt einer hängt. Mir ist aber schon aufgefallen, dass sich Igor vor jedem Aus-dem-Haus-Gehen kurz mit einem

Lappen über seine Schuhe putzt. Gut, dass das bei walenki sowieso Quatsch wäre.

Wenigstens ein Jobangebot in diesem Winter will ich annehmen und zwar das von Nikita auf Olchon - unbedingt möchte ich nochmal auf die Insel im Baikal! Und Wanjuscha nehme ich einfach mit. Vielleicht wird ja was aus einer gemeinsamen Eisfahrt und sei es nur für ein paar Meter. Damit das aber überhaupt funktionieren kann, braucht Wanjuscha Spikes.

Mittlerweile sind in Irkutsk aus den Radläden Wintersportgeschäfte geworden, Fahrradmäntel mit Spikes gehören da glücklicherweise mit ins Sortiment. Ich komme mit dem Verkäufer Dima ein wenig ins Gespräch, er ist ein Rund-ums-Jahr-Radfahrer. Und anstatt dass er mir nun neue, durchaus nicht ganz billige Mäntel mit Spikes verkauft, leiht er mir einfach seine zur Zeit ungenutzten. Die Hilfsbereitschaft hier ist echt unglaublich!

Vorsichtig wecke ich Wanjuscha aus dem Winterschlaf und ziehe ihm die rutschsicheren Mäntel auf. Ich bin erstaunt, wie klein und unscheinbar die Spikes sind - es sind abgeflachte Metallstifte, die nur ein bis zwei Millimeter aus dem Mantel herausragen. Ich hatte mir unter Spikes immer spitze Nägel vorgestellt. Mal schauen, ob das auf dem Eis mit den flachen Dingern wirklich funktioniert.

Es ist ein wunderbares Gefühl, endlich mal wieder die Packtaschen zu füllen und ich werde richtig aufgeregt dabei. Zur Sicherheit nehme ich auch das Zelt mit, wer weiß, wofür man es gebrauchen kann. Die Thermoskanne, die mir Ludmila geliehen hat, ist mit Sicherheit von großem Nutzen! Am Abend, bevor es losgeht, kommt sie kurz vorbei, und nachdem wir ausgiebig Tee getrunken haben, stellt sie als Abschiedstrunk zwei Flaschen Bier auf den Tisch. Eine Logik, die ich wohl nie verstehen werde: Obwohl sie kaum Geld hat, hat sie die teuerste Marke gekauft. Aber es hat auch eine gewisse Komik. Sie erklärt ihre Wahl damit, dass sie zur Feier des Tages helles echtes deutsches Bier kaufen wollte. Auf dem Tisch stehen zwei Flaschen Guinness[30].

Im Morgengrauen geht es dann endlich los: Endlich mal wieder mit dem Rad. Die Fahrt zum Busbahnhof in Irkutsk ist unsere erste Winterteststrecke und obwohl ganz schön anstrengend, ist es herrlich zu radeln. Und es rutscht überhaupt gar nicht, aber noch ist es ja auch kein spiegelglattes Baikaleis ...

Da die marschrutka nur bis zum Fährhafen fährt und ich von dort aus ein Taxi rüber auf die Insel nehmen müsste, beschließe ich eine erste Eisfahrt

---

30 = dunkles irisches Bier (als Info für die Nichtbierkenner)

zu wagen. Ich bekomme außerdem die Info, dass die kürzeste Strecke nach Chuzhir von der Tschaika-Bucht ausgeht - wenn das mal kein Zeichen ist! Also lasse ich mich oben am Berg absetzen, dort, wo ich im Herbst zum ersten Mal den Baikal gesehen habe – nur, dass diesmal statt des blauen Baikalwassers eine weiß verschneite Eisschicht zwischen Festland und Insel zu sehen ist. Wieder bin ich überwältigt und bekomme eine Gänsehaut! Für einen kurzen Augenblick überlege ich, unten in „meiner" Bucht zu übernachten, aber die Sonne scheint und ich will aufs Eis. Ich frage einen Jeepfahrer, der gerade von dort kommt, wo es lang geht. Er wundert sich, warum ich nicht die Hauptstrecke an der Fähre fahre, versteht aber, dass ich die ganze Strecke bis Chuzhir auf dem Eis fahren will und nicht über die Berge der Insel. Er meint, dann gehe es einfach immer geradeaus, es sei aber viel Schnee in diesem Jahr und daher sicher anstrengend zu fahren.

Der Anfang ist aber völlig problemlos und der Schnee festgefahren, es gibt eine regelrechte Straße. Deutlich ist die Fahrspur auf dem Eis zu erkennen; fahre ich mal ein Stückchen neben der Spur, wird mir mulmig, obwohl das natürlich quatsch ist   das Eis unter mir bleibt ja das Gleiche. Aber als absoluter Eisanfänger muss ich mich erst einmal an den neuen Fahruntergrund gewöhnen.

Als die Fahrspur in eine Nachbarbucht abbiegt, ist klar: Nun muss ich meinen eigenen Weg übers Eis finden, denn Richtung Olchon geht es weiter geradeaus. In der Ferne sieht es so aus, als ob dort auch wieder eine Fahrspur sei, aber es entpuppt sich als eine Sollbruchstelle mit aufgestapelten Eisschollen. Es macht einen gespenstischen Eindruck und ganz fürchterliche Knackgeräusche. Eine Weile bin ich unentschlossen - weil aber klar ist, dass ich da rüber muss, nehme ich all meinen Mut zusammen und bugsiere Wanjuscha über das zusammengeschobene Eis. Das funktioniert völlig problemlos. Irgendwann treffe ich dann sogar wieder auf eine Fahrspur in meine Richtung - ich bin beruhigt und es macht richtig Spaß über den Baikal zu fahren!

Allerdings bin ich nach der Hälfte der Strecke, nach etwa 25 Kilometern, bereits ziemlich müde. Durch die vielen Schneefelder zu fahren ist wirklich anstrengend. Zum Glück fahre ich meist mit Rückenwind. Kommt er zwischendurch mal von der Seite, werden wir ganz schön abgetrieben - gar nicht auszudenken, wie das ohne Spikes wäre. Mit Spikes funktioniert das Radeln auf dem Eis ganz wunderbar! Wären da nicht die Geräusche, wäre ich wohl ziemlich entspannt.

Zunächst denke ich, die lauten Knallgeräusche kämen von Jägern, die am Festland unterwegs sind. Die Gewehrschüsse rücken aber immer näher, bis es sogar direkt unter mir kracht. Das können definitiv keine Jäger sein, das ist Physik: Das Eis lebt, es dehnt sich bei Temperaturschwankungen aus oder zieht sich zusammen, es entstehen Eisspalten oder Eisauftürmungen. Die meisten Spalten sind nur millimetergroße Haarrisse, manchmal auch 5 - 10 Zentimeter, selten breiter als 20 Zentimeter. Fast alle sind schon längst wieder zugefroren, manchmal treffe ich aber auch auf ganz frische Bruchstellen. Bei einer Eisauftürmung quer zu meiner Fahrtrichtung schwappt sogar noch das flüssige Wasser auf dem Eis, trotzdem krabbele ich nach einigem Zögern samt Wanjuscha trockenen Fußes über die Eisschollen rüber. Adrenalin pur!

Später erfahre ich, dass dieser Eisbruch erst in den letzten Tagen entstanden ist und sich die Autos noch nicht hinübertrauen. Vielleicht sehe ich deshalb keines weit und breit. Den heimlichen Plan, vielleicht noch nach Maksimicha zu radeln, gebe ich auf jeden Fall in diesem Moment auf. Luftlinie über das Eis ist es mit sechzig Kilometern ja gar nicht so weit, aber wenn es hier in Inselnähe schon so spannend ist, möchte ich das Gleiche nicht mitten auf dem See erleben. Das hält mein armes Herz nicht aus. Aber immerhin haben

Der zugefrorene Baikal - das Eis lebt!

Der Schamanenfelsen von Olchon

wir es geschafft: Wanjuscha und ich auf dem Baikal! Nach einem herrlichen Sonnenuntergang komme ich total erledigt und total glücklich im Dunkeln bei Nikita an.

Weil die Absprache mit Nikita Kost und Logis gegen zwei, drei Stunden Arbeit am Tag ist, bin ich zunächst etwas unsicher, als Nikitas Frau Natascha meint, ich solle mich erst mal ausruhen. Dann nutze ich aber meinen freien Tag für einen weiteren Eisausflug. Mit Wanjuscha zusammen umrunde ich den Schamanenfelsen auf dem Eis, ganz gemütlich und mit vielen Pausen, um staunend das Eis zu bewundern. Es ist so unterschiedlich: Hier vor Olchon ist es oft weiträumig spiegelglatt, zwischendurch gibt es immer wieder Stellen mit richtiger Buckelpiste. Sehr schön sind auch die weiten Felder, an denen tellerförmige Eisschollen auf dem Wasser schwimmend festgefroren sind. Dank Ludmilas Thermoskanne friere ich nicht fest, im Gegenteil – ich kann mitten auf dem Eis eine Teepause einlegen. Gestern hat der heiße Tee mir viel Kraft gegeben, heute ist es einfach nur Vergnügen.

Vergnügen bleibt der komplette Aufenthalt auf Olchon - auch die Arbeit gehört dazu. Die ist sehr überschaubar und für mich wie eine Bestätigung, dass ich zumindest schon ein bisschen Russisch verstehe. Wie abgesprochen übersetze ich die aktuelle Internetseite von Nikitas turbasa vom Russischen ins Deutsche. Außerdem übersetze ich noch ein Theaterstück für Wlad. Er ist Regisseur und stellt schon zum wiederholten Male ein Auftritt mit den Kindern von Olchon auf die Beine. Mit Nikitas Unterstützung können sie damit sogar auf Reisen gehen - mit dem letzten Stück waren sie in Polen, Deutschland und Frankreich.

Auch hier bei Nikita gibt es ein internationales Gewusel, zur Zeit hauptsächlich mit Gästen aus Frankreich und Deutschland sowie einem Engländer als Arbeitsgast wie ich. Bertie studiert Russisch und Italienisch und reist zur Sprach- und sicher auch Selbstfindung. Ich erkenne ihn zunächst gar nicht als den Engländer, von dem mir Natascha schon erzählt hat. Mit seinen langen schwarzen Rastalocken und den asiatischen Gesichtszügen, die er von seiner japanischen Mutter hat, wirkt er eher wie ein Weltenbürger.

Als Lalida ein paar Tage später ankommt, weiß ich bereits, dass sie Deutsche ist, denn wir kennen uns aus Irkutsk. Durch ihren thailändischen Vater hat auch sie kein typisch europäisches Gesicht und wie Bertie studiert sie Russisch und ist zum Sprachtraining für ein halbes Jahr vor Ort. Im Moment hat Lalida Besuch von drei Freunden aus Deutschland und zusammen machen sie Urlaub auf Olchon. Mit Anfang zwanzig sind sie zur Zeit die jüngsten Gäste. Ganz irritiert erzählen sie mir, wie albern sich die anderen Touristen auf ihrer Exkursion zur Nordspitze der Insel verhalten hätten. Die vier mit ihnen fahrenden Franzosen hätten die ganze Zeit gescherzt und gelacht, sogar eine Schneeballschlacht hätten sie gemacht - und das, obwohl sie doch schon so alt seien.

Die vier Franzosen kenne ich, es sind sympathische, knapp über 30-Jährige, von denen zwei bei der französischen Botschaft in Moskau arbeiten - ich finde sie in keinster Weise verhaltensauffällig. Unausgesprochen steht im Raum, dass mit dreißig doch wohl der Spaß am Leben aufhört. Ich grinse in mich hinein - da passt es ja, dass ich alte Dame mit den jungen Mädels zusammen in einer Jurte wohne. Und ab und zu lache ich sogar und habe Freude am Leben!

Vielleicht liegt es allerdings tatsächlich an der Jugend, dass unsere Jurte zum abendlichen Versammlungsort aller Nationen wird. Neben Bertie sind fast immer zwei Gastarbeiter aus Zentralasien mit dabei: Mumin aus Usbekistan und Mansur aus Tadschikistan. Mumin ist hauptsächlich für die Elektrik in der turbasa zuständig und Mansur sehe ich meist dabei, wie er fleißig alle Öfen mit Holz versorgt. Er macht wirklich einen guten Job, denn wir sitzen oft im T-Shirt in der Jurte.

Natürlich ist auch Russland in unserer Runde vertreten. Die zwei Dolmetscherinnen Zhenja und Olga gesellen sich zu uns, ebenso Wlad, und auch Nikolaj schaut ab und zu mit seinem Akkordeon vorbei. Abends gibt er in der turbasa manchmal Konzerte. Bertie, der Nikolaj dabei unterstützt, hat immer eine Gitarre dabei. Sowohl sprachlich als auch musikalisch geht es bunt durcheinander, wir bringen uns aus den einzelnen Ländern gegenseitig unsere Lieder bei. Ich bin ganz froh, dass Lalida & Co als begeisterte Pfadfinder sehr singfreudig sind und die Leitung für den deutschen Beitrag übernehmen. Wir schaffen es, mit allen „hey, ho, spann den Wagen an" im Kanon zu singen! Wohl am exotischsten klingt das tadschikische Lied von Mansur, es nennt sich „Bewafo äram". Leider schaffen wir es nur beim Refrain die letzte Silbe mitzusingen, da fast alle Zeilen auf „...ammm" enden.

Ich genieße diese Abende mit so vielen unterschiedlichen Menschen und doch sind wir uns auch ganz schön ähnlich: Wir sind alle neugierig und offen für die Welt der Anderen. Mir gefällt, dass wir nicht nur international gemischt sind, sondern auch die Stellung egal ist. Ob nun „reicher" Tourist, „armer" Gastarbeiter oder „normaler" Angestellter – es hat keine Bedeutung.

Besonders gut verstehe ich mich mit Mumin. Nach Feierabend spazieren wir manchmal gemeinsam zum Baikal. Mumin ist das erste Jahr als Gastarbeiter bei Nikita. Er würde hier gerne so lange arbeiten, bis er genug Geld für einen Lkw hat, mit dem er dann Holz von Sibirien nach Usbekistan exportieren will. Eine Verbindung, die auch schon in seinen Genen steckt: Seine Mutter ist eine Russin aus Irkutsk. Mit dunklen Augen und schwarzen Haaren kommt er optisch aber ganz nach seinem usbekischen Vater. Mumin meint, ich solle unbedingt auf dem Rückweg bei seiner Familie vorbeifahren und schreibt mir seine Adresse in Usbekistan auf.

Zu meiner Freude darf ich bei Nikita auch an Exkursionen teilnehmen. Mit einem russischen Kleinbus, einem Uasik, der mit seinen abgerundeten Ecken und runden Scheinwerfern viel Charme ausstrahlt, schaukeln wir über die Insel und vor allem über das Eis zur Nordspitze von Olchon. So ein Uasik ist übrigens nicht nur schön - durch Allradantrieb und hohe Bodenfreiheit kommt er auch überall durch. Immer wieder halten wir unterwegs an und bestaunen die verschiedensten Eisformationen: von den Felsen am Ufer herunterhängende riesige Eiszapfen, zu Höhlen eingefrorene Brandung und

Steine, die mit glasklarem Eis dick überzogen sind und wunderschön in der Sonne glänzen.

Um das Nordkap herum ist viel Bewegung im Eis, vermutlich weil hier das Kleine Meer in den großen Baikal übergeht und Wasserströmungen von allen Seiten aufeinanderstoßen. Teilweise türmen sich die Eisschollen über zwei Meter hoch - das sieht ganz schön wüst aus, und es klingt auch so. Dabei habe ich mich mittlerweile eigentlich ganz gut an die ganzen Geräusche gewöhnt, eigentlich ... Mit unserem Fahrer Sergej fachsimple ich gerade über das Eis, seine Dicke und die Gefahren oder nicht Gefahren, als es ganz in unserer Nähe laut knallt und ein richtiges Beben zu spüren ist. Ich erschrecke total, springe zur Seite und schaue mich wohl leicht panisch um, wohin ich mich retten kann. Sergej lacht und fragt mich, in welche Richtung ich denn laufen wolle? Ich muss nun auch lachen – um uns herum ist überall Eis, kein Ufer weit und breit.

Mein Verstand weiß ja auch längst, dass es zur Zeit völlig ungefährlich auf dem Eis ist. Es ist mittlerweile 1½ Meter dick. Bereits ab zwanzig Zentimeter Eisstärke wird der Baikal mit Autos befahren und in Nächten, die -30 Grad und kälter sind, wächst die Eisschicht mindestens um fünf Zentimeter. Jetzt im tiefsten Winter, soll es angeblich stabil genug für eine Jumbo-Jet-Landung sein.

Ich erzähle Sergej augenzwinkernd von meiner abenteuerlichen Eis-Radtour vom Festland bis nach Chuzhir und auch davon, dass ich dabei meine Idee begraben habe, rüber nach Maksimicha zu radeln. Auch wenn ich es mittlerweile nicht mehr als lebensmüde einstufe, aber bei schlechter Sicht ist die Gefahr schon ganz schön groß, auf dem Eis die Orientierung zu verlieren. Und meine improvisierte Winterausrüstung hat sich zwar bei meinen gelegentlichen Draußenaktivitäten bewährt, ist aber für den dauerhaften Einsatz ohne warmen Ofen nicht geeignet. Ich möchte den Baikal nicht herausfordern.

Sergej findet diese Entscheidung richtig, denn gerade die direkte Verbindung Olchon-Maksimicha kann tückisch und das Eis auch schon mal durch warme Stellen brüchig sein. Nur Leute mit jahrelanger Eiserfahrung kennen sich da aus. Trotzdem gibt das Gespräch meiner Maksimicha-Idee erneut eine Wendung. Sergej erzählt mir nämlich, dass in den nächsten Tagen die Rallye Murmansk-Wladiwostok bei Nikita erwartet wird. Ihre Rennstrecke soll quer über das Eis gehen, fast genau dahin, wo Maksimicha liegt, und es soll extra eine Straße für die siebzig Jeeps über den Baikal gebaut werden. Ich horche auf. Wenn ich nicht alleine über das Eis fahren müsste und dann noch auf einer Straße (wie auch immer die aussehen mag), dann ist es ja vielleicht doch machbar? Sergej schlägt vor, die nächste Exkursion einfach nach Usuri zu machen, dem kleinen Ort auf der anderen Seite der Insel, von wo aus die Eisquerung starten soll. Dort können wir ja vielleicht Genaueres herausbekommen.

Tatsächlich sehen wir so etwas wie Bauarbeiten, als wir in Usuri ankommen. Auf dem Eis liegt ein großer Haufen mit langen Ästen und ein Auto mit Hänger steht bereit zum Weitertransport. Die Männer bestätigen das Gerücht: Ja, sie bauen hier eine Straße über den Baikal – etwa sechzig Kilometer lang. Sie suchen nach einem guten Weg und wollen dann immer in Sichtweite einen der Zweige in vorgebohrte Eislöcher stecken. Noch sind sie bei den Vorbereitungen, aber ich habe volles Vertrauen in die Straßenbauer. Meine Idee, nach Maksimicha übers Eis zu radeln, ist wieder aufgenommen!

Allerdings weiß ich nicht, ob ich es wirklich per Fahrrad bis ans andere Ufer schaffe, ich war ja schon nach meiner fünfzig Kilometer langen Eisfahrt fix und fertig und hatte als psychologische Unterstützung immer das nahe Ufer im Blickfeld. Eine Übernachtung mitten auf dem See möchte ich vermeiden, daher versuche ich, ein Begleitfahrzeug zu finden. Bisher haben mir die Fahrer alle gesagt, dass sie nur im Konvoi quer über den See fahren - alleine sei es zu gefährlich. Ein Konvoi als Begleitung ist für mich nicht bezahlbar und es ist auch Unsinn, für eine Person solch einen Aufwand zu betreiben. Die Rallye und die dafür entstehende Straße ändert die Situation.

Leider hat Sergej schon andere Verpflichtungen, aber ein Igor ist bereit unter den neuen Voraussetzungen mein Begleitfahrzeug zu sein. Auch kostenmäßig finden wir eine gute Lösung, es gibt nämlich genügend Interessenten, die mitfahren wollen. Mittlerweile habe ich alle mit meinem Maksimicha so kirre gemacht, dass sie es für den wichtigsten Ort am ganzen Baikal halten.

Lalida & Co, Bertie und zwei der „alten" Franzosen haben Lust auf eine Tour quer übers Eis und für den Notfall bleibt auch für Wanjuscha und mich ein Plätzchen im Auto - falls wir nicht mehr weiter wollen oder können. Wobei ganz klar ich der Schwachpunkt des Gespanns bin, mit Wanjuscha zusammen habe ich mich noch kein einziges Mal langgemacht. Bin ich dagegen alleine zu Fuß auf dem spiegelglatten Eis unterwegs, rutsche ich auch schon mal aus. Wanjuscha ist eben eine große Stütze für mich und Dimas Spikes sind klasse!

Bereits am Vortag der Rallye mache ich mich auf den Weg nach Usuri. Traurig nehme ich Abschied von Nikita, Natascha und der ganzen Bagage – auch wenn ich bestimmt irgendwann wiederkommen werde, in diesem Winter sicherlich nicht.

Zunächst fahre ich parallel zur Insel auf dem Eis Richtung Nordkap. Was so ein paar Tage Eiserfahrung doch ausmachen: Natürlich finde ich es immer noch spannend, über den zugefrorenen Baikal zu radeln, aber ich bin viel sicherer geworden und bekomme nicht mehr einen Adrenalinschub nach dem anderen. Ich kann die Fahrt richtig genießen! Und dann gibt es sogar noch eine witzige Begegnung auf dem Eis: Schon von weitem sehe ich einen schwarzen Punkt auf mich zukommen - das ist ein anderer Radfahrer! Stefan aus der Schweiz kommt gerade von Sewerobaikalsk, der absoluten Nordspitze des Baikals, und er ist die ganze Strecke alleine geradelt. Wir trinken einen Tee zusammen und tauschen in Kurzform unsere Geschichten aus. Hier auf Olchon will Stefan seine Freundin Melinda wiedertreffen, um das letzte Stück bis Sludjanka mit ihr gemeinsam zu fahren. Es gibt echt Verrückte ...

Kurz nach unserer Teepause muss ich leider das Eis verlassen und überquere die Insel, um über die Berge auf die andere Seite nach Usuri zu kommen. Dort angekommen, treffe ich als erstes auf einen Pferdeschlitten. Das Pferd hat zwei lange Eiszapfen an den Nüstern hängen – ja, das ist der sibirische Winter!

Usuri ist eigentlich gar kein richtiges Dorf, sondern eine Wetterstation der Russischen Akademie der Wissenschaften. Außer der Station gibt es noch ein paar Häuser für die Angestellten und problemlos kann ich bei einem der Männer in einer Art Gästezimmer zwischen diversen Messgeräten übernachten.

Am nächsten Morgen, dem Rallyetag, stehe ich im Dunkeln auf. Ich möchte möglichst viel Vorsprung haben, bevor die Jeeps und vor allem mein Begleitfahrzeug mich einholen. Gestern habe ich mir natürlich schon mal neugierig am Baikal den Stand der Dinge angeschaut. Das Straßenbauprojekt scheint beendet: Kein Bauarbeiter ist mehr zu sehen und der Haufen mit den Ästen ist weg, dafür stecken nun Wegweiser-Bäumchen im Eis - es kann also losgehen!

So früh morgens ist noch niemand unterwegs und im Morgengrauen mit Wanjuscha das Eis zu betreten ist richtig geheimnisvoll. Ich muss grinsen, denn am ersten Bäumchen ist ein Zettel befestigt mit dem Warnhinweis

„Achtung Eisspalten!". Irgendwie süß die Russen. Aber vermutlich sind die Rallyefahrer genau solche Eisanfänger, wie ich es noch vor ein paar Tagen war, und da ist so ein Hinweis vielleicht gar nicht schlecht.

Das erste Stück auf den See hinaus ist ziemlich holperig, Wanjuscha und ich werden durch und durch wachgerüttelt. Dann aber wird die Oberfläche eben und es lässt sich sehr gut fahren. Wunderbar kann ich mich an den Ästen orientieren, die immer in Sichtweite im Eis stecken - so fahre ich fröhlich den Bäumchen hinterher und dem Sonnenaufgang entgegen. Es bleibt nicht die ganze Zeit so angenehm, gerade die ausgedehnten Felder mit den tellerförmigen Eisstücken sind zwar bildhübsch, jedoch ganz schön rumpelig zu fahren. Aber der Weg führt um die schlimmsten Packeisfelder drumherum und schlängelt sich den besten Untergrund suchend durchs Eis. Nur selten muss ich Wanjuscha über zu bucklige Stellen helfen, die meiste Zeit können wir fahren. Na, wo ein Jeep lang kommt, können wir das ja wohl auch! Allerdings bin ich heilfroh, dass es die Wegweiser auf dem Eis gibt, denn ohne sie würde ich bei der Zickzackfahrt wohl schnell die Orientierung verlieren. Zumal heute wirklich schlechte Sicht ist und ich erst nach dreißig Kilometern vage das andere Ufer erkennen kann. Für einen Moment sehe ich nun sogar beide, bevor Olchon hinter mir am Horizont verschwindet.

Anfangs fahre ich möglichst zügig, weil ich ständig damit rechne, von den Autos eingeholt zu werden. Und ich bin weit und breit die Einzige auf dem Eis. Erst kurz nach der Hälfte, als ich bereits schemenhaft das andere Ufer erkenne, kommt mir von dort ein Auto entgegen. Es ist ein Milizjeep auf dem Weg, die Rallye in Usuri abzuholen. Ich bedanke mich überschwänglich bei den netten Herren, dass sie extra für mich diese tolle Straße gebaut haben - ohne sie hätte ich die Baikalüberquerung nicht gewagt. Aber ich bin froh, dass sie im Eifer der Bauarbeiten nicht auch noch gestreut haben – das sage ich besser nicht laut, mein Humor würde in dem Fall vermutlich nicht verstanden.

Da die Jeeps also noch gar nicht auf dem Eis sind, lass ich es nun langsamer angehen und mache erst einmal eine ausgiebige Teepause. Hier in der Gegend ist irgendwo mit 1.637 Metern der tiefste Baikalpunkt. Unter mir befinden sich also mehr als 1½ Kilometer Wasser, nur durch eine 1½ Meter dicke Eisschicht getrennt. Es sind bloß Zahlen, die mir da durch den Kopf gehen, sie haben irgendwie keinen Bezug zur Wirklichkeit. Aber dass ich hier mit Wanjuscha mitten auf dem Baikal stehe, das sehe und vor allem fühle ich. Es ist großartig!

Erst als ich schon deutlich das andere Ufer erkenne, holt mich mein Begleitfahrzeug ein. Als hätten wir uns Wochen nicht gesehen, fallen wir uns alle glücklich in die Arme und tauschen wild durcheinander Neuigkeiten aus. Tatsächlich sind gestern die siebzig Jeeps plus Begleitfahrzeuge bei Nikita angekommen. Die insgesamt 230 Leute haben sich auf das ganze Dorf verteilt und als Highlight wurde mit allerlei Tamtam auf dem Eis vor dem Schamanenfelsen die angeblich längst Bratwurst der Welt gegrillt. Die 25-Meter-Wurst habe ich mir für meine Eisfahrt gerne entgehen lassen!

Die Frage von Igor, ob ich denn für das letzte Stück mit im Auto fahren will, ist wohl eher rhetorisch. An meinem Strahlen und der euphorischen Berichterstattung ist deutlich zu erkennen, dass ich auch noch die restlichen fünf Kilometer bis zum Ufer radeln werde. Und ich bin gar nicht viel langsamer, denn auf der in Ufernähe wieder sehr holprigen Eisfläche kommt auch der Uasik nur sehr langsam voran. Das wilde Durcheinander der großen Eisbrocken sieht aus wie eine in Eis erstarrte stürmische See.

Am Ufer angekommen, ist von den Rallyefahrern weit und breit immer noch nichts zu sehen – sie scheinen Langschläfer zu sein, vielleicht müssen sie auch noch ihre Wurst verdauen. Igor fährt mit den zwei Franzosen direkt wieder zurück nach Olchon und Bertie, Lalida & Co wollen mit nach Maksimicha. Da es aber erst 14 Uhr ist und herrliches Wetter, trampe ich nicht mit ihnen, sondern will die verbleibenden dreißig Kilometer auch noch radeln.

Obwohl es ein Hochgefühl ist, endlich mal wieder auf dem Rad unterwegs zu sein, merke ich auf der welligen Uferstraße, dass die Eisfahrt doch ganz schön an meinen Kräften gezerrt hat und ich nun auf Reserve fahre. Außerdem ist eine Thermoskanne voller Tee auch klar zu wenig Flüssigkeit für so einen Tag. Das erste Mal, seitdem ich in Bochum losgefahren bin, komme ich nun echt an meine Grenzen. Trotzdem will ich vor Maksimicha wieder aufs Eis - unbedingt will ich das Dorf vom Baikal aus erreichen und nicht über die Straße. Allerdings liegt so viel Schnee in der Bucht, dass ich die letzten sieben Kilometer oft schieben muss. Die Sonne ist längst untergegangen, als ich endlich Maksimicha am Ufer erkenne.

Völlig fertig falle ich bei Alex & Carsten auf einen Stuhl vor dem warmen Ofen, selbst zum Lächeln fehlt mir die Kraft - ich kann nur noch sitzen und trinken. Trotzdem merken die Anderen, wie glücklich ich bin: Ich bin mit Wanjuscha quer über den Baikal von Olchon nach Maksimicha geradelt!

Bertie, Lalida & Co bleiben zwei Tage und alle zusammen werden wir von der Nachbarin Vera spontan zum Maslenitsa-Fest eingeladen. Niemand weiß was uns erwartet, es bleibt auch gar keine Zeit darüber nachzudenken. Als Vera bei uns mit einem auffordernden „Schnell, schnell!" hereinschneit, sollen wir sofort mit zum Festgelände kommen und das machen wir einfach. Es geht zu einer turbasa am anderen Ende von Maksimicha.

In diesem Jahr ist am 5. März der letzte Tag der Maslenitsa - der Butterwoche. Ein bisschen wie bei uns im Karneval wird ausgelassen der Winter vertrieben und vor dem großen Fasten werden sich nochmal die Bäuche vollschlagen. Allerdings soll man bereits in der letzten Woche vor dem Fasten auf Fleisch verzichten, darf aber noch Milcherzeugnisse und Eier essen. Daher ist Maslenitsa ohne blini unvorstellbar. Zumal sie durch Form und Farbe – heiß, rund und gelb - die Sonne symbolisieren und das Frühjahr herbeilocken sollen.

Jeder Tag der Maslenitsa-Woche hat eine eigene Bedeutung, der abschließende Sonntag scheint aber der Höhepunkt zu sein. In der turbasa bilden sich nach unserer Ankunft mehrere Teams, die in Wettkämpfen gegeneinander antreten. Wir werden aufgefordert mitzumachen. Unsere Jugend ist Feuer und Flamme und auch Carsten lässt sich mitreißen. Die Wettkämpfe fangen mit Fußball auf der glatten Straße an, gehen über Baumstamm-Hochklettern, Stelzenlaufen, Sackhüpfen, Sich-gegenübersitzend-mit-einem-vollen-Sack-vom-Baumstamm-Hauen, Stammtragen, Mehlfischen, Bier- bzw. für uns Wasser-Wetttrinken bis hin zum abschließenden Tauziehen. Unser Team verliert, haushoch und mit großem Abstand. Aber alle hatten viel Spaß und wir bekommen als Trostpreis sogar einen Wimpel zur Erinnerung und eine Flasche Wein.

Kaum sind Bertie, Lalida & Co nach der Maslenitsa abgereist, kommt Eliane, die Hausbesitzerin aus Ulan-Ude zu Besuch. Sie kommt pünktlich zum Frauentag, dem 8. März. In Russland ist es nach Neujahr der wichtigste Feiertag und mit der vermutlich höchsten Blumenverkaufsrate im ganzen Jahr. Es ist selbstverständlich ein offiziell arbeitsfreier Tag. Den Frauen wird zu ihrem Festtag gratuliert und sie bekommen von allen Seiten kleine Aufmerksamkeiten und werden von den Männern verwöhnt. Zwar stoßen wir abends auch auf uns Frauen an, aber für russische Verhältnisse ist es bei uns ein ungewöhnlich normaler Tag.

Wir vier Deutschen suchen uns unseren ganz eigenen Höhepunkt und hecken gemeinsam ein letztes Winterabenteuer aus - wir verbringen eine Nacht auf dem Baikal. Dafür fahren wir von Maksimicha ein Stückchen raus auf den See und nach ungefähr 15 Kilometern Richtung Heiliger Nase, sehen wir vereinzelt Fischerhütten auf dem Eis stehen. Es sind einfache Holzhütten auf Kufen, die über den Angellöchern geparkt werden. Wir fragen einen vorbeikommenden Motorradfahrer, ob wir eine der Hütten als Schutz benutzen dürfen. Er meint, dass sei kein Problem und so bauen wir daneben unser Zelt auf.

Mit möglichst viel isolierendem Schnee auf der Eisfläche, suchen wir uns einen extra warmen Platz aus, allerdings merken wir bereits beim Zeltaufbau, dass es so warm nicht sein kann. Der Zeltstoff ist regelrecht eingelaufen. Es ist wie verhext, aber die Zeltstangen sind definitiv zu lang - egal, wir lassen einfach das letzte Segment weg und das Zelt steht. Damit es nicht wegweht, beschweren wir die Seiten noch mit Schnee - fertig ist unser Iglu.

Carsten hat inzwischen schon Feuer in der Hütte gemacht und wir kochen darauf eine köstliche Fischsuppe und ganz viel Tee. So luxuriös habe ich mir die Nacht gar nicht vorgestellt. Nachdem die Sonne farbenfroh untergegangen ist, wird es trotzdem schnell ungemütlich kalt und wir krabbeln bald in

Unser Zeltplatz auf dem zugefrorenen Baikal

die Schlafsäcke. Alex, Carsten und ich schlafen im Zelt, Eliane mit ihren mittlerweile zwei Hunden im Auto. Die Hunde mit auf den Ausflug zu nehmen, ist übrigens auch eine sehr seltsame deutsche Angewohnheit, die in Maksimicha verständnisloses Kopfschütteln hervorruft. Wer passt denn dann auf das Haus auf? Genau das ist doch die Aufgabe der Hunde - echt verkehrte Welt in der wir gemeinsam leben ...

In der Nacht auf dem Eis kann wohl keiner von uns lange schlafen. Sicherlich liegt es nicht zuletzt an der Kälte, denn obwohl aus unseren Schlafsäcken nicht viel mehr als die Nasenspitze rausschaut, so richtig warm ist ehrlich gesagt niemandem von uns. Für die -30 Grad Zelttemperatur ist keiner unserer Schlafsäcke ausgelegt.

Unsere Schlaflosigkeit liegt aber auch daran, dass sich der Baikal die ganze Nacht mit uns unterhält und das ist wirklich grandios! An die Knackgeräusche gewöhnt, habe ich nur in den Momenten Angst, in denen es zu nah und vor allem unter uns knallt, dass meine im Vorzelt abgestellten walenki in einer frischen Eisspalte für immer im Baikal verschwinden. So im Liegen, mit dem Ohr auf der Isomatte und damit fast auf dem Baikal, hört man aber auch noch ganz andere Geräusche. Man hört das Wasser gluckern und von unten gegen das Eis schlagen. Für mich ist das wie ein ganz intensives, ja fast intimes Zwiegespräch mit dem Baikal - fast als flüstere er mir etwas ins Ohr.

Da eh keiner mehr schläft, beobachten wir morgens ganz fasziniert, wie es langsam hell wird, die Sonne hinter den Bergen auftaucht und der Himmel sich gelb-orange färbt. Es ist der schönste Sonnenaufgang meines Lebens! Für mich ist diese Nacht auf dem magischen Baikal außerdem wie ein Abschiedsgeschenk.

Der Abschied naht

Bei meiner Ankunft im Herbst habe ich nicht nur beschlossen, den Winter in der Baikalgegend zu verbringen, für mich war auch die Zeit auf dem Rad eine so unglaublich tolle Erfahrung, dass ich zurück ebenfalls radeln möchte - zumindest einen großen Teil der Strecke – diesmal auf einer anderen Route. Weil Anfang April mein russisches Visum ausläuft und mir bereits während meines Praxissemesters Kirgisistan so gut gefallen hat, will ich über Zentralasien zurück nach Deutschland fahren.

Als erstes brauche ich für meine Rückfahrt ein kasachisches Visum, immerhin liegen zwischen Russland und Kirgisistan 2.000 Kilometer Kasachstan. Da das nächste kasachische Konsulat in Omsk ist, kann das Visum allerdings nur dort ausgestellt werden. Aber Igor weiß Rat. Ich brauche nur den Antrag auszufüllen, um alles andere kümmert er sich. Mit den ganzen Papieren samt Reisepass geht er in Irkutsk zum Bahnhof und übergibt sie dort einem Schaffner eines Zuges nach Omsk. Dort wohnt Andrej (der Andrej, mit em ich Igor zusammen auf der Trasse kennengelernt habe) und der holt meine Dokumente zwei Tage später genau bei diesem Schaffner am Bahnhof ab. Igor hat ihm dafür Ankunftszeit, Zug- und Waggonnummer telefonisch mitgeteilt. Dann bringt Andrej meine Unterlagen zum kasachischen Konsulat und holt ein paar Tage später meinen Pass inklusiv Visum wieder ab. Wie auf dem Hinweg, kommt mein Pass mit dem Zug zurück nach Irkutsk. Das klappt völlig problemlos - es scheint eine gängige Methode zu sein, gegen eine kleine Gebühr per Zug Dinge durch ganz Russland zu verschicken. Wirklich praktisch!

Es ist schön und schrecklich zugleich, bei ungewohnt warmen -5/-10 Grad werde ich morgens mittlerweile von Vogelgezwitscher geweckt – der Frühling steht vor der Tür. Schon bei meiner Eisfahrt mit Wanjuscha habe ich diesen Zwiespalt gespürt. Es war so toll, wieder zu radeln und unterwegs zu sein, aber es war auch ein Abschied vom Baikal und den Menschen dort. Seitdem sitzt ein dicker Kloß in meinem Hals. Nur die Aussicht, wieder dauerhaft mit Wanjuscha durch die Lande zu radeln, vereinfacht mir etwas die noch bevorstehenden Verabschiedungen in Irkutsk.

Am Sonntag, dem 19. März, mache ich in Igors Wohnung eine kleine Abschiedsfeier. Vor genau einem Jahr bin ich in Bochum mit Wanjuscha still und leise aufgebrochen - wie ich finde ein guter Tag, hier in Irkutsk nun meinen Abschied zu feiern. Sogar das Fernsehen kommt. Der Moskauer Sender REN-TV will eine Reportage über mich machen und auch bei meiner Feier dabei sein. Die Sendung heißt etwas übertrieben „Unglaubliche Geschichten" - meine fünf Minuten werden ausgestrahlt, als ich schon längst wieder unterwegs bin.

Damit auch alle Gäste Platz finden, räume ich das Wohnzimmer leer und lege einfach alles Weiche auf den Boden, was ich finden kann. Igor will protestieren, schweigt dann aber und lässt mich gewähren. Dass ich seine Wohnung mit Zetteln vollklebe, daran ist er ja schon gewohnt, nun dekoriere ich die Wohnzimmerwände mit unzähligen Fotos meiner Reise. Ein reich gedeckter Tisch dient als Buffet – Selbstbedienung ist angesagt. Kerzen in leeren Sahnebechern runden das ungewöhnlich improvisierte Erscheinungsbild ab.

Es wird ein gemütlicher und lustiger Abend – die Stimmung ist klasse! Die meisten Gäste kennen sich untereinander gar nicht, vielleicht gerade deswegen geht es kunterbunt durcheinander. Tatjana, Pawel und ihre Tochter sind extra aus Angarsk gekommen, ansonsten viele meiner Irkutsker Freunde, selbstverständlich ist auch die Schauspielschule vertreten. Ebenso die Fahrradfahrer Melinda & Stefan - Stefan hatte ich ja auf dem Eis kennengelernt. Witzigerweise sind die beiden wie ich genau vor einem Jahr in der Schweiz gestartet und so feiern wir gemeinsam unseren Jahrestag.

Für mich ist es eine Ehre, so viele nette Menschen hier kennengelernt zu haben! Mit einem Glas Wodka in der Hand, gibt mir der Reihe nach jeder noch einen oder auch mehrere gute Wünsche mit auf den Weg, bevor unsere Gläser aneinanderklirren. Die Russen mit ihren Trinksprüchen, ständig stehen mir dabei vor Rührung die Tränen in den Augen. DANKE! Ich genieße es sehr, noch einmal die Menschen um mich herum zu haben, mit denen ich so vieles im letzten halben Jahr erlebt habe. Ich brauche den ganzen folgenden Tag, um mich davon zu erholen ...

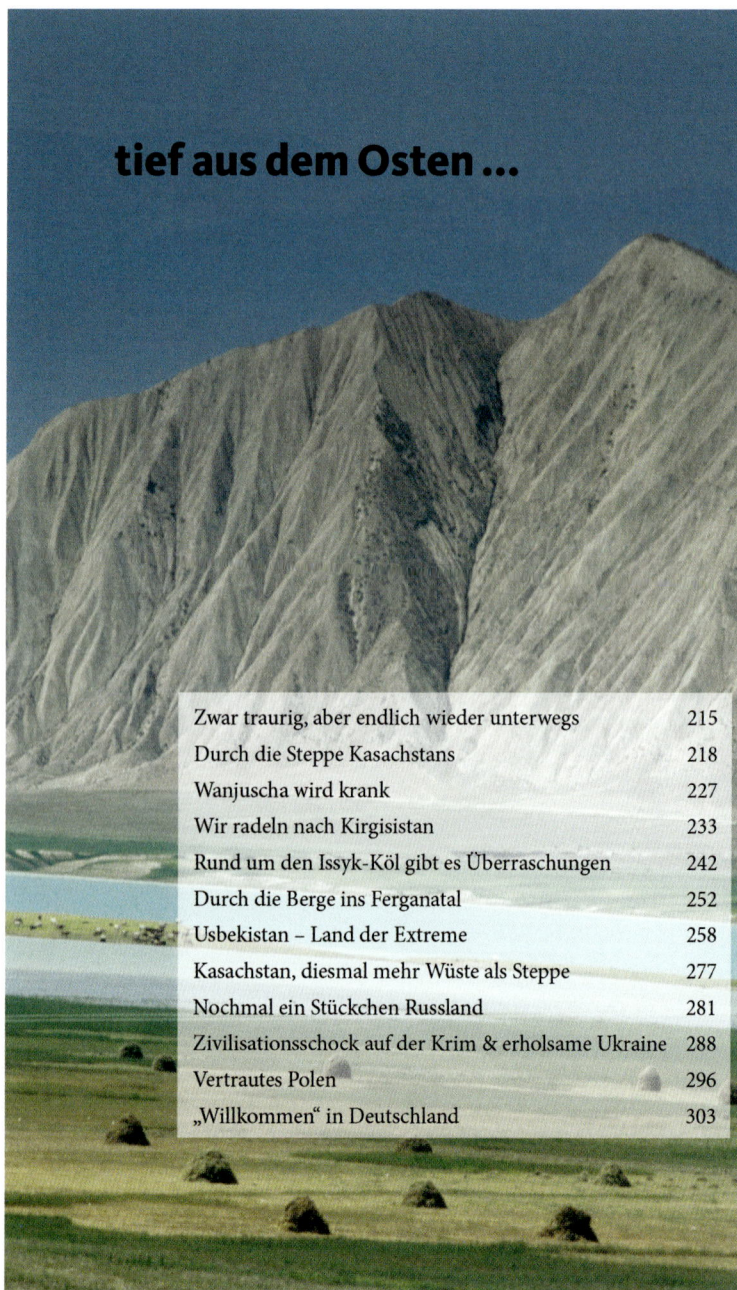

tief aus dem Osten ...

Zwar traurig, aber endlich wieder unterwegs

War die Feier ein fröhliches Abschiedsfest mit guter Laune, so ist mir eine Woche später hundeelend zumute, als ich mit dem vollgepackten Wanjuscha zum Bahnhof fahre. Da mein Visum schon bald ausläuft, will, bzw. muss ich bis Omsk mit dem Zug zurückfahren. Seit den letzten Tagen taut es und passend zu meiner Stimmung tropft es von allen Dächern und es gibt große Pfützen auf der Straße - mir scheint, als weine ganz Irkutsk.

Obwohl ich mit viel Zeitreserve zum Bahnhof gekommen bin, wird es am Ende dann doch ein kurzer und hektischer Abschied – ich kann nicht mal mehr jeden in Ruhe drücken. Die Schaffnerin meines Waggons mahnt zur Eile und ich werde einfach hineingeschoben. Ludmila, Igor und vier weitere Verabschieder bleiben auf dem Bahnsteig zurück, dabei will ich ihnen doch noch so viel sagen ...

Im Zug ist es, als hätte sich ein Ventil gelöst - die erste Stunde sitze ich einfach nur da und weine. Ich bin unfassbar traurig. Aber es ist auch irgendwie eine schöne Traurigkeit - dass ich gerne bleiben würde, ist doch eindeutig ein gutes Zeichen! Trotzdem hat der Abschied so etwas Endgültiges. Bestimmt werde ich wiederkommen, vielleicht auch mal für länger, aber nie wieder mit dem Rad und nie wieder zum ersten Mal. Ich bin so unendlich dankbar für diese intensive Zeit in Irkutsk und am Baikal! Und für meine wunderbare Anreise, die ich mit Wanjuscha hatte - die Aussicht nun bald wieder auf dem Rad zu sitzen, hilft mir ein wenig über den Abschiedsschmerz hinweg.

In Nowosibirsk mache ich eine Zwischenstation. Dima und Ljoscha, zwei der geodesisten, die ich ja im Sommer kennengelernt hatte, treffen mich am Bahnhof und lenken mich mit lustigen Geschichten von meinem Kummer ab. Ljoscha hat eine Verletzung am Auge, angeblich sei er gestern gefallen. Etwas später wird mir bedeutungsvoll verraten, dass gestern sein Geburtstag war. Aha, ich verstehe – wie Geburtstage enden können, kenne ich ja bereits von Igor ... Und wie der Zufall es will, komme auch ich nochmal in den Genuss einer Geburtstagsparty, am 1. April wird Dima 25 und das ist kein Scherz. Dima feiert seinen Geburtstag in einem Nachtclub. Das hat überhaupt nichts Anrüchiges, sondern jede Disco nennt sich hier so. Wegen der Lautstärke kann sich die Geburtstagsgesellschaft zwar kaum unterhalten, dafür gibt es aber Live-Musik und wir tanzen viel. Dima, der eigentlich schon recht reif für sein Alter ist, lässt seine ganze Jugend raus. Jedem seiner Gäste, ob man nun will oder nicht, präsentiert er als erstes seine coole Jeans von einer Firma namens „motherfucker", bei der man unbedingt den obersten Knopf auflassen muss. Ach, ich glaub' ich bin doch schon ganz schön alt. Wenigstens endet die Feier nicht mit einer Schlägerei, dafür vergisst Dima im Taxi sein Portemonnaie mit Kreditkarte und anderen Dokumenten.

Bei mir macht sich eine große Sehnsucht breit, nur der Gang ins Internet kann sie etwas lindern – meine Gedanken sind fast permanent in Irkutsk. Ich freue mich aber, in Nowosibirsk auch Lena und Vitalij zu treffen und in Omsk sehe ich diesmal sogar Wassja. Ganz offiziell ist auch seine Freundin Natascha mit dabei, sie würdigt mich keines Blickes. Wassja traut sich in ihrer Gegenwart nicht mal, mich zu begrüßen, und sobald er ein Wort mit mir wechseln will, geht sie dazwischen.

Auch wenn ich am liebsten gleich wieder zum Baikal zurückkehren würde, bin ich nun fast froh, dass mein russisches Visum am 9. April ausläuft und ich langsam aufbrechen muss, wenn ich die gut 200 Kilometer bis zur Grenze radeln will. Endlich geht es wieder los!

Pünktlich zu meinem Aufbruch kehrt in Omsk der Winter zurück – Dauerfrost beendet das Tauwetter. Nun vermisse ich auch noch meine in Irkutsk zurückgelassenen walenki ... Durch den heftigen Gegenwind ist mir zwar eigentlich warm, aber meine Füße sind eingefroren und nach dreißig Kilometern bin ich bereits müde. Ich muss aber weiter, um rechtzeitig die Grenze zu erreichen.

Abends lande ich im Straßengraben, allerdings mit voller Absicht - zum Zelten. Der breit auslaufende Graben ist der Beginn der sumpfigen Auenlandschaft des nicht weit entfernten Flusses Irtysch. Schilf und Bäume bieten wenigstens etwas Schutz vor dem Wind - wegen des gefrorenen Bodens kann ich das Zelt nicht mit Heringen abspannen, aber so versinke ich auch nicht im Sumpf. Eine andere Gefahr droht dennoch: Überall wird gerade das trockene Gras abgefackelt und beim Abendessen verschwinde ich in einer dicken Rauchwolke. Aber ich bin zu müde, um mir ernsthaft Gedanken über einen Zeltplatzwechsel zu machen. Nach einer unruhigen Nacht mit flatterndem Zelt und heulenden Bäumen stelle ich fest: Ich bin nicht abgebrannt. Also geht's weiter Richtung Grenze.

Nun windet es allerdings nicht nur böig-kalt von der Seite, es fängt auch noch an zu schneien. Zum Glück befinden wir uns in der sibirischen Tiefebene und müssen nicht auch noch zusätzlich Berge fürchten. Wanjuscha und ich kämpfen uns tapfer durch den Schneesturm. Wieder bin ich schnell erschöpft und durch die ganze Quälerei ist die Laune ziemlich im Keller. Ich beschließe, als Trostpflaster in einem Café Mittag zu essen, dort meine Füße zu wärmen und heißen Tee zu trinken. Das Wasser in meinen Trinkflaschen ist eh längst eingefroren.

Die Café-Pause ist wie ein Wendepunkt – von nun an bin ich wirklich wieder unterwegs und fühle mich gut dabei! Das stärkende Mittagessen hat sicherlich seinen Teil dazu beigetragen. Die nette Wirtin erzählt von ihrem Sohn, der mit einer Russlanddeutschen verheiratet ist und seit zwei Jahren in Lübeck wohnt. Außerdem ist Swjeta, die mit zwei Kollegen hier auch gerade Mittag macht, so von den Socken von meiner Radtour, dass sie mich spontan zu sich nach Hause einlädt. Und es passt perfekt: Sie wohnt in Richtung Grenze, in Tscherlak. Die fünfzig Kilometer bis dort sind zwar noch ganz schön weit, aber ich habe den ganzen Nachmittag dafür Zeit, Swjeta ist eh erst um 19 Uhr zu Hause.

Plötzlich sind meine Beine gar nicht mehr müde. Außerdem halten Bäume und Gebüsch den Wind ganz gut ab und es hat aufgehört zu schneien. Manchmal kommt sogar fast die Sonne raus! Oft hat der Wind die Straße vom Schnee freigepustet und wo das nicht der Fall ist, gibt es doch tatsächlich Räumfahrzeuge. Interessiert beobachte ich ihre Vorgehensweise: Von einem ersten Räumfahrzeug wird außen eine Bahn freigeschoben und ein folgendes Fahrzeug schiebt dann den Schnee von der inneren Fahrbahn auf die äußere – die, die gerade geräumt wurde. Man muss ja nicht alles verstehen ...

Am Abend kann ich bei Swjeta meine Eisfüße in der heißen banja wieder auftauen – herrlich! Eigentlich ist Swjeta Bäckerin, aber sie arbeitet im Krankenhaus und sterilisiert dort die Instrumente für Operationen. Sie ist 42 und vor einem Jahr hat ein 19-Jähriger ihren Mann erstochen. Noch immer trauert sie um ihn, hat aber wieder einen neuen Freund, der sie sichtbar liebt – er heißt Wanjuscha und bringt für alle Eis mit. Natürlich ist er mir sofort sympathisch, bei dem Namen!

Am folgenden und meinem vorerst letzten Tag in Russland gibt es bei strahlend blauem Himmel viel weniger Wind und nach einer Weile kann ich sogar meine oberste Jacke ausziehen. Mit sonnengerötetem Gesicht komme ich am Vorposten der Grenze an. Die Männer dort sind sehr freundlich, ziemlich neugierig, und ihre wichtigste Aufgabe ist es, mir einen Zettel mitzugeben, den ich in den zehn Kilometern bis zur richtigen Grenze in keinem Fall verlieren darf. Auch dort ist die Stimmung ungewöhnlich locker. Die Grenzer sind sehr gesprächig und hilfsbereit, ich bekomme einen Kollegen an meine Seite, der mich durch alle Stationen der Formalitäten begleitet.

Am kasachischen Grenzposten reagieren die Männer zunächst skeptisch und beim Ausfüllen der Migrationskarte versagt dann auch noch mein Kugelschreiber. Vermutlich liegt es nicht daran, aber ich werde wieder zurück hinter die Schranke geschickt. Scheinbar soll erst ein Linienbus aus der Gegenrichtung abgefertigt werden und so stehe ich fast 45 Minuten lang im kalten Wind. Als es endlich weitergeht sind alle Grenzer super freundlich, nur als einer die Papiere von Wanjuscha sehen will, kommt das nette Gespräch ins Stocken. Wanjuscha ist natürlich völlig dokumentenlos. Macht dann doch nichts und da wir auf kasachischem Boden im Zelt wohnen wollen, bekommen wir sogar direkt hier an der Grenze eine Registrierung für die gesamte Zeit. Perfekt!

Durch die Steppe Kasachstans

Was so eine Grenze doch alles ausmacht, aber tatsächlich ist es in Kasachstan sofort ganz anders als in Russland. Abrupt hören die Birken auf und es gibt nur noch vereinzelt dorniges Gebüsch - ansonsten Steppe so weit das Auge reicht.

Offensichtlich werden hier die Straßen nicht geräumt und über den festgefahrenen Schnee lässt es sich ohne Spikes nur sehr langsam fahren. Durch die eisigen Spurrillen komme ich ganz schön ins Schlingern und muss mich ziemlich konzentrieren.

Außerdem wird es immer kälter. Damit ich morgens nicht in eiskalte Klamotten steigen muss, nehme ich meine untersten Kleidungsschichten mit in den Schlafsack. Täglich kommt immer mehr dazu. Alles was einfriert, dies aber nicht soll, wandert abends mit ins warme Bett: Wasser, diverse Lebensmittel, Zahnpasta, selbst das Kettenöl und auch die Sonnencreme. Ich könnte eine Studie aufstellen, was ab welcher Temperatur untauglich oder ungenießbar wird - morgens sind es -15 Grad bei mir im Zelt und sehnsüchtig warte ich auf den Frühling.

So lange es draußen für gemütliche Picknickpausen noch zu kalt ist, mache ich einfach weiter Aufwärmpausen in den Cafés entlang der Straße. Ein paar Männer empfehlen mir die „Titanic". Bisher haben sich solche Insider-

Tipps eigentlich immer bewährt, auch wenn sich dieser nach einem Desaster anhört. Und tatsächlich ist die Titanic ein Schiff. Mitten in der Steppe steht es neben einer kleinen Tankstelle auf dem Trockenen, weit und breit kein Wasser. Das Schiff erinnert mich an den Meteor, mit dem ich auf der Wolga gefahren bin - klar mache ich hier Pause.

Über eine einfache Holztreppe gelangt man hinauf auf die Titanic, drinnen ist es schön warm, die blini köstlich und standardmäßig wird hier der Tee wie überall in Zentralasien mit Milch getrunken. Alles ganz nach meinem Geschmack! Wanjuscha wartet draußen an den Schiffsbug gelehnt. Der Lkw-Fahrer, der kurz nach mir das Café betritt, hat ihn dort offensichtlich entdeckt und fragt mit erstauntem Blick, ob ich das sei, die mit ihm reise. Da niemand sonst im Raum ist, bleibt gar keine andere Möglichkeit. Sascha setzt sich zu mir und lädt mich nicht nur ein, er schenkt mir auch noch ein großes Stück Speck, das kann ich bei dem Wetter sicher gut gebrauchen!

Auch wenn die Temperaturen winterlich sind, die Sonne ist schon ganz schön kräftig und verbrennt mir schnell das Gesicht. Irgendwie macht es mich aber glücklich, dass ich die erste Sonnenröte noch in Russland bekommen habe! Wobei das ja eigentlich piepegal ist. Bezüglich des Sonnenbrands fragt mich auch keiner danach, aber was antworte ich denn jetzt auf die Frage, woher ich komme? Bisher war die Antwort einfach: Ich komme aus Deutschland und fahre zum Baikal, bzw. bin am Baikal. Nun weiß ich nicht so recht, was ich sagen soll. Losgeradelt bin ich ja im Prinzip in Omsk, ursprünglich bin ich natürlich immer noch in Deutschland gestartet, aber eigentlich komme ich doch gerade von Irkutsk und dem Baikal. Das ist meine liebste Antwort. Wie zum Beweis stelle ich fest, dass ich beim Preise-Beurteilen ohne nachzudenken vom Rubel in die kasachische Währung Tengis umrechne. Euro war einmal ... Allerdings enttarnt mich mein gebrochenes Russisch natürlich sofort als Nichtrussin. Ach, es ist ganz schön kompliziert!

Zum Glück bleibt es mit meiner eingefrorenen Ausrüstung und Verpflegung nicht so kompliziert, denn es wird schnell wärmer in Kasachstan. Nach und nach kann ich beim Radeln diverse Schichten ablegen. Zuerst die Regenhose, dann die dicken Socken, später die Regenjacke und dann ziehe ich sogar die lange Unterhose aus. Zum Schluss fahre ich in kurzer Hose und Sonnenmütze! Trotzdem macht es noch lange keinen Sinn, einen Zeltplatz an Gewässern zu suchen, die bleiben wohl noch eine Weile tiefgefroren - auch wenn es keinen Nachtfrost mehr gibt.

Sogar die Straßenschilder sind in der Steppe wunderschön

Bei der geringen Bevölkerungsdichte in Kasachstan ist es kein Wunder, dass das Straßennetz recht dünn ist, trotzdem fahre ich nach ein paar Tagen auf einer schönen Nebenstrecke. Der Lkw-Fahrer Kolja gab mir den Tipp und behauptete, ich würde dort durch die „kleine Schweiz" kommen. Ich kann mir hier in der scheinbar endlosen Weite nicht so recht vorstellen, was er damit meint und wundere mich, dass noch weitere Leute von Hochgebirge, Wald und Seen erzählen. Ich sehe rundherum nur Steppe.

Dann aber tauchen am Horizont tatsächlich Berge auf, fast wie eine Fata Morgana - allerdings verschwinden die Berge beim Näherkommen nicht, sondern werden immer größer. Das ist ja spannend! Kurz darauf fahre ich entlang von Felsformationen, dahinter schroffe Bergen mit viel Wald - es gibt keinerlei Zusammenhang mit den sanften Hügeln der Steppe. Der höchste Gipfel ist 1.022 Meter hoch und inmitten der Berge soll es einen besonders schönen See geben, an dem sich im Sommer viele Touristen erholen. Im Sprachgebrauch wird diese Region Kurortzone genannt, auf meiner Karte ist sie als Nationalpark[31] eingezeichnet.

Nach etwa vierzig Kilometer ist der Spuk vorbei und ich bin wieder in der Steppe – Wahnsinn! Es soll insgesamt fünf solcher Gebirgsinseln in der kasachischen Steppe geben und da es wirklich etwas Besonderes ist, will ich

---

31 Es ist der Nationalpark Bajanaul.

nicht einfach nur durchrauschen, sondern ein wenig verweilen. Außerdem brauche ich dringend neue Sonnencreme, also fahre ich in den kleinen Ort Bajanaul am Fuß der Berge.

Am Ortseingang will ich zunächst in einem Café Mittag essen und kaum sitze ich am Tisch, ist ein Journalist zur Stelle und macht mit mir ein Interview. Im Zentrum zeigt mir dann eine nette Frau alles Wesentliche: Wo man am besten Lebensmittel einkaufen kann, wo die Post ist und wo ein Telefon – leider gibt es kein Internet. Auch Sonnencreme finde ich zunächst nicht, erst der Hinweis auf einen kleinen Laden führt zum Erfolg – die Sonne kann nun weiter scheinen!

Vor dem Geschäft fängt mich ein weiterer Journalist ab, meine Anwesenheit scheint sich in Bajanaul wie ein Lauffeuer zu verbreiten. Überall wo ich hinkomme, hat man schon von mir gehört und wildfremde Leute sprechen mich auf der Straße wie eine Bekannte an – echt irre! Und von irgendjemandem bekomme ich den Tipp, es mit dem Internet doch mal in der Schule zu probieren.

Dort werde ich an die Direktorin verwiesen und da sie gerade im Unterricht ist, muss ich vierzig Minuten warten. Ich setze mich solange auf den Schulhof zu Wanjuscha. Im Nu sind wir von Schülern umringt und von allen Seiten prasseln Fragen auf mich ein, gleichzeitig muss ich in gefühlt alle Schreibhefte, die es in Bajanaul gibt, Autogramme geben. Fast verpasse ich die Direktorin, als sie an mir vorbei geht. Gerne dürfe ich das Internet der Schule benutzen, aber man brauche viel Geduld.

Die vier Computer stehen in einem Klassenraum, in dem gleichzeitig unterrichtet wird - irgendwie eine witzige Situation. Das Internet ist wirklich sehr langsam und ich gebe bald auf, dafür lerne ich die nette Frau kennen, die für mich einen Computer freigegeben hat. Sie heißt Ajman und ist Deutschlehrerin - als Studentin war sie mal an der Loreley. Da mittlerweile aber fast nur noch Englisch unterrichtet wird, hat sie sich im Bereich der Psychologie weitergebildet und ihr Deutsch ist etwas eingerostet. Ajman lädt mich ein, bei ihr zu übernachten - allerdings hat sie erst in 2½ Stunden frei. Macht überhaupt nichts, ich freue mich auf den Abend und Warten bin ich ja schon gewöhnt.

Damit mir nicht zu kalt wird, setze ich mich für eine Weile in ein Café und schlendere dann mit Wanjuscha zurück zur Schule. Unterwegs treffen wir so viele Leute, dass wir über eine halbe Stunde für die kurze Strecke brauchen. Sogar der Fahrer des Bürgermeisters sucht nach uns. Er will einen Empfang für mich organisieren, aber ich habe ja schon eine Einladung. Eine hübsch bestickte Kappe als Geschenk soll ich aber wenigstens annehmen.

An der Schule werde ich sofort wieder mit Autogrammwünschen umlagert, nun reihen sich auch die Lehrer in die Schlange ein. Sogar die Direktorin kommt nochmal, sie hat inzwischen mitbekommen, was für eine Sensation ich hier bin - dabei warte ich doch nur auf Ajman. Ich muss nun aber auch ihr ein Autogramm geben und sie will unbedingt ein gemeinsames Foto machen. Also wird eine Kollegin losgeschickt, um einen Film zu kaufen. Nach einer langen halben Stunde - längst ist Ajman da und es ist dunkel und kalt - ist der Film zwar besorgt, aber leider die Batterien des Fotoapparats leer. Ich mache mit meiner Kamera ein Bild und verspreche hoch und heilig, es später zu schicken.

Ajman wohnt ganz in der Nähe der Schule und ich bin froh, als wir endlich gemütlich in ihrer Küche sitzen. Das Batterieproblem beschäftigt Ajman aber noch den ganzen Abend, ständig telefoniert sie deswegen. Am nächsten Morgen scheint es geklärt, denn nun kann das gemeinsame Foto doch tatsächlich noch mit der Kamera der Direktorin gemacht werden. Zum Glück, denn später stellt sich heraus, dass meines nichts geworden ist.

Kurz hinter Bajanaul komme ich wieder in die Steppe und es ist fast, als sei das waldreiche Hochgebirge und die ganzen Menschen dort nur ein Traum gewesen. Wobei die fantastischen Menschen bleiben, nur ihre Dichte wird rasant weniger - kein Wunder bei der weiten einsamen Steppe. Dort verbreitet sich etwas ganz anderes zusehends: Am ersten Tag, den ich fast komplett kurzärmelig fahren kann, entdecke ich ein erstes Blümchen. Leuchtend gelb lugt es zwischen dem noch braunen Steppengras hervor. Und wenn man genau hinschaut, ist das Gras auch gar nicht mehr so braun, überall schiebt sich frisches Grün dazwischen. Nach dem langen Winter hüpft bei diesem Anblick mein Herz vor Freude! In den nächsten Tagen folgen den gelben Adonisröschen (ich glaube zumindest, dass es welche sind) noch lila-gelbe Kuhschellen und man kann dabei zusehen, wie die Steppe ergrünt und erblüht. Schnell sind es nicht mehr einzelne Blumen, sondern ganze Teppiche - ich strahle mit ihnen um die Wette.

Bisher wusste ich sehr wenig über die Steppe Kasachstans und warum auch immer, ich habe sie mir flach vorgestellt – ähnlich wie Ostfriesland, nur statt der nassen Wiesen mit trockenem Gras. Das ist ein Irrtum! Passenderweise heißt die Landschaft durch die ich radel zentralkasachisches Hügelland, die Kasachen nennen es Sariarka. Ich finde es wunderschön! Die kleine Landstraße schlängelt sich seicht durch die steppigen Hügel und ob nun Asphalt oder Schotter, es lässt sich wunderbar fahren. Eigentlich wäre also alles bestens, eigentlich ...

Ebenso wie das erste Blümchen, entdecke ich Mitte April abends die erste Mücke - die hätten sich ja ruhig noch etwas Zeit lassen können! Aber nicht die Mücken werden zur Qual, sondern etwas, das sie überhaupt nicht mögen und das ist der Wind. Davon gibt es reichlich. An manchen Tagen ist er fast orkanartig und selbstverständlich fast nie von hinten. Dafür oft in Böen und kommen diese von der Seite, kann ich auch ohne Verkehr kaum die Spur halten. Überholen mich Autos oder Lkw wird die Situation nicht besser ... Der „Lärm" des Windes ist an manchen Tagen so stark, dass ich trotz in die Ohren gestopften Klopapiers abends ein Piepsen in den Ohren habe, als ob ich in der Disko gewesen wäre. Ganz abgesehen davon, dass meine Haare mittlerweile total verfilzt sind. Windstill ist es nie, nur mit Beginn der Dunkelheit wird es etwas ruhiger, aber da liege ich ja meist schon in meinem Zelt. Ich spiele mit dem Gedanken, einfach nachts zu fahren. Die schöne Landschaft und die ganzen Menschen, denen ich tagsüber begegne sprechen aber ganz klar dagegen.

Mit Abstand am häufigsten treffe ich auf meinem Weg durch Kasachstan Hirten. Für mich sind es ganz besondere Begegnungen, da ich irgendwie eine enge Verbundenheit mit ihnen spüre – vielleicht, weil ich ähnlich wie sie durch die Steppe ziehe. Ob die Hirten das ähnlich empfinden weiß ich natürlich nicht, aber interessiert sind sie auf jeden Fall - oft lassen sie ihre Herden alleine weiter grasen und kommen aus der Ferne angaloppiert, um sich mit mir zu unterhalten.

Ein Hirte bietet mir sein Pferd an und möchte im Gegenzug mein Rad testen. Dass ich den Vorschlag ablehne nimmt er mir nicht übel, sondern begleitet mich noch ein ganzes Stück und trabt fröhlich neben mir her.

Ein anderer Hirte lässt seine Schafherde ebenfalls ziemlich lange alleine, sie verteilt sich schon allmählich in der weiten Steppe. Erst will er unbedingt, dass ich bei ihm zu Hause übernachte. Weil ich aber doch noch etwas weiterkommen will, lehne ich bedauernd ab und der Hirte prescht daraufhin im gestreckten Galopp davon, um mir wenigstens Proviant mit auf den Weg zu geben. Er kommt mit kurt wieder. Das sind kleine harte Bällchen aus getrocknetem und gesalzenem Quark - kurt hält ewig, hat viele Vitamine und spendet jede Menge Energie. Allerdings schmeckt er meiner Meinung nach furchtbar. Obwohl ich ja fast alles mit Begeisterung esse, aber diese kleinen Bonbons bekomme ich ausnahmsweise nicht runter. Dabei sind sie eigentlich genau das Richtige für unterwegs. Trotzdem verschenke ich den kurt später an Straßenschild-Anmaler, mit denen ich im windgeschützten Straßengraben eine Teepause mache.

Manchmal traue ich mich, die Hirten zu fragen, ob ich ein Foto machen darf. Niemand lehnt das ab, aber trotzdem frage ich nicht oft, weil ich die unbefangene Stimmung nicht zerstören will. Eine gezückte Kamera verändert die Situation sofort, gerade hier in Kasachstan mache ich diese Erfahrung. Einmal unterhalte ich mich eine ganze Weile mit einem besonders lustigen Hirten. Er lacht und freut sich, sein ganzes Gesicht legt sich dabei in Falten und sieht total klasse aus. Dazu trägt er noch eine witzige Fellmütze - den muss ich unbedingt fotografieren! Er ist auch damit einverstanden, setzt aber schnell die Mütze ab und macht mit heruntergezogenen Mundwinkeln ein todernstes Gesicht. Futsch ist das, was ich fotografieren wollte.

Am nächsten Tag überholt mich ein kleiner Pkw, hält vor mir am Straßenrand und es steigen fünf Erwachsene aus - drei Frauen und zwei Männer. Sofort beginnt eine lebhafte Unterhaltung, alle stellen mir gleichzeitig fröhlich ihre Fragen und lachend versuche ich sie zu beantworten. Der Fahrer erklärt mir, dass wir uns schon gestern gesehen haben. Ich erkenne ihn ohne Pferd und Mütze zwar nicht wieder, aber als er sagt, dass ich ihn fotografiert habe, weiß ich, dass es der Hirte mit der lustigen Mütze ist. Angeblich sind sie nun auf dem Weg in die Stadt, um dort Papierkram zu erledigen. Ich glaube eher, dass er seinen Leuten die komische Radlerin zeigen will.

Noch einmal mache ich den Fehler und will nun auch die froh gelaunte Familie fotografieren. Aber in dem Moment, in dem ich die Kamera zücke, wird im Handumdrehen ganz geordnet und steif zum Gruppenfoto Aufstellung genommen. Natürlich werden auch alle Kopfbedeckungen abgenommen und jegliches Lächeln oder gar Lachen verbannt. Wie per Knopfdruck. Schmerzlich muss ich lernen, dass ein Foto offensichtlich keine spaßige Angelegenheit ist. Ein einziges Mal schaffe ich es lächelnde Hirten zu fotografieren - sie lassen sogar ihre Mützen auf!

Manchmal ist das Leben aber auch echt nicht zum Lachen, schon von weitem kann ich einen Lkw im Straßengraben liegen sehen, dessen Hänger voller

Kohle umgekippt ist. Ich hoffe noch, dass es nicht „mein" Kohle-Fahrer ist. Mehrfach sind wir uns begegnet, bei den ersten Malen hat er hupend gegrüßt, gestern hat er dann angehalten und wir haben uns eine ganze Weile nett unterhalten. Er meinte noch, dass wir uns bestimmt nochmal treffen. Tja, da hatte er wohl recht ... Das Unglück sei einfach so passiert, er konnte den Lkw nicht mehr auf der Straße halten und wartet nun auf einen Kran, der ihn wieder aufrichtet. Mist, er tut mir echt leid! Aber anstatt, dass ich irgendetwas für ihn tun kann, verspricht er mir, mich ein Stückchen mitzunehmen, wenn wir uns das nächste Mal sehen.

Wir treffen uns aber nicht mehr wieder, nur der Kran, der ihm hoffentlich wieder auf die Räder hilft, kommt mir irgendwann entgegen. Dabei suche ich tatsächlich eine Mitfahrgelegenheit. Mein einmonatiges Visum für etwa 2.000 Kilometer Kasachstan ist doch etwas knapp und so will ich ein Stückchen davon trampen.

Sergej und Jura kommen gerade vom Angeln und haben eigentlich nur gehalten, um mich mit ihrem Handy zu filmen. Spontan nehmen sie mich mit. Das geht auch mit einem Pkw beteuern die beiden und nachdem ich das Vorderrad abgebaut habe, passt Wanjuscha in den Kofferraum - die Klappe bleibt einfach offen. Es ist aber auch ein ziemlich großer Kofferraum.

In Kasachstan treffe ich unterwegs meist Hirten

Stolz erzählt mir Sergej, dass er seinen Mercedes persönlich aus Ingolstadt abgeholt hat. Die beiden arbeiten im Kohlebergbau 600 Meter tief unter Tage und verdienen mit 800 Dollar pro Monat nicht schlecht. Ich genieße die erholsame Fahrt mit ihnen. Fast siebzig Kilometer überbrücke ich so im Auto und Sergej setzt mich erst hinter der Stadt Karaganda auf „meiner" Trasse wieder ab. Nun gibt es erst einmal keine Nebenstrecken mehr, sondern nur noch diese eine Trasse Richtung Süden.

So eine große Straße bedeutet auch wieder etwas mehr Verkehr, aber - neben den Hirten - auch wieder mehr Begegnungen mit anderen Reisenden. Ein junger Kasache aus Almaty will mich unbedingt mitnehmen. Er hat schon davon gehört, dass viele von uns (wer auch immer damit gemeint ist) mit dem Fahrrad reisen, und bedauert, dass ich es heute ja nicht mal bis Balchasch schaffen würde. Er hat recht, bis dahin sind es noch 300 Kilometer. Er ist völlig schockiert, dass ich erst Ende April in Almaty bin – nun ja, er kommt heute Nacht schon dort an ... Auch er hat wie Sergej sein Auto selbst aus Deutschland abgeholt, aus Hannover – das scheint hier so eine Art Sport zu sein. Kaum ist er weitergefahren, kommt er wieder zurück und reicht mir eine kalte Flasche Wasser. Das Geld, das er mir noch zustecken will, wehre ich entsetzt ab.
Kurz bevor ich einen Zeltplatz suche, treffe ich gleich zwei Autos voller Reisender – zwei Audis. Ob die auch persönlich aus Deutschland hergefahren wurden, erfahre ich nicht, aber es ist schon auffällig, wie viele deutsche Autos hier unterwegs sind. Aus diesen beiden Pkw steigt eine riesige Großfamilie. Sie ist auf dem Weg nach Turkmenistan und es werden die ersten Urlaubsfotos gemacht, auch die Filmkamera läuft die ganze Zeit. Bevor sie wieder in den Autos verschwinden, küsst mich das Familienoberhaupt stolz auf die Wange. Strahlend fahre ich weiter!

Es klingt vielleicht schon raus, Kasachstan gefällt mir extrem gut - fast überraschend, denn ich habe es bei meiner Rückfahrtplanung eher als Transitland gesehen. Wobei 2.000 Kilometer für eine Transitstrecke natürlich recht viel sind. Ich dachte, es sei eintönig durch die ewig weite Steppe zu fahren, aber ich finde sie faszinierend und mit ihren Hügeln sehr schön. Und die Steppe ist auch überhaupt nicht leer. Immer wieder höre ich das Pfeifen der Murmeltiere und sehe sie über das Gras flitzen - vorher entdecke ich sie nur selten, da sie sich farblich dem braunen Steppengras gut angepasst haben. Dabei sieht es so nett aus, wie sie aufgerichtet wachsam über die Steppe blicken. Erspähen diese Wächter eine Gefahr, stoßen sie einen grellen Warnton aus und alle verschwinden in den Löchern. Leider gehören auch Wanjuscha und ich aus Murmeltiersicht zu den Bedrohungen.

Genauso wie ich, scheinen Schlangen die wärmende Sonne zu genießen. Ab und zu sehe ich eine bei ihrem Sonnenbad auf der Straße, meist verschwinden sie beim Näherkommen im Gras. Manche stellen sich aber auch tot und bleiben einfach liegen. Neugierig will ich mir eine der angeblich leblosen, aber noch nicht vertrockneten Schlangen mal genauer anschauen. Als sie sich plötzlich zusammenkringelt und mich anzischt, bekomme ich einen riesigen Schreck. Ich stelle fest: Nicht nur Gewitter, auch Schlangen sind mir nicht ganz geheuer. Von nun an ziehe ich auf jeden Fall festes Schuhwerk an, wenn ich durch die Steppe laufe, wegen der dornigen Pflanzen sind die offenen Sandalen eh ziemlich unpraktisch.

Ganz ausgiebig kann ich zwei Kranichpaare bei der Balz beobachten. Sie sind sichtlich verliebt und es sieht toll aus, wie sie umeinander werben. Mit ausgebreiteten Flügeln hüpfen und springen sie tanzend umeinander her, es hat etwas von einer Ballettaufführung, was sie da veranstalten – sehr beeindruckend! Bei anderen Vögeln muss ich aber mal wieder bedauernd feststellen, dass ich keine Ahnung habe, wen ich da sehe. Beispielsweise gibt es hier eine ganz helle Falkenart, die mich wegen ihrer Farbe und Größe ein bisschen an eine Möwe erinnert. Jedem Ornithologen dreht sich bei so einer Beschreibung vermutlich der Magen um.

Es ist aber jedenfalls gar nicht langweilig, durch die Steppe zu fahren - und es ist nach dem sibirischen Winter ein absolutes Hochgefühl, dies in T-Shirt und kurzer Hose zu tun. Bald ist es sogar so, dass der starke Wind angenehm kühlend wirkt. Die Kondition ist auch wieder zurück, und die Aussicht, von der Fahrrichtung her bald sogar dauerhaft mit seitlichem Rückenwind zu fahren, lässt mich überhaupt nicht daran denken, nochmal ein Stückchen zu trampen. Ich will nicht einen Moment dieses Aufwachprozesses der Steppe verpassen!

Wanjuscha wird krank

Abrupt werde ich aus meiner Frühlingseuphorie gerissen: Wanjuscha wird ernsthaft krank! Zunächst merke ich nur ein leises Schleifgeräusch am Hinterrad und denke an eine fette Acht. Aber wo kommt die auf der schlaglochfreien Straße so plötzlich her? Ich schaue mir das Rad an und bekomme einen Schock: Die hintere Felge ist an der Seite gerissen. So ein Mist! Ein kleines Stückchen kann ich noch mit ausgehängten Bremsklötzen fahren, aber die Felge reißt schnell weiter und bald geht nur noch Stehenbleiben. Mitten in der Steppe lehne ich den kranken Wanjuscha an einen Straßenpfosten und da es wie fast immer stürmt, hocke ich mich in seinen Windschatten auf den Seitenstreifen. Dort esse ich erst mal was und denke nach.

Vermutlich habe ich die Felge dünn gebremst oder die großen und schnellen Temperaturschwankungen haben das Material brüchig gemacht. Ach egal warum - kaputt ist kaputt. Allerdings ist es die einzige ernsthafte Erkrankung von Wanjuscha auf der ganzen Tour - bisher. Es gab ansonsten nicht eine Panne, die uns am Weiterfahren hinderte, nicht mal einen Platten. Ich finde das ist eine echte Meisterleistung! Mein so tapferer Wanjuscha schaut nun aber ganz bedröppelt aus, wie er da so an dem Pfosten lehnt. Er tut mir richtig leid.

Schnell wird mir klar, dass die beste und eigentlich auch einzige Möglichkeit die ist, 800 Kilometer nach Almaty zu trampen. Karaganda ist zwar auch eine große Stadt und liegt mit 150 Kilometern deutlich näher, aber zurück will ich nicht. Außerdem würde ich dann sicher Probleme mit der Zeit bekommen. Almaty liegt schon ganz in der Nähe von Kirgisistan und dorthin ist bereits eine Felge auf dem Postweg unterwegs. Was für ein Zufall!

Beim Winterputz von Wanjuscha hatte ich an den Speichennippeln in der Felge kleine Haarrisse entdeckt. Da es in den Radläden keine passende Felge gab, habe ich mir eine aus Deutschland schicken lassen – allerdings nicht nach Irkutsk, sondern - um sicher zu gehen, dass sie nicht erst nach meiner Abreise ankommt - nach Kirgisistan. Und es war ja tatsächlich kein akutes Problem - die Felge ist nun ganz woanders gerissen.

Noch während ich im Windschatten sitze und überlege, hält ein klappriger VW-Bus auf der anderen Straßenseite und fragt, ob ich Hilfe brauche. Ja, die brauche ich – leider fährt er in die verkehrte Richtung. Ich versuche nun aber auch aktiv zu trampen und was sonst so angenehm ist, wird zur Geduldsprobe: Es kommen nur sehr selten Autos vorbei. Ein Transporter in meiner Richtung hält, aber nur, um mir zu sagen, dass er leider überhaupt keinen Platz hat – ist aber trotzdem nett, kurz zu stoppen.

Als nächstes hält ein Mercedes-Transporter und am Nummernschild erkenne ich - der kommt aus Bischkek. Das ist ja genau meine Richtung!

Und tatsächlich sind die drei Männer auf dem Weg nach Hause und nehmen mich in ihrem leeren Bus gerne mit. Schnell wird Wanjuscha samt Gepäck zwischen den Sitzen verstaut, nur als sie meine leeren Plastikflaschen einfach so als Müll in den Straßengraben schmeißen wollen, protestiere ich.

Während der Fahrt schaue ich wehmütig aus dem Fester auf die schöne Landschaft, die nun ungewollt schnell an mir vorüber zieht. Wie gerne hätte ich den Frühlingsprozess weiter verfolgt, bis die Steppe voll erblüht und das Steppengras wenigstens für einen Moment grün und saftig ist, bevor dann die Sommerhitze alles wieder verdorren lässt. Aber ich bin natürlich auch froh, eine so gute Mitfahrgelegenheit gefunden zu haben!

Zwei der Männer, Pascha und Jakir, sind Dunganen - ein Volksstamm ohne eigenes Land. Die meisten von ihnen leben in China, viele aber auch in Kirgisistan oder Kasachstan. Beken, der dritte im Bunde, ist Kasache. Sie alle leben in Bischkek und sind in Kirgisistan gemeinsam aufgewachsen.

Jetzt gerade kommen die drei aus Astana. Die neue kasachische Hauptstadt ist eine große Baustelle und sie haben Gastarbeiter aus Kirgisistan dorthin gefahren. Nach neunzig Tagen werden sie wieder abgeholt. Eigentlich fährt Beken allein diese Touren, es ist auch sein Auto, aber da diesmal seine Freunde mitgekommen sind, können sie sich am Steuer abwechseln, und so ist nicht nur für mich die Fahrt ziemlich entspannt. Die drei träumen davon, sich zusammen für 60.000 Dollar eine Volvo-Zugmaschine zu kaufen, um damit Frachtgut durch die Lande zu fahren. Auch wenn der Preis gigantisch ist, es soll unbedingt ein Volvo sein.

Am nettesten von den drei Fahrern finde ich Beken, wir sprechen über das Leben unterwegs und überhaupt. Pascha und Jakir erklären mir eigentlich nur, dass man neuerdings sogar zwei Ehefrauen haben darf, vorausgesetzt die erste Frau ist damit einverstanden. Pascha ist bereits zum dritten Mal verheiratet. Genauso wie bei Jakirs Frau scheint die Jungfräulichkeit immer das wichtigste Auswahlkriterium gewesen zu sein.

Beken ist auch schon zum zweiten Mal verheiratet. Beim ersten Mal sei er mit zwanzig noch zu jung gewesen und selbst Schuld, dass es nicht gehalten hat. Anstatt sich um Frau und Sohn zu kümmern, sei er lieber mit Freunden um die Häuser gezogen. Mit seiner jetzigen Frau und den gemeinsamen zwei Töchtern würde ihm der Fehler nicht erneut passieren. Und auch für seinen Sohn ist Beken da, erst vor kurzem hat er für den 19-jährigen 350 Dollar bezahlt, damit er nicht zur Armee muss und einen Ersatzdienst machen kann.

Weil ich noch kein kirgisisches Visum habe, kann ich leider nicht mit den Dreien bis Bischkek fahren, sondern steige an der Grenze aus, um weiter nach Almaty zu trampen. Beken fällt der Abschied sichtlich schwer, er macht den Vorschlag, schnell seine Freunde nach Hause zu fahren (Bischkek liegt direkt hinter der Grenze) und dann wiederzukommen. Ich kann ihm das ausreden, hoffe aber auch, dass wir uns wiedersehen.

Hier im Süden von Kasachstan ist der Frühling bereits fast vorbei, die Bäume haben schon frische grüne Blätter. Was für ein abrupter Wechsel - auch landschaftlich. Die Steppe endet und der Tienschan beginnt, ein gewaltiges Hochgebirge Zentralasiens, von dem ein kleiner Streifen zu Kasachstan gehört. Leider bin ich den Bergen nicht allmählich auf dem Rad näher gekommen, sondern nach der Nachtfahrt mit Beken und seinen Freunden, steht das Gebirgsmassiv plötzlich vor mir – was für eine Kulisse! Almaty liegt noch in der Ebene, aber direkt dahinter befinden sich die schneebedeckten Berge. Ansonsten begrüßt mich die Millionenstadt eher unfreundlich mit viel Verkehr und es ist nicht angenehm warm, sondern bereits anstrengend heiß. In dem Café, in dem ich überlege, wie es weitergeht, sind Fahrräder unerwünscht, ich finde ein benutztes Kaugummi in meinem Salat und an der Tasse klebt noch der Lippenstift meiner Vorbenutzerin. Aber ich erkenne, dass ich neben dem Visum und der Felge als erstes mal eine Unterkunft brauche. Da ich ja viel eher in Almaty bin als ursprünglich gedacht, muss das nun spontan funktionieren.

Der zweite Anlauf klappt, ich erreiche telefonisch Bibigul vom Hospitalityclub und kann gerne zu ihr kommen, sie arbeitet allerdings bis 19 Uhr. Kein Problem, im Zeit-Totschlagen habe ich bereits Übung und es klang am Telefon, als ob sie sich richtig auf mich freut – der unschöne Anfang hier in der Stadt ist schon fast wieder vergessen.

Und tatsächlich sind wir bei Bibigul (kurz Biba) total gut aufgehoben. Wanjuscha kann mit zwei weiteren Fahrrädern den winzigen Wohnungsflur versperren und ich passe samt Gepäck noch mit in die kleine Einraumwohnung. Die 19-jährige Biba wohnt hier zusammen mit ihrer Mutter Tota und meist auch noch mit ihrem älteren Bruder Marat - alle drei sind äußerst sympathisch.

Beim Abendbrot bekomme ich die kasachische Sprache erklärt. Wie Kirgisisch, Usbekisch und viele der anderen stan-Sprachen[32], ist es eine Turksprache - kann man eine, kann man auch die anderen ein bisschen. Da

32 Stan bedeutet Land, also Kirgisenland, Kasachenland ...

man in Kasachstan aber überall auch russisch spricht, habe ich bisher nur wenige Worte gelernt und ich befürchte dabei wird es auch bleiben.

Was ich sehr ungewöhnlich finde ist, dass Tota von ihren Kindern gesiezt wird. Anfangs denke ich, dass ich mich verhöre, aber ich verstehe das durchaus richtig. Das ist hier so üblich und steht auch nicht im Widerspruch dazu, dass es eigentlich eine moderne und offene Familie ist.

Ursprünglich kommt Biba und ihre Familie aus Pawlodar ganz im Norden von Kasachstan. Wegen besserer Ausbildungsmöglichkeiten für die Kinder, sind sie nach Almaty gezogen und die Mutter arbeitet hier auf dem Bau.

Ein richtiger Knochenjob ist das und Tota kommt immer ziemlich erledigt nach Hause, schafft es aber trotzdem nicht, alleine die 350 Dollar Miete für die kleine Wohnung aufzubringen. Die Kinder helfen und Biba hat einen Job als Grafikerin gefunden. Sie erstellt in einem mehr als Vollzeitjob das Layout für eine Modezeitschrift, die Uni hat sie auf den Abend verschoben. Und auch Biba kann mit ihrem Verdienst von 300 Dollar nicht mal die Miete bezahlen.

Eigentlich haben sie sich im Streit vom Vater getrennt, werden es aber bald nochmal alle miteinander versuchen. Aus finanziellen Gründen wollen sie wieder zum Vater auf die datscha ziehen. Für die Kinder ist es sicher nur vorübergehend. Biba mit ihren 19 Jahren ist clever und ihr stehen mit ihrer offenen und quirligen Art eigentlich alle Türen offen. Im Sommer will sie erst einmal mit einer Freundin eine Fahrradtour durch Skandinavien machen.

Mein erster Gang in Almaty ist der zum kirgisischen Konsulat. Ganz anders als ich die Kirgisen kenne, ist der Konsul (oder wer auch immer das ist) sehr unfreundlich. Kein Lächeln, kein freundliches Wort. Habe ich mal eine Frage zu einem Punkt auf dem Antragsformular, blafft er mich an, ob ich denn nicht lesen könne - es würde da auch alles auf Englisch stehen. Das verstehe ich aber auch nicht besser als Russisch. Na ja, aber ich kann das Visum in einer Woche abholen, das ist für mich die Hauptsache - und in der Zwischenzeit kann ich mich um die Genesung von Wanjuscha kümmern.

Die neue Felge ist zu meiner Freude genau mit meiner Ankunft in Almaty in Bischkek eingetroffen. Das ist ja schon mal nicht schlecht! Und da es bis Bischkek nur 250 Kilometer sind, gibt Saikal, bei der das Paket aus Deutschland angekommen ist, die Felge einfach einem Taxifahrer mit, der sowieso nach Almaty fährt - scheinbar fungiert jegliches Verkehrsmittel auch als Postservice, nicht nur die Schaffner der Eisenbahn. Allerdings ist ein Zugwaggon durch feste Zeiten und Bahnsteige leichter zu finden als ein Auto.

Nervös warte ich auf genaue Informationen von Saikal. Endlich kommt der ersehnte Anruf: Der Taxifahrer heißt Altenbek, fährt einen grünen Mercedes mit Bischkeker Kennzeichen und Treffpunkt ist der Busbahnhof in Almaty - so gegen 15 Uhr. Mit reichlich Zeit mache ich mich auf den Weg, aber die Haltestelle um die Ecke ist doch weiter als gedacht und dann steckt mein Bus auch noch eine gefühlte Ewigkeit im Stau. Die ganze Aktion ist spannender als jeder Krimi!

Der Busbahnhof ist ziemlich groß, unübersichtlich und es ist viel los - ich habe keine Ahnung, wie ich hier jemals ein kleines Auto finden soll. Aber genau gleichzeitig mit mir kommt an der Schranke ein Pkw an und es ist tatsächlich Altenbek. Was für ein Zufall! Meine Anspannung wächst ins Unendliche und mir wird fast schlecht, jetzt ist gleich die große Übergabe. Altenbek öffnet gelangweilt den Kofferraum und drückt mir unspektakulär ein Paket in die Hand. Er hat überhaupt keine Ahnung, was für einen lebenswichtigen Organspendetransport er da gerade durchgeführt hat - für ihn ist es irgendein Pappkarton. Ich bin glückselig ihn entgegenzunehmen! In einem Radladen lasse ich die neue Felge einspeichen und nach gelungener OP steht Wanjuscha mit heilem Hinterrad vor mir. Was für eine Freude!

Nachdem das Fahrrad wieder gesund ist, kann ich mich während der Wartezeit aufs kirgisische Visum mit Freizeitaktivitäten beschäftigen. Biba zeigt mir ein bisschen die Stadt und ich treffe alte Bekannte vom Baikal, bzw. aus Irkutsk: Stefan & Melinda - das Radfahrerpaar aus der Schweiz.

Ich habe mir ja schon fast gedacht, dass die zwei im Moment auch in Almaty sind, denn ich wurde direkt am ersten Tag mit Melinda verwechselt. Ein Kasache begrüßte mich wie eine alte Bekannte. Als ich etwas irritiert reagierte, meinte er, dass er mich und meinen Freund doch vor drei Tagen auf der Trasse überholt habe. Blond und mit Fahrrad ist hier eine nicht so häufige Kombination ...

Mit Biba zusammen machen wir eine Einkaufstour durch die Supermärkte, wir wollen kasachische Spezialitäten probieren. In erster Linie sind wir auf der Suche nach schubat. Im dritten Geschäft werden wir fündig und die vergorene Kamelmilch schmeckt uns ziemlich gut, aber hier in der Stadt ist für schubat sicher nicht die richtige Umgebung. In Kirgisistan schmeckt mir kumis, dort wird Stutenmilch vergoren, auch am besten in den Bergen bei den Nomaden.

Sogar kurt kann man kaufen, aber genauso wie mir schmecken Melinda & Stefan die salzigen Quarkkugeln nicht so besonders. Was uns allen dagegen sehr gut schmeckt, sind baursaki. Das sind kleine Teigbällchen mit Kefir, die in Fett gebacken werden.

Als Fahrtproviant macht Biba mit mir zu Hause noch einen Energiesnack, so eine Art Studentenfutterbrei. Getrocknete Aprikosen, Rosinen und Walnüsse werden durch den Fleischwolf gedreht und mit etwas Honig vermengt. Die fertige Masse wird anschließend einfach in eine Plastiktüte gefüllt. Eigentlich kommt noch etwas Zitrone dazu, aber dann wird's schneller schlecht - so hält es ewig. Na ja, bei meinem Appetit wohl nicht, da hätten wir die Zitrone ruhig reintun können. Egal, diese Energiemasse schmeckt köstlich, ist aus lauter zentralasiatischen Produkten und ein Esslöffel voll reicht aus, um wieder Kraft zu schöpfen.

Ich kann kaum den Tag abwarten, an dem ich mein kirgisisches Visum abholen und dann endlich wieder aufs Rad steigen kann! Obwohl das Konsulat erst um 15 Uhr seine Mittagspause beendet, bekomme ich von dem unfreundlichen Konsul doch tatsächlich schon um 14:45 Uhr meinen Pass. Kirgisistan wir kommen!

Wir radeln nach Kirgisistan

Bei strahlendblauem Himmel und bester Laune mache ich mich von Almaty auf den Weg nach Kirgisistan. Eine ganze Weile radle ich noch in der Steppe - rechts der Blick über die unendliche Weite, links die teils mit Schnee bedeckten Berge zum Greifen nah. Meist geht es eben, allerdings nur bis wir die Steppe verlassen. Vor uns liegt ein sieben Kilometer langer Anstieg mit zwölf Prozent Steigung, an dem der ein oder andere Pkw liegenbleibt und manch Lkw nicht viel schneller ist als wir. Das Salz läuft mir in die Augen und ich schnaufe ziemlich. Aber Wanjuscha ist kerngesund, außerdem ist die Landschaft um uns so schön, dass ich es fast genieße, den anstrengenden Pass hochzustrampeln.

Die letzte Nacht in Kasachstan zelte ich in einem sehr idyllischen Tal. Der kleine Bach reicht nicht zum Vollbad, aber wenn ich mich reinlege und hin und her drehe, werde ich von allen Seiten nass und meiner Meinung nach auch sauber. Die Wiesen drumherum sind saftig grün. Sanfte Berge begrenzen das gehölzlose Tal und ziemlich weit entfernt gibt es eine Farm. Das Haus ist für mich mit bloßem Auge gerade noch so zu erkennen.

Nach kurzer Zeit kommt mein Nachbar angeritten und ich frage mich mal wieder, wie die mich immer so schnell entdecken. Warum ich denn nicht in oder wenigstens an ihrem Haus schlafe? Ich bin aber viel zu müde, um über einen Umzug nachzudenken und finde den Zeltplatz auch super – nur der Himmel macht mir etwas Sorgen, der zieht sich bedenklich zu.

Kaum habe ich mich in meinen Schlafsack gemümmelt, geht es auch schon los: Eines der heftigsten Gewitter der ganzen Tour donnert über mich hinweg, es stürmt und von allen Seiten zucken Blitze durch die Nacht. Der Donner folgt meist auf der Stelle! In meiner Angst überlege ich, zum Haus zu laufen, bleibe dann aber doch bibbernd auf meiner Isomatte hocken. Um zwei Uhr ist das Gewitter endlich vorbeigezogen und nur noch der Regen prasselt auf mein Zelt.

Morgens beim Aufbruch nieselt es bloß noch leicht und im nächsten Dorf treffe ich an einer Bushaltestelle den Nachbarn wieder. Er fragt mich, wie es heute Nacht gewesen sei. Ich verziehe das Gesicht. Ja ja, er habe ja gesagt, ich solle ins Haus kommen ... Als er mich gestern gefunden hat, war er übrigens gerade dabei, seine Pferde zu suchen - die sind leider nicht mehr aufgetaucht, daher sei er nun hier. Ich verstehe zwar nicht, wie er seine Tiere in der Bushaltestelle finden will, aber er wird es schon wissen.

Kurz vor der Grenze gelange ich wieder in eine Ebene und an einer kleinen Apfelbaumplantage kommen mir fünf Jugendliche mit Fahrrädern entgegen. Ganz stolz erklären sie mir, dass auch sie auf einer Radtour sind – allerdings nur zwei Tage übers Wochenende. Aber sie sind offensichtlich mit dem Wichtigsten ausgestattet: An einem der einfachen Räder hängt über dem Lenker ein großer Wasserkessel, an zwei weiteren baumeln leere Fünf-Liter-Plastikflaschen und auf einem Gepäckträger befindet sich eine Plane als Schutz für die Nacht. Einer der Jungs trägt einen Rucksack, darin vermute ich Proviant. Egal für wie lange, die fünf strahlen diese glückliche wir-sind-unterwegs-Stimmung aus - die Augen leuchten, auch wenn das Wetter eher nicht so auf ihrer Seite ist.

Wäre es heute nicht so bedeckt, könnte ich sicherlich schon die Bergkette in Kirgisistan erkennen. Da es am Horizont aber außer grauen Wolken nichts Spannendes zu beobachten gibt, fällt mein Blick auf zwei riesige, hübsch bemalte Betonwände am Straßenrand - eine Werbetafel für Kasachstan. So als wollte mir das Land zum Abschluss deutlich zeigen, wie besonders es ist. Und es stimmt, ich habe in der Tat Unterschiede zu Russland und - wie sich herausstellen wird - auch zu den anderen GUS-Staaten festgestellt: Zum einen ist Kasachstan ein nach außen hin sehr modernes Land. Selbst ich als Radfahrerin, die ja eigentlich nur in der Pampa unterwegs ist, habe das mitbekommen. An den großen Trassen sind die Hinweisschilder dreisprachig: Kasachisch, Russisch und Englisch. Das gibt es sonst nirgends.

Zum anderen ist die Stimmung im Land anders, irgendwie optimistischer. Obwohl ich nicht bemerkt habe, dass es den Menschen hier faktisch besser geht, gerade auf den Dörfern ist das Leben überall einfach und hart – aber die Menschen beklagen sich nicht so viel, sondern schauen zuversichtlich in die Zukunft. Vermutlich liegt es am Programm, das der Präsident Nursultan Nasarbajew ins Leben gerufen hat: Kasachstan 2030. Nicht nur die Hauptstadt Astana soll bis dahin fertig gebaut sein, Nasarbajew verspricht auch, dass es dann allen Menschen im Land gut gehen wird. Passend dazu steht auf der Werbetafel: Erblühe, meine Heimat Kasachstan!

Auch ein Russe, der in Kasachstan als Lkw-Fahrer viel rum kommt, bestätigt meinen Eindruck des Landes. Er meint, die Stimmung sei sehr gut und neunzig Prozent der Bevölkerung stehe hinter dem Präsidenten. „Der vergisst sich nicht, aber auch nicht das Volk und das kommt an." Als Beweis,

Modernes Kasachstan!

wie gut es Kasachstan schon geht, gibt er an, dass viele der ausgewanderten Russlanddeutschen mittlerweile wieder zurückkämen. Das habe ich schon öfters gehört und witzig finde ich eine Begründung, die bisher jedes Mal angegeben wurde: In Deutschland ist Angeln verboten. Selbst wenn man langwierig einen Angelschein gemacht hat, darf man nicht einfach seine Route auswerfen. Der Präsident und sein Programm hin oder her, in seiner Angelfreiheit eingeschränkt zu sein, ist für jeden hier ein nachvollziehbarer Grund, das Land zu verlassen – selbst wenn es der goldene Westen ist.

Und als ich nach Kirgisistan komme, verstehe ich, warum die Stimmung dort nicht ganz so euphorisch ist wie in Kasachstan: Es gibt auch ein Programm des Präsidenten, allerdings hat das den Namen „Kirgisistan 2200". Vielleicht sollte der Präsident nochmal über sein Programm nachdenken und auch sein jetziges Volk nicht vergessen ...

Für mich beginnt Kirgisistan aber nicht mit Politik, sondern mit einem fröhlichen Wiedersehen und zwar mit Saikal. Das ist die Kirgisin, die mir Wanjuschas Felge nach Almaty geschickt hat. Wir haben uns in Deutschland kennengelernt, als sie vor zwei Jahren Au-Pair-Mädchen in der Familie meines Bruders war.

Saikal wohnt in einem etwas außerhalb gelegenen Wohnbezirk von Bischkek. Sie wartet schon auf mich und steht mit ein paar selbst gepflückten Blumen an der Straße vor den Plattenbauten. Was für ein herzlicher Empfang! Da sie meinen Ankündigungsanruf von der Grenze falsch verstanden oder vielleicht Wanjuscha mit einer Rennmaschine verwechselt hat, wartet sie schon über eine Stunde. Wir fallen uns in die Arme und Saikal ist total aus dem Häuschen, dass ich mal eben bei ihr vorbeigeradelt komme. Na ja, ich finde es auch nicht schlecht. Sogar Saikals Mutter hat heute extra eher Feierabend gemacht und backt als Willkommensessen blini.

Später kommt auch Bakaj nach Hause, Saikals älterer Bruder. Da der Vater früh verstarb, ist Bakaj mit seinen 25 Jahren das älteste männliche Familienoberhaupt. Den jüngeren Bruder Ataj lerne ich kaum kennen. Er ist ein bisschen das schwarze Schaf der Familie und alle meckern über ihn. Im Moment scheint das Problem seine etwas ältere Freundin zu sein, wobei das Problem eigentlich nicht die Freundin ist, sondern nur ihr Alter. Verständlich, dass Ataj nicht so oft zu Hause ist.

Normalerweise ist es wohl recht ruhig bei Saikal: Die Mutter und Bakaj sind tagsüber auf der Arbeit und Saikal eigentlich mit ihrem Architekturstudium beschäftigt. In der Zeit, in der ich hier bin, geben sich allerdings zahllose Gäste die Türklinke in die Hand. OK, das ist vielleicht ein bisschen übertrieben, aber es kommen Verwandte und Freunde, Freunde von Verwandten, vielleicht auch Verwandte der Freunde – ein bisschen habe ich den Überblick verloren. Die meisten kommen auch gar nicht „rein zufällig", sondern ganz offiziell, um mich kennenzulernen. Diese Direktheit gefällt mir. Saikal ist manchmal etwas genervt, aber ich finde es witzig, wenn wir nach Hause kommen und wieder eine neue Person oder gar eine ganze Teerunde in Küche oder Wohnzimmer auf mich wartet. Ich setze mich gerne dazu und trinke ein paar Schalen Tee mit ihnen. Wenn irgendwann die Unterhaltung vom Russischen ins Kirgisische wechselt, weiß ich, dass die Neugier gestillt ist und ich wieder etwas anderes machen kann - zum Beispiel eigenen Verabredungen nachgehen.

Zu meiner Freude ist Beken gerade wieder von einer Tour aus Kasachstan nach Bischkek gekommen und hat Zeit und Lust, mich zu treffen. Saikals Familie findet es amüsant und auch seltsam, dass ich von einem Mann angerufen werde. In ihren Augen ist Beken für mich ein absolut Fremder, mit dem ich mich nun auch noch verabrede - dabei hat er Wanjuscha erste Hilfe geleistet, wie kann er da ein Fremder für mich sein? Na egal, Saikal kommt auf jeden Fall mit und auch Beken hat noch einen Freund dabei und wir fahren zusammen in ein koreanisches Café. Dort ist es total lecker, lustig und gemütlich. Wie so oft in Zentralasien, und scheinbar auch in Korea, sitzen wir auf dem Boden um einen niedrigen Tisch auf weichen Polstern. Stühle werden in Europa wirklich viel zu überbewertet.

Da ich noch nie Koreanisch gegessen habe, bestellen Beken und Dima zu einem Hauptgericht noch viele Kleinigkeiten für uns alle. Es ist auch Hundefleisch dabei, das bestellt Beken extra für mich. Wir hatten uns auf unserer gemeinsamen Fahrt durch Kasachstan über die unterschiedlichen Essgewohnheiten verschiedener Länder unterhalten und dass es spannend ist, sich da durchzuprobieren. Im Gespräch sind wir auch auf den Hund gekommen und ich erwähnte, dass ich ihn noch nie gegessen habe. Daran hat Beken sich erinnert und ist wohl extra deswegen mit uns zu einem Koreaner gegangen - Koreaner sind dafür bekannt, dass sie Hunde essen. Natürlich probiere ich das Hundefleisch: Es schmeckt sehr gut! Da es aber stark gewürzt und mit Gemüse und Soße vermengt ist, kann ich außer Fleisch mit leckeren Gewürzen keinen Eigengeschmack erkennen. Hundefleisch soll sehr gesund sein. So wie man in Deutschland zur Stärkung bei Erkältungen auf Hühnersuppe schwört, so rät man hier zu Hundefleisch. Vorausgesetzt natürlich, man isst Hund. Durch die Gastarbeiter aus Korea hat sich in Zentralasien die koreanische Küche etabliert und auch die dazugehörigen Witze. Beken und Dima unterhalten uns prächtig! Am besten gefällt mir die Anekdote über einen Koreaner, der bei der kasachischen Grenztruppe anfängt: Am ersten Morgen bekommt er einen Hund und soll mit ihm entlang der Grenze Patrouille laufen. Am Abend kommt der Koreaner zurück und behauptet, der Hund sei weggelaufen. Am nächsten Morgen bekommt er einen neuen Hund und wird wieder losgeschickt. Abends ist der Hund wieder weg. Am dritten Morgen bekommt der Koreaner erneut einen Hund, aber die kasachischen Grenzer gehen im heimlich nach. Mittags macht der Koreaner von dem Hund schaschlyk. Was tun? Sie bestellen einen Schamanen, der den Koreaner beschwört: „Du bist ein Kasache, du bist ein Kasache, du bist ein Kasache." Am nächsten Tag wird er wieder mit einem Hund losgeschickt und mittags beschwört er ihn: „Du bist ein Schaf, du bist ein Schaf."

Bei dem ganzen Unbekannten, das ich unterwegs kennenlerne, ist es natürlich auch interessant, nach sieben Jahren wieder nach Kirgisistan zu kommen - allerdings hat sich die Hauptstadt Bischkek komplett verändert. Außer dem zentralen Platz Ala-Too erkenne ich fast nichts wieder und auch hier, oh Schreck: Die Lenin-Statue vor dem Nationalen Geschichtsmuseum ist weg. Das gibt's doch gar nicht! Statt dessen ragt eine Freiheitsstatue auf dem hohen Sockel Richtung Himmel. Die Soldaten daneben, die jede Stunde im Stechschritt eine Wachablösung machen, scheinen aber immer noch dieselben zu sein. Und Lenin ist doch nicht so ganz verschwunden, er ist hinter das Geschichtsmuseum in den Park verbannt worden. Fast bin ich ein bisschen erleichtert, als ich ihn dort entdecke, und irgendwie hat er es im Grünen auch viel schöner als die Freiheitsstatue umgeben von lauter Beton.
Aber nicht die Erkundung der Stadt hält mich hier in Bischkek fest, sondern Visaangelegenheiten. Für die weitere Rückfahrt benötige ich ein usbekisches, ein weiteres kasachisches und russisches Visum, und da mir ein Monat arg knapp erscheint, muss ich auch noch das kirgisische verlängern.

Schnell habe ich die usbekische Botschaft gefunden, dort sagt mir ein netter Wachmann, dass man telefonisch einen Termin vereinbaren muss. Er verrät mir die Telefonnummer, weiß aber leider nicht, wo die kasachische Botschaft ist - die soll umgezogen sein, irgendwohin ganz weit weg.

Als nächstes gehe ich zur russischen Botschaft, die enorme Sicherheitsvorkehrungen hat: Nur durch eine Schleuse kann man überhaupt das Gebäude betreten und drinnen spricht dann eine Lautsprecherstimme mit mir, dass ich mich in ein Buch eintragen soll. Es wird mir ein Schalter genannt und nach einer Weile bin ich an der Reihe. Leider ist meine Einladung für das Visum noch nicht angekommen, ich soll nächste Woche nochmal fragen.

Es dauert zum Glück nur zwei Tage, bis ich einen Termin bei der usbekischen Botschaft bekomme. Schon von weitem sehe ich davor eine Menschentraube und ich werde vor der unfreundlichen und unkooperativen Frau da drinnen gewarnt. Mist! Denn eigentlich will ich mich bloß erkundigen, ob man das Reisedatum bei der Antragsstellung auch offen lassen kann - dann wäre ich mit meinen Planungen sehr viel flexibler.

Obwohl ich mir nicht viel Hoffnung auf eine Antwort mache, warte ich dennoch und nehme meinen Termin wahr. Leider ist die Frau in der usbekischen Botschaft wirklich nicht nett, sie lässt sich auf kein Gespräch und schon gar keine Frage ein, sondern kommandiert: Pass, Kopie, Foto, Antrag ausfüllen und warten. Ich versuche klarzustellen, dass ich das doch noch gar nicht will. Egal ob nun mit oder ohne Datum, ich soll auf jeden Fall erst mal das Formular ausfüllen!

Ich habe zwar nicht das Gefühl, dass die Frau mich verstanden hat, aber ich setze mich auf einen der Wartestühle und fülle brav das Formular aus. Weil ich nicht alles verstehe, frage ich ganz mutig die Frau hinterm Schalter. Und tatsächlich hilft sie mir nun beim Ausfüllen und als sie erfährt, dass ich im Zelt wohne und mit dem Rad fahre, wird sie super freundlich und hilfsbereit. Wanjuscha, danke! Nun ist es auch gar keine Frage mehr, das Datum offenzulassen, selbstverständlich geht das. Ich soll alles einfach so wieder mitbringen, wenn ich die anderen Visa habe und dann geht das mit dem usbekischen ganz schnell. Super!

Auch die kasachische Botschaft finde ich noch, sie ist wirklich am Arsch der Welt und als ich endlich ankomme, ist sie geschlossen. Die arbeiten heute nicht, da morgen ein Feiertag ist – ist doch klar. Aber einen netten Wachmann haben sie und der verrät mir, dass es in Taschkent auch eine kasachische Botschaft gibt und ich beschließe, das Visum dort zu beantragen.

Beim Amt für Auslandsangelegenheiten verlängere ich in Bischkek als erstes das kirgisische Visum. Dort muss ich nicht nur einen Antrag ausfüllen, sondern auch noch einen Brief an den Direktor schreiben - in einer Woche kann ich das verlängerte Visum abholen. So lange will ich aber nicht hier warten, sonst bekomme ich noch einen Stadtkoller.

Bischkek ist anstrengend, denn eigentlich mag ich doch mehr das einfache Leben auf den Dörfern. Hier in der Stadt muss immer alles ganz besonders schick sein, alles andere scheint nebensächlich. Lieber zu glamourös als zu einfach. Wie wichtig dieses ganze Äußere ist und wie manipulierend die Frauen sind, finde ich ziemlich ermüdend. Ich habe das Gefühl, sie verstecken ihr wahres Ich hinter einer Fassade. Als ich auf einer Geburtstagsfeier von Saikals Freundin Ajnura Rima kennenlerne, fällt mir sofort ihre offene und natürliche Art auf. Bei ihr scheint mir nichts gespielt und obwohl ich gar nicht viel mit ihr zu tun habe, schließe ich sie sofort ins Herz.

Aber auch mit Saikal & Co habe ich viel Spaß, ganz besonders, als wir mit ein paar Freunden in einer Kneipe sitzen und auf eine geniale Idee kommen. Den Anstoß dazu gibt Bakajs Freund Asim. Er behauptet, dass er eine Antwort auf uns europäische Weitradeltouristen hat, die bis nach Kirgisistan kommen. Er schaut Bakaj an und meint: „Wir kommen mit einer Herde Schafe nach Europa!"

Wir schmücken den Plan gemeinsam weiter aus: Natürlich werden Bakaj und Asim auf einem Pferd reiten und selbstverständlich in klassischer Tracht. Ganz wichtig ist der ak kalpak. Das ist ein weißer hoher Filzhut mit Krempe, der oft mit schwarzen, manchmal auch farbigen Verzierungen bestickt ist - der typische Kirgisenhut. Ob man für jedes Schaf ein Visum braucht, da werden wir uns nicht einig, aber das praktische an den Schafen liegt auf der Hand: Man muss sich um die Verpflegung keine Gedanken machen. Ich bestehe aber darauf, dass wenigstens ein paar von ihnen in Deutschland ankommen! Wir diskutieren auch, ob eine echte Jurte wirklich notwendig ist oder ob es ein rundes Zelt, wie ich es habe, auch tut. Für die Jurte bräuchte man noch zwei Kamele als Tragetiere ... Ach, das Leben kann so schön sein – man braucht nur die richtigen Ideen!

Für mich habe ich auch einen guten Einfall, ich will während der Visa-Wartezeit mit Wanjuscha um den Hochgebirgssee Issyk-Köl radeln. Saikal beschließt mich zu begleiten, zumindest für drei Tage übers Wochenende. Super! Und da Bakaj seine kleine Schwester scheinbar nicht alleine mit mir fahren lassen will, kommt er auch noch mit.

Bevor es losgehen kann, gibt es nur noch ein klitzekleines Hindernis zu überwinden: Für eine Radtour braucht man Fahrräder. Saikal hat zwar eins auf dem Balkon stehen, leider ist es kaputt. Den Platten habe ich schnell geflickt, auch die Bremsen schaffe ich einzustellen, aber gegen den Rahmenbruch kann ich auch nichts tun. Aber warum soll mein Grundvertrauen, dass Russen alles reparieren können, nicht auch für Kirgisen gelten?

Also marschieren wir samt Fahrrad in die nächste Werkstatt und der Lkw, der zur Reparatur in der Halle steht, sieht etwa genauso alt aus wie Saikals Rad – hier sind wir richtig! Die drei Mechaniker betrachten erst kritisch das Fahrrad und dann ausgiebig die Bruchstelle des Rahmens. Sie beratschlagen sich kurz, dann flexen und schweißen sie was das Zeug hält - die Männer sind nicht zimperlich. Aber das Rad auch nicht und am Ende wird es uns stolz mit heilem Rahmen übergeben.

Ein zweites Fahrrad leiht sich Saikal bei einer Tante und da der Sohn damit gerade bei anderen Verwandten ist, holen wir es dort ab. Saikal informiert ihren Cousin, dass sie für ein paar Tage sein Rad bräuchte, und nimmt es dann einfach mit. Ganz schön dreist so eine Zwangsabgabe. Der Cousin lässt es ohne Widerworte geschehen, glücklich darüber, nun nach Hause laufen zu dürfen, scheint er aber nicht zu sein. Saikal behauptet, dass das völlig in Ordnung ist - sie als ältere Cousine darf das genau so machen.

Mit drei funktionstüchtigen Fahrrädern kann es für uns endlich losgehen. Bis zum Issyk-Köl will ich alleine fahren, dorthin wollen Saikal und Bakaj nach zwei Tagen mit dem Bus nachkommen. So sparen sie sich den Anstieg[33] und ich muss nicht noch bis zum Wochenende warten.

Am Abend vor meinem Abfahrt erreicht uns allerdings eine Hiobsbotschaft: Am Issyk-Köl wurde ein wichtiger Mafioso umgebracht und nun ist überall mit Straßensperren, Vergeltungsschlägen und sonstigen Unruhen zu rechnen. So ein Mist! Keiner kann mir sagen, ob es wirklich gefährlich ist oder ob man nicht als Radfahrer problemlos durchkommt. Ich beschließe trotzdem zu fahren. Wenn ich nicht weiterkomme, kann ich ja immer noch umdrehen …

---

33 Bischkek liegt auf 800, der Issyk-Köl auf 1.600 Höhenmetern.

Rund um den Issyk-Köl gibt es Überraschungen

Pünktlich zu meinem Aufbruch ist die Sonne wieder da und kurz hinter Bischkek gönne ich mir bereits ein erstes Unterwegs-Eis. Zwar werde ich gewarnt, dass es wegen des Mordes im Moment gefährlich auf den Straßen sei, aber ich merke zunächst keinerlei Beeinträchtigungen. Im Gegenteil: Ein Mann fährt mir extra hinterher, um sich zu vergewissern, ob ich auch wirklich ich bin - er hat gestern in der Zeitung von mir gelesen. Er schenkt mir sein Exemplar und meint, dass der ausführliche Artikel ein Freifahrtschein für mich sei - Delo No sei die populärste Zeitung im Land.

Bis kurz vorm Issyk-Köl habe ich auch tatsächlich völlig freie Fahrt und was für eine! Zunächst radel ich durch das breite Tschu-Tal und komme in Kemin an einer riesigen Reiter-Statue vorbei – ein kirgisischer Held sitzt in Ritterrüstung auf einem sich aufbäumenden Pferd und überragt die ganze Umgebung.

Das Tal wird enger und langsam komme ich in die Berge. Die 800 Meter Höhenunterschied zum Issyk-Köl merke ich aber kaum, so allmählich ist der Anstieg. Außerdem ist die Landschaft rundherum so toll, dass ich etwas anderes eh kaum wahrnehme.

Dabei lohnt es sich durchaus auch mal auf die Straße zu schauen: Die Löcher im Asphalt sind nummeriert! Einige sind bereits frisch gefüllt, andere warten mit ihrer roten Umrandung und der passenden Zahl daneben auf eine Reparatur. Aber damit nun kein falsches Bild entsteht: Die Straße ist keinesfalls in einem dramatischen Zustand, es ist eine normale Landstraße mit kleinen Macken. Vielleicht gibt es in Kirgisistan ja ein Straßenlochkataster - in Deutschland kenne ich so was nur für Bäume.

Mit Saikal und Bakaj bin ich um 18 Uhr am Kreisverkehr am Anfang von Balyktschi verabredet. Kurz vor der kleinen Stadt am Seeanfang komme ich zu einem Kontrollposten für das Issyk-Köl Gebiet. Eigentlich ist es ein sogenannter ökologischer Posten und jeder, der in das Gebiet fährt, muss eine Art Eintritt bezahlen. Heute muss niemand bezahlen - jedes Auto wird aber trotzdem angehalten und die Pässe werden kontrolliert. Keine Ahnung, ob das immer so ist oder nur wegen des Mordes. Auf jeden Fall bin ich erleichtert, dass ich als Radfahrer einfach unkontrolliert weiterfahren kann – mein Pass liegt ja auf dem Amt in Bischkek und erst jetzt fällt mir auf, dass ich vergessen habe, eine Kopie des Visums zu machen.

Dass ich trotz ausgedehnter Badepause schon um 16 Uhr am Kreisverkehr bin und - wie ich telefonisch erfahre - Saikal und Bakaj wohl erst gegen 20 Uhr ankommen, ist ja eigentlich klar. Aber ich bin froh, dass die beiden überhaupt auf dem Weg sind! Allerdings bin ich langsam selbst nicht mehr sicher, ob sie noch bis hierher durchkommen werden.

Als ich am Kreisverkehr ankomme, findet dort gerade eine Art Kundgebung statt - die Kirgisen nennen es miting. Der ganze Kreisel ist voller Menschen und per Megafon werden Reden geschwungen. Die Stimmung ist ruhig. Es stimmt aber tatsächlich, dass jemand ermordet wurde und zwar Rysbek Akmatbaev – hier nennen sie ihn nicht Mafioso, sondern den Deputaten vom Issyk-Köl. Scheinbar war er Abgeordneter im kirgisischen Parlament. Tragischer Weise ist nicht nur Rysbek ermordet worden, vor lauter Schreck ist auch noch seine Mutter gestorben.

Gegen 17 Uhr kommt Leben in die Menge und die Leute machen sich auf in Richtung Kontrollposten, um dort die Straße zu sperren. Anfangs greift die Polizei nicht ein und lässt die Menschen ziehen. Nur ein Pkw mit großen Lautsprechern auf dem Dach wird abgefangen und ein Polizist fährt ihn zurück, kurze Zeit später sehe ich das Auto wieder mit dem ursprünglichen Fahrer Richtung Straßensperre fahren.

Ich versuche, mich möglichst unauffällig zu verhalten und aus sicherer Entfernung das Geschehen zu beobachten. Als eine Anwohnerin des Kreisels mich zum Tee einlädt, bin ich erleichtert, erst einmal von der Straße runterzukommen und dennoch im Garten sitzend, immer die neusten Informationen zu erfahren. Es ist nun tatsächlich so, dass die Verbindung nach Bischkek gekappt ist. Hoffentlich lassen sich Saikal und Bakaj dadurch nicht abschrecken und radeln die drei Kilometer von der Blockade hierher. Ich bin überzeugt, dass das möglich ist.

Und genauso machen die beiden es dann auch und pünktlich gegen zwanzig Uhr treffen wir uns am Kreisverkehr. Hurra!

Am Tag darauf kommen wir erneut zu einer Straßensperre, ungefähr 200 Menschen blockieren in dem Dorf Kara-Koo die Fahrbahn und lassen kein Auto durch. Es hindert uns aber niemand daran, dass wir unsere Fahrräder am Rande durch die Menschen schieben. So richtig verstehe ich auch nicht, was sie mit diesen Blockaden erreichen wollen, außer, dass sie so ihre Missbilligung gegen den Mord an Rysbek ausdrücken. Ob sie irgendwelche Forderungen haben, kann ich nicht rausfinden. Für unsere Radtour haben

Saikal und Bakaj begleiten mich drei Tage in Kirgisistan

die Straßensperren eigentlich nur positive Auswirkungen, wir haben die Straße ganz für uns alleine!

Saikal ist von unserer Radtour total begeistert! Sie findet nicht nur die Bewegung an der frischen Luft toll, sie genießt auch die Landschaft und hat Spaß daran, im Zelt zu schlafen. Bakaj ist da etwas anders gestrickt. Von Anfang an prescht er voraus und es macht den Eindruck, als wolle er das Ganze schnell hinter sich bringen. Ununterbrochen denkt er an Bischkek und daran, dass die Blockade ihm für die Rückfahrt möglicherweise im Wege steht. Er denkt nicht nur, er lässt keine Gelegenheit aus, um uns mitzuteilen, wie gerne er jetzt in der Stadt wäre. Na ja, er hätte ja nicht mitkommen müssen ... Zu seiner Verteidigung muss ich aber sagen, dass ursprünglich auch Asim mitradeln wollte - mit einem Kumpel an der Seite wäre Bakaj vielleicht anders drauf.

Dabei ist es so herrlich hier! Die Südküste des Issyk-Köl ist sehr trocken, schon fast wüstenartig. Grün ist es nur entlang der wenigen Flüsse oder Bäche, bzw. dort, wo die Täler mit einem ausgeklügelten System von Bewässerungsgräben durchzogen sind. Der krasse Gegensatz zwischen den saftig-grünen Oasen um die Dörfer und Gewässer herum und den umliegenden verschieden braun-graufarbenen Bergen ist wunderschön!

Die Straße verläuft relativ eben, aber auch schon die kleinen Anstiege lassen Bakaj pausenlos fluchen. Saikal keucht auch ganz schön und muss berghoch schieben, aber sie tut es mit einem Lächeln und guter Laune. Sie kann sich über die Kleinigkeiten am Wegesrand freuen – ihr Bruder fährt einfach nur immer weiter.

Vermutlich ist Bakaj auch nicht der Reiter aufgefallen, der uns auf der Straße entgegen kommt und offensichtlich gerade auf der Jagd war. Hinten am Sattel baumelt der erlegte Hase. Was ich aber noch viel spannender finde, ist der fahrradfahrende Junge hinter dem Reiter, denn zwischen ihm und dem Pferd ist ein Seil gespannt. So einen Abschleppservice würde ich mir auch manchmal wünschen!

Nachdem wir lange den See nur ab und zu von weitem gesehen haben, kommen wir am Mittag endlich mal ans Ufer – Saikal und ich wollen Pause machen. Die Wölkchen am Horizont entpuppen sich als schneebedeckte Berge am anderen Seeufer, und dem wüstenartigen Sandstrand vor dem türkisblauen Wasser können wir nicht widerstehen. Einen idyllischeren Ort für eine Picknickpause gibt es nicht! Bakaj meckert wie immer und will weiterfahren. Wir Mädels setzen uns aber durch und haben auch gegen ein Bad nichts einzuwenden. Wir sind alle drei ganz schön verschwitzt, denn - obwohl es erst Mitte Mai ist - ist es bereits hochsommerlich heiß; zumindest die Lufttemperatur. Ich gebe zu, das Wasser ist noch empfindlich kalt. Da ich aber ein Badefoto mit Selbstauslöser vorschlage, fühlt sich Bakaj genötigt, nicht nur seinen großen Zeh ins Wasser zu stecken, sondern komplett mit reinzukommen. Spätestens danach hat er endgültig die Nase voll und will so schnell wie möglich nach Hause.

Nach drei Tagen kommen wir am anderen Ende des Issyk-Köl in der kleinen Stadt Karakol an. Bakaj ist erleichtert und überglücklich, er wird in seinem Leben sicher keine Radtour mehr machen. Sein Resümee: Drei Tage Radfahren reichen fürs ganze Leben, nein sogar für zwei! Saikal ist wie Bakaj zwar auch am Ende ihrer Kräfte, aber ihr hat das Ganze viel Spaß gemacht und sie fährt ein bisschen wehmütig zurück zu ihrer Diplomarbeit.

Ich lasse Wanjuscha bei einem Onkel in Karakol und fahre mit Saikal und Bakaj im Nachtbus nach Bischkek, um meine Visabeschaffungen weiterzuverfolgen. Die Blockade wurde wieder aufgehoben und wir haben freie Fahrt. Um sieben Uhr morgens erreichen wir Bischkek und ich gehe direkt zum Amt für Auslandsangelegenheiten. Meinen Pass bekomme ich aber leider erst um 14 Uhr, trotzdem schaffe ich es anschließend noch zur russischen Botschaft. Dort gibt es eine gute Nachricht: Meine Einladung aus Moskau ist mittlerweile angekommen! Diesmal vergesse ich nicht, nach einer Bescheinigung zu fragen, die beweist, dass mein Pass hier in der Botschaft bearbeitet wird. Ich schaffe es mit dem nächsten Nachtbus zurück zu Wanjuscha nach Karakol zu fahren - das ging ja wirklich ruckzuck.

Von Karakol aus radel ich am Nordufer des Issyk-Köl zurück Richtung Balyktschi. Der See wird auch als das Herz von Kirgisistan bezeichnet, er ist 180 Kilometer lang und fast 60 Kilometer breit. Nach dem Titicacasee ist er der zweitgrößte Gebirgssee der Erde. Umrundet von schneebedeckten Vier- und Fünftausendern liegt der Issyk-Köl auf 1.600 Meter Höhe und sein leicht salzhaltiges Wasser soll sehr gesund für die Tiere sein.

Im Gegensatz zum Südufer, wo es ja sehr trocken und einsam war, ist es am Nordufer viel grüner und belebter. Zwar sind die Südhänge der Berge nach wie vor baumlos, aber die Nordhänge sind bewaldet und entlang des Ufers gibt es fast überall Bäume und Gebüsch. Verständlich, dass sich an dem wasserreicheren Ufer mehr Menschen angesiedelt haben.

Wie passend, dass ich gerade zum Tag des Wassers hier entlangradle. Bisher habe ich nie verstanden, was das nun schon wieder für ein Feiertag ist, meines Wissens haben wir den in Deutschland nicht – Tag des Wassers. Nun erfahre ich am eigenen Leib was er bedeutet, bzw. welche Auswirkungen er hat: In einem Dorf treffe ich auf Kinder, die gerade aus der Schule kommen. Zwei Mädels haben Eimer mit Wasser in der Hand und voller Freude kippen sie dieses über einen Jungen. Wie lustig, noch lache ich. Als ich an den Kindern vorbeifahre, erkenne ich aber schon, dass nun ich das nächste Opfer werden soll - die Eimer sind längst wieder gefüllt. Ich rufe noch: „Ni nada!" (Nicht nötig!), aber zu spät. Ein Eimer von jeder Seite ergießt sich über mich und ich bin klitschnass. Die Kinder haben großen Spaß!

Bei meiner ersten Zeltplatzsuche am Nordufer treffe ich in den Uferwiesen auf ukrainische Imker. Sie haben hier mit ihren Völkern ihre Frühjahrs-Produktionsstätte bezogen, später im Sommer ziehen sie weiter hoch in die Berge. Gerne nehme ich die Einladung an, mich zu ihnen zu gesellen. Da ich so etwas noch nie aus der Nähe gesehen habe, ist es für mich spannend, mit auf den Lkw zu krabbeln und einen Blick in die mobilen Bienenstöcke zu werfen. Später darf ich den von den fleißigen Bienen produzierten Honig selbstverständlich auch probieren, hier an der Quelle wird er esslöffelweise pur gegessen. Der Berghonig ist köstlich! Und obwohl schwer und sperrig, nehme ich gerne ein großes Glas davon mit auf den Weg.

Am nächsten Tag führt mich mein Weg in ein ganz besonderes Dorf, nach Ananjewo. Hier habe ich vor sieben Jahren während meines Praxissemsters für ein halbes Jahr gewohnt und bin gespannt, ob ich noch jemanden von damals kenne. Eigentlich mache ich mir keine große Hoffnung. Die Nachbarn, mit denen ich am meisten zu tun hatte, waren Russlanddeutsche und wohnen mittlerweile in Gotha, und meine zwei engsten Freunde Wassja und Kostja sind auch nicht mehr hier. Wassja wohnt ja in Omsk und er glaubt, dass Kostja mittlerweile an einer unbekannten Adresse in Bischkek lebt. Trotzdem kann ich ja Wassjas Eltern und auch Sascha, meinem damaligen Chef, mal kurz guten Tag sagen.

Im Gegensatz zu Bischkek, wo ich fast nichts wiedererkannt habe, hat sich hier auf dem Dorf kaum etwas verändert. Sofort finde ich mich zurecht und es ist ein vertraut komisches Gefühl, als ich die ulitsa Gagarina (Gagarin Straße) entlangradle. Sascha sehe ich im Garten, er ist alt geworden. Hager und müde sieht er aus, aber er erkennt mich sofort wieder und nach einer Weile taut er richtig auf.

Damals hatte ich nicht nur für ihn gearbeitet, sondern auch bei ihm und seiner Familie gewohnt. Während des Praxisemesters hatten wir arge Verständigungsprobleme und es ist lustig, dass wir uns nun relativ fließend auf Russisch unterhalten können. Und Sascha hat eine überraschende Neuigkeit für mich: Er glaubt eigentlich, dass Kostja immer noch hier in Ananjewo wohnt, hat ihn aber ewig nicht mehr gesehen.

Die Eltern von Wassja wohnen wie gehabt nebenan. Sie haben sich kaum verändert und freuen sich sehr, dass ich ein bisschen von Omsk erzählen kann. Was ich über Natascha denke, behalte ich besser für mich. Sie haben ihren Sohn seit er vor fünf Jahren nach Omsk ging nicht mehr gesehen und telefonieren auch nur sehr selten – wie gut, dass ich ein paar Fotos mitgebracht habe. Und was Sascha schon vermutet hat, bestätigt sich, Kostja wohnt wirklich noch in Ananjewo - das freut mich natürlich!

Durch die gute Beschreibung von Wassjas Eltern finde ich Kostjas Haus schnell, leider ist niemand zu Hause. Zum Zeitvertreib fahre ich an den See und als ich zurückkomme hat Kostja bereits von den Nachbarn gehört, dass ihn eine Ausländerin auf einem Fahrrad sucht. Er dachte, dass sie nun endgültig den Verstand verloren haben, weil er definitiv keine Ausländerin mit Rad kennt. Seitdem er mich zusammen mit Wassja vor sechs Jahren in Deutschland besucht hat, haben wir uns nicht mehr gesehen und auch der Briefkontakt ist mittlerweile eingeschlafen. Kostja ist sichtlich vom Donner gerührt, als ich nun mit Wanjuscha vor ihm stehe. Die Freude auf beiden Seiten ist unglaublich!

Dieses unerwartete Wiedersehen schmeißt meine weiteren Pläne etwas über den Haufen und ich bleibe ein paar Tage bei Kostja. Er lebt alleine in einem Haus, das er von seiner Tante geerbt hat. Am anderen Ende von Ananjewo wohnen seine Großeltern und seine Schwester mit ihrer Familie. Kostja lebt - wie eigentlich jeder hier auf dem Land - als Selbstversorger. Und damit auch etwas Geld reinkommt, wird nicht nur für sich produziert, sondern auch etwas für den Verkauf. Bei Kostja sind es Bullen. Zur Zeit hat er zwei fast schlachtreife Tiere auf dem Hof und fünf kleine, die noch mindestens ein Jahr vor sich haben. Seine Hühner sind für den Eigenbedarf, die Tauben auf dem Dach zur Freude und zwei Hunde zum Aufpassen. Seit Neustem gibt es auch noch zwei Schafe. Die Oma schüttelt nur den Kopf und schimpft über so viel Unsinn in Kostjas Kopf - Schafe haben doch nur die Kirgisen. Zu den ganzen Tieren kommen noch fünf Hektar Land, die Kostja bewirtschaftet, und ein Hausgarten. Der kleine Kartoffelacker hinterm Haus ist bestimmt 500 m² groß, der Gemüsegarten ist tatsächlich aber recht klein und sichtbar vernachlässigt. So kann das nicht bleiben! Also mache ich mich daran, die Erdbeeren von dem ganzen Unkraut zu befreien, während Kostja auf den Feldern zum Wässern unterwegs ist. Auch wenn alles so grün zu sein scheint, die Wasserversorgung ist ein heikles Thema. Es gibt zwar dieses ausgeklügelte System der Bewässerungsgräben, aber die Reihenfolge, wer wann das Wasser über seine Felder leiten darf, ist streng geregelt. In diesen Tagen ist Kostja der Glückliche.

Am Abend, nach getaner Arbeit, fragt er mich, ob ich Lust auf schaschlyk hätte? Anschließend erwähnt Kostja noch ganz beiläufig, dass seine Schwester einen fleischigen Hund hat, der nichts taugt - er bewacht nicht richtig und muss weg. So ganz verstehe ich nicht, ob es einen ernsthaften Zusammenhang zwischen der Hundegeschichte und unserem schaschlyk-Plan gibt, aber ich warte einfach mal ab.

Später fahren wir mit Kostjas Motorrad zu den Großeltern. Das ist nichts Ungewöhnliches, allerdings begrüßt uns dort ein sich vor Freude überschlagender Hund, der am Hoftor angebunden ist. Kostja grinst, als er sagt: „Das ist unser schaschlyk für morgen Abend." Aha?!? Offensichtlich war das mit dem Hunde-schaschlyk kein Scherz, dummerweise hat unser schaschlyk einen Namen - sie heißt Sonja.

Wir schaffen es, das äußerst lebendige Fleisch im Seitenwagen unterzubringen und nach Hause zu transportieren. Dort bindet Kostja den Hund am Apfelbaum im Hof fest. Sonja sieht zwar aus wie ein Kampfhund, ist aber definitiv überhaupt nicht böse - selbst Kostjas Nichte ist mit ihren neun Jahren bereits der Meinung, dass so ein viel zu lieber, also nichtsnutziger Hund in die Wurst gehört. Allerdings ist es wohl so, dass man wegen zu enger Bindung Hunde und Pferde nicht selber schlachtet, sondern weggibt. Das haben wir nun davon.

Ganz vorsichtig frage ich Kostja, wie er denn vorhat, Sonja zu töten? Er antwortet nicht. Wir sitzen die ganze Nacht im Garten und schauen auf den verrückten Hund. Kostja wartet die ganze Zeit auf ein Verhalten von ihr, was ihm das Schlachten leichter macht. Aber Sonja benimmt sich vorbildlich! Sie unterhält uns sogar: Wann immer unsere Gedanken in Richtung Schlachtplan laufen, hüpft sie in die Höhe und ist unglaublich fröhlich. Sie bringt uns ständig zum Lachen.

Erst im Morgengrauen gehen wir ins Bett und Sonjas Schicksal ist besiegelt, denn selbst Kostja bringt es nicht übers Herz, sie nun zu töten. Sonja hat uns ganz schön zusammengeschweißt. Wir bleiben aber nicht hungrig, statt Hunde- gibt es nun Hühner-schaschlyk - Huhn schlachten und rupfen ist auch gar kein Problem und es schmeckt wunderbar!

Die Tage in Ananjewo bringen mich ganz schön durcheinander. Kein Wunder, hier scheint irgendetwas in der Luft zu liegen - bereits Kostjas vierjähriger Neffe hat es faustdick hinter den Ohren. Als er mir angeblich etwas ganz Wichtiges ins Ohr flüstern will, überlegt er es sich urplötzlich anders und drückt mir einen fetten Kuss auf den Mund. Ob er solchen Schabernack von seinem Onkel gelernt hat?

Damit ich wieder einen klaren Kopf bekomme, fahre ich nach Bischkek - da muss ich ja eh wegen der ganzen Visageschichten hin. Wanjuscha allerdings lasse ich bei Kostja, ich komme also definitiv wieder zurück.

Mein russisches Visum ist längst fertig und einen Termin an der usbekischen Botschaft bekomme ich, wie gehabt, innerhalb von zwei Tagen. Die dank Wanjuscha so nett gewordene Frau, erinnert sich noch gut an mich und ich kann vor Ort auf mein usbekisches Visum warten. Perfekt, nun bin ich für die weitere Rückfahrt gerüstet!

Saikal ist traurig, dass ich nur so kurz in Bischkek bleibe, aber als schönen Abschied unserer gemeinsamen Zeit, feiere ich noch meinen Geburtstag in der Stadt. Am liebsten würde ich in einem Park einfach ein großes Picknick veranstalten, aber Saikal ist von der Idee nicht überzeugt. So, wie es hier üblich ist, einigen wir uns darauf, in einem Café zu feiern. Wenn man pro Person eine Mindestmenge bestellt, kann man nach Absprache eigene Verpflegung mitbringen und insgesamt halten sich dadurch die Kosten in Grenzen. Es wird ein netter Abend, und da es zwischenzeitlich stürmt, regnet und gewittert, bin ich ganz froh, mich doch nicht mit meinem Picknickwunsch durchgesetzt zu haben. Ich genieße es, alle „meine" Bischkeker um mich zu haben. Neben Saikal und ihrer Familie freue ich mich ganz besonders, dass Anjura Rima mitbringt und auch Beken kommt. Er bringt mir wie alle anderen Blumen mit, das finde ich süß. Hier ist es total normal, aber ich habe in meinem ganzen Leben noch nicht so viele Blumen geschenkt bekommen, wie an diesem Tag. Das lustigste Geschenk allerdings bekomme ich von Anjura. Saikal hat ihr als Scherz den Tipp gegeben, mir Wimperntusche zu kaufen - Anjura hat den Scherz nicht verstanden und nun weiß ich gar nicht, was ich damit anfangen soll.

Saikal und Anjura zeigen es mir am nächsten Tag und ich lasse alles geduldig mit mir machen: Haare waschen, föhnen und dann vor allem schminken – das ganze Programm. Von dem Ergebnis ist die komplette Familie absolut begeistert, nur ich finde es doch etwas zu doll aufgetragen und erkenne mich nicht wieder. Ziemlich russisch sehe ich plötzlich aus.

Nach ein paar Tagen in Bischkek habe ich alles erledigt, genug Leute getroffen und wieder einen klaren Kopf – ich fahre zurück nach Ananjewo zu Wanjuscha und Kostja.

Zur Begrüßung wird die banja geheizt und Sonja hört gar nicht auf, Luftsprünge zu machen. Und auch wenn es absehbar ist, dass ich bald meine Radtour fortsetzen werde, spielt sich schnell eine Art Alltag ein. Das Leben mit Haus, Hof und Garten gefällt mir!

Besonders schön finde ich, dass ich immer mehr der ganz normalen Absurditäten kennenlerne. Einmal, als Kostja und ich bereits im Dunkeln über die Dorfstraße nach Hause gehen, kommt uns ein junger Kirgise entgegen und schmeißt einen Geldschein vor uns auf den Boden. Kostja hebt ihn auf und beide gehen wortlos weiter. Seltsam! Kostja will mir grinsend weismachen, dass es Wegegeld sei, was ihm da gezahlt wurde. Das allerdings glaube ich ihm nicht. Nach einer Weile rückt er mit der Wahrheit raus: Es sei einfach so, dass nach Einbruch der Dunkelheit Geld nicht mehr von Hand zu Hand übergeben wird. Geldgeschäfte im Dunkeln bringen Unglück. Der junge Mann hat aber Kostja noch Geld geschuldet und ihn dummerweise nun im Dunkeln getroffen. Also bleibt nur die indirekte Übergabe - was für ein Trick.

Am nächsten Abend sind wir bei den Großeltern, es ist dunkel und die Oma schmeißt vor uns Geld auf den Boden und beobachtet ganz gespannt meine Reaktion. Ich bleibe aber völlig gelassen, so als sei es ganz normal für mich, dass Kostja das Geld aufhebt und einsteckt. Damit hat die Oma nicht gerechnet!

Mit ihren 74 Jahren ist die Oma übrigens ganz neidisch auf meinen Wanjuscha. Die Wege in Ananjewo sind ziemlich weit und sie würde doch auch sehr gerne dafür ein vernünftiges Fahrrad haben. Sie fragt mich, ob 100 Dollar für ein gutes deutsches Rad reichen würden. Sie zwinkert mir zu: „Bald werden die Schweine geschlachtet und dann gibts Geld!" Auf keinen Fall möchte sie ein billiges chinesisches Rad kaufen, die gehen ja sofort

Bei Kostjas Großeltern in Ananjewo

kaputt. Als ich Kostja von diesem Plan erzähle, schüttelt er nur ungläubig den Kopf über seine größenwahnsinnige Oma – ein Fahrrad für 100 Dollar, die spinnt doch wohl! Also ich kann ihren Wunsch nach einem Wanjuscha verstehen.

So langsam will ich mit meinem Wanjuscha auch wieder weiterziehen, auch wenn der Abschied sehr schwer fällt. Kostja meint, ich solle doch einfach bleiben. Jetzt die Radtour hier abzubrechen, halte ich aber für keine gute Idee, es geht mir einfach zu gut unterwegs und ich habe noch nicht genug davon. Aber ich komme wieder, das ist versprochen!

Wieder unterwegs, verbringe ich eine letzte Nacht am Issyk-Köl. Ich bin ganz alleine an seinem Ufer, nur ein paar Fischer gesellen sich später dazu und gehen mit ihren Netzen baden. Bald wird es hier sicher anders aussehen, denn in der kurzen Sommersaison Juli/August ist der See ein richtiges Ferienparadies und lockt viele Touristen an seine Strände. Für mich ist Mitte Juni in Balyktschi meine Umrundung des Issyk-Köls abgeschlossen und ich nehme langsam Kurs Richtung Usbekistan.

Durch die Berge ins Ferganatal

Kaum bin ich vom See in die Berge abgebogen, holt mich eine altbekannte Angst ein und ich fahre mit pechschwarzen Wolken um die Wette. Dabei sieht es eigentlich toll aus! Hier sind die Berge wieder braun und karg und der bedrohliche Himmel darüber hat etwas Faszinierendes - vorausgesetzt man fährt nicht direkt darauf zu ... Zumal ich ziemlich alleine auf der Straße bin und keinerlei Unterschlupf in Sicht ist, nur ein Bus, der mir entgegenkommt. Der hält sogar an, um mich mitzunehmen - leider in die falsche Richtung. Aber die Männer darin beruhigen mich: Das Gewitter sei nur in den Bergen gefährlich. Hallo? Wo bin ich denn gerade!

In einem Land, das fast nur aus Gebirge besteht, ab wann ist man da in den Bergen? Kirgisistan wird nicht umsonst die Schweiz Zentralasiens genannt, ein kleines Land mit vielen Bergen und ohne Zugang zum Meer. Der höchste Berg ist 7.439 Meter hoch, fast die Hälfte der Landesfläche liegt über 3.000 und weniger als ein Viertel unter 1.500 Meter. Wenn ich mich umschaue, sehe ich nichts als Berge und um mich herum blitzt und donnert es. Aber die

Männer aus dem Bus haben natürlich recht, das Gewitter bleibt weiter oben in den Bergen. Ich werde nur patschnass - das macht mir aber gar nix.

Zum Glück hören die Sommergewitter bald auf und ich fahre wieder dauerhaft bei strahlendem Sonnenschein durch die herrliche Landschaft. Auch wenn es tagsüber heiß ist, kühlt es nachts angenehm ab und ich kann wunderbar schlafen. Manchmal werde ich sogar irritiert wach, weil ich friere und meinen Schlafsack schließen muss. Hier oben gibt es tatsächlich Nachtfrost. Tagsüber fahre ich dann wieder in T-Shirt und kurzer Hose.

Nicht immer zelte ich, wie schon so oft werde ich einfach von der Straße weg eingeladen und ein paar Mal übernachte ich auch bei Verwandten von Saikal. Wie in Kirgisistan üblich, hat sie eine große Familie. Logisch, dass es in diesem Land auch viele Kinder gibt und mit denen habe ich hier ganz besonders viel Kontakt. Bereits am Issyk-Köl gab es ja die unabwendbare Tag-des-Wassers-Begegnung. Das war aber wirklich eine Ausnahme. Ansonsten kommen die Kinder immer in friedlicher Absicht zu mir und statt Eimern mit Wasser, bringen sie mir manchmal Milch oder Kefir.

Meist sind es Hirten, die mich an meinem Zelt aufsuchen – Kinder, die ihre Ferien in den Bergen verbringen und auf die Herden aufpassen. Oft

Wunderschönes Kirgisistan

sind sie zu mehreren auf einem Pferd oder Esel unterwegs. Anders als die Erwachsenen, sind sie nicht so sehr an Gesprächen interessiert, sondern wollen einfach nur schauen, manchmal helfen sie mir auch, Wasser zu holen oder Kuhfladen fürs Feuer zu sammeln. Diese neugierigen, freundlichen und völlig unaufdringlichen Begegnungen finde ich super nett! Für mich ist es nur ungewohnt, so unverhohlen und mit einer unglaublichen Ausdauer beobachtet zu werden – kein Handgriff entgeht den Kindern. Ob ich nun das Zelt aufbaue, Essen koche oder auch in der Nase popel - alles wird genau verfolgt.

Eigentlich mache ich ja auch den ganzen Tag nichts anderes, als zu beobachten. Vor allem sehe ich Landschaft. Ist sie karg und trocken, ist sie menschenleer - gibt es genug Boden, um Wasser und Nährstoffe zu speichern, dann gibt es ausgedehnte grüne und blühende Almwiesen, auf denen immer mal wieder Jurten und ihre dazugehörigen Herden zu sehen sind.

Nach einem Pass komme ich in ein ganz besonders schönes, etwas engeres Tal, in dem eine Jurte aufgebaut wird. Mit vereinten Kräften werden gerade die letzten Dachstreben befestigt, eine Hand hat aber jeder frei, um mir fröhlich zuzuwinken. Weil es gerade so schön bergab geht, halte ich nicht an, sondern winke nur kräftig zurück.

Auch wenn das Leben in einer Jurte ohne fließendes Wasser und ohne Strom nicht luxuriös erscheint, hat es nichts mit Armut zu tun. Es ist einfach eine Lebensform. Nach dem Zerfall der Sowjetunion haben sich viele Kirgisen wieder für das Nomadenleben entschieden, eigentlich gibt es in jeder Familie Verwandte, die den Sommer über in den Bergen wohnen - ganz unabhängig, ob es eine reiche oder arme Familie ist. Und auch wenn es auf den ersten Blick so aussieht, ist es kein Gegensatz, wenn neben der Jurte ein Mercedes parkt.

Nach wunderbaren Tagen auf einer Nebenstrecke vom Issyk-Köl Richtung Westen, komme ich auf eine Trasse, die die zwei größten Städte im Land verbindet: die Hauptstadt Bischkek im Norden und die Stadt Osch ganz im Süden. Will ich nach Usbekistan, gibt es von nun an keine andere Wahl. Aber die Magistrale ist wenig befahren und im Gegensatz zur Nebenstrecke fast komplett asphaltiert. Weiterhin gibt es auf den Almwiesen rundherum weit verstreute Jurten. Ungewöhnlich finde ich den Anblick einer regelrechten Jurtenansammlung direkt rechts und links der Straße - fast wie ein Dorf.

Beim Näherkommen sehe ich, es ist eine Art Raststätte - überall kann man einkehren, etwas essen und vor allem kumis trinken. Da kann ich natürlich nicht vorbeifahren, sondern probiere ein Schälchen des kirgisischen Nationalgetränks. Die vergorene Stutenmilch schmeckt ein bisschen wie starker Kefir und ist hier oben in den Bergen richtig lecker.

Frisch gestärkt nehme ich den höchsten Pass meiner gesamten Radtour in Angriff, ich muss rauf auf 3.184 Meter. Ein Steigungsdreieck kündigt den letzten Anstieg an, aber nach dem Schock durch das 55%-Schild in der sibirischen Tiefebene, lass ich mich durch eine gar dreistellige Zahl nicht mehr ins Bockshorn jagen. Und tatsächlich, die Kirgisen sind bloß ganz genau und haben zwei Nachkommastellen! Die gut zu fahrenden 5,34 Prozent Steigung bestätigen meine bisherige Erfahrung: Für mich ist es viel angenehmer im Hochgebirge, als im Mittelgebirge zu radeln. Und nach dem Pass geht es dann ja auch ganz lange erst mal bergab. Mit jedem Höhenmeter, den ich verliere, wird es fühlbar wärmer - es ist witzig, durch die unterschiedlichen Luftschichten zu fahren und es ist herrlich, Wanjuscha einfach rollen zu lassen!

Auf einem relativ ebenen Stück holt mich galoppierend ein Junge ein, der meint, es seien noch sechs Kilometer bis Toktogul. Laut meiner Karte kann das aber nicht stimmen. Eine Frau, die mir kurz darauf aus einem Café zuruft, ich solle warten, behauptet, es seien 200 Kilometer. Na, die hat ja gar keinen Plan. Aber sie ist auch ganz aufgeregt, mit mir zu sprechen, und hat den schönen Namen Akelaj. Bis Toktogul sind es letztendlich gute 20 Kilometer, Akelaj hat sich also nur mit einer Null vertan und der Junge hat einfach eine komische Kilometereinheit. Die Relation der Entfernung hat er voll im Griff - nach der Hälfte, also nach gut zehn Kilometern, sagt er mir, dass es jetzt noch drei Kilometer seien. Er begleitet mich die komplette Strecke. Auf den geraden Stücken oder wo es gar etwas bergauf geht, holt der Junge mich immer wieder ein, bergab bin ich mit Wanjuscha viel schneller. Da mir das schweißgebadete Pferd ein wenig leid tut und schon ziemlich aus der Puste scheint, bremse ich auf den steilen Stücken kräftig ab. Viel mehr als die Entfernungsinformationen spricht der Junge nicht mit mir, aber er lacht übers ganze Gesicht, wenn er mich wieder eingeholt hat. Kurz vor Toktogul zeigt er mir noch einen guten Zeltplatz am Fluss und reitet weiter in den Ort.

Toktogul heißt nicht nur eine kleine Stadt, sondern auch eine große Talsperre. Es ist der aufgestaute Fluss Naryn, der malerisch mit seinem blau-türkisen Wasser zwischen den grau-braunen und völlig trockenen Bergen liegt. Die

Farben der Landschaft machen einen unnatürlichen Eindruck - aber die sind hier echt so kitschig!

Pünktlich zum Sommeranfang bin ich nicht nur an der Toktogul-Talsperre angekommen, ich stecke hier unten auch mitten in der Sommerhitze. Vorbei sind die erholsam kühlen Nächte. Wüsste ich, für wie lange und wie heiß es noch wird, würde ich vermutlich in Höchstgeschwindigkeit auf den nächsten Berg hinauf flüchten ...

Lkw-Fahrer warnen mich, hier zu zelten, weil es kleine Tierchen gibt, die beißen. Ich verstehe nicht, wen oder was sie genau damit meinen, morgens allerdings krabbelt beim Zeltabbau ein unscheinbarer Skorpion unter meinen Hausboden hervor. Am Issyk-Köl habe ich noch gelacht, als ein paar Jungs kleine Schlangen gesammelt haben, um damit Mädels zu erschrecken - jetzt muss ich selbst ganz schön schlucken. Von nun an passe ich ein bisschen mehr auf, wer meine Gesellschaft sucht.

Mit Lkw-Fahrern mache ich da eigentlich nie schlechte Erfahrungen. Sie kennen nicht nur die Gegend gut und haben die besten Tipps, was die Versorgung unterwegs angeht, sie sind auch sehr freundlich. Viele wollen mich mitnehmen. Gerade weil hinter der Talsperre ein Pass mit fieser Steigung kommt. Mir reicht es aber, wenn die Lkw-Fahrer mir freundlich zuhupen und mich so aufmuntern. Oft sind die Laster am Berg auch gar nicht viel schneller als ich und die alten Schätzchen röhren ganz schön angestrengt und stoßen tiefschwarzen stinkenden Rauch aus. Von wegen frische Bergluft ... Und bergab kommt dann Wanjuschas Stunde: An einigen, der uns vorher im Schneckentempo überholenden Lkw, können wir jetzt vorbeirauschen. Wir erreichen eine Höchstgeschwindigkeit von unvernünftigen 65 km/h!

Kurz vor der Grenze nach Usbekistan komme ich in das Ferganatal, weiter runter geht es nun nicht mehr. Der Fluss Syrdarja, der aus den kirgisischen Bergen kommt, speist mit einem weitverzweigten Netz von Bewässerungsgräben das ausgedehnte Tal mit Wasser. Der Boden ist sehr tiefgründig und der Sommer lang – kein Wunder also, dass das Ferganatal für seine Fruchtbarkeit bekannt ist. Es gehört zu Kirgisistan, Usbekistan und Tadschikistan und weil jeder möglichst viel von dem kostbaren Stück Land für sich haben möchte, gab es hier schon häufig Grenzstreitigkeiten.

Für mich ist das Ferganatal zunächst nur eines: heiß! Aber ich versuche, mir dadurch die Laune nicht verderben zu lassen und kann sogar über ein

Straßenschild lachen: Unter einem Tempo-30-Schild ist das Warndreieck für „Vorsicht unebene Fahrbahn" angebracht. Beide Schilder sind handgemalt. Die Huckel auf dem Dreieck haben allerdings keine Ähnlichkeit mit den Wellen in der Fahrbahn, für mich sieht es eher so aus, als hätte sich der Straßenschildanmaler einen ziemlich großen Busen vorgestellt - wobei es auch Melonen sein könnten. Die würden hier in die Gegend passen, ich komme an vielen Feldern mit den runden Früchten vorbei.

Welch Glück, dass vor drei Tagen mit der Ernte begonnen wurde und mich Melonenverkäufer am Straßenrand winkend zu sich rufen. Eine junge Frau überreicht mir zur Begrüßung mit einem strahlenden Lächeln ein großes Stück Melone. Das ist genau das Richtige bei den Temperaturen! Noch nie habe ich so leckere Wassermelonen gegessen und ich verputze mit Vergnügen die saftig-süßen Stücke, die mir nach und nach gereicht werden.

Damit man es in der Hitze überhaupt aushalten kann, ist der auf dem Seitenstreifen ordentlich aufgetürmte Melonenwall mit leichten Planen überdacht. Die Bäume neben der Straßen spenden wohl erst am späten Nachmittag etwas Schatten. Der kleine Bach dahinter ist allerdings auch jetzt schon herrlich erfrischend und für die Kinder wurde eine Art Planschbecken aufgestaut. Am liebsten würde ich mitplanschen, begnüge mich aber damit, Kopf und Arme einzutauchen. Anschließend wird weiter Melone gegessen und ich komme mich Zhanna ins Gespräch. Sie hat mal zwei Semester Deutsch studiert, danach wurden die Studiengebühren zu teuer – also die Beträge, die man zahlen muss, um seine Prüfungen zu bestehen. Nun ist Zhanna Melonenzüchterin. Im Sommer verkaufen sie und ihre Familie Tag und Nacht an der Straße die reifen Früchte - Nachschub holen sie auf ihrem Feld gegenüber. Zum Schlafen haben sie sich ein einfaches Podest gebaut, das mit Strohdach und langem Gras zu einem luftigen Zimmer verkleidet ist. Für den Winter haben sie ein ganz normales Haus im nächsten Dorf.

Ab und zu halten Autofahrer. Vor dem Kauf wird dann fachmännisch mit flacher Hand auf die Melonen geschlagen. Der Ton, der dadurch erzeugt wird, gibt Auskunft über den Inhalt: Klingt es hohl, ist die Wassermelone reif. Mein Gehör kann die einzelnen Nuancen noch nicht raushören, abgefüllt mit Melone fühle ich mich allerdings inzwischen selbst schon kugelrund und bin viel zu träge um weiterzufahren. Spontan verschiebe ich Usbekistan auf morgen.

Zwar ist die Grenze nur noch zwanzig Kilometer entfernt, aber es ist unklar, ob ich als Ausländer dort überhaupt rüberkomme. Außerdem erfahre ich von

Im Ferganatal verwöhnt mich Zhanna mit köstlicher Melone

Zhanna, dass sie nicht nur zwei Kinder hat, sondern auch einen Mann, der ausgesprochen gut kocht. Zur Feier des Tages macht er extra plow[34].

Später wundere ich mich, dass ich nach den ganzen Wassermelonen überhaupt noch etwas essen kann, aber der plow und auch die frischen Salate schmecken mir ausgezeichnet! Wir sitzen zum Essen in der gemütlichen Sommerbehausung, nur ein klitzekleines Problem trübt ein wenig die Stimmung: Mücken leisten uns Gesellschaft. Und da es schon dunkel ist, zeigen wir ihnen mit einer Taschenlampe auch genau wo wir sind. Aber es gibt einen Trick: Stroh wird in einen Eimer gestopft, angezündet und dann gewässert – das raucht gewaltig und soll die Mücken vertreiben. Funktioniert eigentlich auch, nur qualmt es bei uns erst nicht und dann in die falsche Richtung ... Ansonsten ist aber die Begegnung mit Zhanna und ihrer Familie ein rundherum schöner Abschied von Kirgisistan!

Usbekistan – Land der Extreme

Auch wenn ich selbst nicht mehr so recht daran glaube, versuche ich mein Glück am Grenzübergang bei Tschukurgan. Die Meinungen gehen auseinander, ob er für Ausländer geöffnet ist oder nicht. Komme ich schon

34 Plow ist ein usbekisches Reisgericht mit Fleisch und Gemüse.

hier nach Usbekistan, könnte ich mir den Umweg von gut 200 Kilometern über Osch sparen und einfach weiter geradeaus fahren.

Die kirgisischen Grenzer behaupten, die Usbeken würden mich hier nur mit Schmiergeld durchlassen - und wenn ich doch nicht reinkäme, dann müsse ich bei ihnen zahlen, um wieder nach Kirgisistan zurückzukommen. Nett, dass sie mir das so offen ankündigen. Sie ändern dann allerdings ihre Meinung und wollen mich auch so wieder reinlassen, also fahre ich zur Probe die zwei Kilometer nach Usbekistan. Dort sind die Grenzer zwar auch alle sehr nett, trotzdem ist der Übergang nur für Einheimische geöffnet - ich muss nach Osch.

Unmotiviert mache ich mich auf den Weg. Wie doof, nur wegen einer Grenze solch einen Umweg machen zu müssen und das bei der Hitze. Ich sage daher nicht nein, als mich ein Lkw mitnehmen will - im Gegenteil, ich bin ziemlich froh darüber! Die zwei Männer fahren oft die Strecke Osch - Bischkek und haben mich vor einigen Tagen schon am Pass gesehen. Sie freuen sich, mir nun helfen zu können.

Die Grenze bei Osch ist wie ein großer Bazar: viele Verkaufsbuden, viele Leute, viel Durcheinander. Ohne dem große Beachtung zu schenken, reihe ich mich in die Schlange vor der Passkontrolle ein. Hinter mir warten zwei sympathisch lachende Frauen, die sich offensichtlich über mich freuen. Sie schenken mir von ihrem Gebäck und kaum habe ich aufgegessen, bin ich auch schon an der Reihe und schiebe meinen Pass über den Schalter. Während der Grenzer nicht so recht weiß, wo er was in seinen Computer eingeben muss, laden mich die Frauen zu sich nach Hause ein. Sie wohnen im fünfzig Kilometer entfernten Andizhan - das kann ich heute noch schaffen. Warum also Usbekistan nicht mit einem Besuch beginnen? Während ich die Zollerklärung ausfülle, nehme ich die Einladung an - parallel zur Grenzabfertigung die Unterhaltung mit den zwei Frauen zu führen, ist ziemlich chaotisch für mich. Von wegen multitaskingfähig ...

Ruckzuck geht es weiter, denn selbstverständlich sollen Wanjuscha und ich mit den Frauen mitfahren und nicht durch die Hitze radeln. Im Auto können wir uns dann auch endlich richtig vorstellen! Die beiden Frauen sind Schwestern: Sultanoj ist die Jüngste und Munozhat die Älteste von fünf Geschwistern - beide sind sie Handelsfrauen. Sultanoj verkauft auf dem Basar Haushaltsgeräte und Munozhat Bonbons und Kekse. Dass ich die nicht bezahlen muss, kann ich ja noch verstehen, aber dass ich auch nichts anderes bezahlen darf, ist mir ziemlich unangenehm.

Der Gast ist hier wirklich König - überallhin werde ich begleitet, darf nirgends auch nur einen Handschlag rühren und selbst das Geldwechseln übernimmt für mich Sultanoj. Bevor sie mit meinen 50 Euro verschwindet, rechnen mir die beiden Schwestern sehr ausführlich alle möglichen Wechselkurse vor, damit ich auch ja nicht denke, dass sie mich betuppen wollen. Ich vertraue ihnen längst blind und Sultanoj kommt mit einem Riesenstapel Geld zurück. Alles für mich! Ich muss lachen – jetzt bin ich wirklich reich: Statt 50 Euro habe ich nun ungefähr 75.000 Sum. Und alles in 200 Sum-Scheinen, dann ist der Kurs nämlich nochmal besser. Zum Glück wechseln mir Sultanoj und Munozhat einiges in 1.000er Scheine, so wird der Geldstapel wenigstens etwas überschaubarer.

Später bekocht uns Munozhats Mann, während wir Mädels uns unterhalten – was für ein Service! Er darf zwischendurch auch noch eine ausgesprochen männliche Heldentat vollbringen, denn als mir Munozhat das Bad zeigt, sitzt in der Badewanne eine süße kleine Echse. Ich denke zwar, dass Munozhat wegen der durchs Bad huschenden Kakerlaken schreit - aber als ihr Mann herbeieilt, schlägt er tapfer die harmlose Echse tot. Die Kakerlaken werden von beiden überhaupt nicht beachtet.

Munozhat wohnt wie ihre Schwester nur zusammen mit Mann und Kindern in einem riesigen Haus. Generell bekomme ich den Eindruck, dass die Häuser in Usbekistan sehr groß sind und die Familien nicht so dicht gedrängt aufeinander wohnen.

Außerdem fällt mir auf, dass der Islam einen großen Stellenwert hat. Auch Kasachstan und Kirgisistan sind überwiegend muslimische Länder, aber der Glaube spielt dort eher eine unscheinbare Rolle - vielleicht ähnlich wie in Deutschland. Hier in Usbekistan ist die Religion offensichtlicher - nicht nur optisch mit den nicht zu übersehenden Moscheen, sondern auch im Verhalten der Menschen. Bereits auf der Autofahrt von der Grenze nach Andizhan, haben Sultanoj und Munozhat vor der Abfahrt um eine gute Fahrt gebeten und diesen Wunsch mit einem immer wiederkehrenden „Amen" bekräftigt. Obligatorisch ist auch, nach jedem Essen ein kurzes Gebet in die Hände zu sprechen, bzw. zu denken und dann während des „Amen" sich mit beiden Händen übers Gesicht zu fahren. So soll die Energie der Worte verinnerlicht werden. Auch die meisten Kirgisen und Kasachen machen das nach den Mahlzeiten, allerdings meist sehr beiläufig und mit einer etwas verkümmerten Handbewegung.

Trotz lähmender Hitze, radel ich ab Andizhan weiter durchs Ferganatal und kann richtig sehen, wie fruchtbar es ist. Es gibt keinen ungenutzten Zentimeter Land. Die Felder werden sogar teilweise mehretagig bebaut und durchaus gedeiht hier Reis und Baumwolle. Popeliges Gras gibt es eigentlich gar nicht. Selbst unbewirtschaftete Randstreifen fehlen und somit gibt es keinen Platz fürs Zelt, nicht mal geeignete Pausenplätze kann ich finden. Vorbei sind die ungestörten Erholungszeiten.

Na ja, aber das Tal hat natürlich auch für mich etwas Positives: Es wachsen hier unglaublich leckere Früchte. Bei den Wassermelonen bin ich wie in Kirgisistan auf Einladungen angewiesen, für mich alleine sind sie viel zu groß und unhandlich. Die kleineren Honigmelonen allerdings schaffe ich auch ohne Hilfe komplett zu verputzen. Mein absoluter Obst-Favorit sind urjuks, das sind ganz kleine Aprikosen und ich kaufe direkt zwei Kilo davon - das soll wohl erst mal reichen. Pausenlos greife ich in die Tüte und stelle nach kurzer Zeit erschrocken fest, dass sie fast leer ist. Eine böse Vorahnung überkommt mich. Und tatsächlich fängt es nur wenig später in meinem Magen an zu rumoren und zu gären. Einen Tag lang habe ich richtigen Dünnpfiff und fühle mich etwas elend, aber zwei Tage später geht es mir wieder gut genug, um mir die nächste Portion zu kaufen. Nach wie vor finde ich die urjuks köstlich, bin aber nun in der Dosierung etwas vernünftiger.

Das Ferganatal fühlt sich an wie eine große Ebene - kein Wunder, denn es ist über 100 Kilometer breit und 300 Kilometer lang. Sobald es am Rand etwas hoch geht und nicht mehr genügend Wasser vorhanden ist, wird es sofort karg und öde - gute Plätze für die Trockenobstherstellung. Hier finde ich meine geliebten urjuks auf dem Boden ausgebreitet und in der Sonne schrumpelnd. Gefühlsmäßig passiert das Gleiche mit mir auf dem Fahrrad, nur dass ich statt fruchtig-süß wahrscheinlich salzig-zäh schmecke ...

Um aus dem Ferganatal nach Taschkent zu kommen, muss ich über einen 2.267 Meter hohen Pass. Nach schweißtreibenden Berghoch-Etappen, auf denen ich in Schrittgeschwindigkeit gegen die Schwerkraft kämpfe, werden mir die letzten Höhenmeter überraschend abgenommen - ich stehe plötzlich vor einem Tunnel. Wie in Usbekistan üblich, wird er streng bewacht. Der bewaffnete Soldat kommt neugierig näher und begutachtet Wanjuscha, ich betrachte respektvoll die Kalaschnikow über seiner Schulter. Wir kommen ins Gespräch und ganz erstaunt fragt mich der Soldat, ob denn die Tunnel in Deutschland nicht bewacht würden? Tatsächlich muss ich einen Moment überlegen, für mich ist es schon so normal geworden, dass alles Mögliche bewacht wird, aber eigentlich bin ich mir ziemlich sicher, dass Brücken und Tunnel in Deutschland völlig ungeschützt sind. Ungläubig schüttelt der Soldat den Kopf. Ob er nun mitleidig denkt, dass es in Deutschland nichts zu bewachen gibt, oder ob er sich dort arbeitslos wähnt, kann ich nicht interpretieren. Hier hat er ganz klar seinen Job wegen der Angst vor Terroristen.

Das Gute an dem Soldaten ist, dass ich Wanjuscha unbesorgt bei ihm zurücklassen kann, als mich drei Arbeiter zu einer Mittagspause einladen. Mit der Kalaschnikow bewacht, so gesichert war Wanjuscha noch nie. Außerdem gibt es noch eine Überwachungskamera und in dem Aufenthaltsraum der Männer kann ich auf einem Monitor Wanjuscha vor dem Tunnel stehen sehe. Es wird eine sehr entspannte und ausgedehnte Mittagspause.

Satt und erholt fahre ich weiter. Nach einem weiteren Tunnel liegen vor mir zwanzig Bergab-Serpentinen in herrlicher Gebirgslandschaft, bevor mich dann wieder eine heiße Ebene erwartet.

Bisher dachte ich eigentlich, Wanjuscha sei total vollgepackt und irgendwie tut er mir in seinem Schicksal manchmal ganz schön leid. Hier in Usbekistan ändert sich diese Einschätzung. Ich sehe Eselkarren mit riesigen Tongefäßen auf dem Anhänger - der kleine Esel davor sieht aus wie ein Winzling. Bei einem über und über mit Stroh voll gepackten Hänger, sitzt der Kutscher kurzerhand auf dem ziehenden Esel. Echt zäh diese Viecher! Aber auch die Pkw sind voll beladen. Besonders schmunzeln muss ich, wenn ich Autos sehe, die auf Dach und Kofferraum so viele übervolle Säcke gebunden haben, dass der Wagen kaum noch darunter zu erkennen ist. Auch wenn es vermutlich leichte Baumwolle ist - in solchen Momenten denke ich, dass es Wanjuscha doch eigentlich gar nicht so schlecht bei mir hat ...

Und ich erspare Wanjuscha auch noch eine unserer ungeliebten Großstadt-fahrten. Zwar muss ich wegen des kasachischen Visums nach Taschkent, aber ich kann mein Rad in einem Vorort bei einer netten Familie lassen. Von dort fahre ich mit dem Bus in die Hauptstadt. Eigentlich dauert die Visumsbearbeitung ein paar Tage, aber da im Moment so wenig zu tun ist, kann ich es am selben Nachmittag schon abholen. Super, nun habe ich alle Visa beisammen! Von Taschkent sehe ich ansonsten nicht viel, bei der Hitze will ich so schnell wie möglich wieder raus aus der Stadt.

Unterwegs auf dem Rad treffe ich in Usbekistan fast nur Männer. Ich habe das Gefühl, dass die Frauen zu Hause und auf den Feldern hart arbeiten, während die Männer sich in den Kaffeehäusern ausruhen - wobei ich mir genau das von ihnen abgucke: ausgedehnte Pausen in den Cafés zu machen. Dort gibt es Schatten, sehr leckeres, günstiges Essen und die Möglichkeit, ein Nickerchen zu machen.

Da sich das Leben im Sommer hier eigentlich komplett draußen abspielt, gibt es fast überall taptschane[35]. Das ist so eine Art Straßenbett. Die Podeste mit einer Brüstung aus Holz oder Metall erinnern wirklich an Bettgestelle, nur sind sie etwas größer. In der Mitte steht ein niedriger Tisch und man macht es sich auf den Polstern und Kissen drumherum bequem. Wunderbar kann man auf einem taptschan nicht nur essen, sondern sich auch gemütlich hinlegen. In Kirgisistan habe ich die dort ruhenden Männer mit: „Sehr gemütlich, aber soweit bin ich noch nicht" kommentiert. Nun in Usbekistan ist es soweit und ich schlafe nach dem Essen durchaus ein paar Stündchen zur Erholung. Eine andere Beschäftigung ist während der Mittagshitze sowieso nicht vorstellbar. Außer vielleicht noch ausgiebiges Teetrinken, besonders empfehlenswert ist

---

35 Die usbekische Bezeichnung ist eigentlich suri, der Begriff taptschan ist aber in den ganzen GUS-Ländern verbreitet.

Eigentlich hat es Wanjuscha doch ganz schön gut bei mir!

heißer grüner Tee. Hört sich bei 30 - 40 Grad im Schatten vielleicht genauso schizophren an, wie bei -30 Grad im sibirischen Winter Eis zu essen. Tut aber wirklich gut und löscht den Durst besser als kalte Getränke! Wenn ich nicht zu Leuten nach Hause eingeladen werde, übernachte ich auch meist in einem Café – das scheint hier durchaus üblich zu sein. Selbstverständlich ist das für mich kostenlos, auch das Essen wird meist von irgendjemandem übernommen und kaufe ich ein, bin ich richtig erleichtert, wenn ich auch mal ab und zu etwas bezahlen darf. So viel Gastfreundschaft ist wirklich unglaublich, wenn nur die nervenden Männer nicht wären. Sie sind alle sehr freundlich, aber jeder zweite oder dritte macht mir das Angebot seine zweite oder dritte Frau zu werden. Sie akzeptieren ein „nein", können es aber nicht verstehen. Daher fragen sie auch gerne nochmal nach, ob ich mir da wirklich sicher bin – die Männer können einfach nicht begreifen, warum eine Frau alleine unterwegs ist, wenn sie nicht auf Männersuche ist.

Und wenn ich selbst schon nicht will, dann könnte ich doch wenigstens als Vermittlerin fungieren. Ein Mann, der mit drei anderen im selben Café wie ich Mittagspause macht, fragt mich sehr direkt, ob ich nicht eine passende Freundin habe oder mich mal umhören könnte. Er sucht eine dicke deutsche Frau mit großem Busen – ich würde zur Not aber auch gehen. Na super!

In einem anderen Café wird sogar schon die Hochzeitskapelle geordert - dabei fing alles ganz harmlos an. Im Ferganatal habe ich an einem Tag einfach keinen Pausenplatz gefunden und erst gegen 15 Uhr nach achtzig Kilometern ein Café für meine Mittagspause entdeckt. Es ist eigentlich sehr nett und die zwei einzigen Gäste laden mich ein. Natürlich sind es Männer. Weil ich müde bin und der anstrengende Pass noch vor mir liegt, lasse ich mich dazu überreden, über Nacht in dem Café zu bleiben. Es gibt sogar fußläufig einen Kanal, in dem ich ein herrlich erfrischendes Bad nehmen kann. Die Männer allerdings werde ich nicht mehr los. Sie haben beide zwei Ehefrauen, jeweils eine Russin und eine Usbekin – eine Deutsche würde da doch noch gut dazu passen. Um erst gar keine Missverständnisse aufkommen zu lassen, sage ich klar und deutlich, dass ich daran so gar kein Interesse habe. Die beiden haben aber Spaß daran, ihre Frauen anzurufen und von mir zu berichten, ich habe das Gefühl sie genießen es, sie zur Eifersucht anzustacheln. Die Selbstverliebtheit der beiden Männer nimmt mit jedem Wodka zu.

Gegen Abend kommen noch ein paar mehr Gäste in das Café und extra für mich werden Musiker angeheuert. Die Truppe ist klasse! Allerdings wird mir groß und breit erklärt, dass sie normalerweise auf Hochzeiten spielen und alle amüsieren sich köstlich über die Scherze, die nun über „unsere" Hochzeit gemacht werden. Ich kann darüber gar nicht lachen und weigere mich zu tanzen. Damit verstoße ich sicherlich gegen die hiesige Höflichkeit, aber das ist mir egal – die anzüglichen Männer gehen mir echt auf den Keks. Dabei sind die Musiker wirklich großartig und spielen fetzige Zigeunermusik! Ein dicker Usbeke spielt eine Art Oboe, quietschend laut, dann gibt es noch einen Trommler und einen Jungen mit einer Art Alphorn, was aber noch nicht so ganz ausgereift scheint. Es ist total lustig. Schade, dass ich durch die blöden Umstände die Musik nicht wirklich genießen kann.

Ich bin froh, als ich nach dem Essen endlich ins Bett gehen darf, und wie von den Männern versprochen, schläft tatsächlich auch eine der Kellnerinnen mit im Zimmer. Warum sie mitten in der Nacht umzieht, verstehe ich allerdings nicht. Erst als im Morgengrauen ein Auto vor dem Café hält und drei Männer in mein Zimmer kommen und sichtlich verdutzt sind, weil sie die Kellnerin suchen, verstehe ich die Situation. Die Männer kommen jeden Tag hierher, um sich für zwei Stunden zu erholen. Aha, da hat die Kellnerin wohl noch einen Nebenjob.

Ich esse noch ein paarmal zufällig in solchen puffangehauchten Cafés. Auch wenn sie äußerlich von anderen nicht zu unterscheiden sind, merke ich schnell die unterschiedliche Atmosphäre - meine Sensoren sind nach der Hochzeitskapelle aktiviert. Einmal ist es schon fast wieder lustig: Eine ganz besonders hübsche Bedienung braust sich während der Mittagshitze unter einer improvisierten Außendusche im Bikini ab. Dabei quietscht sie in hohen Tönen und stellt sich in Pose. Den Männern, die sie natürlich alle dabei beobachten, läuft regelrecht der Sabber runter. Ob ich denn nicht auch duschen wolle? Auch wenn der Gedanke an erfrischendes Nass sehr verlockend ist – nein, hier will ich ganz sicher nicht duschen!

Es ist alles freiwillig was geschieht und mich behandeln die Männer immer mit Respekt und belästigen mich niemals körperlich. Es ist also in keiner Weise gefährlich. Aber die ständigen Avancen sind schon ziemlich anstrengend und ich bin den Männern gegenüber mehr und mehr abweisend und zugeknöpft. Manchmal sicher auch zu unrecht. Denn selbstverständlich gibt es auch unglaublich nette Männer in Usbekistan, die mich nicht gleich heiraten oder verführen wollen. Welche, die einfach nur interessiert und hilfsbereit sind. Durchaus werde ich in Cafés zum Essen eingeladen und es sind ganz normale Gespräche, die wir führen.

Allerdings haben die Gespräche hier doch ein wenig andere Schwerpunkte, als in den Ländern zuvor. Genau genommen fing es in Kirgisistan schon an, dass es immer sehr schnell um meine Reisefinanzierung ging. War mal in Russland Geld das Thema, wollten die Menschen den Preis für Fleisch, mein Fahrrad oder was man in Deutschland so verdient wissen. Selten wurde ich gefragt, wie ich meine Reise finanziere und ob ich Sponsoren habe. Und selbst wenn dann manche Leute erstaunt waren, dass ich alles selbst finanziere, wurde das nie angezweifelt.

In Usbekistan werde ich sehr oft gefragt, wer mich bezahlt und wie viel ich dafür bekomme - niemand nimmt mir ab, dass ich diese Schinderei auf mich nehme und dafür auch noch mein eigenes Geld ausgebe. Wenn schon kein Sponsor, dann finanziert mich doch bestimmt der Staat. Ich bin mir nicht ganz sicher, ob sie damit Deutschland oder die Länder meinen, durch die ich fahre. Viele wissen, dass der deutsche Staat ja sogar den nicht arbeitenden Menschen Geld gibt - komisch eigentlich, dass dort überhaupt noch jemand arbeitet. Egal, auf jeden Fall wird Deutschland mir dann doch auch etwas zahlen - wo ich mich hier so abstrample. Manche denken auch, dass ich jeweils an den Grenzen mit einem Briefumschlag voller Geld empfangen werde - eine wirklich schöne Vorstellung! Undenkbar, dass ich das alles nur so zum Spaß mache und dann auch noch auf eigene Kosten; viele sind richtig entsetzt, wenn ich als Grund meiner Reise „reines Interesse" angebe.

Einen Usbeke treffe ich, der kann mich verstehen: Sajfil. Wir reden gar nicht über Geld, weil es viel wichtigere und vor allem schönere Dinge im Leben gibt - ich sitze gerade in einem Café, als ich ihn auf seinem bunten und auffällig geschmückten Fahrrad vorbeiradeln sehe. Verwundert blicke ich ihm hinterher und mir wird erklärt, er sei ein bekannter usbekischer Radtourist. Später treffe ich Sajfil zu meiner Freude an einer Bushaltestelle und als erstes bewundere ich sein Fahrrad. Es erinnert mich ein wenig an die reich verzierten Lkw in Pakistan oder Indien: Der Rahmen ist bunt bemalt, ein kleines Radio auf der Stange festgebunden, der Sattel besteht aus einem gemusterten Sofakissen, auch die Lenkergriffe sind mit rotem Samtstoff überzogen und hinten gibt es allerlei Klimbim und einen orangenen Plastikabstandshalter. Wie witzig! Vorne vor dem Lenker ist ein Korb montiert, der mit einer usbekischen Fahne, Frauenfotos, einer roten Plastiknelke, zwei seitlichen Taschenlampen und einem Schild velosajechattschi karija[36] liebevoll ausgestattet ist. Es gibt sogar einen Fuchsschwanz am Korb. Das Rad mit seinen unzähligen Details ist ein echtes Kunstwerk!

Ehrfurchtsvoll begleite ich Sajfil ein Stückchen. Er ist 64 und im Gegensatz zu seinem Fahrrad, ist er optisch ein eher unauffälliger Mann, mit langen dunklen Hosen, weißem Hemd und tjubetejka[37] bekleidet. Aber seine Ausstrahlung verrät sofort, dass der Schein trügen kann: Sajfil ist ein usbekisches Unikum! Spitzbübig grinsend bietet er mir von seinem Fahrwasser an. Er hat immer zwei große Flaschen davon dabei und ich muss es unbedingt probieren, es sei etwas ganz Besonderes. Es ist ein selbstgemixtes sprudelndes Rotweingetränk – ein kleiner Schluck reicht mir, ich halte mich lieber an mein schnödes Wasser.

Damit sich unsere Wege nicht sofort wieder trennen, lädt mich Sajfil zum Tee ein. Er erzählt mir, dass er von allen für verrückt erklärt wird, weil er Spaß daran hat, immer Mal wieder ein paar Tage durchs Land zu radeln. Wir grinsen uns an und verstehen uns! Allerdings bleibe ich hart, als er zur Feier des Tages Wodka bestellen will – etwas schaschlyk passt aber immer, auch wenn ich gerade erst gegessen habe. Beim Bezahlen fängt Sajfil an zu feilschen. Er macht das auf eine sehr charmante Art und Weise, indem er behauptet, dass wir doch gar nicht alles aufgegessen haben und somit doch auch gar nicht alles bezahlen müssten. Der junge Kellner weiß nicht so recht, mit der ungewöhnlichen Ansicht umzugehen und ruft den Chef dazu. Der ist mit weniger Geld zufrieden. Mir scheint, Sajfil genießt gewisse Sonderlingsrechte und dem Chefgesicht kann ich entnehmen, dass er ihn für etwas durchgeknallt hält. Ja, ja, wir Radfahrer ...

Selten ist es, dass ich in diesem Männerland auf Frauen treffe und oft ist die Verständigung dann schwierig. Die Männer sprechen fast alle Russisch, viele haben es noch in der Armee gelernt und es ist auch weiterhin eine wichtige Sprache in Bildung und Wirtschaft. Die Frauen dagegen können oft kein oder nur sehr schlecht Russisch. Ganz selten habe ich das auch in Kirgisistan erlebt, dort sind es eher die Kinder auf den Dörfern, die kaum Russisch sprechen.

36 Das bedeutet so etwas wie Fahrradtourist im fortgeschrittenen Alter (nicht mehr sehr jung, aber auch noch nicht steinalt).
37 Die runden Kappen sind eine traditionelle Kopfbedeckung in Zentralasien, oft sind sie mit hübschen Ornamenten bestickt.

Hier in Usbekistan spricht die Jugend sogar Englisch. Als ich in Nukus im Internetcafé vor dem Computer sitze, höre ich zwei Jungs im Vorraum tuschelnd üben: „Where are you from? What ist your name?" Einer kommt dann tatsächlich zu mir und traut sich, mir die zwei einstudierten Fragen zu stellen – sehr süß! Unser Gespräch ist dann allerdings unter großem Gekicher schnell vorbei, weil alle Vokabeln erschöpft sind. Wenn die Leute mitbekommen, dass ich Deutsche bin, kommt oft die Frage, ob ich denn eine echte Deutsche sei? Anfangs bin ich irritiert, weil ich nicht weiß, was damit gemeint ist. Ich habe keine Echtheitsprüfung bestanden und wenn es so etwas gäbe, würde ich vermutlich durchfallen - aber in meinem Pass steht, dass ich deutsch bin. Was dort steht, interessiert aber nicht, sondern ob ich in Deutschland geboren bin oder ob ich zu den Russlanddeutschen gehöre. Manche wollen auch wissen, ob ich aus der BRD oder der DDR komme. BRD hört sich irgendwie noch mehr nach echtem Deutschland an und vielleicht auch exotischer, die DDR ist den Menschen hier vertrauter. Oft treffe ich Männer, die dort für zwei Jahre in der Armee gedient haben. Allen ist klar, dass es diese Unterteilung heute nicht mehr gibt und sie freuen sich für uns, dass die trennende Mauer gefallen ist. Anfangs stutze ich, wenn mir Menschen in Zentralasien sagen, dass es hier ja genau umgekehrt ist. Hier ist die UDSSR zerfallen und es wurden Mauern, bzw. Grenzen gebaut. So habe ich das noch gar nicht gesehen und dachte, die Menschen seien glücklich über ihre Eigenständigkeit. Gerade in Usbekistan - wo der Islam so ausgeprägt ist und die russische Sprache anders als in Kirgisistan und Kasachstan keine Amtssprache mehr ist - bin ich erstaunt, wie oft mir die Leute traurig sagen, dass sie doch alle zusammen gehören.

Usbekistan ist für mich schon ein Spezialfall - mit Hitze, nervenden Männern und viel Gegenwind ist es echt anstrengend, aber es ist auch extrem gastfreundlich. Bei Mumins Familie bin ich völlig überwältigt. Mumin hatte ich ja im Winter auf Olchon kennengelernt und da seine Heimatstadt Gulistan tatsächlich fast auf meinem Weg liegt, fahre ich bei seiner Familie vorbei. Nach einem über 130 Kilometer Tag, finde ich hundemüde bei Sonnenuntergang endlich die Adresse und kann es nicht anders sagen: Die Überraschung ist mir echt gelungen! Eigentlich habe ich damit gerechnet, dass ich erst mal erklären muss, wer ich überhaupt bin und wie ich über Mumin ihre Adresse bekommen habe. Das ist alles nicht nötig, die Familie kennt die Geschichte. Sie begrüßen mich überschwänglich wie eine lange Vermisste -

was im Prinzip auch stimmt, wie ich nun erfahre. Denn Mumin hat mich ohne mein Wissen im März telefonisch angekündigt, ab April haben sie in Gulistan auf mich gewartet. Da wurde wohl ein wenig meine Geschwindigkeit überschätzt ... Nun ist es mittlerweile Anfang Juli und niemand hat mehr ernsthaft mit mir gerechnet, umso größer die Freude, als ich nun vor ihnen stehe. Sie kriegen sich gar nicht mehr ein und ich bin völlig überwältigt von so einem Empfang.

Gastfreundschaft kann ja auch anstrengend sein, weil man gar nicht immer so umsorgt im Mittelpunkt stehen will – aber Mumins Familie trägt mich mit so einer Herzlichkeit und Selbstverständlichkeit auf Händen, dass es einfach toll ist. Mama Nina schließe ich sofort in mein Herz. Sie ist eine füllige Russin mit einem herzlichen Lächeln und unglaublich lieben Augen. Ihr Mann Älmurad, also Mumins Vater, ist ein schmächtiger Usbeke. Die beiden haben sich in Ostsibirien kennengelernt, als er dort bei der Armee war, und Nina ist der Liebe wegen mit ihrem Mann nach Usbekistan gezogen.

Nachdem alle begriffen habe, dass ich tatsächlich da bin – längst hat sich auch in der Nachbarschaft rumgesprochen, dass bei Mumin eine Touristin zu Gast ist - gibt es Tee mit Melone. Anschließend darf ich ein Vollbad nehmen. Vorher werden noch Zahnpasta und Zahnbürste gekauft, ich bekomme ein frisches Handtuch und einen Bademantel - wie im Luxushotel. Da alle anderen schon gegessen haben, werden für mich schnell Bratkartoffeln, Spiegelei und Wurst gebraten – sehr viel und sehr lecker. Extra werden auch noch Cola, Fanta, Wasser und Saft besorgt und damit ich noch verwirrter werde, als ich eh schon bin, bekomme ich gleich drei Gläser.

Mama Nina und eine Schwester bringen mich sogar ins Bett, also nicht mit Küsschen und Gute-Nacht-Geschichte, aber sie begleiten mich bis in das Zimmer, das schnell für mich hergerichtet wurde. Neben dem Bett steht ein Tablett mit verschiedenen Getränken. Auch ein Öffner, ein Glas und noch ein frisches Handtuch liegen bereit und das Schärfste ist: Auf dem Bett liegt eine dicke Decke – falls es ganz plötzlich ganz kalt werden sollte. Wirklich großartig! Ich muss sehr lachen und auch Nina und Rosa grinsen.

Das „richtige" Begrüßungsessen gibt es am nächsten Mittag. Der große Tisch im Wohnzimmer wird voller Essen gepackt - eine riesige Tafel. Längst habe ich den Überblick verloren, was in all den Schälchen ist und probiere einfach alles, was mir zugesteckt wird. Gemütlich sitzen wir mit zwölf Leuten auf dem Boden um den Tisch herum und schlemmen und plaudern. Im Hintergrund läuft das Hochzeitsvideo des jüngsten Bruders. So langsam bekomme ich einen kleinen Überblick über die Familie, zumindest über den engeren Kern. Mumin hat noch zwei Brüder und zwei Schwestern, er ist von allen der Älteste. Der jüngste Bruder Asis ist 20 und mit der 16-jährigen Ajsche verheiratet. Die beiden wohnen hier im Haus und kümmern sich um die Eltern und versorgen sie vor allem im Alter. In der Regel ist das die Aufgabe des jüngsten Sohns. Aber der Vater verrät mir, dass es natürlich auch darauf ankommt, ob die Chemie untereinander stimmt und dass sich die Eltern auch ein anderes Kind für diese Aufgabe aussuchen könnten. Aber Asis scheint kein Rebell zu sein und Ajsche ist eine sehr sympathische Schwiegertochter. Obwohl sie selbst noch so jung ist, ist sie bereits hochschwanger und strahlt in ihrer zurückhaltenden Art eine glückliche Zufriedenheit aus. Dass ein Großteil der Hausarbeit auf ihren Schultern liegt, scheint sie nicht zu belasten.

Bei Mumins älterer Schwester Julija schlägt optisch am meisten die russische Mutter durch, alle anderen kommen eher nach dem Vater. Julijas Mann wird mir zwar als Usbeke vorgestellt, ist aber genaugenommen Tadschike. Witzigerweise war er auf einer russischen Schule und Julija auf einer usbekischen. Es werden mir noch weitere buntgemischte Familiengeschichten erzählt, bis sich die große Tafel auflöst und die Nachbarin bereits auf mich wartet.

Ona chola (Tante Ona) ist eine gute Freundin der Familie und hat mich, bzw. die Fahne an Wanjuscha gestern bei unserer Ankunft gesehen und wusste sofort wer ich bin. Sie ist mit 74 die Straßenälteste und hat elf Kinder. Mit Mumins Mutter gehe ich nun zu ihr, um Tee zu trinken. Heute morgen hat Ona chola extra smetana gekauft und backt nun ein wie blini aussehendes Brot - sehr lecker und sehr gehaltvoll. Obwohl ich von dem gigantischen Mittagessen pappsatt bin, greife ich nochmals zu, schließlich will ich Ona chola nicht beleidigen. In ihren Augen esse ich natürlich viel zu wenig.

Tja, und was man ja auf keinen Fall mit vollem Magen machen soll, ist der nächste Programmpunkt – wir gehen schwimmen. Aber bei der Hitze würde ich wohl in jedem Zustand diesem Vorschlag zustimmen. Eine kurze Stadtbesichtigung wird noch dazwischengeschoben und kaum wieder zu Hause, gibt es endlich wieder etwas zu Essen. Es gibt die usbekische Spezialität schlechthin: plow - ein Reisgericht mit Hammelfleisch, Zwiebeln, Möhren und ganzen Knoblauchzehen. Schon in Russland wurde mir erzählt, wie gut der plow in Usbekistan schmeckt. Als typisches Gewürz enthält er Kreuzkümmel und wie üblich wird der plow auf einer großen Platte aufgetürmt, von der dann alle zusammen essen. Als Variation kommt oben auf den plow-Berg ein Salat aus frischen Tomaten - es ist köstlich! Außerdem ist es richtig gemütlich, auf dem Boden sitzend, gemeinsam den Berg von oben nach unten zu verspeisen.

Am Morgen danach quäle ich mich um fünf Uhr aus dem Bett - so gut es mir hier gefällt, ich muss raus aus dieser Hitze, also muss ich weiterfahren. Der Abschied von Mumins Familie fällt richtig schwer. Alle sind traurig und der Meinung, dass ich doch, wo ich mit drei Monaten Verspätung gekommen bin, doch mindestens zwei bleiben müsste und nicht nur zwei Nächte. Mumins Mama weint sogar und auch ich kann die Tränen kaum zurückhalten. Solidarisch, damit Wanjuscha nicht so alleine ist, nimmt Julijas Mann sein klappriges Rad mit auf die Straße, wo mir die Familie noch lange nachwinkt.

Vor mir liegen nun Highlights ganz anderer Art – ich komme in alte Handelsstädte an der Seidenstraße. An einem späten Nachmittag stehe ich kurz vor Samarkand. Auf meiner Karte ist ein Fluss eingezeichnet und da von der Stadt noch nichts zu sehen ist, halte ich an der Brücke Ausschau nach einem Zeltplatz. Finde ich hier einen, habe ich morgen den ganzen Tag in der Stadt und muss dort nicht übernachten.

Wie gehabt, wird die Brücke von jeder Seite bewacht und während ich einen Blick in die Aue werfe, kommen die Soldaten neugierig näher. Sie fragen mich, was ich hier suche. Außerdem füllen sie alle meine Wasserflaschen mit frischem Quellwasser auf und selbstverständlich darf ich hier am Fluss schlafen, sie helfen mir sogar, den besten Platz zu finden. Die Kinder, die von irgendwoher neugierig auftauchen, werden von einem der Brückenbewacher sofort verscheucht. Ein Schafhirte darf bleiben und soll für mich Brombeeren sammeln. Der Chefbewacher hilft ihm zunächst dabei – vielen Dank, sie sind super lecker!

So gut bewacht, baue ich gar nicht erst das Zelt auf, einfach unter freiem Himmel zu schlafen, ist viel angenehmer. Regnen wird es ganz sicher nicht. Endlich wieder mal in der Natur übernachten, endlich mal wieder Isomatte und Schlafsack auspacken, Feuer machen und selbst kochen - bei den vielen Einladungen eine absolute Seltenheit in Usbekistan und ich genieße es total!

Am nächsten Morgen sind es bis in die Innenstadt von Samarkand nur zwölf Kilometer. Die mit 350.000 Einwohnern zweitgrößte Stadt Usbekistans, ist neben Babylon oder Rom eine der ältesten Städte der Welt. Schon von weitem sind hoch über die Häuser hinausragende gewaltige Moscheen zu erkennen und überall gibt es blaue Kuppeln zu entdecken. Bereits ein Friedhof auf meinem Weg ins Zentrum ist beeindruckend. Allerdings bin ich mir nicht bewusst, dass ich auf dem Hügel vor dem Hintergrund karger Berge eine der weltweit bekanntesten Grabstätten Zentralasiens sehe: das so genannte Schahi-Sinda-Ensemble. Ich finde die Mausoleen einfach nur schön, genauso wie die Moschee, die auf der anderen Straßenseite auftaucht. Sie ist eines der ältesten Gebäude in Samarkand. Besonders gut gefällt mir das bunt verzierte hölzerne Gebälk im Eingangsbereich der Khazrat-Khizr Moschee. Auf einem Hügel liegend, hat man von hier aus einen guten Blick auf eine weitere, auf die riesige Bibi Chanum Moschee. Sie ragt so imposant über alles andere hinweg, dass der große Basar davor wie Spielzeug aussieht. Auch wenn ich nicht viel davon verstehe - aber selbst ich erkenne, dass ich vor einem architektonischen Meisterwerk stehe. Als Eintritt werden 2.500 Sum ($\approx$1,70 €) gefordert, Fotografieren kostet extra. Wow, das sind gepfefferte Preise! Für Wanjuscha und mich wird der Preis dann aber auf 200 Sum gesenkt und Fotos sind sogar umsonst.

Bei der nächsten Sehenswürdigkeit, dem Registan mit seinen drei Medresen[38], verzichte ich auf einen Eintritt - auch draußen gibt es genug zu bestaunen und ich bin ganz erschlagen von so viel märchenhafter Schönheit. Überall die großen Portale, hohen Fassaden, Minarette und Kuppeln. Von weitem strahlen die klaren Formen eine majestätische Erhabenheit aus - bei näherem Hinschauen sind es die kleinen filigranen Details, die so faszinierend sind. Überall gibt es blau- und türkisfarbene Mosaike. Oft bestehen komplette Fassaden und Kuppeln aus lauter winzigen Stückchen, die zusammen zu wunderschönen Mustern werden. Echt irre!

Zwar finde ich Samarkand sehr beeindruckend, aber es ist insgesamt bei zu viel Hitze zu viel Großstadt. Zwei Tage später komme ich nach Buchara und hier lege ich einen Pausentag ein. Buchara ist deutlich kleiner, die Dichte der historischen Gebäude scheint mir noch höher und es gibt eine zusammenhängende Altstadt - ohne Hektik und Großstadtlärm. Ein bisschen ist es wie in 1001 Nacht.

Das älteste erhaltene Bauwerk islamischer Architektur in Zentralasien ist das Samaniden Mausoleum. Der würfelförmige Kuppelbau aus hellen getrockneten Ziegeln befindet sich etwas außerhalb des Zentrums in einem

---

38 „Registan" bedeutet so was wie „Sandiger Platz" und eine Medrese ist eine islamische Hochschule.

Park. Eine der Hauptattraktionen befindet sich mitten in der Altstadt: der Poi Kalan Komplex. Blau glitzernd rahmen Medrese und Moschee einen großen Platz ein, auf dem unübersehbar das Kalan Minarett alles andere der Stadt überragt.

Besonders gut gefällt mir auch die Bolo-Hauz Moschee. Sie ist sehr bunt und mit tollen Holzschnitzereien verziert, außerdem gibt es davor ein erfrischendes Wasserbecken. Gegenüber liegt die Zitadelle Ark. Mächtig imposant sind die scheinbar unüberwindbaren Mauern der gewaltigen Festung, in der früher die Residenz der Khane war.

Ziemlich ungewöhnlich ist auch die Chor-Minor-Moschee - die Vier-Minarette-Moschee. Sympathisch finde ich, dass sie nicht so erschlagend groß ist und ihr zentraler Kuppelbau nur wenig über die Häuser des traditionellen Wohnviertels ragt. Trotzdem ist die Moschee durch die herausragenden vier Minarette etwas ganz Besonderes. Ach ja, Buchara gefällt mir wirklich gut!

Bei so viel Sehenswürdigkeiten gibt es natürlich auch etliche Touristen, die die Schätze der Seidenstraße bewundern. Auch viele Radtouristen gibt es hier! Wobei „viel" natürlich relativ ist, aber die Route von Europa über die Türkei und Zentralasien nach China und Tibet scheint sehr beliebt zu sein. Fahre ich

Der Poi Kalan Komplex in Buchara

auf einer großen Trasse, kommt mir fast täglich ein Radler entgegen. Und der erzählt mir dann von weiteren - ganz anders als in Russland, wo die Anzahl sehr überschaubar war, verliere ich hier schnell den Überblick, wer mit wem von wo nach wo fährt. Egal, ich freue mich über die kleinen Stopps.

Bei den Radlergesprächen bekomme ich mit, dass die meisten von ihnen ständig Durchfall haben. Scheinbar bin ich eine der wenigen, die so gar keine Probleme mit dem Magen hat - abgesehen von den Folgen eigener Dummheit, Unmengen von urjuks in mich hineinzustopfen. Mir dagegen macht etwas ganz anderes Probleme: die unerträgliche Hitze.

Bisher war ich in Usbekistan meist in besiedelten Gebieten, kurz hinter Buchara komme ich nun in die Wüste. Da es meine erste Wüste ist, ist es für mich natürlich interessant – zumindest am Anfang. Allmählich verschwinden alle Pflanzen und was bleibt ist Sand - Sand so weit man blicken kann - und man kann weit blicken! Leben ist hier aber natürlich auch. Eine Weile rätsele ich, was das für durchgezogene Linien im Sand sind, die durch Abdrücke rechts und links begleitet werden. Na klar, die sind vom Schwanz der Echsen! Und so richtig pflanzenlos ist es auch nur stellenweise, meist gibt es verstreutes Dornengestrüpp – mal mehr, mal weniger. Ist es weniger, wird der Sand vom Wind über die Straße gefegt und ich komme ganz schön ins Schlingern, aber die dadurch entstehenden Dünen sind richtig schön – man muss ja positiv denken!

Auf Dauer gelingt mir das allerdings nicht so richtig, denn eigentlich ist es bis auf die Sandverwehungen eintönig platt. Das erste Mal auf meiner Ost-Erfahrung finde ich, dass ich durch eine langweilige Landschaft fahre. Zumal es mir so vorkommt, als ob mir die ganze Zeit jemand mit einem heißen Föhn ins Gesicht bläst.

Eigentlich ist es nur möglich, in den ganz frühen Morgenstunden zu radeln. Ich versuche also, mit dem Hellwerden aufzustehen, um noch vor Sonnenaufgang die ersten Kilometer zu schaffen. Es sind die einzigen Stunden am Tag, in denen es wenigstens manchmal mit etwa 25 Grad sogar fast herrlich kühl ist. Leider ist es auch die einzige Zeit am Tag, in der ich richtig schlafen kann und es fällt mir sehr schwer, dann aufzustehen, wenn ich eigentlich gerade erst einschlafe. Nach einer Weile bin ich so müde, dass mir beim Fahren die Augen zufallen. Nie hätte ich gedacht, dass man auf dem Fahrrad einschlafen kann – aber es geht!

Taktisch ist es wohl auch nicht besonders klug, dass ich mitten im Hoch-
sommer durch die Wüste radel. Es ist saraton, der heißeste Monat des Jahres.
Als mir im Ferganatal eine Frau sagte, dass es seit drei Tagen doch etwas
kühler sei, habe ich sie belustigt angeschaut. Abgesehen von der Strecke über
den Tunnelpass, liegen die Temperaturen in Usbekistan fast durchgehend
zwischen 35 und 40 Grad im Schatten. Auch in der Nacht sinkt die
Temperatur selten unter 30 Grad - ununterbrochen öle ich vor mich hin. Wie
heiß es tatsächlich tagsüber in der Sonne ist, weiß ich nicht, aber die gefühlte
Temperatur hier in der Wüste ist kurz vorm Siedepunkt.

Was würde ich für einen „Tag des Wassers" geben! Könnten jetzt nicht
Kinder mit gefüllten Wassereimern vorbeikommen und diese alle über mir
auskippen? Auf der Fünf-Liter-Plastikflasche oben auf meinem Gepäck, kann
man noch ganz leicht das Etikett erkennen: „Baikal-Wasser". Ich bekomme
Phantasien bei dem Anblick.
Im besiedelten Teil Usbekistans gab es meist recht viel Verkehr und ich bin
manchmal auf fast autobahnähnlichen Straßen gefahren. Hier in der Wüste ist
die Straße angenehm leer - ich bemühe mich wirklich, die positiven Dinge zu
erkennen! Und ich muss auch keine Angst haben zu verdursten - spätestens
alle siebzig Kilometer kommt ein Café, in dem ich meinen Wasservorrat
auffüllen kann. Außerdem halten unterwegs Autofahrer und schenken
mir gekühlte Getränke, manchmal reichen sie mir die Flaschen einfach im
Vorbeifahren wortlos aus dem Fenster.
Längst kann ich mich auch mit 200 ml waschen. Selbst wenn ich vermutlich
viel von der Salzkruste einfach nur gleichmäßig verteile, hinterher fühle
ich mich kurzfristig erfrischt und sauber. Ein Muss bevor ich mich abends
schlafen lege!

Die Wüste ist durchaus radelbar, aber ich bin durch den Schlafmangel
erschöpft, von den Männern genervt, von der Landschaft gelangweilt und
wohl vor allem von der Hitze zermürbt. Usbekistan ist für mich kein Land
zum Radfahren. Ich beschließe daher, ein Stück zu trampen. Allerdings sind
die Lkw alle voll und haben leider keinen Platz für uns, die meisten kommen
aus dem Ferganatal und haben Obst geladen.
Auch der Lkw, der mich mitnehmen will, ist bis unters Dach mit Wassermelonen vollgepackt - keine Ahnung wie das gehen soll. Das ganze Gepäck

In der Wüste Usbekistans

wird in der Fahrerkabine verstaut und Wanjuscha kurzerhand oben drauf gehievt. Das geht ruckzuck. Allerdings bin ich trotz meines Grundvertrauens skeptisch und besorgt, als ich das kurze und brüchige Seil sehe, mit dem Wanjuscha festgebunden werden soll. Beim Festzurren reißt es dann auch direkt und einer der Fahrer fällt fast vom Dach. Ich biete ihm ein zwar dünneres, aber sicher stabileres und längeres Seil von mir an, aber sie wollen es partout nicht haben. Die Männer knüpfen lieber immer wieder ihr olles Seil zusammen und irgendwann wird das Fahrrad als festgebunden betrachtet und es geht los.

Solange das gleichmäßige Klappern von Wanjuscha auf dem Fahrerdach zu hören ist, kann ich die Fahrt recht entspannt genießen. Nichts tun und trotzdem vorwärts zu kommen, ist ein tolles Gefühl! Sobald aber das Klappern über mir für einen Moment aussetzt, setzt auch mein Herzschlag aus und ich sehe Wanjuscha schon vom Dach fallen. Das würde er sicher nicht überleben! Zum Glück setzt das beruhigende Klopfen immer schnell wieder ein und auch mein Herz schlägt weiter. Ansonsten ist alles bestens. Die Fahrer sind sehr nett und besonders angenehm ist, dass wir ein bisschen plaudern und sie mich ansonsten einfach in Ruhe lassen. Nach einer leckeren Essenspause in einem Café, räumen sie sogar das Bett frei und ich darf liegend weiterfahren - ich muss echt müde aussehen. Kurz vor Nukus lasse ich mich nach 190 erholsamen Kilometern an einem Kontrollposten absetzten. Nun will ich wieder ein Stückchen radeln.

In Nukus bin ich schon ganz schön weit im Westen von Usbekistan angelangt und durch den Fluss Amudarja ist es hier sogar ein bisschen grün. Sein Wasser wird in unzählige Kanäle geleitet, um so Baumwolle anbauen zu können. Ökologisch ist das sicher fragwürdig, aber ich finde es herrlich, in einem dieser Kanäle zu baden, Wäsche zu waschen und eine ausgiebige Pause im Schatten der Ufergehölze zu machen. Ein richtiger Luxus nach der ganzen Wüste!

Bevor die Landschaft wieder völlig öde wird, fahre ich ab Kungrad etwa 400 Kilometer bis über die Grenze nach Kasachstan mit dem Zug. Dort kommt noch genug Wüste und Steppe, aber keine Eisenbahn mehr.

Kasachstan, diesmal mehr Wüste als Steppe

Kasachstan, bzw. das kleine Örtchen Bejneu empfängt mich mit Chaos und - wer hätte das gedacht - mit Hitze! Am Gepäckwagen und auf dem ganzen Bahnsteig herrscht heilloses Durcheinander und ich bin froh, irgendwann mit Wanjuscha und all unseren Taschen weg vom Bahnhof zu kommen. Allerdings habe ich zunächst keine Ahnung wohin. Eigentlich hatte ich überlegt, über das Kaspische Meer per Schiff nach Russland zu fahren. Laut Internet scheint es allerdings so ein Schiff nicht zu geben und hiesige Polizisten bestätigen mir dies. Also bleibt keine andere Möglichkeit, als ums Kaspische Meer drumherum zu radeln. Aber sicher nicht mehr heute Abend. Es ist bereits stockdunkel, eine absolute Dunkelheit ohne jegliche Lichter. Auf dem Weg zu einem Café für die Nacht knalle ich mit voller Wucht in ein riesiges Schlagloch, doch abgesehen davon, dass eine Packtasche vom Gepäckträger fliegt, passiert nichts. Wanjuscha ist echt nicht kleinzukriegen! Beim Frühstück vor dem Café setzt sich Schugaj zu mir. Er ist ein Lkw-Fahrer aus Karaganda, hat hier auch übernachtet, und bietet mir an, mich ein Stückchen durch die Steppenwüste mitzunehmen. Gerne nehme ich sein Angebot an. Schugajs Lkw hat sogar eine elektrische Laderampe und ich grinse in mich hinein, während ich mit dem vollgepackten Wanjuscha surrend nach oben befördert werde. Überhaupt bin ich ganz fasziniert von

Schugaj. Er ist nicht nur nett, er ist für einen Lkw-Fahrer auch ungewöhnlich intellektuell - eigentlich ist er Chirurg. Beim Zerfall der Sowjetunion wurde kein Gehalt mehr gezahlt und Schugaj verdiente sein Geld als Imker. Vor 1½ Jahren erfüllte er sich dann einen Männertraum und kaufte den Lkw. Nun ist er sechzig Jahre alt und Trucker! Dies ist seine erste große Tour, die wegen der schlechten Straßen zehn Tage dauert. Da er sie sehr spontan angenommen hat, hat er bloß zwei Kassetten dabei und lachend meint Schugaj, dass er die bereits in- und auswendig kenne.

Das Fahren mache ihm viel Spaß und er habe dabei genug Zeit, seinen Gedanken nachzuhängen. „Schließlich sind wir ja Menschen, also denken wir", meint Schugaj. Er fängt an zu philosophieren: Was ist die Unendlichkeit? Was war zuerst, das Huhn oder das Ei? Ich verstehe nicht all seine Gedankengänge, aber interessiert höre ich ihm zu.

Schugaj hat mit 21 Jahren jung geheiratet und zwei Kinder, nach elf Jahren kam die Scheidung. Mit Mitte dreißig hat er dann die richtige Frau gefunden – seine große Liebe. Aber es sollte nicht sein, denn sie war verheiratet und hatte Kinder. Erst elf Jahre später haben sie sich wiedergetroffen und ihre Liebe leben können, aber sie war zu dem Zeitpunkt schon krank und ist drei Jahre später gestorben. Seitdem hatte Schugaj keine Frau mehr, weil sein Herz einfach nicht frei ist – ob ich das verstehe? Was für ein Mann!

Nach 340 Kilometern kommen wir zu der Kreuzung, an der sich unsere Wege trennen. Eigentlich waren es nur etwa 200, aber laut Schugaj ist die direkte Straße so schlecht, dass sich der Umweg von mehr als 100 Kilometern auf jeden Fall lohnt. Für ihn geht es nun weiter rechts ab nach Karaganda, Schugaj hat noch gut 2.000 Kilometer vor sich - ich fahre weiter geradeaus - und bis Bochum sind es noch gute 5.000 Kilometer.

Auch wenn es weiter heiß ist, tut es gut, wieder Rad zu fahren! Zunächst sogar auf Asphalt. Später gibt es ihn zwar immer noch, aber er ist so schlecht, dass man ihn kaum noch erkennt und die Autos in die Steppe ausweichen. Das bedeutet eine freie Straße! Mit dem Rad komme ich auch auf der ehemaligen Asphaltdecke ganz gut zurecht und an manchen Stellen bin ich genauso schnell oder sogar schneller als die Lkw. Überhaupt gibt es angenehm wenig Verkehr und ich finde es sogar ganz schick, wie die Autos mit wehender Staubfahne auf den Pisten durch die Steppe fahren. Die Autofahrer sind da sicherlich anderer Meinung.

Kaum ist die Straße wieder für Autos befahrbar, kommt mir ein kasachisches DHL-Team entgegen und hält. Ich muss lachen: Bekomme ich jetzt Post? Nein, sie bringen ihre Pakete woanders hin, aber einer der Fahrer will unbedingt ein Handyfoto machen und ich soll die deutschen Kollegen grüßen. Also ein „bolschoj privjet" (großes Hallo) an alle deutschen DHL-Fahrer!

Da ich nun wieder in Kasachstan bin, denke ich automatisch, dass ich durch Steppe fahre, aber genau genommen, ist es anfangs noch ganz schön wüstig. Der Boden ist nach wie vor purer Sand und erst allmählich mischt sich vertrocknetes Steppengras unter den lückenhaften Pflanzenbewuchs. Aber ob nun Steppe oder Wüste, Schatten gibt es nirgendwo und es ist unvermindert heiß.

Die Landschaft ist auch nach wie vor eintönig platt, doch es gibt lebendige Erhebungen, die für Abwechslung sorgen – Kamele. Bereits in Usbekistan habe ich sie aus dem Zugfenster entdeckt und ich freue mich nun tierisch, sie endlich in echt und von nahem zu erleben - zumindest habe ich das gehofft. Dabei weiß ich ja bereits, dass Tiere zu Wanjuscha ein schwieriges Verhältnis haben - offensichtlich hat er die Wirkung einer Vogelscheuche. Es sind aber nicht nur die Vögel, die wir vertreiben, auch andere Wildtiere sehe ich immer

Kamele haben leider Angst vor uns

nur davonhuschen. Selbst Katzen flüchten bei Wanjuschas Anblick wild fauchend auf den nächsten Baum und die Hunde kläffen uns eh alle an. In Kirgisistan gab es einmal junge Pferde, deren kindliche Neugier größer war als die Angst und sie sind vor Wanjuscha nicht weggelaufen. So ähnlich stelle ich mir das auch mit den Kamelen hier in Kasachstan vor. Die sind doch wirklich durch Nichts aus der Ruhe zu bringen, an denen donnern die Lkw vorbei und sie schauen nicht mal auf. Und wenn sie sich doch mal bewegen, dann machen sie das ganz gemächlich. Vor meinen Augen entsteht ein Bild: Wanjuscha umringt von Kamelen, gerne dürfen sie auch an ihm knabbern. Pustekuchen! Sobald die Kamele uns sehen, laufen sie weg. Nicht langsam und gemächlich – sie galoppieren eilig davon. Von wegen unerschütterliche Ruhe ... Ich muss all meine indianischen Anschleichkünste und fotografischen Raffinessen verwenden, um wenigstens ein Foto mit Wanjuscha und Kamel zu machen. Es sind sogar zwei, die zunächst nicht bemerken, dass ich Wanjuscha vorsichtig hingelegt habe. Geschickt hocke ich mich mit der Kamera so hinter ihn, dass die große Entfernung zu den grasenden Tieren gar nicht so auffällt. Während ich das Foto mache, schnellen die Köpfe der beiden Kamele nach oben und sie traben davon - aber ich habe rechtzeitig auf den Auslöser gedrückt!

Auch wenn die Landschaft inklusive der Kamele gar nicht danach aussehen, komme ich in der Stadt Atirau an den Ural. Obwohl weit und breit keine Berge zu sehen sind, fließt hier der gleichnamige Fluss und mündet ein paar Kilometer weiter ins Kaspische Meer. Wie das Gebirge, aus dem er kommt, dient der Fluss Ural als Grenze zwischen Asien und Europa.

Wegen Hitze, Staub und viel Verkehr komme ich ziemlich erledigt nach Europa und will am Stadtausgang von Atirau in einem der üblichen Cafés übernachten. An diesem Stadtausgang gibt es aber kein einziges, dafür heftigen Gegenwind. Mist! Das nächste Café kommt erst in 35 Kilometern und da ich nicht zurück will, bleibt nur die Flucht nach vorn. Langsam quäle ich mich gegen den Wind und Knieschmerzen geben mir den Rest.

Völlig erledigt komme ich an dem ersehnten Café inmitten der Steppe an. Mein Knie kann ich gar nicht mehr belasten, nicht mal mehr von innen berühren, außerdem habe ich vor lauter Erschöpfung Schüttelfrost und Fieber. Ich fühle mich elend. Das liegt vielleicht auch am Wetter, denn seit gestern ist es bewölkt, tropisch-feucht und schwül-heiß.

Eigentlich will ich nur schlafen, aber zwei Lkw-Fahrer wollen in dem Café unbedingt mit mir essen, anschließend darf ich mich aber auf die offene Ladefläche des Lasters legen. Leider nicht lange, denn es fängt an zu regnen. Ich ziehe in die Fahrerkabine um, später kommt ein Fahrer dazu, schläft sofort schnarchend ein und fällt auf mein schmerzendes Knie. Irgendwann ist mir das zu blöd und ich lege mich draußen halb unter den Lkw. Der Regen wird immer stärker und notgedrungen gehe ich zurück ins Café, drinnen ist es schwül-heiß und schlafen kann ich auch hier nicht.

Am nächsten Morgen fahre ich zermürbt weiter, aber mein Knie ist fast wieder in Ordnung und auch Fieber, Schüttelfrost und Regen sind weg. Keine Ahnung was das gestern war.

Mittlerweile habe ich den größten Teil ums Kaspische Meer herum geschafft und eigentlich würde ich es gerne auch mal sehen. Hier an der Nordküste, wo das Ufer endlich mal nur ein paar Kilometer entfernt ist, soll es aber gar nicht zugänglich sein, nur sehr sumpfig und mückig - auf den Abstecher verzichte ich lieber, das Schwarze Meer kommt ja auch noch.

Es ist ein quälendes Fahren gen Westen. Längst knallt die Sonne wieder und der fiese Gegenwind will nicht enden. Als mich bei einer Mittagspause auch noch Jugendliche mit dummen Sprüchen nerven, überall an Wanjuscha rumspielen wollen und im Eifer des Gefechts in eine der kleinen Seitentaschen greifen, ist die Stimmung echt mies. Ich erinnere mich daran, was mir neulich ein Fahrer gesagt hat, als ich mal wieder mit verdrehten Augen und schiefem Lächeln stöhnend die Hitze verflucht habe. Er meinte, dass es in Astrachan[39] kühler sei! Das klingt in meinen Ohren unwiderstehlich und die letzten 150 Kilometer bis zur Grenze trampe ich einfach, um möglichst schnell nach Russland zu kommen.

Nochmal ein Stückchen Russland

Ein bisschen ist es wie „nach Hause kommen" - in Russland begrüßt mich indirekt die Wolga, noch im Niemandslands an der Grenze geht es mit einer Fähre über den Kigatsch, einen der vielen Mündungsarme der Wolga.

---

39 Eine russische Stadt, die auf meinem Weg kurz hinter der kasachisch-russischen Grenze liegt.

In den Ausläufern des riesigen Wolgadeltas ist es ungewohnt grün, es gibt Wolken am blauen Himmel und vor allem gibt es frische Luft. Endlich kann ich mal wieder durchatmen! Ganz gemütlich und guter Laune radel ich nach Astrachan.

Eigentlich wollte ich in Astrachan bei jemandem vom Hospitalityclub unterkommen, in erster Linie, um mich registrieren zu lassen. Leider funktioniert das nicht. Ruben hat mir zwar auf meine Anfrage geantwortet, aber seine Mail wird mir nur als Buchstabensalat dargestellt. Ich versuche es nun einfach alleine mit der Registrierung.

Nach Stunden, in denen ich die richtige Behörde suche, mich durch Menschenmengen wühle, in Bücher eintrage und lange warte, kann ich trotz sehr netter Sachbearbeiter leider ohne Adresse nicht registriert werden. Pech gehabt, aber das habe ich ja schon fast vermutet. Erstaunt bin ich, dass mich auch ein großes Hotel nicht registrieren kann, selbst, wenn ich dort wohnen würde, müsste ich wieder auf das Amt, wo ich gerade war. Also gebe ich auf. Im Fall der Fälle muss ich eben bei der Ausreise mit Problemen rechnen und eine Strafe zahlen.

Trotzdem war es gut, es mit der Registrierung zu versuchen. Vor dem Amt spricht mich nämlich eine Frau an und fragt, ob ich Katharina sei? Äh, nein. Aber ich sei doch die, die am Baikal war und in Usbekistan und so? Erstaunt bejahe ich das. Und ich kenne doch auch Ruben? Na ja, kennen ist vielleicht etwas übertrieben, aber ich weiß, dass es ihn gibt. Ruben sei im Moment nicht in der Stadt, meint Katja, aber er habe allen Freunden erzählt, dass ich vorbeikommen will. Was für ein Zufall, eine von ihnen hier zu treffen!

Katja verliere ich in dem ganzen Gewühl zwar aus den Augen, aber sie hat es noch geschafft, mir einen Zettel mit der Adresse einer Freundin zuzustecken. Bei Nastja kann ich übernachten und sie freut sich auf mich.

Am meisten genieße ich es in Astrachan, endlich mal lange auszuschlafen! Danach erkunden wir die Stadt. Es gibt viel historische Bausubstanz aller möglicher Epochen und dadurch entsteht eine gewachsene und nette Atmosphäre. An einer Stelle erinnert mich Astrachan sogar an das Ruhrgebiet. Und zwar spazieren wir in einem Hafengebiet mit großen Kränen eine Uferpromenade entlang und auf dem Wasser schwimmen Cafés. Ein klitzekleines bisschen ist es wie im Duisburger Innenhafen.

Aber wir sind in Russland und da gibt es in so einer alten Stadt natürlich auch einen kreml. Seine dicken Mauern, die große Kathedrale und auch seine anderen Gebäude strahlen wie frisch gestrichen weiß in der Sonne. Bunte Blumenbeete und grüne Wiesen sind ein schöner Kontrast dazu – die Wiesen sind wirklich grün!

An einem idealen Radeltag fahre ich weiter: Bei nur leichtem Wind ist es meist bedeckt und mit 30 Grad fast angenehm kühl. Das Allerbeste aber ist: Abends baue ich endlich mal wieder mein Zelt auf, seit Kirgisistan das erste Mal! Den ganzen Tag über freue ich mich schon auf diesen Moment. Ein kompletter Liter Wasser nur fürs Waschen reicht fast für ein Vollbad, anschließend koche ich und sitze einfach nur vor dem Zelt und lasse den Blick über die weite Steppe gleiten. Wunderschön versinkt die Sonne blutorangerot am Horizont!

Da ich auch in Russland noch eine Weile durch baumlose Steppe radel, suche ich allerdings mittags vergebens nach schattigen Picknickplätzen. Notgedrungen esse ich also weiterhin manchmal im Café. Leider gibt es dort keine taptschane mehr und so lege ich beim ersten Müdigkeitsanfall den Kopf einfach erschöpft auf den Tisch. Keine gute Idee. Kurz darauf pflaumt mich

Im kreml von Astrachan

die Bedienung an, dass schlafen hier verboten sei! Andere Länder, andere Sitten ...

Etwa in der Mitte von Südrussland ändert sich die Landschaft allmählich - es kommt wieder ein bisschen Bewegung ins Relief und es wird grüner. Überwiegend wird hier Getreide angebaut und um die Felder herum spenden Bäume und Sträucher Schatten - fürs Auge erzeugen sie eine angenehme dritte Dimension.

Auch in das Wetter kommt kurzfristig Bewegung und gleichzeitig mit einem Unwetter komme ich erschöpft an einem Straßenkontrollposten bei Ipatowo an. Der Wind hat sich im Laufe des Tages orkanartig verstärkt und es wird rundherum so dunkel und unheimlich, dass ich das Angebot der Milizmänner annehme, das Schlimmste in ihrem Pausenraum abzuwarten. Kurz darauf schüttet es draußen wie aus Kübeln!

Am Horizont wird es aber schnell wieder heller und damit ich dort hinkomme, wird für mich ein kleiner Bus angehalten. Wanjuscha wird samt Taschen einfach zwischen die zusammenrückenden Insassen gequetscht. Statt sich über den sperrigen Fahrgast zu beschweren, freuen sich alle über uns und eine lebhafte Unterhaltung geht quer durch den Bus. Sina und Alla (Mutter und Tochter) schlagen mir vor, mit bis zur Endhaltestelle zu fahren und mit zu ihnen nach Hause zu kommen. Gerne!

Nach gut fünfzig Kilometern biegen wir von der Landstraße ab und kommen über einen holperigen Feldweg nach Nowoangrejewskoje - ein ganz besonders idyllisches Dorf. Genauso wie der kleine Hof, den Alla mit ihren Eltern bewirtschaftet. Wie üblich dient er der Selbstversorgung und kurz nach uns trottet auch die Kuh der Familie auf den Hof. Ich darf versuchen, sie zu melken. Es strömt tatsächlich auch Milch in den Eimer, der zwischen meinen Knien klemmt, aber da ich die Geduld der Kuh nicht überstrapazieren will, überlasse ich das Euter bald wieder Allas geübten Händen.

Alla und ihre Familie leben seit 17 Jahren in Nowoangrejewskoje, ursprünglich kommen sie aus Dagestan, einer russischen Republik im Nordkaukasus. Und Alla wird bald dorthin zurückkehren – der Liebe wegen. Sie ist gerade zwanzig, ist eigentlich mitten im Studium und wird das nun aufgeben, bzw. will mit einem Fernstudium weitermachen. Reell ist es wohl aber nicht, dass das auch funktionieren wird. Ihren Bräutigam kennt sie kaum. Aber es ist Alla, die diese Hochzeit in drei Wochen unbedingt will. Ihre Mutter findet gar nicht gut, dass sie nicht wenigstens vorher noch ihr Studium beendet.

Im Moment schwebt Alla jedoch auf allen Wolken und lässt sich durch niemandem von ihrem Plan abbringen. Ich wünsche ihr viel Glück!

Bei mir scheint das mit dem Glück gut zu funktionieren: Der Regen hat längst aufgehört und am nächsten Tag scheint wieder die Sonne, es ist nicht mehr ganz so heiß und fast windstill. Ich genieße es richtig, die ersten Kilometer langärmlig zu fahren. Wann habe ich das das letzte Mal gemacht? Keine Ahnung, jetzt hole ich auf jeden Fall tief Luft und fühle mich großartig, während ich auf Feldwegen durch wunderschöne Baumalleen und Sonnenblumenfelder fahre.

Nicht nur daran, dass Alla und ihre Familie eigentlich aus Dagestan kommt, merke ich, dass der Kaukasus hier in Südrussland recht nah ist. Auch wenn weit und breit keine Berge zu sehen sind, treffe ich viele Menschen von dort. Mal ist es ein tschetschenischer Lkw-Fahrer, der mich ein Stückchen mitnehmen will, mal sind es Armenier, die mich auf ein Stück Melone einladen. Das erste Angebot lehne ich ab, weil ich lieber radel – doch Melone essen ist natürlich immer ein willkommener Zwischenstopp.

Als mich eine armenische Familie zu einer echt kaukasischen Hochzeit einlädt, wundere ich mich über mich selbst, denn ich lehne die sehr herzlich ausgesprochene Einladung ab. Ich müsste gar keinen großen Umweg fahren und eine kaukasische Hochzeit stelle ich mir toll vor! Es würde auch etwas ganz Neues sein, warum also lehne ich ab?

Was ich schon eine Weile immer mal wieder spüre, wird mir nun deutlicher bewusst: Mein Speicher ist voll! Ich bin so angefüllt mit Erlebnissen und Eindrücken, dass ich das Gefühl habe, es geht etwas davon verloren, wenn nun immer noch mehr dazukommt. Und ich will einfach nichts löschen! Also versuche ich scheinbar ganz automatisch, den neuen Input möglichst gering zu halten – auch wenn ich weiterhin sehr gerne unterwegs bin.

Gar nicht satt sehen kann ich mich an den hübschen Vorgärten in den Dörfern - umso bunter und wilder die Blumen durcheinander wachsen, desto besser gefallen sie mir! Nicht ganz so gut gefällt mir, dass ich in einer Nacht gegen zwei Uhr von grunzenden und quiekenden Wildschweinen geweckt werde. Es beruhigt mich nicht gerade, dass die Geräusche immer näher kommen. Kurzerhand hole ich meine Töpfe ins Zelt und klappere mit ihnen so laut wie möglich. Das Grunzen verstummt daraufhin zwar für eine Weile, kommt aber immer wieder. Und da sich das Grunzen in meinen Ohren nicht süß, sondern eher aufgeregt ärgerlich anhört, lege ich erstmals mein Pfefferspray griffbereit ans Kopfende. Diese „Waffe" habe ich mir für den Ernstfall gekauft. Allerdings bezweifle ich, es im Falle eines Angriffs vernünftig einsetzen zu können. Vermutlich würde ich mir selbst mehr schaden als den wilden Schweinen. Das Pfefferspray kommt zum Glück nicht zum Einsatz und bis auf diese Ausnahme habe ich sehr erholsame Nächte!

Ich genieße es sehr, die meiste Zeit wieder zu zelten. Oft finde ich herrliche Plätze mit Schatten und Wasser. Nicht immer ist der Zugang so ganz einfach, manchmal muss ich eine Weile suchen, um in ausgedehnten Schilfgürteln eine Stelle zum Baden zu finden oder ich muss zunächst einen Abhang runterplumpsen, bevor ich in das ersehnte Nass komme. Nur einmal bleibe ich erfolglos.

Kurz vor Krasnodar ist auf meiner Karte ein großer See eingezeichnet und ich freue mich schon den ganzen Tag darauf, in ihm zu baden und dort zu zelten. Es ist wie verhext, ich finde ihn nicht! Als ob da jemand den Stöpsel aus der Krasnodarsker Talsperre gezogen hat. Als ich in einem Dorf bei einer Olja nach Trinkwasser frage, erfahre ich, dass es die Talsperre schon gibt, aber irgendwo anders. Am Ende eines Radeltages hört sich das für mich ziemlich unkonkret an und ich kann Oljas Einladung nicht widerstehen - außerdem preist sie mir grinsend ihre Gartendusche an.

Auch wenn es natürlich mein Plan war, aber so richtig wird mir erst in Tjemrjuk bewusst, dass ich Südrussland nun fast durchquert habe. In dem kleinen Städtchen habe ich auf einem Berg einen tollen Blick über eine Ebene bis zum Meer. Es ist das Asowsche Meer, ein Nebenmeer des Schwarzen Meeres. Pünktlich zum Sonnenuntergang baue ich mein Zelt direkt an seinem Strand auf.

Eigentlich würde ich am nächsten Tag problemlos die vierzig Kilometer bis in die Ukraine schaffen, aber ich fange an zu bummeln. Schon morgens lasse ich mir unendlich viel Zeit, sitze einfach im Sand rum, sammle Muscheln und packe nur sehr langsam meine Sachen zusammen. In einem Dorf kaufe ich ausgiebig ein, so als ob es in der Ukraine nichts mehr gäbe. Auf dem Hinweg, der fast 16 Monate zurückliegt, habe ich 1.800 Kilometer weiter im Norden sehr ähnlich den Grenzübertritt von Litauen nach Russland hinausgezögert, nun will ich das Land nicht mehr verlassen.

Bevor es ums Eck auf die zehn Kilometer lange Landzunge zum Port Kawkas (Hafen Kaukasus) und dem dortigen Grenzübergang geht, tanke ich Trinkwasser bei dem Straßenkontrollposten, der das Ende von Russland ankündigt. Ab hier kommt vor dem Hafen nichts mehr außer Meer und Dünen. Erst auf diesem letzten Stück begreife ich, was mir nun bevorsteht: die endgültige Ausreise. Nein! Am liebsten würde ich umkehren, aber irgendwann muss dieser Moment ja kommen. Allerdings verschiebe ich ihn auf morgen - ich verbringe noch eine letzte Nacht in Russland.

Ich schiebe Wanjuscha durch die Dünen zum Strand und nehme ganz in Ruhe Abschied. Gestern gab es außer mir noch ein paar andere Badegäste und auch verstreut eine handvoll Zelte, hier an dieser Stelle, ist weit und breit niemand – nur ein toller Sandstrand und ein Meer mit Wellen. Trotz des diffusen Lichts, kann ich die Krim bereits schemenhaft am Horizont entdecken - Luftlinie sind es etwa acht Kilometer.

Natürlich bade ich, gleich mehrfach - die meiste übrige Zeit hänge ich meinen Gedanken und Emotionen nach. Mir kommen Tränen und ich lasse sie einfach laufen, es war eine so irre Zeit in Russland. Gar nicht mal unbedingt die letzten 1.000 Kilometer durch Südrussland, das war ja vergleichsweise kurz und knapp. Aber die ganze Hinfahrt und der Winter - fast ein Jahr, das so unglaublich intensiv war! Voller Dankbarkeit bin ich melancholisch-traurig und selbst das Kreischen der Möwen klingt in meinen Ohren wehmütig.

Es wäre wohl kein authentischer Abschied von Russland, wenn ich nicht doch noch Besuch bekäme. Wie auch immer er mich gefunden hat und wo auch immer er herkommt, aber ein einsamer Mann in Badehose steht plötzlich vor mir und will mich zum Tee einladen. Ich möchte den Abend aber alleine verbringen. Er kommt noch zweimal wieder, das letzte Mal ist es schon dunkel und er kommt mit einer Taschenlampe. Ich liege bereits im Zelt und lasse mich auch nicht davon erweichen, dass er meint: „Alleine ist es doch langweilig!" Dann zieht er seinen letzten Trumpf und behauptet, alleine habe er Angst – ein echter Witzbold!

Am 4. August komme ich nach nur wenigen Kilometern zum Port Kawkas und somit zur russischen Grenze. Der Vorposten, der am Eingangstor des umzäunten Grenzgebiets steht, fragt mich nach meiner Registrierung. Schluck! Ich erkläre ihm, dass ich die ganze Zeit im Zelt gewohnt habe und in Astrachan vergeblich versucht hätte, mich zu registrieren. Er findet meine Erklärung scheinbar plausibel und stimmt mir zu: So wie ich reise, sei eine Registrierung nicht möglich. Der Zoll winkt mich einfach durch und stellt keine einzige Frage.

Der Passkontrolleur macht mich darauf aufmerksam, dass ich nur ein einmaliges Einreisevisum habe und es automatisch ungültig wird, wenn ich nun ausreise. Kann der nicht einfach seinen Mund halten? Ich weiß, dass es kein Zurück mehr gibt. Als der Grenzer dann den Ausreisestempel in meinen Pass knallt, ist es für mich wie ein Tritt in den Magen - ein fürchterliches Geräusch. Lange hallt es noch in meinen Ohren nach, mir ist schlecht und ich kann die Tränen kaum zurückhalten. Ich bin raus aus Russland! Eine Weile warten wir noch, bis die Fähre von der Krim kommt. Ganz neidisch beobachte ich die ganzen Fußgänger, die erst ungeduldig hinter der geschlossenen Rampe stehen und dann um die Wette rennen, um möglichst schnell über die Grenze zu kommen. Mit schwerem Herzen betrete ich die Fähre. Bevor wir ablegen hält der Kapitän eine Begrüßungsrede und beendet sie mit dem Satz: „Stschastliwogo wam plawanija!" – Ihnen ein glückliches Schwimmen[40]! Die guten Wünsche und auch die vier Kilometer lange Fährfahrt trösten mich ein wenig. Ich versuche nach vorne zu schauen und bin gespannt, was mich in der Ukraine erwartet.

Zivilisationsschock auf der Krim & erholsame Ukraine

Auf der Krim erwartet mich ein regelrechter Zivilisationsschock! Nach so viel Einsamkeit in Wüste und Steppe, bin ich mit so vielen Menschen ziemlich überfordert. Wo kommen die alle her? Viele kommen aus Russland, vermutlich ist die Krim für die Russen das Mallorca der Deutschen. Bisher bin ich glücklicherweise durch die Touristengebiete immer in der Nebensaison gefahren. Wie schön ruhig war es an der Ostsee, aber auch am Baikal und dem Issyk-Köl. Hier auf der Krim herrscht im August dagegen höchste Hochsaison und ich frage mich, ob eine Insel untergehen kann, wenn sich zu viele Menschen auf ihr befinden? Auch wenn die Krim ja gar keine echte Insel ist. Im Norden ist sie durch eine schmale Landzunge mit dem Festland verbunden und ist genau genommen eine Halbinsel. Trotzdem werde ich das Gefühl nicht los, sie könnte jeden Augenblick im Meer versinken. Die vielen Menschen lassen mich und Wanjuscha übrigens völlig in Ruhe. Wir erregen hier keinerlei Aufsehen und angesprochen werde ich nur von

---

40 Gemeint ist natürlich eine gute Schifffahrt, aber meine laienhafte Übersetzung hört sich fast noch netter an.

den wenigen Einheimischen oder von total Besoffenen. Im Prinzip bin ich
hier einsamer als in der bisherigen Abgeschiedenheit.

Keine Frage, die Krim ist wunderschön, gerade der südliche Teil ist durch
das Krimgebirge landschaftlich besonders attraktiv. Und sicher gibt es auch
Buchten, die nicht überlaufen sind. Allerdings sind diese nur sehr schwer
zu erreichen und bei den unsportlichen Temperaturen möchte ich nicht
kilometerlang über die Berge in eine Sackgasse radeln. Wo soll ich bloß zelten?
Denn, wenn ich schon mal hier bin, möchte ich auch ans Meer! Bei Koktebel
hoffe ich etwas Passendes zu finden und vor dem Ort führt ein kleiner Weg
Richtung Strand. Eine Frau bestätigt mir, dass es dort etwas ruhiger ist.
Keine Ahnung wie die Stellen aussehen, die nicht so ruhig sind, aber bald
sehe ich nichts anderes mehr außer Menschen und Zelte. Völlig verwirrt weiß
ich nun gar nicht wohin. Ein paar junge Leute lotsen mich zu ihrer Stelle und
wie alle anderen baue ich das Zelt direkt am Strand auf. Ich befinde mich
hier mitten am Ballermann. Eigentlich ist das ja schon fast wieder lustig -
statt Sangria trinkt man hier Krimwein und meine Nachbarn habe ihre
leeren Flaschen zu einer beeindruckenden Mauer aufgestapelt. Sie ist zwölf
Flaschen hoch und fast sechs Meter lang! Die Einladung, mich am Abend zu

Zivilisationsschock auf der Krim

den Nachbarn mit ans Lagerfeuer zu setzen, lehne ich ab, was sie mit „man beleidigt, wenn man Gastfreundschaft ablehnt" kommentieren. Ist mir egal. Ich will lieber ins Bett, auch wenn an Nachtruhe nicht zu denken ist - es gibt Party die ganze Nacht.

Erst ab fünf Uhr wird es ruhiger und um sechs stehe ich auf. So früh am Morgen habe ich das Wasser fast für mich alleine, nur ein paar Fischer und letzte Nachteulen sind noch am Strand unterwegs. Und das Baden im Schwarzen Meer ist toll! Bei der warmen Wassertemperatur kostet es überhaupt keine Überwindung hineinzugehen, trotzdem ist es eine herrliche Erfrischung.

Nach der unerholsamen Nacht, fühle ich mich zu kraftlos, um mich auf dem Rad abzustrampeln. Ich versuche es mal wieder mit einem Schiff. Es gelingt mir gleich zweimal, einen Kapitän zu überreden, trotz vieler Fahrgäste auch Wanjuscha mitzunehmen und so umgehe ich den größten Teil der anstrengenden Küstenstraße im Süden der Krim. Wir schippern entlang einer malerischen Kulisse: Berge und bizarre Felsküsten, davor das tiefblaue Wasser, darüber strahlendblauer Himmel - so lässt es sich aushalten!
Mir ist bewusst, dass die Krim auch kulturell ein sehr bedeutendes Fleckchen Erde ist, aber ich bin zu überladen von den vielen Menschen und zu antriebslos, als dass ich aktiv auf Erkundungstour gehe. Ich nehme nur das mit, woran ich zufällig vorbeikomme. In Sudak ist es die Genueser Festung, die unübersehbar majestätisch hoch oben auf einem Felsen direkt über dem Meer liegt.

Meine zweite Schifffahrt bringt mich von Sudak nach Nikita, kurz vor Jalta. Wanjuscha und ich winden uns vom Anleger den Berg hinauf bis zur Straße - „mal eben" fast 300 Höhenmeter. Schweißgebadet oben angekommen, begrüßt uns auf der engen und kurvigen Küstenstraße ein lebhafter Verkehr - ich habe die Faxen dicke und will hier weg!
Auf meiner Karte entdecke ich eine Nebenstrecke, die durchs Landesinnere der Krim führt. Allerdings wird mir von der Passstraße, die von der Küste über den Berg führt, ausdrücklich abgeraten: Die sei viel zu hoch, zu steil und zu gefährlich! Ich sehe aber keine andere Wahl und flüchte regelrecht den Berg hinauf.
Und wer hätte das gedacht, die Passfahrt ist super! Ich genieße es richtig, bergauf zu fahren, denn jeder Meter bringt mich weiter weg von dem ganzen Trubel an der Küste. In unzähligen Serpentinen schlängelt sich die kleine Straße bis auf ungefähr 1.200 Meter hoch, sie ist gut asphaltiert, es sind nur

wenige Autos unterwegs und Lkw gibt es gar keine. Die hätten bei den engen Haarnadelkurven wohl auch keine Chance. Oft fahre ich durch Wälder, nur selten durch die pralle Sonne, und mit jedem Höhenmeter wird die Luft frischer und der Ausblick besser!

Am Aj-Petri Pass gibt es ein paar Cafés und auch Touristen, aber ganz ohne Ballermannstimmung. Von hier oben hat man einen schönen Blick über die Küste und das Meer! Selbst Jalta, eine der größten Touristenhochburgen auf der Krim, hat aus der Ferne ihren Schrecken verloren. Nachts sieht die Stadt mit ihren vielen Lichtern und einem Feuerwerk sogar irgendwie nett aus, ganz zu schweigen von dem romantischen Sonnenaufgang über dem Schwarzen Meer am nächsten Morgen. Ach, hier oben geht es mir wieder richtig gut!

Auch weg von der Küste ist die Krim landschaftlich sehr schön und endlich fahre ich wieder zum großen Teil auf kaum befahrenen Straßen. Aber einmal will ich an der Westküste nochmal ans Meer. Ich hoffe, dort vielleicht ein Schiff nach Odessa zu finden. Das klappt nicht, dafür finde ich einen recht ruhigen Strand zum Zelten. Nur wenige Familien sind hier, die mit wohltuendem Abstand zueinander ihre Zelte aufbauen. In dieser Dosierung kann ich es richtig genießen, wieder unter Menschen zu sein und es ist sogar ziemlich spannend, diese zu beobachten.

Meine Nachbarn - vier Erwachsene und zwei Kinder - sind bestimmt eine halbe Stunde lang damit beschäftigt, Stangen und Schnüre zu halten, Heringe in den Kies zu drücken und doch fällt das Zelt immer wieder zusammen. Für einen kurzen Moment überlege ich zu helfen, doch ich schaue dem Schauspiel lieber weiter zu. Die Zeltaufbauer scheinen auch nicht verzweifelt, sondern versuchen geduldig, die beste Taktik für ihren Hausbau zu finden. Sehr unterhaltsam! Nach einer knappen Stunde steht das Zelt - und es steht auch noch, als ich am nächsten Morgen aufbreche.

Die Nacht allerdings war für mich so gar nicht erholsam und das liegt nicht daran, dass mir plötzlich das dröhnende Bum-Bum bis zum Morgengrauen fehlt, sondern an winzigen, nur millimetergroßen Tierchen. Ich werde vom Krabbeln und Jucken wach, es sind Tausende und sie sind überall im Zelt. Im Schein der Taschenlampe versuche ich, sie zu liquidieren, was natürlich nicht wirklich funktioniert, und so warte ich sehnsüchtig darauf, dass es hell wird. Gerädert stehe ich auf und da es an keinem anderen Zelt wilde Ausschüttelmanöver gibt und die Leute nach und nach ganz normal aufstehen, frage ich mich ängstlich, was ich mir da eingefangen habe? Es

Auf erholsamen Nebenstrecken geht es durch die Ukraine

bleibt ein Rätsel. Ich sehe nie wieder auch nur ein einziges der Tierchen, sie begleiten mich zum Glück nicht.

Nach dem ganzen Trubel auf der Krim, folge ich in der „echten" Ukraine - auf dem Festland - mehr denn je meinem Motto: Ich fahre lieber Nebenstrecken als Hauptstraßen! Lieber verzichte ich auf eine gute Fahrbahnoberfläche als auf meine Ruhe. Es sind Schotterpisten, Feldwege oder auch schon mal Kopfsteinpflasterstraßen, die ich entlangradle. An manchen Tagen treffe ich fast gar keinen Asphalt, dafür schlängeln sich die kleinen Sträßchen sehr abwechslungsreich durch die hügelige Landschaft. Bäume und Sträucher am Straßenrand dienen oft als guter Windschutz und so gibt es kaum mehr ungebremsten Wind, der mir entgegenpustet.

Es ist keine Schwierigkeit mehr, einen Platz für eine gemütliche Pause zu finden. Wahlweise gibt es Schatten- oder Sonnenplätze. Es ist kaum zu glauben, aber manchmal ist es wieder schön, in der Sonne zu sitzen. Hier freue ich mich auch wieder, wenn ich Menschen treffe und bin richtig glücklich, als mir beim Picknicken ein Kutscher im Vorbeifahren lachend einen „prijatnowo appetita" wünscht - einen guten Appetit.

Zum Glück können viele Ukrainer ganz gut Russisch, verstehen tun sie mich fast alle. Umgekehrt ist es manchmal schwieriger, aber ich gebe mir Mühe und finde den Klang des Ukrainischen sehr nett. Nicht nur die Sprache, auch die Gesichter der Menschen sind sehr sympathisch. Oft sehe ich Omis mit ihren Kühen auf den Wiesen am Straßenrand spazieren gehen - ein schönes Bild und manchmal halte ich einfach an, um ein paar Worte zu wechseln. Gute Zeltplätze mit Bademöglichkeiten finde ich an aufgestauten Teichen. Hier haben Angler oder andere Erholungssuchende das Gras kurz gehalten und Wasserzugänge geschaffen. An einem besonders schönen Platz frage ich vorsichtshalber, ob denn abends noch viele herkommen und „sich erholen". Ich werde beruhigt, denn die Saison sei eigentlich schon vorbei. Dabei ist es ein herrlicher Sommerabend Mitte August!

Vielleicht heißt „Saison vorbei" aber auch, dass nun keine Zeit mehr für Vergnügungen ist – ganz offensichtlich hat die Haupterntezeit begonnen. In einem Dorf warten vor einer kleinen Mühle eine ganze Reihe voller Säcke darauf, gemahlen zu werden, und auf der Straße begegne ich eigentlich nur Menschen, die mit der Ernte beschäftigt sind. Mal sind es Trecker, mal Kutschen, mal ist es ein Radfahrer, der mir vollgeladen mit Gras oder Kartoffeln entgegenkommt. Sehr beliebt sind auch Motorräder mit Beiwagen, um aufs Feld zu fahren.

Nach der leeren heißen Steppe bzw. Wüste und nach der vollen lauten Krim, genieße ich das ganz normale Leben auf dem Lande. Es kommt mir richtig friedvoll und heimelig in der Ukraine vor. Natürlich ist es manchmal auch anstrengend, auf den holprigen Straßen zu fahren, aber dafür sind die Dörfer besonders nett! Es gibt Häuser mit Reetdächern, die weiß gestrichen inmitten von bunten Blumengärten und umgeben von Hofbäumen total idyllisch aussehen. Einige Häuser sind mit bunten Kacheln verziert, ansonsten werden die Häuser gerne auch farbig gestrichen, manchmal lila und fast immer mit dekorativen Motiven - neben Blumen sind Schwäne da sehr beliebt.

Im Dorf Sloboda-Schargorodskaja fragt mich eine Oma, was meine Fahne da hinten am Fahrrad zu bedeuten habe. Meine Antwort ist unspektakulär „einfach nur so". Trotzdem meint Zhenja später lachend, dass ihre Frage wirklich eine Spitzenidee gewesen sei! Finde ich auch, denn sonst wären wir sicher nicht so nett ins Gespräch gekommen und ich hätte die herzliche Einladung verpasst. Wir unterhalten uns so vertieft, dass Zhenja vergisst, ihre

Ziege zu melken, und erst als eine Freundin kommt, um die Milch zu holen, macht sie sich schnell ans Werk.

Zum Essen und vor allem zum Duschen werde ich von Zhenja zur Nachbarin Tamara ausgeführt. Die hat nämlich ein modernes Badezimmer. Das hat nicht nur fließend warmes Wasser, sondern auch einen großen Spiegel, in dem ich mich komplett sehen kann. Ich bin geschockt – das soll ich sein? Ich erkenne mich kaum wieder und finde ehrlich gesagt auch ein wenig befremdlich, was ich da sehe.

Natürlich habe ich schon gemerkt, dass sich mein Körper mit dem ständigen Radfahren allmählich verändert hat – obwohl ich die Radtour gar nicht als sportliche Herausforderung sehe, sondern das Fahrrad eher als Mittel zum Zweck. Aber Wanjuscha ist eben doch mehr als nur ein Fortbewegungsmittel. Er hat mich unterwegs ganz schön trainiert und wenn ich mal länger als zwei, drei Tage Pause einlege, macht mein Kreislauf Probleme und ich bekomme Muskelkrämpfe.

Auch wenn mir jetzt mein Spiegelbild mit den vielen Muskeln nicht wirklich gefällt, wünsche ich mir später ein bisschen davon wieder zurück. Denn so lange es dauert, bis der Körper so aussieht, so schnell sind Kondition und Muskeln leider wieder verschwunden ...

Durch mein konsequentes Nebenstrecken fahren, komme ich erst kurz vor Lwiw (Lemberg) wieder in die „Zivilisation" - auf einer Hauptstraße mit viel Verkehr fahre ich in die Stadt. Es scheint heute ein besonderer Tag zu sein, denn mit einer Art Trockenstrauß in der Hand versammeln sich die Menschen an den Kirchen. Wer noch keinen hat, kann sich schnell noch einen kaufen. Es gibt genug Frauen, die die liebevoll zusammengestellten Sträuße aus Kräutern, Blumen und Früchten auf dem Bürgersteig anbieten. Es erinnert mich ein wenig an Erntedank[41]. In großer Runde warten die Menschen auf den Priester, der über ihnen im Vorbeigehen seinen Segen und sein Weihwasser versprüht.

Ganz unabhängig vom Erntefest hat Lwiw eine sehr schöne Altstadt und die Menschen flanieren an diesem herrlichen Sommertag gemütlich durchs Zentrum. Mir gefällt die entspannte Atmosphäre. Aber mit seinen 700.000 Einwohnern ist Lwiw einfach zu groß für mich und nach einem kurzen Stadtbummel fahre ich weiter. Es sind nur noch 80 Kilometer bis nach Polen.

---

41 Am 19. August ist der Jablotschnij Spas (Tag des Apfel-Heilands), ein Feiertag der orthodoxen Kirche. Früher galt es als schwere Sünde, vorher Äpfel zu essen.

Einmal übernachte ich noch in der Ukraine. Ich bekomme den Tipp, es an einem nahen See zu tun, also fahre ich dorthin. Aber ich entscheide mich, nicht direkt am See zu zelten, sondern auf einer etwas entfernten Wiese. Zum einen lädt der grün veralgte See nicht gerade zum Baden ein, zum anderen gibt es dort Hütten mit Grillmöglichkeiten - an einem Samstag wie heute sicherlich gut für Partys.

Meine Vermutung wird bestätigt, wenig später kommen ein paar Autos und besetzen den Grillplatz, aber aus der Entfernung stört mich das Gejohle und das aufgedrehte Autoradio nicht. Ich allerdings störe eine kleine Kuhherde, die in der Dämmerung vorbeikommt. Eine Kuh erschreckt sich so dermaßen vor dem Zelt, dass sie kopflos davonrennt. Die zwei begleitenden Mädchen rennen noch hinterher, können sie aber nicht mehr einholen. Die Kuh wird wohl heute ihren Weg alleine nach Hause finden müssen.

Längst liege ich im Zelt, als ich Schritte höre und sich jemand mit Taschenlampe meinem Zelt nähert. Es ist Andrej, der Wächter vom See. Er fängt mit ganz harmlosen Fragen an: Wer ich sei und ob ich nicht heimlich mit Netzen Fische fange? Das sei hier nämlich verboten!

Aus dem Zelt heraus antworte ich, dass ich einfach nur eine Touristin bin. Andrej will das mit einem Blick ins Zelt überprüfen und auch, ob ich wirklich alleine bin - ich mache ihm aber nicht auf. Andrej behauptet nun, dass es hier alleine aber ganz schön gefährlich sei. Ich soll doch das Zelt besser da aufstellen, wo er nachts Wache schiebt, ich müsse auch nicht dafür bezahlen. Wobei bezahlen natürlich schon besser sei, fügt er noch hinzu. Hierher kämen nachts sicher Besoffene und würden mich im Zelt besuchen und wenn es morgens dann im Zelt ganz still sei, wenn er nachschauen kommt - das wäre doch schade. Und so weit weg höre mich hier auch keiner schreien. Ob ich eine Leuchtrakete oder ein Telefon dabei habe?

Schließlich behauptet Andrej auch noch, dass es hier Schlangen gäbe. Der will mir echt Angst machen! Dabei ist der See in Sichtweite, ich bin einfach nur weit genug weg, um in Ruhe schlafen zu können. Andrej hat aber so gar keine Lust, wieder zu verschwinden. Ob ich nicht mal rauskommen wolle? Oder ob ich vielleicht rauche? Ahhh, ich bin müde!

Um Mitternacht gibt es irgendwo ein Feuerwerk und auch am See ist ziemlich was los. Mich kommt aber niemand mehr besuchen. Später gibt es nur ziemlich viel Lärm und Autogeräusche - jemand hat sich scheinbar festgefahren. Morgens sehe ich, wie ein Auto von einem Trecker aus dem Graben gezogen wird und als ich mit Wanjuscha dort vorbeigehe, ist gerade die Polizei dabei, den Vorfall zu klären. Was für eine letzte Nacht in der Ukraine.

Vertrautes Polen

Tja, und dann bin ich wieder in Polen und plötzlich ist alles ganz anders. Hatte ich noch auf dem Hinweg das Gefühl, in Polen schon ganz schön weit im Osten zu sein, kommt es mir nun so vor, als sei ich eigentlich bereits fast wieder in Deutschland:

Auf dem Dorf zu leben, bedeutet nicht mehr automatisch auch Selbstversorger zu sein und überall wird Rasen gemäht, weil die Kuh im Garten fehlt - dafür gibt es dort manchmal Gartenzwerge.

Die Nebenstraßen sind asphaltiert und ausgeschildert und die Ampeln stehen vor den Kreuzungen. Ich bin mittlerweile daran gewöhnt, dass sie ganz ohne Haltelinien erst hinter den Kreuzungen aufgestellt sind. Hier in Polen erkennt man die großen Lichter schon von weitem und sie leuchten so hell, dass ich mich niemals bei Rot rübertrauen würde.

Die Abgase stinken nicht mehr, jedenfalls nicht mehr so extrem, und es gibt markierte Fahrradrouten. Aber wer sich an die Hinfahrt erinnert: Den Schildern traue ich besser nicht über den Weg.

Den Radfahrern traue ich aber schon, und so freue ich mich, als mich kurz hinter der Grenze in Przemyśl eine Radlerin zu sich nach Hause einlädt. Anne kommt gerade mit drei Freundinnen von ihrer sonntäglichen Fahrradtour - hier in Polen sind Hobbyradfahrer keine Exoten mehr! Und nicht nur Annes Radelausflug ist wieder völlig normal, auch das Abendessen mit Kartoffeln, Schnitzel und einer großen Schüssel Salat passt irgendwie ziemlich gut in das fast-wie-in-Deutschland-Gefühl. Vor allem, weil das Essen ganz ohne Brot aufgetischt wird, dafür aber mit einem Gläschen Wein.

In Polen gibt es auch wieder Plus und Kaufland und richtige Brötchen, auch die Marktwirtschaft ist total durchschaut - in einem Dorf kurz vor Krakau sehe ich neben einem Sackgassenschild den Hinweis „prywatny objazd 1zł". Ich interpretiere es so, dass hier die Abkürzung durch ein Privatgrundstück einen Zloty kostet.

Na ja – aber es ist eben nur fast wie in Deutschland, denn mit der polnischen Verständigung ist es nach wie vor nicht so einfach. Obwohl schon wieder so tief im Westen, verstehe ich so gut wie nichts mehr.

Und nicht nur die Sprache, sondern auch eine Person macht mir deutlich, dass ich ganz klar in Polen bin. Viele Straßen sind nach ihm benannt und in Dębica steht er plötzlich überlebensgroß vor mir: Jan Paweł II. - der verstorbene polnische Papst. Gegen den Wind gestemmt und mit wehendem Mantel, ist sein Denkmal auf dem Solidarność-Platz wirklich beeindruckend und fast ist es, als begrüße mich ein alter Bekannter.

In Dębica bin ich eigentlich gar nicht wegen des Papstes - dieser „läuft" mir nur zufällig über den Weg - sondern wegen Goska. Sie war vor Saikal das erste Au-Pair-Mädchen für die Kinder meines Bruders und auch mit ihr habe ich mich sehr gut verstanden. Ich freue mich riesig, Goska nun wiederzusehen und ihre Familie kennenzulernen.

Als ich von Dębica weiterfahre, lässt mich vorübergehend meine Karte etwas im Stich. Dort, wo es laut Karte über den Fluss Dunajec ein Fähre geben soll, ist weit und breit keine zu sehen und notgedrungen fahre ich einen ziemlichen Umweg bis zur nächsten Brücke. Da ich aber partout keine Hauptstraße

Der Papst in Debica - ich bin wieder in Polen!

fahren will, versuche ich den nächsten Fluss erneut auf einer Nebenstrecke zu überqueren. Hier ist über die Raba auf meiner Karte sogar eine Brücke eingezeichnet. Von dieser sind aber nur noch Bruchstücke der Pfosten zu sehen, den Rest gibt es vermutlich schon sehr lange nicht mehr. So ein Mist! Da ich keine Lust auf einen weiteren Umweg habe und heute auch schon weit geradelt bin, schaue ich mir das Gewässer genauer an. Die Strömung ist gar nicht so stark und das Wasser reicht mir nur bis zum Po und so spiele ich einfach selbst Fähre und trage nacheinander das Gepäck und Wanjuscha durch die Raba. Zum Glück scheint die Sonne und schnell bin ich wieder trocken und aufgewärmt. Und einen Vorteil hat die fehlende Brücke: Am Ufer gibt es eine schöne Zeltwiese und es wird garantiert kein Verkehr vorbeikommen!

Am Tag nach den schwierigen Flussquerungen komme ich problemlos und auf tollen Nebenstrecken nach Krakau. Als erstes „stolpere" ich dort an der Weichsel über den Wawel. Die Burganlage mit Schloss und Kathedrale hoch oben auf einem Hügel ist wirklich nicht zu übersehen! Bei dem Anblick bekomme ich Lust auf Sightseeing und holpere mit Wanjuscha die Kopfsteinpflasterzufahrt hinauf auf die Burg. Am Eingang dann die Ernüchterung: Zutritt für Koffer, Hunde und Fahrräder verboten! Die Schilder mit den durchgestrichenen Symbolen sind unmissverständlich und ich kann die Eintrittbewachungsfrau nicht erweichen, bei Wanjuscha eine Ausnahme zu machen. Ihn mit Koffern und Hunden gleichzusetzen, finde ich ziemlich kränkend. Ohne Wanjuscha mag ich die Burg auch nicht besichtigen und begnüge mich damit, durch die Stadt zu schlendern.

Krakau hat eine sehr attraktive Altstadt mit vielen Touristen. Der Hauptmarkt mit Kirche, Rathausturm und Tuchhallen ist neben dem Wawel sicherlich einer der Hauptanziehungspunkte der Stadt. Nicht nur die Gebäude auf dem großen Platz sind beeindruckend schön, sondern auch die ganzen hübschen Bürgerhäuser drumherum. Und hier sind Fahrräder überall erlaubt!

Mitten auf dem Hauptmarkt treffe ich Maksim und Tolik. Die zwei Kiewer habe ich an einem Trinkwasserbrunnen unterhalb des Wawels kennengelernt, witzig, sie hier nun im Getümmel der Menschen wie alte Bekannte wiederzutreffen. An ihnen merke ich erneut, dass ich schon ganz schön weit im Westen bin: Maksim und Tolik sind eindeutig ein schwules Paar - etwas, was man weiter im Osten in der Öffentlichkeit nicht so preisgeben würde.

Auch an noch etwas ganz anderem merke ich, dass der Westen naht: Hier im Süden von Polen gibt es richtige Buchenwälder. An manchen Tagen fahre ich fast ausschließlich auf herrlichen Waldwegen! Wald gibt es ja auch in Russland und vor allem in Sibirien sehr viel, aber hauptsächlich Birken- oder Nadelwälder. Ein Buchenwald ist da doch etwas ganz anderes – gerade, wenn er bereits ein gewisses Alter hat und die großen Bäume mit ihren dicken Stämmen und ausladenden Kronen eine wunderbare Atmosphäre erzeugen. Ein richtiges Aha-Erlebnis habe ich nach einem kräftigen Regenschauer. Während ich auf dem noch nassen Waldweg Wanjuscha an den größten Pfützen vorbeilenke, überkommt mich plötzlich ein Gefühl von Heimat. Es ist der ganz spezielle Geruch, der diese Empfindung auslöst. Ach ja, es ist auch schön wieder zurückzukommen - das Gefühl nach Regen durch einen Buchenwald zu fahren, ist auf jeden Fall großartig!

Allerdings bräuchte das mit dem Regen nun nicht zur Gewohnheit zu werden! Bisher war es ja immer so heiß, dass ich die paar wenigen Regentropfen, die es zwischendurch mal gab, als angenehme Abkühlung empfunden habe. Das ist nun vorbei. Innerhalb von drei Tagen ist es deutlich kühler geworden und sehr schnell weiß ich wieder, was das Wort Schmuddelwetter bedeutet. Völlig ungewohnt fahre ich nun nicht nur manchmal langärmlig, sondern zwischendurch sogar mit Socken und festen Schuhen. Anfangs habe ich Glück und es regnet meist nachts oder während meiner Pausen - leider bleibt es nicht dabei.

Kurz vor Kędzierzyn-Koźle erwischt es mich zum ersten Mal so richtig nass. Zunächst radel ich noch völlig entspannt auf einem Waldweg und werde von einer Frau eingeholt, die ganz begeistert ist, eine Radfahrerin mit Gepäck zu treffen. Sie heißt Silvia und will mir einen guten Weg zeigen. Zügig fährt sie vorweg und da es immer dunkler wird, werden wir ganz automatisch immer schneller. Es beginnt zu regnen, kurz darauf fängt es an zu schütten, zu donnern und zu blitzen.

Klitschnass kommen wir nach Kędzierzyn-Koźle und stellen uns vor einer Kneipe unter einen Sonnenschirm. Nach Sonne sieht es aber weit und breit nicht aus. Was nun? Silvia wohnt nicht weit von hier und schlägt vor, bei ihr Mittag zu essen und uns zu trocknen. Sie muss erst um 15 Uhr zur Arbeit und ich kann dann weiter fahren. Eine super Idee! Mit Aussicht auf Trocknung ist es richtig lustig, durch den Platzregen zu fahren, und bei Silvia angekommen, kann ich sogar heiß duschen.

Nach dem Regen durch den Wald - ein Gefühl von Heimat

Silvias Sohn hat mal für längere Zeit in der Ukraine gelebt, kann ganz gut Russisch und glaubt mir partout nicht, dass ich 100 Prozent deutsch bin – zu stark ist mein russischer Akzent, wenn ich versuche Polnisch zu sprechen. Überhaupt gibt es ein paar sehr lustige Missverständnisse. Eigentlich müsste Silvia nämlich auch ganz gut Russisch können, sie hat es lange in der Schule gelernt und immer eine fünf gehabt - fünf ist die beste Note. Ihren Kindern hat sie wohl schon öfters stolz von ihren super Leistungen erzählt. Sie stellt mich ihnen aber als Russin vor und hat verstanden, dass ich in 1½ Wochen 17.000 Kilometer geradelt bin. Mit dem Sohn bringe ich ein wenig Licht in die ganze Geschichte und er findet es großartig, als ich ihm erzähle, dass seine Mutter auf meine einfache Frage, wie sie heißt „Chemikerin" geantwortet hat. Immer wieder zieht er sie damit auf. Und als ich mich abschließend auf Polnisch für das Essen bedanken will, sage ich doch glatt „Guten Tag". Es ist eine sehr lustige Trocknungs-Mittagpause!

In den nächsten Tagen bleibt es nicht bei einzelnen Regenschauern, die ich geduldig irgendwo abwarten kann - es entwickelt sich ein richtiger Dauerregen. Dummerweise bekomme ich genau jetzt einen Wegbegleiter. Guido, der auch schon auf dem Hinweg ein paar Tage mitgefahren ist, kommt aus dem Ruhrgebiet nach Opole. Es scheint sogar die Sonne, als er aus dem Zug steigt! Aber das ist nur ein kurzes Täuschungsmanöver. Immer wieder stellen wir uns unter, um den gröbsten Regen abzuwarten. Fast ist es, als würden wir von Bushaltestelle zu Bushaltestelle fahren. Dort beobachten wir dann skeptisch und voller Hoffnung den Himmel und immer wieder haben wir das Gefühl, dass es am Horizont heller wird. Trotzdem werden wir klitschnass. Zu dem Regen kommt noch ein heftiger Wind, gegen den wir ankämpfen müssen - ein echtes Schietwetter!

Eigentlich sollte ich aus Deutschland so ein Wetter ja zu genüge kennen, aber scheinbar bin ich es nicht mehr gewohnt. Die ganzen letzten Tage habe ich schon so ein Halskratzen, nun kommen noch Ohren-, Kopf- und Gliederschmerzen dazu und mir ist kalt - da stimmt etwas nicht! Am Tag nach Wrocław quäle ich mich bei jeder Pedalumdrehung und fühle mich nach 30 Kilometern, als ob ich 300 gefahren wäre. Am liebsten würde ich mich irgendwo in mein Zelt legen und einfach nur schlafen. Da ja aber Guido zum Radfahren und nicht zur Krankenpflege gekommen ist, gehe ich in Legnica zur Apotheke. Mit einem Tütchen voller Medikamente und den besten Genesungswünschen des Apothekers, trete ich in den Kampf gegen mein Kranksein.

Tatsächlich geht es mir am nächsten Tag zunächst etwas besser. Das Wundermittel heißt GripexMAX. Vielleicht weil der Name eher nach einem Unkrautvernichtungsmittel klingt, denke ich von Anfang an, es heißt Grippe-Max. Für mich hört sich das ziemlich lustig an, da ich an die Lausbuben Max und Moritz denken muss. Auf die Idee, dass Max etwas mit maximal zu tun haben könnte, komme ich nicht. Egal, das Zeug schlägt fast sofort an.

Angematscht bleibe ich aber trotzdem und nach vierzig Kilometern bin ich wieder so erledigt, dass ich notgedrungen den Vorschlag mache, mich in einer Pension gesund zu schlafen. Selbst das Zeltaufbauen kommt mir plötzlich wie eine unmachbare Kraftanstrengung vor. Leider ist die einzige Pension in Trzebień voll. Also fahren wir weiter und schon bald stehen wir vor dem nächsten Problem: Zwischen uns und dem nächsten Ort liegt ein großes militärisches Sperrgebiet. Auf meiner Karte gibt es das nicht, sondern nur einen wunderbaren Waldweg. So etwas Blödes! Ein Förster macht uns Hoffnung und meint, dass wir als Radfahrer den Weg vermutlich benutzen könnten. Zunächst hindert uns auch außer eines Schilds nichts daran und das ignorieren wir einfach.

Nach ein paar Kilometern kommt mitten im Wald allerdings ein Schlagbaum und ein Soldat verbietet uns, unseren Weg fortzusetzen. Dummerweise lässt die Wirkung vom Grippe-Max gerade merkbar nach und ich kann nicht mehr. Zurück hieße, einen großen Umweg auf stark befahrenen Straßen zu fahren - das will ich unter keinen Umständen! Ich ziehe alle Register, erzähle von dem Förster und bitte und bettle, weiter geradeaus fahren zu dürfen. Aber selbst die Argumente „krank" und „müde" stimmen den Soldaten nicht um. Sehr freundlich erklärt er uns, dass hier geschossen wird. Ob ich das verstehe?! Das sei hier wie bei der Bundeswehr, und zur Verdeutlichung tut er so, als ob er mit einem Gewehr irgendwo hinzielt und sagt: „Bumm, bumm."

Klar verstehe ich das, umkehren will ich aber trotzdem nicht. Guido ist schon die ganze Zeit für den Rückzug, aber ich fühle mich zu schwach und lasse nicht locker. Dabei glaube ich schon selbst nicht mehr daran - eine blöde Situation. Das Gespräch wird nun allgemeiner und der Soldat fragt, welcher Nationalität wir angehören und woher wir kämen. Plötzlich sage ich das Zauberwort, es ist nicht „bitte" oder „krank und müde", es heißt „Baikal". Als ich sage, dass ich gerade von dort komme, öffnet sich die Schranke und wir können weiterfahren. Wir sollen aber auf keinen Fall abbiegen und immer nur geradeaus fahren. Hurra, die Magie des Baikals reicht bis in die Wälder von Polen!

Wir werden nicht abgeschossen, hören es nur zweimal irgendwo knallen, und im nächsten Ort finden wir sogar ein Pensionszimmer. Nach einer heißen Dusche lege ich mich sofort ins Bett und schlafe mich gesund. Das funktioniert tatsächlich und am nächsten Morgen fühle ich mich fast wieder fit. Außerdem hat der Regen aufgehört und es scheint sogar zwischendurch die Sonne!

Übrigens bin ich nicht nur nicht mehr das europäische Schmuddelwetter gewöhnt, sondern auch nicht mehr die deutsche Sprache. Das ist total irre! Nie hätte ich gedacht, dass mir so was mal passieren könnte, aber am ersten Tag mit Guido, muss ich vom Russischen ins Deutsche zurückübersetzen. Die präsente Sprache in meinem Kopf ist Russisch, oder das, was ich dafür halte. Für mich als absolute (Fremd-)Sprachenniete, ist es eine ziemlich witzige Erfahrung, dass ich nun nach deutschen Worten suche. Das Übersetzung-Phänomen ist aber schnell vorüber und bald rede ich wieder ohne nachzudenken auf Deutsch.

„Willkommen" in Deutschland

Wehmütig vermisse ich schon jetzt, nicht mehr ständig Russisch zu sprechen, der Baikal ist so fern und wo überhaupt ist die Weite Sibiriens oder die der Steppe Kasachstans geblieben? Schon jetzt habe ich Heimweh! Aber auch ein bisschen Vorfreude macht sich breit, während wir an der Oder entlangradeln. Auf den letzten vierzig Kilometer gehört das andere Flussufer bereits zu Deutschland und ich werde bei dem Anblick nun doch tatsächlich nervös und aufgeregt. Es ist Sonntag, der 3. September und heute werde ich wieder deutschen Boden betreten.

Der Grenzübergang ist in Frankfurt an der Oder. Schon von weitem kann ich es von der polnischen Oderseite an der nicht geraden hübschen Plattenbaukulisse erkennen. Die polnische Grenzstadt Slubice liegt direkt gegenüber und bereits hier entdecke ich deutsche Reklameschilder: „Zigaretten super günstig" – ich weiß nicht so recht, ob ich es witzig oder traurig finden soll, dass das für mich die ersten heimischen Hinweisschilder sind. Aber scheinbar lohnt sich der Einkauf in Polen, denn die Autoschlange in Richtung Deutschland ist lang.

Beim Anblick der Grenze überkommen mich verschiedenste Gefühlswallungen und ein dicker Kloß sitzt in meinem Hals. Bisher habe ich Grenzen immer möglichst schnell hinter mich gebracht und war erleichtert, wenn ich ins nächste Land einreisen konnte. Hier, kurz vor Deutschland, habe ich nicht dieses beklemmende Grenzgefühl - die werden mich ja wohl wieder reinlassen. Diese letzte Grenzkontrolle will ich daher so richtig genießen!

Betont langsam fahren wir auf dem Bürgersteig über die Oderbrücke an den wartenden Autos vorbei. Am Ende der Brücke schiebe ich Wanjuscha die letzten Meter bis zu dem überdachten Grenzübergang. In der Gegenrichtung kontrolliert ein deutscher Beamter diejenigen, die nach Polen wollen, auf unserer Seite kontrolliert ein polnischer Kollege die Autofahrer in Richtung Deutschland. Durch die offenen Fenster werden ihm die Ausweise gereicht, er wirft einen Blick darauf und winkt die meisten Autos dann weiter. Nur ab und zu wird eines herausgewunken und von anderen Kollegen genauer kontrolliert.

Ich stelle mich auf Höhe des Grenzbeamten auf die andere Seite der Autoschlange und warte. Völlig schockiert bin ich, als Guido nach ein paar Sekunden einfach weiterfährt und bereits in Deutschland ist. Das kann er doch nicht machen, hier ist doch eine Grenze! Aber weder den flüchtigen

Guido, noch mich brav Wartende, beachtet irgendjemand. Ich weiß nun nicht so recht, was ich machen soll, ich kann doch nicht einfach weiterfahren. Also fange ich an, mich bemerkbar zu machen. Immer wieder rufe ich „Hallo, Halloooo" dem polnischen Grenzer zu, der neben mir die Autos kontrolliert. Irgendwann kann er das nicht mehr ignorieren, schaut irritiert auf und sagt sichtlich genervt: „Na, weiterfahren!"

Was für eine Begrüßung in Deutschland - ich bin enttäuscht und empört! Ich habe ja keinen roten Teppich oder Blumenstrauß erwartet, aber so ganz unkontrolliert einzureisen – nein, das habe ich mir wirklich anders vorgestellt.

In Frankfurt steigt Guido wieder in den Zug und fährt zurück nach Hause. Während er sich im Bahnhof seine Fahrkarte kauft, sitze ich davor und starre fasziniert auf die Eingangstür. Immer wenn jemand kommt, geht sie von alleine nach außen auf. Na klar weiß ich, dass das über irgendeinen Bewegungsmelder funktioniert, aber es sieht für mich so aus, als ob eine unsichtbare Person immer wieder den Menschen mit ihren Koffern die Tür aufhalten würde - wie zuvorkommend!

Auch ansonsten habe ich einiges zu bestaunen in Deutschland, noch in Frankfurt komme ich an einem Hundepflegesalon vorbei. Was ist das denn? Die haben hier doch nicht mehr alle Tassen im Schrank ... Sowieso scheinen die Deutschen ein sehr seltsames Verhältnis zu ihren Tieren zu haben. Oder sind es die Tiere, die hier so anders sind?

In Russland wurde ich manchmal gefragt, warum Ausländer immer so viele Fotos von den Kühen machen. Eine gute Frage, über die ich erst mal nachdenken musste. Dabei ist die Antwort eigentlich einfach: Bei uns laufen eben keine Kühe einfach so auf der Straße herum und ist es doch mal der Fall, dann ist das gleich eine Warnmeldung im Radio wert. Ich selbst habe ebenfalls gerne die frei herumspazierenden Kühe fotografiert, auch wenn für mich der Anblick schnell zur liebgewonnen Normalität geworden ist. Es ist für mich das Bild eines intakten Dorflebens.

Hier in Deutschland stimmt da irgendwie was nicht. Erst komme ich in Brandenburg durch ein Mini-Dorf mit dem Namen „Ohnewitz" (das ist kein Scherz!) und kurz darauf sehe ich ein Verkehrsschild, das mir ein großes Rätsel aufgibt. Erst Wochen später verstehe ich es, ich muss mich erst wieder an die hiesige Lebensweise gewöhnen.

Das rätselhafte Schild ist ein rot umrandetes Dreieck mit einer schwarzen Kuh. OK, die Bedeutung ist mir klar, auch wenn ich es lustig finde, extra darauf hinzuweisen: Vorsicht Kühe auf der Straße! Trotz des Schildes sehe ich keine einzige, aber es gibt unter dem Dreieck auch noch ein Zusatzschild. Auf dem kleinen Rechteck steht schwarz auf weiß: 7 - 10h, 14 - 17h. Woher wissen die Kühe in Deutschland wie viel Uhr es ist? Ich fasse es nicht! Da aber jetzt am späten Vormittag wirklich weit und breit keine Kühe auf der Straße zu sehen sind, vermute ich, dass diese das wissen. Was für ein beeindruckendes Land! Deutschland ist aber auch ein beklemmendes Land. Schon in Polen wurde es schwierig, Zeltplätze zu finden, da jedes Stückchen Boden offensichtlich irgendjemandem gehört und kaum hat ein Dorf aufgehört, fängt schon das nächste an. Hier in Deutschland meine ich manchmal keine Luft zu bekommen, so eingeengt fühle ich mich. Nicht nur, dass es kaum ungenutzte Flächen gibt, auf denen ich mein Zelt aufstellen kann, es gibt auch überall Zäune. Die machen mich noch ganz kirre. Wer wird da vor wem weggesperrt? Gerade, wenn entlang der schmalen Radwege rechts und links Zäune sind, frage ich mich oft, ob wir Radfahrer denn so gefährlich sind, dass man uns einsperren muss? Ich fühle mich ausgegrenzt und daher irgendwie auch unerwünscht.

In Russland völlig normal: Kühe vor einer schaschlyk-Bude

Ansonsten sind die Radwege und vor allem die vielen Radfahrer natürlich klasse! Es ist wirklich unglaublich, dass es so viele Wanjuschas hier gibt - ich komme gar nicht mehr aus dem Grüßen. In der Ukraine, kurz vor der polnischen Grenze, habe ich noch bei einem entgegenkommenden Liegeradfahrer gedacht: „Was für ein Idiot!" Er hat nur kurz im Vorbeifahren gegrüßt und nicht angehalten. In Polen wurde mir dann schnell klar, dass man nicht mehr bei jedem Radfahrer stoppen kann. Und hier in Deutschland kann man nicht mal mehr jeden grüßen. Es sind einfach zu viele, aber ich finde es großartig, dass hier so viel Fahrrad gefahren wird!

Mit den Radfahrern kommt es unterwegs zu manch netter, aber auch kurioser Begegnung. Auf dem Weg von Frankfurt nach Berlin treffe ich einen 72-jährigen Rennradfahrer, der mich ein Stückchen begleitet. Früher war er Leistungssportler, heute fährt er wegen mir nun extra langsam. Trotzdem werde ich aus meinem gemütlichen Fahrtempo herausgerissen und muss mich ziemlich sputen, um ihm hinterherzukommen.
Der Mann ist völlig begeistert, dass eine Frau alleine so eine Radtour schafft. Hätte er einen Hut, würde er ihn ziehen. Allerdings bemängelt er, dass ich ohne Handschuhe fahre und auch die verkehrten Schuhe anhabe. Ob ich mich wenigstens richtig ernährt habe? Unter „richtig" versteht er morgens Müsli und unterwegs viele Riegel, wobei das Müsli ohne oder nur mit sehr wenig Milch gegessen werden darf, da die Milch sonst im Magen schlecht wird. Mh, mir dreht sich der Kopf bei so viel Informationen - da habe ich wohl so ziemlich alles verkehrt gemacht. Bei mir ist aber nix schlecht geworden und mir geht es auch ohne Riegel und Handschuhe, dafür mit Sandalen, wunderbar. Aber mein Tempo und mein sportlicher Ehrgeiz sind sicherlich auch nicht mit einem Rennradfahrer zu vergleichen.
Besonders viele Radfahrer treffe ich auf dem Elberadweg Richtung Hamburg, hier sind regelrechte Horden von ihnen unterwegs. Wo kommen die nur alle her? Vermutlich liegt es auch am guten Wetter, dass so viele hier unterwegs sind - nach dem Regen in Polen, gibt es nun einen wunderschönen Altweibersommer mit viel Sonne und Wärme. Der Radweg selbst ist aber auch wunderschön. Gerade auf den Strecken, an denen er oben auf dem Elbdeich entlang geht, bin ich von der Aussicht, der Landschaft und dem Weg völlig begeistert.

Möglichst vielen Radfahrern versuche ich immer noch wenigstens im Vorbeifahren zuzuwinken oder zumindest zuzulächeln. Treffe ich Radfahrer mit Gepäck, bleiben wir oft auch kurz stehen, um einen kleinen Schnack zu halten.

Kurz hinter Dömitz fährt auf dem Elbdeich ein Radfahrer mit Gepäck voll Speed an mir vorbei und hat nicht mal Zeit für einen Gruß – Wahnsinn! Einen halben Tag später treffe ich ihn wieder, er rast wieder von hinten an mir vorbei, natürlich wieder ohne Gruß. Wo hat er nur gesteckt? Mittlerweile bin ich zum anderen Elbufer gewechselt, vielleicht ist er an der Fähre vorbeigerast? Vor mir sehe ich nun auf jeden Fall, wie er an einer Kreuzung weiter geradeaus über den Deich fährt und dahinter verschwindet. Ich folge ihm langsam, erkenne aber dank meiner Karte, dass der Weg verkehrt ist und es unten am Deich entlang geht.

Zehn Minuten später kommt wieder der Raser angeflitzt, da aber gerade auch von vorne etliche Radfahrer kommen, muss er hinter mir abbremsen und grüßt jetzt sogar. Er kommt von Dresden und fragt mich, ob ich eine Karte habe und weiß wo es lang geht. Schon greife ich zur Bremse und will anhalten. „Nein, nein – bitte weiterfahren, nur nicht stehenbleiben!", er hat es sehr eilig - er will heute noch bis Hamburg und der Weg ist noch weit.

Horden von Radfahrern auf dem Elberadweg

Ja, das weiß ich, da will ich heute nämlich auch noch hin. Ich weiß auch, dass es vermutlich spät werden wird, trotzdem sträube ich mich, so 'ne Hektik zu veranstalten. Dem Typ aus Dresden bleibt gerade noch Zeit zu fragen, wo ich denn herkomme. Meiner Antwort „aus Sibirien" folgt ein fragender Blick: „Wo ist das denn?" Als ich nun antworte: „in Russland", gibt es keine Reaktion mehr. Er stellt nur noch fest, dass er nun aber wieder schneller fahren müsse, da er ja noch bis Hamburg wolle. Und auf und davon ist er.

Auch ich bummele nicht, nehme mir aber genügend Zeit, um unterwegs immer mal wieder Äpfel und Birnen zu ernten, kurz zu picknicken und kleine Gesprächspausen einzulegen. Trotzdem komme ich zum Sonnenuntergang in Hamburg an, wer weiß, wo jetzt gerade der Radler aus Dresden ist?

In Hamburg fahre ich natürlich zu Steffen und es ist total klasse, ihn wiederzusehen. Seit unserem gemeinsamen Urlaub ist schon über ein Jahr vergangen. Nicht nur Steffen besuche ich, wie schon auf der Hinfahrt, fahre ich bei Freunden vorbei, die auf meinem Weg wohnen. Darauf habe ich mich wohl am meisten gefreut: all die netten und vertrauten Menschen wiederzusehen!
Sogar einen Schlenker über die Nordseeinsel Borkum mache ich, da dort meine Eltern gerade Urlaub machen. Eigentlich sollte es eine Überraschung werden, aber meine Mutter hat die ganzen letzten Tage an nichts anderes mehr gedacht, als an die Frage, ob ich denn wohl vorbeigeradelt komme oder nicht. Wenn also auch nicht wirklich überraschend, aber die Wiedersehensfreude ist riesengroß!
Von der Nordsee bis in den heimischen Ruhrpott ist es dann ja auch bloß noch ein Klacks. In Recklinghausen gibt es bei Freunden für mich eine kleine Begrüßungsparty und die Überraschung ist ihnen wirklich gelungen! Den letzten Tag radeln wir in einem kleinen Pulk gemeinsam nach Bochum. Es ist gut, die letzten Meter nicht alleine zu fahren ...

Am Sonntag, den 24. September komme ich mit Wanjuscha wieder tief im Westen - in Bochum - an. Hinter uns liegen fast 20.000 geradelte Kilometer (laut Tacho sind es 19.978), etwa 1.500 Kilometer per Anhalter, Zug oder Schiff. Wir haben im wahrsten Sinne des Wortes neun Länder erfahren - wobei gerade Russland, das Land, in dem wir am längsten waren, noch um so viel größer ist, als das, was wir davon gesehen haben. Ich brauche wohl eine ganze Weile, um all die unzähligen Eindrücke und Begegnungen zu verarbeiten.

Schon im Moment des Ankommens vermisse ich es, unterwegs zu sein. Auf der anderen Seite bin ich voller Dankbarkeit, dass ich all das erleben durfte. Es war eine so gigantisch tolle Zeit, in der ich ja eigentlich bloß ein bisschen Fahrrad gefahren bin. Zu der wunderbaren Erfahrung haben es all die Menschen, Landschaften und Erlebnisse gemacht, die mir unterwegs begegnet sind - und natürlich Wanjuscha, der echt ein tapferer Kerl ist. Noch nie war ich so lange am Stück so glücklich wie in den letzten 1½ Jahren!

danke
dziękuję
ačiu
paldies
спасибо
рахмет
рахмат
rahmat
дякую

für die unbeschreiblich gute Zeit!

Häufig verwendete russische Begriffe

banja (баня): eine Art Sauna

betonka (бетонка): umgangssprachlich für die Trasse zwischen Omsk und Nowosibirsk. Die Fahrbahnoberfläche besteht allerdings aus Asphalt.

blini (блины): köstliche dünne Pfannkuchen

borschtsch (борщ): Rote-Beete-Suppe mit Kohl, Möhren, Zwiebeln, Kartoffeln und Fleisch; gehört zu den Grundnahrungsmitteln in Russland.

datscha (дача): eine Art Schrebergarten mit Wochenendhaus, fast jede städtische Familie besitzt eine datscha und baut dort Gemüse & Kartoffeln an.

elektritschka (электричка): eine Art S-Bahn

garschok (гаршок): Topf, allerdings verbindet man mit dem Wort eher einen Nachttopf als einen Kochtopf ...

geodesist (геодезист): Vermesser

komandirowka (командировка): Dienstreise – die Dauer ist manchmal sehr ungewiss ...

kreml (кремль): Zentrum alter Städte – eine Art Festung

marschrutka (маршрутка): eine Art Sammeltaxi-Kleinbus im Linienverkehr

natschalnik(a) (начальник(a)): Chef(in)

oblast (область): eine Verwaltungseinheit in Russland. Ähnlich wie Deutschland in Bundesländer, Hansestädte und Freistaaten aufgeteilt ist, gibt es in Russland oblast, respublika und kraj.

pelmeni (пельмени): russisches Nationalgericht – die ursprünglich aus Sibirien stammenden kleinen, mit Fleisch gefüllten, Teigtaschen werden in Brühe oder Wasser gekocht.

pirogi (пироги): gefüllte Teigtaschen

schaschlyk (шашлык): gegrillter Fleischspieß

smetana (сметана): eine Art Schmand – sehr lecker!

taptschan (топчан): eine Art Straßenbett – sehr gemütlich und in Zentralasien weit verbreitet!

tjotja (тётя): Tante

turbasa (турбаза): Abkürzung für turistskaja basa (touristische Station), eine Art Touristenherberge

urjuk (урюк): kleine Aprikose – unglaublich lecker!

walenki (валенки): Filzstiefel – darin bleiben die Füße im sibirischen Winter warm!

warenje (варенье): dünnflüssige Marmelade

Die Raupe und der Buddha

Auf den Spuren von Marco Polo begibt sich der Fotograf Marcus Hillerich auf die legendäre Seidenstraße. Entlang der historischen Handelsroute nimmt er die politische, religiöse und kulturelle Situation unter die Lupe und erfasst das heutige Leben im Sucher seiner Kamera.

Ein Jahr Auszeit und rein ins Abenteuer! Von Usbekistan und Kasachstan aus reist Marcus Hillerich mehr als 6.000 km durch Steppen, Wüsten und den Himalaya. Über China und Tibet gelangt er nach Burma und wird Zeuge des Umbruchs.

Das Resultat ist ein packender Bericht über eine beeindruckende Reise voller Entdeckungen und ein Einblick in ein unerwartetes und unbekanntes Asien.

Erhältlich im Buchhandel und auf http://shop.traveldiary.de.

Das Leben im Wind

Reiner Effinger

Das Leben im Wind

Mit dem Fahrrad durch Südamerika

traveldiary.de Reiseliteratur-Verlag

Wie soll es anders sein? Nicht jeden Tag scheint die Sonne, wenn man 7.800 Kilometer mit dem Rad durch Südamerika unterwegs ist. Auf dem Rad ist der Regen kälter, die Sonne ist erbarmungsloser, die Gewitter sind furchteinflößender und die Nächte sind einsamer.

Reiner Effinger hat seinen Beruf in Deutschland an den Nagel gehängt, um seinem Traum zu folgen, mit derm Fahrrad durch Südamerika zu reisen.

Aber auch nicht jeden Tag regnet es. Er durchstreift die schönsten Landschaften, übernachtet an magischen Plätzen, hat Wälder, Seen und Berge für sich allein und die Menschen nehmen ihn in ihr Herz auf. Auf dem Rad sind die lachenden Gesichter näher, die blühenden Felder sind prächtiger und das Leben ist abenteuerlicher.

Erhältlich im Buchhandel und auf http://shop.traveldiary.de.